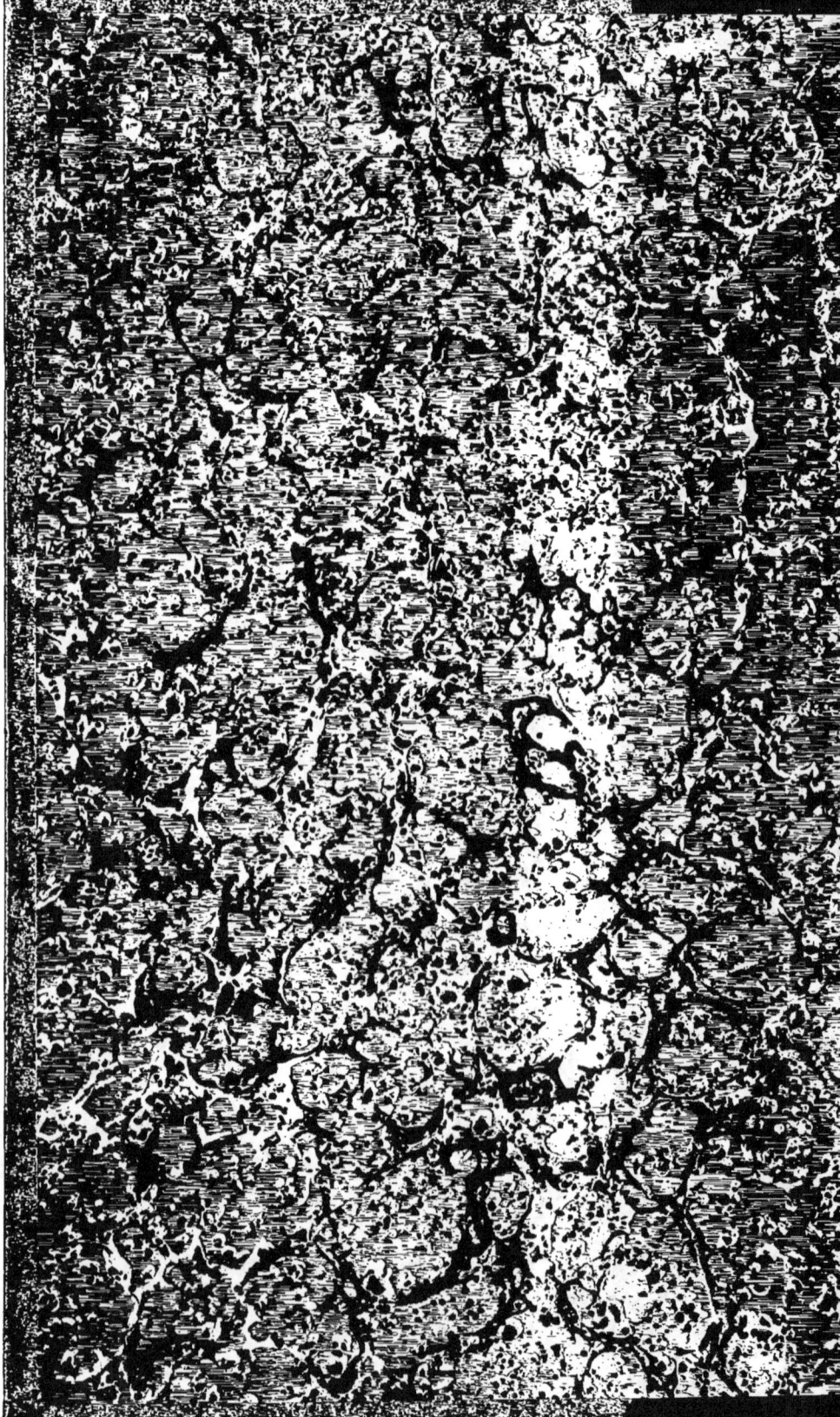

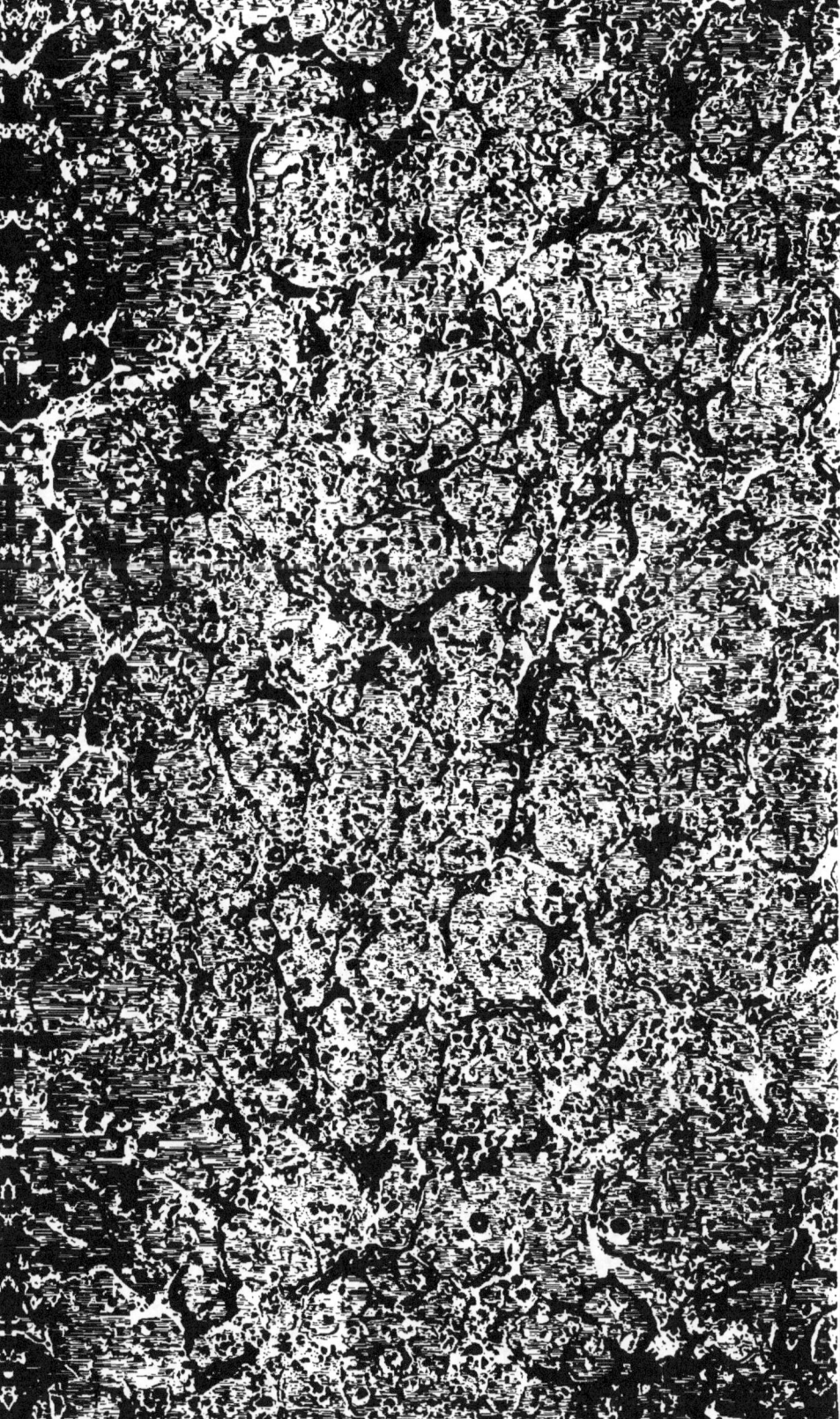

TOBERT 1972

Lk 7 600

A conversitas

I.

HISTOIRE

DE

La Ville d'Auxerre.

HISTOIRE

DE LA

VILLE D'AUXERRE.

PAR M. CHARDON,

CHEVALIER DE L'ORDRE ROYAL DE LA LÉGION D'HONNEUR,

PRÉSIDENT DU TRIBUNAL CIVIL D'AUXERRE.

TOME PREMIER.

AUXERRE,

IMPRIMERIE DE GALLOT-FOURNIER,

1834.

PRÉFACE.

L'abbé Lebeuf ne cessera pas d'être le véritable historien d'Auxerre : je n'ai pas la ridicule prétention de le faire oublier. Ce sera toujours dans ses Mémoires qu'il faudra chercher la solution des difficultés qui pourront s'élever sur la plupart des monumens, des faits et des actes, qui concernent cette ville et son ressort. Infatigable dans ses recherches, il a embrassé tous les pays situés dans le Diocèse, et je me suis restreint à ce qui est particulier à la ville. Dans ce cercle plus étroit, je me suis réduit encore à ce qui regarde les habitans, leur sort, leurs mœurs et leurs usages, dans tous les temps sur lesquels l'histoire a répandu sa lumière ; ainsi que la part qu'ils ont prise, ou qu'ils ont été contraints de recevoir, dans les événemens généraux qui ont si souvent changé la face de leur pays; en les faisant successivement Gals, Celtes, Romains, Francs, Français et Bourguignons. L'abbé Lebeuf semble n'avoir travaillé que pour les savans ; mon but a été de faire un tableau historique à la portée de tous ceux qui aiment à connaître le sort de leurs ancêtres.

Les recherches de l'abbé Lebeuf sont donc les fondemens sur lesquels j'ai édifié le travail contenu dans mon premier volume. Aussi me suis-je dispensé de le citer dans le cours de l'ouvrage. Autrement, il m'eût fallu le faire dix fois à chaque page; ce qui aurait été aussi fatigant pour le lecteur que pour moi. Ainsi, quand je n'indique pas une autre source, on peut être certain que j'ai suivi la foi de cet écrivain, aussi consciencieux qu'éclairé ; et que citent, comme un sûr garant, les Châteaubriand, les Thierry, etc.

Mais il n'est pas le seul auteur qui m'ait fourni des matériaux ; j'ai réuni aux siens tout ce que j'ai pu découvrir de relatif à Auxerre dans les autres historiens. On me verra aussi, par fois, émettre un sentiment contraire au sien ; et dans ces deux circonstances je mettrai le plus grand soin à indiquer mes motifs et mes autorités.

Je ne fais paraître en ce moment, que le premier volume, comprenant l'histoire d'Auxerre jusqu'au XVIe siècle inclusivement. L'abbé Lebeuf s'était arrêté, pour l'histoire civile, à la mort d'Henri IV, et pour celle ecclésiastique, à l'épiscopat de Nicolas Colbert, mort le 5 septembre 1676 : j'ai été obligé, pour les temps postérieurs, de faire moi-même toutes les recherches. Elles sont à peu près terminées, et le second volume, finissant aux Etats généraux de 1789, ne tardera pas à paraître ; au moins je l'espère.

HISTOIRE

DE

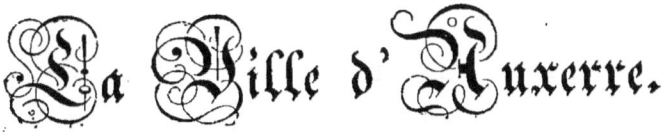
La Ville d'Auxerre.

INTRODUCTION.

L'abbé Lebeuf, dans le siècle dernier, s'est livré, avec beaucoup de zèle, à la recherche et à l'examen des documens historiques sur l'antiquité d'Auxerre. Ce qu'il publia à ce sujet, ne fut pas approuvé sans exception, par les savans. Danville réputé dès lors, comme aujourd'hui, le plus habile de tous ceux qui ont écrit sur la géographie ancienne, tout en louant son savoir, critiqua très-sévèrement ce qu'il dit sur les changemens opérés dans l'emplacement et le nom d'Auxerre, depuis l'invasion des Gaules par les Romains (1). Il oppose ensuite de nombreux argumens à la dissertation dans laquelle Lebeuf veut établir que cette ville est le *Vellaunodunum* des Commentaires de J. César ; et celui-ci n'y répondit que faiblement.

M. Leblanc, Ingénieur, ayant plus de connaissances dans les sciences physiques et naturelles, appuyé, d'ailleurs, sur de nouvelles découvertes, a récemment fait paraître un ouvrage plus satisfaisant sur ce point, que celui de l'abbé Lebeuf. Comme lui, reconnaissant qu'Auxerre, après l'invasion, n'a conservé ni le nom ni l'emplacement qu'il occupait à cette époque, il explique ces changemens par des causes plus probables ; mais se bornant à substituer son système à celui qu'il réprouve, sans en démontrer les erreurs, il résulte de son silence, à cet égard, une fâcheuse incertitude. Il en est de même en ce qui concerne *Vellaunodunum* ; ainsi que l'abbé Lebeuf, il n'hésite pas à le retrouver dans l'Auxerre celtique; mais il laisse sans réponse les graves objections de Danville ; et dans plusieurs de ses propositions, il me paraît n'avoir pas lui-même échappé à l'erreur; en sorte que la question reste tout entière.

Avant d'exposer l'histoire d'Auxerre, je dois

---

(1) Eclaircissemens géographiques sur l'ancienne Gaule, p. 167.

donc faire disparaître, autant qu'il me sera possible, les doutes qui peuvent encore obscurcir son antiquité. Je dois aussi rechercher le rang qu'il tenait parmi les villes gauloises ; sujet qui n'a été traité ni par l'abbé Lebeuf, ni par M. Leblanc.

Ce dernier point historique, devant aider beaucoup à éclaircir les autres, sera le sujet d'un premier paragraphe.

Dans le second, j'expliquerai les causes et l'époque des changemens qui ont eu lieu dans l'emplacement et dans les noms de cette ville.

Dans le troisième, j'espère établir, par les Commentaires même de César, qu'Auxerre est la ville par lui assiégée l'an 51 avant l'ère chrétienne, et qu'il nomme *Vellaunodunum*.

§. 1ᵉʳ

AUXERRE CELTIQUE.

Il est uniformément reconnu par les historiens qu'après la conquête des Gaules, les Romains se bornèrent à les contenir par des garnisons, et à en exiger un tribut modéré, leur laissant leur gouvernement, leurs lois et leurs usages ; qu'Auguste est le premier qui les organisa en provinces romaines. Or, dès ce moment, Auxerre était une des principales villes de la Celtique. Effectivement, en l'an 27 de l'ère chrétienne, cet Empereur, se disposant à visiter les Gaules, y envoya Agrippa, qui y fit construire les quatre ou cinq grandes voies militaires conduisant aux villes les plus importantes. L'une de ces routes portée jusqu'à Boulogne, passait par Autun, Auxerre, Troyes, etc. Pour atteindre Auxerre, elle s'éloignait sensiblement de la ligne droite d'Autun à Troyes ; preuve irrécusable de son importance aux yeux des Romains (1).

Une remarque aussi lumineuse n'a pas échappé à Danville : « Il paraît certain, dit-il (2), qu'Au-
» xerre est une ville celtique et ancienne : la
» chaussée, qui est un ouvrage d'Agrippa, fai-
» sant un angle pour toucher cette ville, elle
» devait être considérable l'an 728, ou du moins
» l'an 735 de Rome ; qui sont des dates auxquel-
» les il est convenable de rapporter la construc-
» tion de cette chaussée ou grande voie. »

Les Romains ne se bornèrent point à cette voie : le même auteur (3) fait mention de celle

---

(1) Mézerai, hist. de France avant Clovis, p. 30, 2e col. Strabon, lib. 4, Pergier, hist. des grands chemins, liv. 1, chap. 29.
(2) Eclaircissemens, p. 359.
(3) Eclaircissemens, p. 384.

INTRODUCTION.

qui n'avait pas d'autre but que de conduire d'Auxerre à Langres, par Chablis, Tonnerre et Arc-en-Barois; une troisième, dont les vestiges sont encore très-reconnaissables, faisait communiquer Auxerre avec le Nivernais, en passant par Entrains, Mève (1), et traversant la Puisaye; enfin une quatrième, étudiée par M. Pasumot, allait directement d'Auxerre à Sens (2).

Une seconde preuve de l'importance qu'avait Auxerre, au moment même de l'invasion, se trouve dans la construction de la Cité. L'abbé Lebeuf l'avait attribuée aux premiers Chrétiens, mais M. Leblanc a combattu cette conjecture avec un succès remarquable. Appliquant à l'examen des murs ses lumières et son expérience en architecture, il a reconnu et démontré que ce que l'abbé Lebeuf avait pris pour des débris de démolitions, sont des matériaux qui n'ont jamais eu d'autre destination ; et que le désordre existant dans la pose de plusieurs pierres, ne provient que des efforts tentés visiblement pour faire disparaître les signes du paganisme. Ses raisonnemens sont fondés sur l'état de ces murs subsistant encore, et sont sans réplique. Il en résulte que les inscriptions qui en ont été détachées, et par-

(1) Pasumot, Dissertations et mémoires, p. 38.
(2) Pasumot, p. 74.

ticulièrement celles des Consuls *Vibius* et *Pansa*, n'y avaient été placées que pour attester l'époque de leur construction; qui remonte conséquemment à huit années après la soumission des Gaules.

Si à cette circonstance on joint l'exiguité de la Cité, dont le sol n'a que 1185 mètres de développement, et sa situation sur une montagne aride que bordent deux vallées délicieuses; on reste convaincu que, dans aucun temps, elle n'a pu avoir pour destination de contenir une ville; que les Romains ne l'ont élevée que pour s'y établir militairement, afin de tenir dans le devoir la ville qui, comme on va le voir, existait dans une de ces vallées; et que cette ville était très-considérable, puisqu'elle a inspiré une telle précaution aux vainqueurs.

Je crois trouver la cause de son importance dans Strabon, qui écrivait au commencement du premier siécle. Il rapporte que le commerce de la Gaule aquitanique avec celle supérieure et les îles Britanniques se faisait en remontant le Rhône jusqu'à la Saône, puis cette rivière jusqu'à l'endroit où elle reçoit le Doubs, et transportant ensuite les marchandises par terre jusqu'à la Seine. Il faut nécessairement ajouter à ce texte que le transport sur les eaux de la Seine, se faisait par l'intermédiaire de l'Yonne, un de ses affluens, où s'opérait le second embarquement des marchandises.

On doit croire que ceux qui ont été assez habiles pour concevoir cette ligne de communication entre la Méditerranée et l'Océan, ne l'ont établie qu'après avoir cherché tous les moyens de rendre le trajet par terre le plus court que pouvait le procurer la localité. Or, du confluent de la Saône et du Doubs à Méry près Troyes, où la Seine commence à être navigable, il y a, à vol d'oiseau, 46 lieues de vingt-cinq au degré; tandis que d'Auxerre, d'où part la navigabilité de l'Yonne à la Saône, il n'y a que 34 lieues et demie. Le trajet par terre, dirigé immédiatement de la Saône à la Seine, au lieu de l'être par l'intermédiaire de l'Yonne, eût donc été augmenté de plus d'un tiers; ce qui suffit déjà pour persuader que c'est ce dernier qui a été employé.

Une seconde observation le démontre plus clairement encore. Si l'on n'eût pas aperçu d'autre moyen que la communication immédiate de la Saône à la Seine, au moins eût-on continué à remonter la Saône jusqu'à l'endroit où elle se rapproche le plus de la Seine, et où elle est encore navigable (aujourd'hui Gray); puisque de là à la navigabilité de la Seine, il n'y a que 40 lieues et demie, conséquemment 5 lieues et demie de moins qu'en quittant la Saône au confluent du Doubs. De ce dernier point de départ résulte donc l'évidence que le trajet par terre se projetait sur la navigabilité de l'Yonne, et se terminait à Auxerre.

On peut d'autant moins en douter que tel est aujourd'hui l'état des choses, entre Auxerre et Châlons; que c'est entre ces deux villes que se croisent les transports des marchandises du nord et du midi, et que ce lien des deux navigations remonte à la plus haute antiquité; sans qu'il existe un seul monument qui donne à penser que jamais il y ait eu un semblable transit entre la Haute-Saône et la Haute-Seine.

Si je cherche ensuite l'époque qu'on peut assigner à l'ouverture de cette grande voie qui était en pleine activité quand Strabon la remarquait, mais dont il n'indique pas l'origine; je vois, d'abord, que par suite de ses recherches, M. Thierry (1) attribue cette heureuse conception aux Massaliotes. Or, c'est en 590 (av. J.-C.) que les Phocéens ont fondé cette colonie, et apporté dans les Gaules les sciences et les arts de la Grèce. Le moyen de communication qui m'occupe a donc dû être pratiqué par eux très-peu de temps après la fondation de leur république, et plusieurs siècles avant l'arrivée de J. César dans les Gaules. N'en fixât-on l'époque qu'au commen-

---

(1) L'istoire des Gaulois, t. II, p. 152.

cement du second siècle (av. J.-C.), comme l'a fait M. Thierry, il n'en faudrait pas moins reconnaître qu'une ville ainsi devenue l'entrepôt du midi et du nord de la Gaule, et mise en relations habituelles avec les hommes alors les plus avancés dans la civilisation, a dû, en peu de temps, acquérir une grande prospérité; surtout à une époque où la navigation des fleuves et des rivières était, à peu près, la seule voie de communication qu'eûssent entre elles les diverses contrées de la Gaule; les voies de terre y étant tellement négligées qu'un des premiers soins des Romains, après l'avoir conquise, a été d'y construire des routes.

Je trouve encore une preuve de l'immense avantage procuré à Auxerre par sa position sur cette partie de l'Yonne, dans le culte dont ses habitans honoraient cette rivière; culte qui ne leur a probablement été inspiré que par reconnaissance de ce qu'ils lui devaient d'être sortis des ténèbres de l'ignorance (1).

Plusieurs considérations me persuadent même qu'Auxerre, lors de l'invasion des Romains, était chef-lieu d'un peuple. On reconnaît généralement qu'Auguste et ses successeurs conservèrent la division des Gaules en territoires que les Celtes

---

(1) Voyez ci-après l'histoire, p. 1.

appelaient *Peuples*, et que les Romains ont appelé *Cités* ; que quelques-uns seulement, en très-petit nombre, furent subdivisés ; et qu'il n'y eut de changemens importans que dans la distribution des Cités en Provinces. Auxerre en était une ; tous les itinéraires, toutes les tables et les notices de l'empire l'attestent ; ce point historique n'a jamais été contesté ; mais cette Cité est-elle de celles qui représentent un ancien Peuple, ou du petit nombre de celles établies par les Romains ? C'est ce qui exige plus de développemens.

Il paraît que jadis le nom de *Senones* n'appartenait pas seulement au Peuple ayant pour capitale *Agendicum*, mais à ceux appelés *Parisii*, *Meldi*, *Tricasses*, et plusieurs autres parmi lesquels il faut compter celui dont Auxerre était le chef-lieu. Les nombreuses armées qui, sous le nom de *Senones*, ont, à diverses époques, ravagé la Grèce et l'Italie, donnent à cette opinion de plusieurs auteurs (1) toute la force de la vérité. Au moment de la conquête de J. César, cette dénomination était encore commune aux

---

(1) V. les notes de Sanson sur les commentaires de J. César, et surtout l'histoire des Gaulois, par M. Thierry, t. 1t., p. 36. Entre la Marne au nord, et les monts Eduens au sud, il ne voit au IIᵉ siècle (av. J.-C.) que les Sénons, et y comprend conséquemment ce qui, depuis, a formé les peuples de Paris, Meaux, Troyes et Auxerre.

Peuples de Sens et d'Auxerre ; mais ces deux Peuples n'en étaient pas moins distincts et indépendans. L'établissement de leurs Evêchés fait voir qu'au moins au milieu du troisième siècle, chacune des deux villes était capitale d'une Cité. C'est en 250 que celui de Sens a été fondé par Saint Savinien ; sans aucune juridiction sur celui d'Auxerre, puisqu'en 260, le Pape Sixte II y envoya Saint Pélerin, pour y exercer le même ministère. Or, ces premiers Evêchés furent tous établis dans des Cités. « Le gouvernement ecclésiastique, en France, dit Danville, a été réglé sur le gouvernement civil tel qu'il existait lors de l'établissement du Christianisme dans les Provinces de la Gaule : en sorte que *les anciens Diocèses répondent aux territoires des anciens Peuples* » (1).

Il ne pouvait pas, à cette époque, en être autrement : les prédicateurs de l'Evangile, loin d'être aidés par l'autorité civile, en étaient persécutés. Ils étaient d'ailleurs, en petit nombre ; une mission comme celle de Saint Pélerin, composée de cinq à six prêtres, devait suffire à une grande étendue de pays. Il fallait donc qu'elle se fixât

---

(1) Eclaircissemens, p. 234. V. aussi Mézerai, hist. de France, avant Clovis, t. 1, p. 32; Crévier, hist. Rom. t. 12, p. 279; le P. Longueval, hist. de l'Eglise Gallicane, notice géographique, p. v; Dict. de Trévoux, au mot *Diocèse*; Sanson, remarque sur la carte géographique de l'ancienne Gaule, p. 9; et Fleury, hist. eccl. t. 3, p. 145, in-4º.

dans un point central, où les relations ordinaires amenaient nécessairement et souvent une grande partie de la population. C'est l'avantage qu'offrit aux premiers Apôtres des Gaules la division par Provinces et par Cités. Le premier qui arriva dans la Celtique, Saint Potin, choisit Lyon, métropole de la Province, pour sa résidence. Par le même motif, les sept Evêques envoyés par le Pape Saint Fabien, s'établirent tous dans des Cités, et il n'est pas d'exemple du contraire. Les Papes, alors, prirent un tel soin de n'ériger d'Evêché que dans des Cités, que la tradition en fit une règle étroite pour leurs successeurs : en sorte que, quand ceux-ci en ont créé dans des villes inférieures, ils leur en ont conféré le titre. On le voit dans la Bulle d'érection des Evêchés de Maillezais et de Luçon, de 1347 : *Malliacensem et de Lucinio villas in civitates erigimus, et civitatum vocabulo decoramus* (1).

Il ne reste plus qu'à examiner si la Cité d'Auxerre a pu, antérieurement à 250, être créée par les Romains ? On ne peut pas le conclure de la suprématie de l'Eglise de Sens sur celle d'Auxerre, puisqu'elle ne lui a été déférée qu'au cinquième siècle, sous Théodose Ier, lors de la subdivision de la province Lyonaise. Je vois, au contraire,

---

(1) Dict. de Trévoux, au mot *Diocèse*.

que cette Cité représente un ancien Peuple dans le rang qui lui est assigné sur la notice de l'Empire, dressée sous Arcade et Honorius, en 407 ; à une époque peu éloignée de celle de la conquête. Elle est placée la troisième dans la Province Sénonaise, après Sens et Chartres, et précède Troyes, Orléans, Meaux et Paris, presque toutes reconnues pour Capitales de Peuples Celtiques. L'ordre observé dans cette notice, n'est pas géographique, puisqu'après la Métropole, on voit Chartres qui est à l'Ouest, Auxerre qui est au Sud, Troyes qui est à l'Est, Orléans qui est encore à l'Ouest, ensuite Paris et Meaux qui sont au Nord. Il n'est pas, non plus, gradué sur le plus ou moins d'ancienneté des Evêchés, puisque celui de Paris, fondé par Saint Denys, en 240, est plus ancien que celui d'Auxerre. On ne peut voir, dans cet ordre, que l'expression du degré d'ancienneté des Cités entre elles. C'est ainsi que Vallois l'a entendu: *Honoris caussâ præponebatur* (1). Et l'on doit, d'autant plus, s'attacher à cette idée, que, dans toutes les notices postérieures, recueillies par André Duchêne, Auxerre a conservé son rang jusqu'au XIIIe siècle. C'est alors, seulement, que l'ordre a été changé par quelques auteurs, pour donner à Paris une place plus

---

(1) Notitia Galliarum, v. Autessiodurum.

conforme à l'illustration qu'il avait obtenue depuis. Mais Joseph Scaliger voyant, sans doute, dans l'ordre primitif, des traces précieuses à conserver pour l'histoire, a rédigé sa notice des Gaules, comme elle l'avait été dans l'origine; Papire-Masson a suivi son exemple.

Aux yeux de Danville, *Autissiodorum* étant un nom celtique, Auxerre existait avant l'invasion des Romains, mais il penche à croire qu'il n'a été érigé en Cité que depuis, parce qu'on le trouve, pour la première fois, dans Ammien-Marcellin, qui écrivait au IVe siècle. Ce raisonnement suppose qu'Auxerre n'est pas le *Vellaunodunum* des Commentaires de César; qu'il portait le nom d'*Autissiodorum*, avant la conquête comme depuis, et que si un nouveau nom lui avait été donné, il serait latin et non celtique. Or, j'espère établir, dans les paragraphes suivans, que le premier nom d'Auxerre a été *Vellaunodunum*, et expliquer comment celui d'*Autissiodorum* lui a été donné.

A l'égard de l'assertion que, si ce dernier nom était postérieur à l'invasion des Romains, il serait latin et non celtique; je trouve la réponse dans deux graves auteurs, Bullet et Dubos. Le premier, dans ses Mémoires sur la langue celtique (1), prouve, très-disertement, que les Gaulois n'ont

---

(1) Chap. VIII et suiv.

commencé à apprendre le latin que dans les écoles fondées par Charlemagne ; et, quoique l'abbé Dubos prétende qu'ils adoptèrent cette langue beaucoup plus tôt, il reconnaît que cela ne doit s'entendre que pour les personnes occupant les premiers rangs de la société ; mais que dans la Gaule celtique, surtout, jusqu'à la seconde race de nos Rois, le langage habituel fut celui que le pays avait auparavant (1).

La même observation s'est faite, et se fait encore, sur toutes les nations envahies par des étrangers. C'est par la force qu'on subjugue les corps, mais elle est impuissante sur les esprits : les mœurs, les habitudes et le langage lui échappent. Il faut de l'instruction et des siècles, pour effacer les différences morales qui distinguent les vaincus de leurs maîtres. L'Alsace, soumise à la France, depuis deux siècles, conserve encore la vie et le langage germaniques.

Quant au silence des auteurs antérieurs à Ammien-Marcellin sur cette ville, il n'est pas plus concluant. Entre J. César et cet Historien, nous ne pouvons consulter, sur l'état des Gaules, à cette époque, que les Géographes intermédiaires qui, dans des livres peu étendus, n'ont voulu décrire que les parties essentielles du monde

---

(1) Histoire de la Monarchie française, p. 6.

alors connu. On y chercherait en vain des détails: Strabon, sur la Gaule Lyonaise, ne nomme que trois villes, Lyon, Autun et Paris. Pline a consacré six lignes à la même région; il y nomme tous les Peuples, sans désigner une seule ville. Méla, dans son ouvage *de situ orbis*, a renfermé l'univers dans un volume *in*-4°. Il en est de même de tous les auteurs de ce temps.

Sur cette question, Vallois n'a pas hésité comme Danville; il met très-affirmativement Auxerre au rang des Capitales Celtiques. Il reconnaît que les Sénonais ont toujours eu deux Capitales : Sens et Auxerre; comme les Carnutes avaient Chartres et Orléans; les Vocontiens, Vaison et le Luc; et les Leuciens, Toul et le Petit-Nancy : *Senonum capita duo semper fuere Agendicum et Autessiodurum; uti Carnutum Autricum et Genabum; Vocontiorum Vasio et Lucus-Augusti; Leucorum Tullum et Nasium* (1).

Enfin les Commentaires de César me fournissent la preuve que *Vellaunodunum* était indépendant d'*Agendicum*. Quoique ce conquérant fût maître de cette dernière ville, où il avait ses quartiers d'hiver, il n'en a pas moins été obligé d'assiéger *Vellaunodunum*.

---

(1) Notitia Galliarum, V.° Autessiodurum

§. II.

CHANGEMENT DANS L'EMPLACEMENT

ET

LE NOM D'AUXERRE.

Au Sud-Est de cette ville, dans la vallée qu'arrose le ruisseau de Vallan, et qu'occupe le faubourg Saint-Martin, le sol, sur une étendue à peu près égale à celle de la ville actuelle, offre encore à qui veut le fouiller, et partout, des signes indubitables que, jadis, il a été couvert d'habitations riches et rapprochées. Le nombre infini de puits, de murs, de statues, de débris de colonnes, et autres objets d'architecture, ainsi que de bijoux précieux et de monnaies romaines, dont on trouve les détails dans les écrits de l'abbé Lebeuf, dans les Mémoires de l'Académie des Sciences, et dans l'ouvrage de M. Leblanc, ne laissent pas de doute sur cette indication matérielle. Je crois inutile de les répéter ici ; j'ajouterai seulement qu'au-dessus de l'atelier monétaire, découvert près de la rivière, et dans les nombreux jardins nouvellement formés, depuis cet endroit jusqu'à la fontaine Saint-Amatre, on n'est parvenu à planter des arbres et à obtenir une bonne culture, qu'en démolissant une immensité d'aires de maisons et de fondations, dont quelques-unes avaient jusqu'à dix pieds d'épaisseur, et contenaient d'énormes pierres de taille. Ce qui prouve combien les maisons y étaient rapprochées, c'est le grand nombre de puits découverts : dans un seul jardin d'un demi-hectare, il en a été trouvé sept. Enfin, il a fallu se livrer à des travaux considérables, pour détruire des vestiges très-reconnaissables de voies publiques. Il importe, surtout, d'observer qu'on ne peut pas douter de l'âge de ces ruines, parmi lesquelles on a toujours trouvé une grande quantité de monnaies des Empereurs des quatre premiers siècles.

Je dois aussi donner quelques détails sur un bâtiment découvert, près de la fontaine Saint-Amatre, par M. Legueux, en 1821. M. Leblanc n'en a dit qu'un mot, probablement parce que rien n'indiquait encore quelle avait été, jadis, sa destination. Mais, au mois d'août 1830, en fouillant la terre, dans le même endroit, les ouvriers mirent au jour deux patères en argent, pesant chacune plus d'un marc. Parfaitement semblables, elles ont 190 millimètres de diamètre ; et leurs parois, posées sur un pied presque plat, s'élèvent de 23 millimètres. Sous leur pied, dans un cercle, et en en suivant le contour, on lit : DEO· APOLLINI· R· P· PAG· II· M· AVTES-SIODVRI· (1) Ainsi c'était un temple d'Apollon élevé par le pays Auxerrois (2). Il était octogone et à double enceinte. Les deux murs qui la formaient laissaient entre eux un espace de deux mètres. L'intérieur avait cinq mètres environ de diamètre, et l'ensemble en avait dix. Il y a lieu de présumer que l'enceinte intérieure n'était formée que par un rang de colonnes; d'autant mieux que, parmi les débris, on a trouvé un tronçon de colonne cannelée, et plusieurs morceaux de marbre taillé.

Ces constructions abandonnées faisaient-elles partie de la ville actuelle, qui, alors, aurait été double de ce qu'elle est aujourd'hui ; ou la ville a-t-elle été formée de leurs débris? Cette dernière proposition est établie sur des documens irréfragables.

On a vu, dans le § 1ᵉʳ, que la Cité, construite par les Romains, huit années après leur

---

(1) Tous ces caractères sont pointillés.
(2) Les Celtes, même avant l'invasion, avaient mis Apollon, sous le nom de Belen ou Belenus, au rang de leurs divinités, lui attribuant le pouvoir de guérir les malades : *Habent opinionem Apollinem morbos depellere.* César, bel. gal. lib. *VI*, cap. 17.

conquête, et lorsque les Celtes étaient assujétis seulement à un léger tribut; n'a d'abord été qu'une citadelle destinée à maintenir la ville dans l'obéissance. Elle a donc été élevée sur un terrain voisin, mais séparé des habitations. On voit, effectivement, dans la vie de Saint Germain (1), que, de son temps, au Ve siècle, à la place du vaste château qui, depuis, porta son nom, il n'y avait qu'un simple Oratoire nouvellement édifié par lui (2), sous l'invocation de Saint Maurice; dans lequel cet illustre Évêque se retirait souvent, loin du monde et de ses distractions. Dans l'histoire de ses successeurs, scrupuleusement extraite par Lebeuf des anciennes chroniques, on voit cet Oratoire successivement transformé en Basilique, puis en Abbaye du nom de son fondateur. Au XIe siècle, l'abbaye était entourée de fortifications; et tellement isolée, que le Roi Robert, voulant s'en emparer, la cerna par ses troupes qui formaient, dit Glaber, une espèce de couronne: *cingentesque supra dictum castrum in coronæ modum* (3). Enfin, la dévotion au tombeau de Saint Germain, les aumônes des Religieux, et l'asile qu'ils offraient dans un hos-

---

(1) Mémoires de Lebeuf, t. 1, p. 73.
(2) Préface de l'histoire de la prise d'Auxerre, p. 10.
(3) Lib. II, cap VIII.

pice, attirèrent la population qui, au XIIe siècle, formait déjà la paroisse Saint-Loup (1).

Entre cette Paroisse et la Cité, était encore au XVIIe siècle, un grand étang appelé Saint-Vigile, dont le sol n'a été probablement bâti que lors des concessions qui en ont été faites, d'une partie aux Bernardines, en 1636, et du surplus aux Sœurs de la Providence, en 1676 (2).

La paroisse de Saint-Eusèbe, au commencement du VIIe siècle, était, suivant l'expression de Lebeuf (3), *une pleine campagne avec quelques vignes* (4), sur laquelle l'Évêque Saint Pallade fonda un monastère. Il en a été ainsi de celle de Notre-Dame-la-d'Hors, qui, sur la fin du même siècle, était un *coteau de vignes* appartenant à l'Évêque Saint Vigile (5), et dont il dota les Religieux du monastère construit à ses frais dans le même lieu.

On connaît moins l'époque à laquelle la paroisse Saint-Père s'est formée ; mais Lebeuf assure qu'elle ne peut pas remonter au-delà du VIe siècle (6). On sait, en effet, qu'à son arrivée

---

(1) Préface de l'histoire de la prise d'Auxerre, p. 21.
(2) Mémoires de Lebeuf, t. 1, p. 688 et 721.
(3) Mémoires de Lebeuf, t. 1, p. 842.
(4) En 860, il y avait encore des vignes près de l'Eglise. V. les Preuves des Mémoires de Lebeuf, n° 3.
(5) Mém. t. 1 p. 145.
(6) P. 34.

dans le pays, Saint Pélerin y construisit l'Eglise qui, depuis, porta son nom ; et qu'il la plaça sur le rivage de l'Yonne, à la source de plusieurs fontaines, ce qui présente l'idée d'un lieu inhabité (1). Mais il est certain que, depuis le couvent des Dominicains, et en remontant au Sud, jusques et y compris celui des Capucins, où se trouvent aujourd'hui le quartier de la porte Chantpinot, tout l'ancien Hôtel-Dieu, la promenade du Temple, et une partie du faubourg Saint-Amatre, le sol était également sans habitations. Au bout, vers le Sud, était la place des Kalendes-Mai, ainsi nommée de la foire qui, chaque année à cette époque, se tenait hors de la ville, pendant huit jours, et donnait lieu, suivant les chroniques, à un concours prodigieux (2) ; ensuite, et revenant au Nord-Est, se trouvaient le cimetière des Chrétiens (3), puis celui des Juifs (4); et enfin, le clos de vignes mentionné dans une bulle de 1178, et dont le sol fait actuellement partie de la Cour-des-Vents (5).

Ce n'est que sur la fin du XIIe siècle, que ces paroisses qui, dans l'origine, n'étaient que des

---

(1) Mém. t. 1, p. 3.
(2) Préface de l'histoire de la prise d'Auxerre, p. 44. Mémoires t. II, p. 92.
(3) Mémoires, t. I, et préface déjà citée, p. 25.
(4) Mémoires, t. II, p. 169 ; preuves, n° 122.
(5) Mémoires, t. II, p. 443.

bourgs séparés, se trouvèrent tellement unies et rapprochées de la Cité, qu'elles ne formaient plus avec elle qu'une seule ville ; et que les Comtes d'Auxerre se déterminèrent à les réunir dans l'enceinte actuelle (1). La fondation, les progrès et le complément de la ville moderne, sont donc parfaitement connus : la tradition en a même conservé les époques depuis la première pierre posée l'an 43 (av. J.-C.), jusqu'à la dernière posée en 1270. Rien de ce qui la compose, n'existait lors de l'invasion des Romains ; si ce n'est, toutefois, une portion de la paroisse Saint-Père, qui, placée dans la vallée où était l'ancienne ville, en a très-probablement fait partie.

On peut aussi reconnaître avec quelque précision la position et les dimensions que cette ancienne ville avait acquises sous la domination Romaine. Les ruines innombrables qui ont été découvertes, et que, chaque jour, la culture du sol met en évidence, commencent vers la rivière, où l'on trouve l'atelier monétaire de Tibère ; elles se continuent sans interruption, du Nord-Est au Sud-Ouest, jusqu'à la fontaine Saint-Amatre, qu'elles ne dépassent pas, et près de laquelle s'élevait le temple d'Apollon. Dans l'autre sens, elle était bornée, à l'Est, par la montagne, au pied de

---

(1) Mémoires, p. 95 et 120.

laquelle on cesse d'apercevoir ces vestiges ; et à l'Ouest, par le mont *Autricus*, où était la place des Kalendes-Mai, le cimetière des Chrétiens et celui des Juifs, dont je viens de parler (1).

Le pont et la voie romaine se coordonnent exactement avec cette position. Le pont qui, au XVIᵉ siècle, a été reconstruit sur les fondations de celui qui venait de s'écrouler, se trouve très-loin de la Cité, et à l'extrémité de la nouvelle enceinte. Par sa position bizarre, aux yeux de celui qui en ignore la cause, il témoigne qu'il n'a pas été fait, dans l'origine, pour la ville moderne, encore moins pour la Cité, mais pour celle abandonnée, à laquelle il servait d'entrée. La grande voie d'Agrippa, dirigée sur Auxerre, non par le côté droit de l'Yonne, comme l'a cru Danville, mais par le côté gauche, descendait la montagne qui domine cette vallée à l'Est, y entrait près de la fontaine Saint-Amatre, en décrivant une ligne oblique, qui s'aligne sur le pont, au-delà duquel

---

(1) Au milieu des ruines subsistantes, il est difficile de distinguer celles de la ville Celtique, de celles de l'extension qu'elle a prise sous la domination Romaine ; mais, très-certainement, elle n'avait ni l'étendue, ni la forme irrégulière que dessinent ces vestiges, puisque César l'entoura pendant deux jours : *Biduo circumvallavit*. Il y a tout lieu de croire qu'alors elle occupait, à peu près, le milieu de l'espace indiqué par les vestiges, principalement la plaine de Saint-Julien. C'est en cet endroit, qu'ont été faites les découvertes les plus nombreuses, les plus antiques et les plus riches, dont Lebeuf donne les détails dans sa disertation de 1748.

elle se portait au Nord sur Saint-Florentin et Troyes. Cette direction, qui la rendait à peu près étrangère à la ville actuelle, subsistait encore au XIVᵉ siècle ; et Auxerre n'avait pas d'autre grande route conduisant à Autun et Lyon. On lit, dans les mémoires de Lebeuf, qu'en novembre 1349, Pierre de Cros, récemment nommé Evêque d'Auxerre, et se rendant de Paris à Rome, passa par Auxerre ; que le Clergé et le Peuple, pour le complimenter, se réunirent dans le faubourg Saint-Amatre ; et que c'est dans la prairie, près de la fontaine, que se fit l'entrevue (1).

Ainsi l'examen attentif des lieux et des fastes du pays révélent très-clairement l'ancien et le nouvel emplacement de la ville. Les causes de ce changement ne sont pas moins faciles à saisir.

Toutes les autorités militaires, civiles et religieuses, ayant été successivement établies dans la Cité, la population dut naturellement chercher à se rapprocher de ce centre; et à profiter de toutes les occasions. Or, elles se présentèrent en grand nombre dans les siècles suivans. Après la conquête du pays par les armées romaines, les vainqueurs n'avaient pas borné leurs précautions à s'enfermer dans leur citadelle; ils avaient détruit les fortifications qui avaient tenu

(1) T. 1, p. 457.

César durant deux jours devant la ville. Les habitans furent ainsi exposés aux ravages que leur contrée éprouva de la part des Huns conduits par Attila au Ve siècle, des Sarrasins au VIIIe, des Normans au IXe, et de l'armée du roi Robert au Xe. Les chroniques de ces temps d'infortune, en assurant que la Cité ne fut jamais prise, déplorent les maux sans nombre dont furent accablées les habitations extérieures. On sait, d'ailleurs, par l'histoire générale, que les Huns, les Sarrasins et les Normands n'ont fait que des guerres d'extermination, qui, commencées par le meurtre et le pillage, finissaient par l'incendie. A la suite de ces désastres, les habitans contraints de reconstruire leurs maisons, auront préféré se placer près de la Cité, et autour des monastères, non seulement par les motifs dont je viens de parler, mais probablement encore pour échapper aux inondations auxquelles ils étaient exposés dans la vallée. Elles y sont si fréquentes que toutes les découvertes qui ont été faites ont prouvé que le niveau de la plaine s'est élevé de près d'un mètre depuis la destruction des édifices.

Quant au changement de nom, on en trouve l'époque et le motif dans l'histoire générale. Une des mesures dont l'exécution a été commencée par César et achevée par Auguste, pour effacer les souvenirs de la résistance que certaines villes avaient opposée aux conquérans; contraignit ces villes à changer de nom ; quelques unes mêmes furent détruites, comme *Alesia, Gergovia et Bratuspantium*. (1) *Vellaunodunum* fut du nombre de celles à qui il n'en couta que leur nom; elle dut en prendre un nouveau pour avoir fermé ses portes à César pendant deux jours ; et elle prit celui qu'avait déja la Cité. Le mont sur lequel cette forteresse avait été bâtie, était appelé *Autricus* ou *Altricus*. De nombreux monumens, que Vallois lui-même a signalés, l'attestent. (2) Dans la vie de Saint Amatre, écrite au Ve siècle, on lit que le corps de Marthe fut inhumé *juxta Altricum in conspectu civitatis* ; que celui de cet Évêque fut également porté *ad locum qui appellatur Autricus*. Dans le livre des cérémonies de la Cathédrale, manuscrit de la plus haute antiquité, on lit : *Preces dicendæ... ad montem Autricum*. On avait donc donné le même nom à la forteresse, en y ajoutant *dorum*, mot celtique qui signifie rivière, pour la distinguer du surplus de la montagne. De là, *Auticidorum*, puis *Autissiodorum*, *Autessiodorum*, et les autres locutions multipliées que l'usage, la corruption et les fautes des copistes ont produites sur ce nom primitif. A l'époque dont je viens de parler, il devint celui de la ville entière, surtout dans les actes publics; les Romains devant ne compter pour rien la ville par

---

(1) V. l'histoire de la monarchie française, par l'abbé Dubos.
(2) Notitia Galliarum, v. Autessiodurum.

eux vaincue et ruinée, et ne pouvant considérer que la Cité qu'ils avaient créée.

Ici je m'éloigne infiniment du sentiment de Lebeuf, et de celui de M. Leblanc. Tous deux, quoique sous des points de vue différens, croient apercevoir dans nos fastes historiques que deux noms et deux emplacemens ont précédé ceux actuels, quand il est évident pour moi qu'il n'y a jamais eu que deux noms et deux emplacemens : la ville celtique, *Vellaunodunum*, dans la vallée ; et la ville romaine, *Autissiodorum*, sur le mont *Autricus*. L'obscurité du texte de César sur *Vellaunodorum*, et celle que répandent sur les temps anciens de notre ville les écrits du ve siècle et des suivans, ont placé ces deux savans dans un embarras dont ils ont cru ne pouvoir sortir que par des suppositions que je crois inadmissibles.

Lebeuf place *Vellaunodunum* sur la montagne Saint-Georges, et à son revers occidental ; puis il suppose que les habitans, par les conseils des Romains, sont descendus dans la vallée, et y ont fondé *Autricum*; qu'ensuite, devenus Chrétiens, ils ont bâti la Cité des débris d'*Autricum :* mais aucun de ces faits n'est prouvé.

1°. Malgré son zèle pour les recherches, ce laborieux écrivain n'a pas pu trouver sur cette montagne le moindre vestige d'une ancienne ville. Ses conjectures tirées de quelques usages ecclésiastiques du XIIIe siècle, postérieurs de 1600 ans à

INTRODUCTION. xvxiij

la première migration qu'il suppose, ne sont d'aucun poids. Comment peut-on croire que le Clergé aurait été en procession dans ce lieu, parce que, trois siècles avant l'établissement du christianisme, des idolâtres l'auraient habité? Il en est de même des mots *cellæ veteres*, par lesquels un acte du XIIIe siècle désigne Saint-Georges. *Cella* ne signifie que *célulle*, *petite* maison. On ne peut donc trouver dans *cellæ veteres* que les indices d'un ancien monastère; et précisément Lebeuf lui-même, dans ses mémoires (1), rapporte qu'en 1218, des Religieuses de l'ordre de Citeaux s'y étaient établies; mais qu'onze ans après elles abandonnèrent ce lieu, pour un autre plus convenable appelé Orgelène, que leur donna la comtesse Matilde.

2° La grande voie romaine dont j'ai parlé ne va pas chercher la ville celtique sur le revers de la montagne Saint-Georges; mais de fort loin, elle décrit une ligne du Sud au Nord, pour descendre dans la plaine de Saint-Julien. C'est donc là qu'existait cette ville dès les premiers temps de la conquête; et ce n'est pas par les conseils des Romains que les habitans s'y étaient fixés.

3° Ils n'avaient pas eu besoin de leurs avis pour connaître tout le prix du voisinage de

---

(1) T. 1, p. 376.

l'Yonne, puisqu'ils l'avaient mise au rang de leurs divinités. C'est encore dans les écrits de Lebeuf que nous trouvons la description d'un de ses autels, et de l'inscription qui l'atteste. Ils profitaient donc de tous les avantages de pêche, d'irrigation et de navigation qu'elle leur offrait; ce qui est inconciliable avec leurs habitations à une lieue de là, et sur le revers d'une montagne qui ne leur aurait pas permis d'apercevoir leur divinité. Du culte dont ils l'honoraient, la conséquence nécessaire est qu'ils habitaient près de ses bords.

4° Lebeuf n'a cherché si haut la ville celtique que par ce qu'il lisait dans Schrickius, que le sens de *Vellaunodunum* est *campus ad altum collem.* Mais, comme l'a fait observer M. Leblanc, la colline n'est qu'une élévation peu considérable. Le dictionnaire de l'Académie la définit : *petite montagne qui s'élève doucement au-dessus de la plaine.* Cette définition est parfaitement conforme à la décomposition du mot *Vellaunodunum* faite par application des principes professés par Bullet (1) sur la langue celtique. *Vella* veut dire ville, *no* pente, et *dunum* colline ; ce qui convient parfaitement au lieu de l'ancien Auxerre. Si du pont on suit la vallée où circule le ruisseau de Vallan, on voit à peu de distance de la rivière, le terrain s'élever

---

(1) T. 1, p. 174, 189 et 252.

doucement jusqu'à la partie basse du faubourg Saint-Amatre, formant le second étage de la montagne ; on voit aussi cette colline serrer de près le ruisseau dans presque toute l'étendue de l'étroite vallée. Nulle part l'acception celtique de *Vellaunodunum* ne peut recevoir une application plus exacte. C'est donc sur cette colline que les premières maisons ayant été bâties, la ville aura reçu un nom conforme à sa position ; ce qui n'aura pas empêché les habitans, leur nombre augmentant, d'étendre leurs habitations dans la plaine de Saint-Julien, et jusqu'au bord de la rivière.

À l'égard de l'opinion de Lebeuf sur la création de la Cité par les Chrétiens, j'ai déjà fait connaître la démonstration physique et rationelle qu'a donnée M. Leblanc de cette erreur, et qui commande la conviction.

Mais M. Leblanc est tombé lui-même dans une erreur dont il se serait assurément préservé, si le temple d'Apollon eût été découvert lorsqu'il a écrit. Il suppose aussi un *Vellaunodunum* et un *Autricus* indépendans de la Ville actuelle. Suivant lui, *Vellaunodunum* était *un fort, une petite place forte*, située à l'entrée de la vallée, près du lieu occupé actuellement par le bourg de Vallan, et qui protégeait les habitations dont la vallée était couverte. Si cela était vrai, il faudrait renoncer à prétendre que ce *Vellaunodunum* est celui dont

César rapporte le siège qu'il en a fait. Celui-ci n'était pas un fort, *Castrum*, mais une ville, *Oppidum*. Le siége de César dura deux jours, *biduo circumvallavit*. Les assiégés s'étant soumis, il en exigea 600 ôtages. Ce nombre révéle combien la ville était peuplée et importante; César en donne la mesure au sujet de *Bratuspantium* (1). Il lui demanda aussi 600 ôtages, parce que, dit-il, c'était une grande Cité, qui se faisait remarquer entre celles de la Belgique, par son autorité et la multitude des hommes qui l'habitaient: *quod erat civitas magna, et inter Belgas antoritate et hominum multitudine præstabat* (2). Cependant M. Leblanc soutient, et avec juste raison, que le *Vellaunodunum* près d'Auxerre, est le même que celui dont parle César; il faut donc n'en pas faire *une petite place forte*, mais y voir l'Auxerre celtique et considérable, que Danville reconnaît avoir dû exister lors de l'arrivée des Romains dans les Gaules.

Il est probable que M. Leblanc n'a été entraîné à cette opinion que par la difficulté qu'il a éprouvée à expliquer tout ce qu'ont dit d'Auxerre les écrivains des onze premiers siècles, ainsi que les divers noms latins qu'ils lui ont donnés. Il y est si souvent appelé *Autricus* ou *Autricum* par les

---

(1) Beauvais.

(2) Lib. 11.

uns, *Autessiodorum* ou *Autissiodorum*, ou à peu près par les autres, que M. Leblanc a fini par croire que le premier nom désignait la ville située dans la vallée, et que le second n'appartenait qu'à celle actuelle sur la montagne ; qu'ainsi il avait existé simultanément deux villes distinctes de fait et de nom, l'une qu'il suppose avoir été habitée par les agens du gouvernement et les citoyens ; l'autre par le peuple et les ouvriers ; et tout cela indépendamment de *Vellaunodunum* qui aurait été plus loin, et que les Romains auraient détruit.

Je suis convaincu, au contraire, que *Vellaunodunum*, avant la conquête, occupait une grande partie de la vallée; mais qu'ayant été démantelé par les Romains, qui, en même temps, élevèrent la Cité, et lui donnèrent le nom de la montagne où elle se trouvait placée, ce dernier nom devint celui de toutes les habitations placées soit à l'intérieur, soit à l'extérieur de cette Cité. Je n'hésite pas davantage à croire que l'ancien nom se perdit d'autant plus vite, et irrévocablement, que les seuls monumens historiques que nous ayons ont été écrits dans la langue des vainqueurs. Si on y trouve tantôt *Autricum*, tantôt *Autessiodorum*, c'est parce que, d'abord, le premier nom fut seul employé ; qu'ensuite on le modifia par les motifs que j'ai déjà donnés, et qu'enfin on se servit indifféremment des deux mots, comme on va le voir.

Avant de passer à l'examen des autorités dont

M. Leblanc appuie son système, je dois faire observer 1° que le changement de nom a pu commencer aussitôt que la citadelle a été construite sur le mont *Autricus*, en l'an 43 (av. J.-C.); mais qu'il s'est effectué, au plus tard, lors de son érection en Cité, seize années après, et au moment où la plupart des Cités furent contraintes de changer de nom; 2° que, comme Vallois et Danville l'ont remarqué, le premier monument historique qui fasse mention d'Auxerre, est l'écrit d'Ammien-Marcellin; qui ne l'a composé qu'au IV⁰ siècle de l'ère chrétienne. Il résulte de ce rapprochement que ce géographe et tous les écrivains postérieurs n'ont pu consulter que la tradition verbale, transmise entre dix à douze générations; de tous les renseignemens le plus sujet à l'erreur. Observons encore que les habitans et même le Clergé d'Auxerre, dans ces temps d'ignorance presque universelle, étaient si peu lettrés, que Saint Censure, au V⁰ siècle, se vit contraint de recourir à Constance, prêtre de Lyon, pour faire écrire la vie de Saint Germain.

M. Leblanc a cru pouvoir invoquer une autorité qui se rapprocherait davantage des premiers temps: c'est Ptolémée qui, donnant au second siècle un état abrégé des Gaules, y comprend *Autricum*. Quelques-uns de nos anciens géographes avaient aussi pensé que ce pouvait être Auxerre; mais Vallois qui l'applique à Chartres, leur reproche fort rudement leur méprise. Danville (1) n'hésite pas à suivre son sentiment, et Lebeuf (2) se défend vivement d'avoir jamais eu la pensée que cet *Autricum* fût Auxerre. Il suffit, en effet, de comparer les degrés de latitude assignés par Ptolémée à *Cenabum* et à *Autricum*, pour être convaincu que cette dernière ville est Chartres. Il est bien vrai que, comme M. de Lambre l'a reconnu, toutes les latitudes des anciens sont inexactes, puisqu'ils les déduisaient de l'ombre du bord supérieur du soleil, au lieu de prendre celle du milieu de cet astre; ce qui faisait une différence, au moins d'un quart de degré : mais toutes étant calculées sur la même base doivent être, à peu près, proportionnelles ; surtout lorsque, comme dans l'espèce, il s'agit de villes dans la longitude desquelles il y a peu de différence. Or, *l'Autricum* de Ptolémée est placé par lui au Nord de *Cenabum* (Orléans); Auxerre étant, de six minutes dix secondes, plus près de l'équateur que cette dernière ville, ce n'est certainement pas de lui que ce géographe a pu parler.

Je dois encore rectifier l'époque que M. Leblanc assigne aux actes de Saint Pélerin. Il les croit du IVe siècle, mais on ne les trouve que dans des manuscrits du IXe; et certaines expres-

(1) Eclaircissemens, p. 169.
(2) Dissertations, t. II, p. 183.

sions qui y sont employées, ont déterminé plusieurs savans à penser qu'ils n'avaient été composés que durant ce siècle. Lebeuf qui, à l'appui de son système, avait besoin de les faire remonter au-delà, n'a pas osé excéder le vi[e]. « Je ne pré-
» tends pas, dit-il, que ces actes soient du temps
» où ce saint mourut, c'est-à-dire de la fin du
» iiie siècle, ou du commencement du suivant ;
» on les trouve dans des manuscrits du ixe, mais
» ils existaient bien auparavant ; je ne crois pas
» me tromper en assurant qu'ils ont été écrits,
» au plus tard, vers le milieu du vi[e], *sur les tradi-*
» *tions des anciens*, c'est-à-dire 300 ans environ
» après la mission de Saint Pélerin. »

L'autorité de Ptolémée ainsi écartée, et l'époque des actes de Saint Pélerin restituée, l'examen des citations dont M. Leblanc infère que, quand la Cité seule était appelée *Autissiodorum*, *Autricus* était le nom des habitations répandues dans la vallée de Saint-Julien, devient facile. L'autorité la plus ancienne est celle de la vie de Saint Germain, écrite par Constance de Lyon, près de 500 ans après la construction de la Cité. Cet auteur, parlant deux fois de la ville, dit *Autissiodorensis oppidi* : puis il rapporte que Saint Germain se rendit sur le lieu appelé *Autricus*, pour inhumer le corps de Saint Amatre. J'ai déjà fait voir que tel était le nom de la montagne sur laquelle était le cimetière des Chrétiens. La différence de ces expressions prouve seulement que déjà ce nom avait été converti en celui d'*Autissiodorum*, pour désigner la partie habitée de la montagne ; et que pour le surplus le mot primitif avait été conservé. La même explication donne le sens vrai des passages relevés dans la vie de Saint Amatre composée par Africain, au VIe siècle : *Ad locum qui appellatus est Autricus...... et juxta Autricum in conspectu civitatis tumulavit.* Certes, ces expressions ne veulent pas dire qu'en face de la Cité se trouvait une seconde ville, ni même des habitations ; mais seulement un lieu qu'on appelait *Autricus*, ce qui présente même un sens contraire.

Le texte qui paraît avoir le plus influé sur l'esprit de M. Leblanc, et qu'il a mis au premier rang, parce qu'il l'a cru du IVe siècle, est celui des actes de Saint Pélerin. L'auteur de cet écrit expose que ce missionnaire et ses compagnons *ad pagum Autissiodorensem se contulerunt.... ex inde ad Autricum pervenientes.....* Il en résulte, sans doute, que, dans l'origine, *Autricus* ou *Autricum* était le nom d'Auxerre, ce que je suis loin de contester ; mais que, par ce nom, l'auteur n'ait voulu désigner que la partie habitée hors de la Cité, la conséquence est forcée, et contraire au sens naturel qu'offre l'ensemble de l'écrit. Ces apôtres étaient envoyés par Saint Sixte pour s'établir dans la ville chef-lieu de la Cité ; j'ai prouvé qu'alors les Evêques ne devaient siéger que dans des villes de ce rang. On ne peut donc voir dans ce récit que l'arrivée des missionnaires d'abord dans le pays appelé *Autissidorensis*, puis dans la ville capitale dont le nom était *Autricum*.

L'auteur ajoute, il est vrai, que cette ville n'était pas entourée de murs ; d'où M. Leblanc conclut qu'il n'a voulu parler que des habitations situées hors de la Cité : le texte *tunc temporis nec dum murorum munitione cingebatur*, impose suivant moi une conséquence contraire. L'auteur parle évidemment d'une ville qui, au moment où il écrivait, était entourée de murs, mais qui ne l'était pas *encore* lors des faits dont il rend compte; ces expressions *tunc temporis nec dum* ne permettent pas d'hésiter. Or, que cet auteur ait écrit au IVe ou au IXe siècle, l'enceinte actuelle élevée au XIIIe, n'existait pas ; il n'a donc pu parler que de la Cité, dont il voyait les murs ; lesquels probablement il croyait construits depuis la mort de Saint Pélerin. Au surplus, la *tradition des anciens* sur laquelle, *après* 300 *ans au moins*, suivant M. Lebeuf, cette histoire a été composée, était peu éclairée sur ce qui s'était passé à Auxerre antérieurement. On en a la preuve dans l'assertion de l'auteur que Saint Pélerin n'est allé à Entrains, où il a subi le martyre, qu'après avoir entièrement détruit l'idolâtrie dans sa ville épiscopale : *cum que inibi restincta fuisset omnis cultura deorum, territorio ipsius civitatis, ad locum qui inter amnes dicitur.* (1) Il est certain, au contraire, que ce n'est que deux siècles après, que Saint Amatre put construire la cathédrale dans la Cité, sur la place que lui céda un idolâtre converti; et qu'il y éleva un autel au vrai Dieu, en renversant ceux des idoles : *superstitionis aras subvertens.*

Les autres autorités de M. Leblanc sont destructives de son système. Je ne puis pas trop le répéter : le nom *d'Autricum* a été le premier donné à la Cité, et emprunté de celui du mont sur lequel elle est assise. Pour la distinguer ensuite de la partie de ce mont laissée hors des murs, peut-être aussi pour qu'elle ne fût pas confondue avec *l'Autricum des Carnutes*, on fit *d'Autricum*, *Autricidorum*. Comme il arrive toujours lors de tels changemens, long-temps les deux noms restèrent en usage; jusqu'à ce qu'enfin celui qui caractérisait mieux la ville près de la rivière, plus généralement adopté, ait fait oublier l'autre. J'en trouve la preuve dans les autorités mêmes de M. Leblanc.

Le *Gesta pontificorum Autissiodorensium*, à la vie de Saint Bethon, exprime le siége épiscopal d'Auxerre par ces deux locutions *Autricæ sedis*, *Autissiodorensis ecclesiæ.* Saint Aunaire, au VIe siècle, assistant au Concile de Mâcon, dont on a

---

(1) Acta Sactorum, 1. Maii, p. 56.

conservé deux exemplaires, a signé sur l'un *Episcopus ecclesiæ autissiodorensis*, et sur l'autre *Episcopus ecclesiæ autricæ*. Dans la vie de Saint Germain, on le dit *Autissidorensis oppidi indigena*; et dans l'histoire de ses miracles, on le nomme *Episcopus autrici*. Dans d'anciennes notices des Cités de l'Empire rapportées par André Duchêne (1), on désigne celle d'Auxerre par ces deux mots *Autissiodorum* et *Autricum*, avec une note pour prévenir qu'ils ne signifient que la même ville. Peut-on, d'ailleurs, se refuser encore à reconnaître qu'elle a porté ces deux noms, lorsqu'on lit dans la vie de Saint Germain par Héric : *Autricus à priscis olim vocitata refertur..... sive sequax usûs dicas Autissiodorum.*

Enfin la question ne peut plus être agitée depuis la découverte des patères du temple d'Apollon. Ce temple était dans la vallée, près de la fontaine Saint-Amatre, et dans le lieu de la ville celtique le plus éloigné de la Cité; cependant il est désigné sur ces patères par le nom de la Cité même, *Autessioduri* (2). Il est donc vrai, et actuellement incontestable, qu'avant même que l'ido-

(1) Hist. script. p. 13.

(2) Génitif d'*Autessiodurum*, qu'on trouve sur la table Théodosienne de Peutinger, et auquel Vallois a donné la préférence sur tous les autres noms attribués à Auxerre. La table de Peutinger est du ve siècle; c'est le seul monument qui nomme ainsi Auxerre ; d'où l'on peut conclure que ces patères sont du même siècle,

lâtrie eût été entièrement détruite, le nom de la Cité s'appliquait à toutes les habitations, soit qu'elles fussent intérieures, soit qu'elles fussent extérieures. Cette découverte répond même au dernier argument de M. Leblanc, que « si ces » deux noms ont pu être employés indistinc- » tement dans l'acception générale, ils ne peu- » vent pas être confondus quand il s'agit des lo- » calités. » Ce nouveau témoin dépose sur la localité même, son témoignage est donc victorieux.

Si j'ai prouvé, comme je le crois, que les noms d'*Autricum* et d'*Autissiodorum*, n'ont été donnés à Auxerre, que par suite de la construction de la Cité sur une partie du mont *Autricus*, par les Romains; que cependant, avant leur invasion, il existait dans la vallée que domine cette Cité, au Sud-Est, une ville *considérable*, il en résulte que cette ville primitive portait un autre nom; quel est-il ? Jusqu'à ce moment, les géographes n'ont pas pu s'entendre à ce sujet. Mais, en même temps, César parle, dans ses Commentaires, d'une ville *Sénonaise* qu'il a assiégée pendant deux jours; qui, le troisième, lui a livré 600 ôtages; et sur la position de laquelle les géographes sont également en controverse. Neuf à dix systèmes produits, à ce sujet, avant Danville, n'ont pu le satisfaire; et celui qu'il y a ajouté, a trouvé peu d'approbateurs. Ne serait-on pas tenté déjà, et par cela seul, de penser avec Cenalis, Ferarius, Paradin, et l'auteur de la carte géographique qui accompagne l'édition in-16 des Commentaires corrigée par Scaliger, que c'est à l'Auxerre celtique qu'appartient ce nom tenu si long-temps en suspens?

§. III.

L'AUXERRE CELTIQUE

EST LE VELLAUNODUNUM

DES COMMENTAIRES DE CÉSAR.

J'espère démontrer, sans chercher mes preuves ailleurs que dans ces Commentaires, 1° que le seul objet de César, en sortant de Sens, a été de secourir les Boiens;

2° Que sa première marche a été au Sud de cette ville, et non à l'Ouest;

3° Que *Vellaunodunum* dont il a fait le siége doit se trouver dans cette direction, à deux jours de marche;

4° Qu'il s'est ensuite porté à l'Ouest, mais par une contre marche à laquelle un évènement imprévu l'a déterminé;

5° Que si pour expliquer l'obscurité de son texte, on lui suppose, à son départ de Sens, le dessein de marcher sur *Genabum*, on se met en contradiction manifeste avec lui;

6° Que ce texte littéralement traduit contient une absurdité;

7° Que pour la faire disparaître, il faut aux innombrables corrections que ce texte, mutilé par les copistes, a déjà subies, en ajouter une indispensable; fort légère, quant à la matérialité de ce texte, mais féconde quand au sens; qu'il faut, au lieu de *ipse* UT QUAM PRIMUM *iter faceret, proficiscitur ad Genabum*, lire: *ipse* PRIUSQUAM PRIMUM *iter faceret, proficiscitur ad Genabum.*

8° Enfin qu'Auxerre est la seule ville sur laquelle puissent s'accomplir toutes les conditions nécessaires pour qu'elle soit reconnue le *Vellaunodunum*.

ARTICLE Ier

CÉSAR N'EST SORTI DE SENS QUE POUR SECOURIR

LES BOIENS.

Son récit ne permet pas le moindre doute à cet égard. « Il apprend que Vercingetorix assiége » ce peuple dans Gergovie. Cet événement lui

» présente de grandes difficultés pour le parti à
» prendre. S'il laisse ses légions dans leurs quar-
» tiers d'hiver, sans protéger de ses armes les tri-
» butaires des Eduens, toute la Gaule peut lui
» échapper, en voyant qu'on n'a pas de secours
» à attendre de son amitié; s'il met prématuré-
» ment son armée en campagne, il peut se trou-
» ver dans un extrême embarras pour ses vivres.
» Cependant il préfère s'exposer à cette der-
» nière difficulté, plutôt que de se livrer à une
» telle honte, et d'aliéner l'esprit de ses alliés.
» En conséquence, il exhorte les Eduens à s'oc-
» cuper de ses vivres, et envoie des exprès aux
» Boiens les informer de son arrivée; les conju-
» rer de lui rester fidèles, et de résister courageu-
» sement aux efforts de leurs ennemis. Laissant
» deux légions dans *Agendicum*, ainsi que les ba-
» gages de l'armée, il part *du côté des Boiens.* »

J'ai traduit le texte avec l'exactitude la plus scrupuleuse; d'ailleurs le voici : *Magnam hæc res Cæsari difficultatem ad consilium capiendum afferebat ; si reliquam partem hiemis uno in loco legiones contine- ret, ne stipendariis AEduorum expugnatis, cuncta gallia deficeret, quod nullum in eo amicis præsidium videretur positum esse ; sin maturiùs ex hibernis educeret, ne ab re frumentariâ duris subvectionibus laboraret : præstare visum est tamen omnes difficultates perpeti, quam tantâ con- meliâ acceptâ, omnium suorum voluntates alienare. Ita- que cohortatus AEduos de supportando commeatu, præ-*

mittit ad Boios, qui de suo adventu doceant, hortenturque ut in fide maneant, atque hostium impetum magno animo sustineant : duabus Agendici Legionibus, atque impedimentis totius exercitus relictis, AD BOIOS PROFICISCITUR. (1)

Ce qui a fait des Commentaires de César un livre classique pour les militaires, c'est surtout l'extrême précision avec laquelle il rend sensibles les motifs qui l'ont déterminé dans toutes ses opérations. Or, je ne crois pas qu'après l'examen de ce texte, il soit possible qu'un lecteur non prévenu conçoive jamais la pensée que César avait, lorsqu'il a fait, si inopinément sortir ses troupes de leurs quartiers d'hiver, d'autre projet que celui de courir au secours des Boiens.

ARTICLE II.

SA PREMIÈRE MARCHE A ÉTÉ AU SUD, ET NON A L'OUEST D'*AGENDICUM*.

Les Boiens habitaient la presqu'île formée par le confluent de l'Allier et de la Loire, con-

(1) Lib 7, cap. 10.

séquemment au Sud de Sens, et précisément sur la ligne qui y conduit, en passant par Auxerre. Ecoutons sur ce point important Danville : « La » route directe de Sens au pays des Boiens est » par Auxerre, et au travers du Nivernais,...... » Cette route convenait même à César; elle était » *la plus courte*, et par conséquent il aurait donné » un prompt secours aux Boiens. D'ailleurs, il » aurait marché dans le pays des Eduens ses al- » liés, qui auraient eu plus de facilité à lui four- » nir les vivres qu'il leur avait demandés. »

S'il a du marcher ainsi, il l'a fait; apprécier les convenances et s'y conformer, est un des plus grands moyens qui lui ont procuré la conquête de la Gaule entière. Au surplus il le dit lui-même, et très-positivement, *ad Boios proficiscitur*. Et quand son unique crainte, en se mettant sitôt en campagne, était de manquer de vivres, comment s'est-il trouvé des savans qui ont pensé qu'il n'avait pas pris la route sur laquelle il en avait demandé, mais une autre où il ne pouvait en avoir qu'à la pointe de l'épée? A moins de trouver les Eduens et les Boiens leurs tributaires dans la Touraine ou le Blaisois, on doit repousser leur système. *V. la Carte géographique, ci-jointe.*

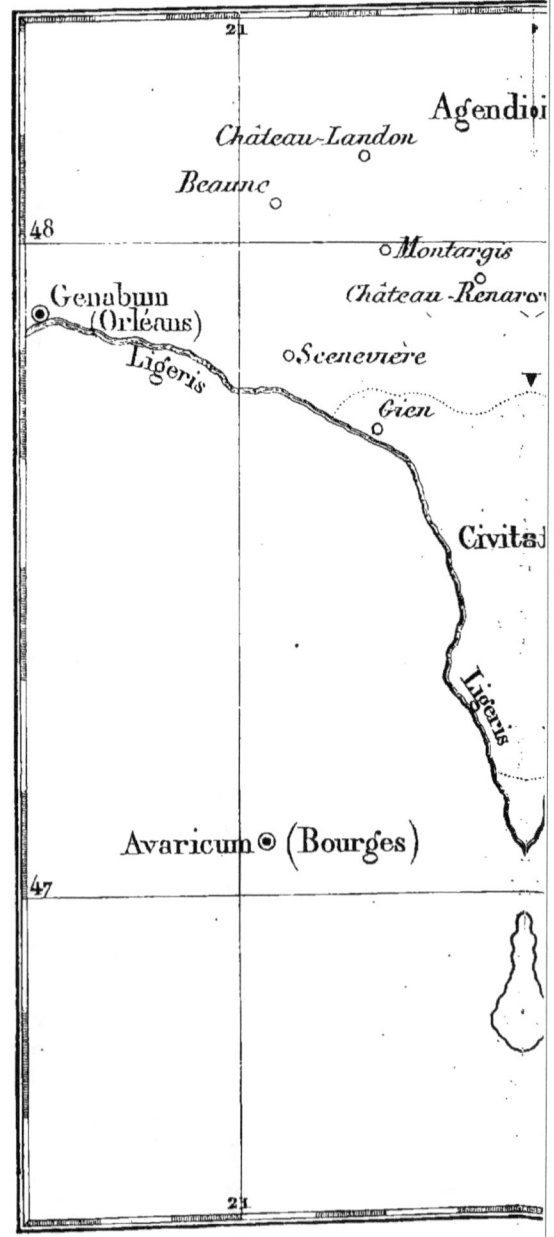

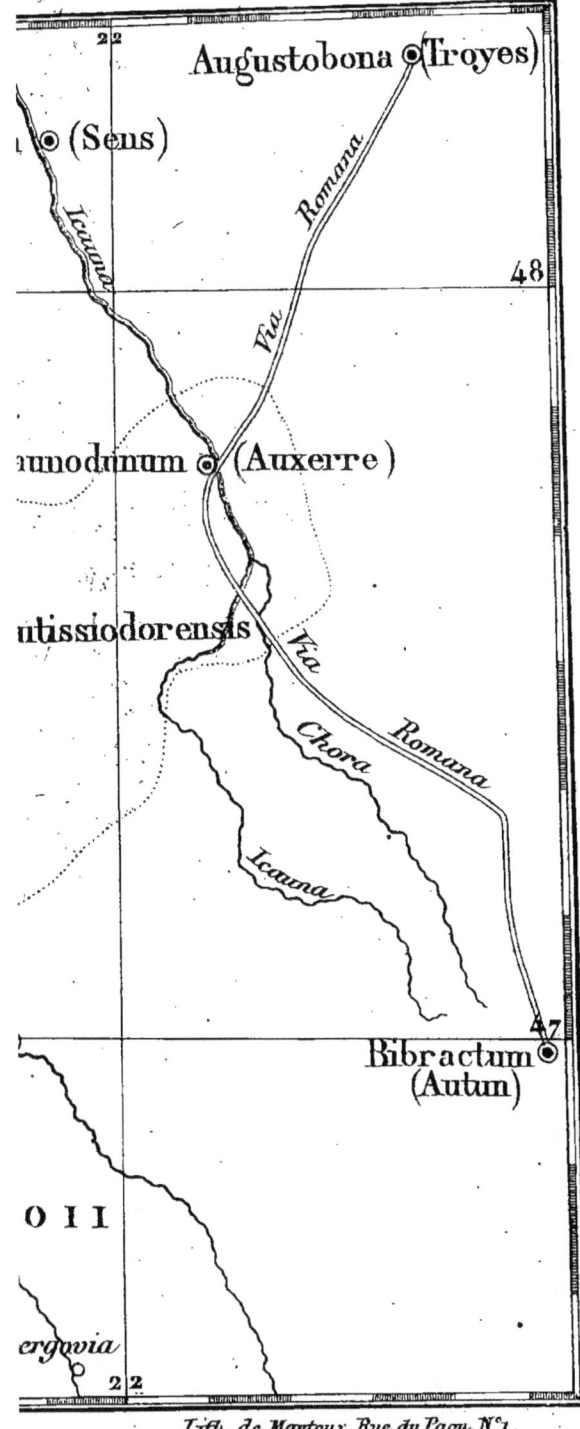

ARTICLE III.

VELLAUNODUNUM DOIT DONC ÊTRE AU SUD DE SENS, ET A DEUX JOURS DE MARCHE.

C'est dans cette direction, et sur le chemin le plus court, qui conduit de Sens à la presqu'île des Boiens, qu'il faut trouver cet *oppidum Senonum*; cette ville qu'il a rencontrée le lendemain de son départ; qui lui a fermé ses portes, et qu'il appelle *Vellaunodunum*. Par là s'explique l'embarras des traducteurs et des historiens, qui ont voulu le placer entre Sens et Orléans, à l'Ouest de la première de ces deux villes. Leur dissentiment, à cet égard, prouve qu'ils se sont tous engagés dans la voie de l'erreur. Charon, Sanson et Perrot d'Ablancourt le veulent à *Château-Landon*; Vallois croit qu'il serait mieux à *Montargis*; Joseph Goduin et Lancelot préfèrent *Scenevière* ; Danville, peu satisfait de ces opinions et de plusieurs autres, tout aussi déraisonnables, se décide pour *Beaune en Gâtinais*. Crévier, dans son histoire romaine (1), et M. Amédée Thierry, dans celle des Gaulois (2), ont suivi le sentiment de Danville ; mais dans une traduction récente des Commentaires de César, M. Wailly revient au système favorable à *Château-Landon*, sans même prévenir ses lecteurs, comme l'a fait prudemment M. Thierry, qu'il y a controverse à cet égard, et sans motiver sa préférence. M. Lemaire, au contraire, reproduit le sentiment de Goduin et de Lancelot, en faveur de *Scenevière* (3).

Je pourrais faire, sur chacune de ces indications, purement arbitraires, des réflexions particulières ; mais elles seraient superflues, puisque ces villes, plus ou moins anciennes, auraient éloigné César du pays des Boiens, et l'auraient fait passer dans des contrées ennemies, où il n'avait pas demandé de vivres.

---

(1) Tom. XIII, p. 206.
(2) Tom. III, p. 110.
(3) Coll. tom. IV, p. 395.

ARTICLE IV.

PAR UNE CONTRE-MARCHE, CÉSAR

DE

VELLAUNODUNUM, SE PORTE A L'OUEST.

Il est cependant vrai, qu'après avoir soumis *Vellaunodunum*, il a conduit son armée à *Genabum*, qui placé, soit à Orléans, comme le prétendent Vallois, Danville et la plupart des savans modernes, soit à Gien, suivant l'opinion des anciens géographes, suivie par Lebeuf et M. Leblanc, n'est pas sur la route de Sens à la ville des Boiens, en passant par Auxerre; j'en conviens et je n'ai pas d'intérêt de m'occuper de cette controverse. Je suis même frappé du nombre et de la solidité des argumens présentés par Danville, au soutien de cette prétention pour Orléans (1); d'autant plus

---

(1) Eclaireissemens, p. 167.

que ni Lebeuf, ni M. Leblanc ne l'ont réfuté ; mais il est également vrai que c'est une contre-marche à laquelle César a été forcé par suite du siége de *Vellaunodunum* ; et c'est encore lui qui le dit expressément. « Il part pour *Genabum* des Carnutes, » qui aussitôt qu'ils avaient appris, par un député » de *Vellaunodunum*, le siége de cette ville, per- » suadés qu'il durerait plus long-temps, se dis- » posaient à y envoyer la garnison qu'ils avaient » dans *Genabum*, pour sa sûreté. » *Ad Genabum Carnutum proficiscitur, qui tunc primum allato nuntio de oppugnatione Vellaunoduni, quam longius eam rem ductam iri existimarent, præsidium tuendi caussâ quod eo mitterent, comparabant.*

On doit particulièrement porter l'attention sur son changement de locution : quand il part de Sens, *proficiscitur ad Boios*, mais après la soumission de *Vellaunodunum*, *proficiscitur ad Genabum*. Ce qu'il dit, pour expliquer sa nouvelle marche, aurait inspiré la même résolution à tout autre capitaine. Partant d'*Agendicum*, l'une des deux capitales des Sénonais, dont il était maître, il ne pouvait pas prévoir que la seconde, *Vellaunodunum*, oserait lui résister, et appeler les Carnutes à son secours ; sans cette résistance imprévue, après un jour de marche, il entrait dans le pays des Eduens où il trouvait ses vivres, et, trois ou quatre jours après, il aurait été devant Gergovie. Mais, forcé de perdre trois jours pour mettre *Vellaunodunum* à la raison, et ne pas laisser derrière lui un ennemi qui lui couperait les vivres, *quo expeditiore re frumentariâ uteretur*; sachant qu'une armée des Carnutes se dispose à secourir *Vellaunodunum*, il ne pouvait pas se dispenser de les prévenir; sans quoi le temps par lui employé à ce siége, était perdu; un nouvel ennemi allait se placer derrière lui. C'est surtout à la guerre, que chaque jour, chaque moment, demandent souvent une nouvelle résolution; et c'est à la rapidité avec laquelle César savait se plier aux exigences des conjonctures, qu'il a dû d'être placé au rang des plus habiles capitaines.

ARTICLE V.

CONTRADICTION MANIFESTE AVEC LE TEXTE DES COMMENTAIRES.

Supposer à César, partant d'*Agendicum*, une autre pensée que celle d'aller au plus vîte secourir les Boiens, c'est se mettre en contradiction manifeste avec lui ; tel est cependant, le système conçu par Lancelot, et suivi par Danville, Crévier et même Lebeuf et M. Leblanc, qui ne diffèrent des trois autres qu'en le dirigeant sur Gien, au lieu d'Orléans. Forcés de reconnaître que l'itinéraire qu'ils lui tracent l'éloigne des Boiens, ils lui prêtent divers motifs.

« *Genabum*, dit Lancelot, eût été encore plus
» bas que le lieu où est Orléans, que César ne
» pouvait pas se dispenser de s'en assurer ; au-
» trement c'eut été une action très-imprudente,
» et peu digne d'un aussi grand homme que
» lui. »

Danville, après le passage que j'ai déjà cité, ajoute : « Qu'on n'imagine pas, néanmoins, que
» César ait agi par imprudence : ce grand capitaine
» connaissait bien la disposition des Gaulois, et
» les véritables intérêts des Romains. S'il avait
» une ville assiégée à secourir, il devait, avant tout,
» venger la majesté du nom romain, violée par le
» massacre de *Genabum*. »

Crévier dit aussi : « Il ne prit pas le chemin le
» plus court, comptant, sans doute, sur l'impé-
» ritie des Gaulois pour l'attaque des places. Il
» avait à cœur de venger le sang des Romains
» égorgés par les Carnutes dans *Genabum*. »

Sur les probabilités de Lancelot, je pourrais observer qu'il est difficile de se persuader qu'il fût expédient pour César, voulant sauver une ville actuellement assiégée, de s'en éloigner de 25 lieues, et d'aller attaquer d'autres ennemis que l'hiver retenait dans l'inaction.

Je pourrais également répondre à Danville et à Crévier, que dans l'alternative de secourir cette ville assiégée, ou d'aller tirer vengeance d'un crime consommé, la raison et l'honneur disaient hautement à César qui savait les entendre : volez, avant tout, au secours de vos amis en danger ; vous pourrez ensuite vous livrer à votre satisfaction personnelle, et exercer votre vengeance. Mais ma réponse à tous est plus péremptoire. Qui, devons nous croire, ou d'eux, ou de César, sur les motifs qui l'ont mis en campagne, et sur le but, que du premier pas, il a voulu atteindre ? César, sans doute, mérite la préférence. Or, on a vu ses motifs et son but très-énergiquement exprimés par lui-même. La punition des Carnutes n'y est pour rien. Avant qu'il fût informé du siége de Gergovie, il avait appris le massacre des Romains dans *Genabum*, exécuté depuis plusieurs mois ; et il n'en gardait pas moins ses quartiers d'hiver ; on a même vu combien il avait hésité à en sortir pour secourir ses alliés ; et lorsqu'après la soumission de *Vellaunodunum*, il change sa marche, et se porte vers les Carnutes, il ne dit pas un mot de leur forfait, ni de sa vengeance ; son seul motif est que ces ennemis, déjà informés qu'il est en campagne, s'apprêtent à venir sur la route qu'il tient. C'est seulement alors qu'il reconnaît que ce nouveau péril est le plus imminent, et qu'il se hâte de l'affronter.

Il est toujours dangereux de supposer à une action des raisons que l'historien n'a pas données ; mais il l'est, surtout, quand cet historien ne parle que de ce qui lui est personnel, et que c'est César qui rend compte des manœuvres de son armée. Négliger ce qu'il dit, pour se jeter dans la voie obscure des probabilités, c'est se livrer à la prétention ridicule de savoir mieux que lui, ce qu'il a fait, et pourquoi il l'a fait.

Je n'en rends pas moins justice à ces savans, qui n'ont eu recours aux suppositions, que pour faire disparaître, s'il était possible, le contre-sens que renferme le texte des Commentaires, tel qu'il a été conservé jusqu'à présent ; et je n'ai insisté sur le peu de fondement de leurs conceptions à ce sujet, que pour en conclure, qu'ils ont reconnu ce contre-sens ; mais que leurs suppositions étant en contradiction avec ce qu'il y a de substantiel dans la narration de César, ce contre-sens existera tant que l'altération commise sur ce texte, n'aura pas été réparée.

ARTICLE VI.

LE TEXTE DES COMMENTAIRES, LITTÉRALEMENT

TRADUIT, CONTIENT UNE ABSURDITÉ.

Les historiens et les géographes ont pu, à la faveur de leurs explications plus ou moins ingénieuses, dissimuler le contre-sens aux yeux du lecteur ; mais il n'en est pas ainsi des traducteurs. Obligés de transmettre le texte nu et sans réflexions, ils l'ont laissé avec ses défectuosités. Je n'ai que trois traductions des Commentaires, deux anciennes et une moderne ; mais le contre-sens que je signale y est si saillant, qu'il ne peut échapper à aucun de ceux qui, lisant pour s'instruire, croyent n'avoir bien compris un trait historique, qu'après s'être rendu un compte exact de la position respective des lieux sur lesquels les faits se sont passés.

S'ils ouvrent Perrot d'Ablancourt, ils liront : « Il dépêche, *vers les Boiens*, pour les contenir.... » et les encourager......... sur la promesse d'un » prompt secours, et........ prend sa marche *de ce » côté là*. Comme il fut arrivé le lendemain à Château-Landon, il résolut de l'attaquer............ » Le troisième jour la ville se rendit........ César, » hâtant sa marche....... *tire droit à Orléans.* »

Quoi, dira-t-on, la carte géographique sous les yeux, César a pris sa marche *du côté des Boiens*, et c'est à Château-Landon qu'il se trouve le lendemain ; puis, hâtant sa marche, *il tire droit à Orléans* ! cela n'est pas possible, à moins qu'il ne craignît d'arriver trop tôt. S'il a tenu cette route, après cinq jours de marche et deux de siége, il était aussi loin des Boiens, que s'il fût resté à *Agendicum*. Il n'a donc pas pris sa marche du côté des Boiens, ou sa marche est mal indiquée.

S'en prenant à cette traduction, voudra-t-on en consulter une autre ? On trouvera, dans celle de Wailly : « César marche *vers le Bourbonnais*,........ » *Château-Landon* soumis......... *sans s'arrêter, il » continue son chemin* à Orléans. » même contresens, même absurdité.

Remonterait-on jusqu'à la traduction de Vigenère, on y éprouverait le même désappointement :

» Il envoie devant, *aux Bourbonnais*, pour leur
» annoncer sa venue..... il *s'achemine devers eux*,....
» quant à lui, *pour gagner toujours du temps*, *il*
» *s'achemine vers Gien.* » Singulière manière de
gagner du temps, que de s'écarter de la ligne
directe à une distance de quinze à seize lieues !

ARTICLE VII.

CORRECTION INDISPENSABLE AU TEXTE DES COMMENTAIRES.

Toutefois, le tort de ces traducteurs n'est pas dans leur version, elle n'est que trop exacte; si ce n'est qu'ils ne devaient pas traduire *Vellauno-dunum* comme ils l'ont fait, les géographes n'étant pas d'accord sur ce point; mais il est inconcevable qu'aucun d'eux ne se soit aperçu du contre-sens que leur respect pour un texte évidemment tronqué leur faisait écrire. Danville et Crévier s'en sont bien gardés. Aussi ne disent-ils pas que César, en partant de Sens, marcha *du côté des Boiens*, ou *du Bourbonnais*. A les entendre, il se dirigea, sur-le-champ, vers *Genabum*, en passant par *Vellaunodunum*. Ainsi, les traducteurs ont été plus fidèles, mais ils ont produit une absurdité; les Commentateurs ont été plus clairvoyans, mais ils ont été infidèles au texte *ad Boios proficiscitur*.

En effet, le but de la marche de César étant ainsi fixé clairement et par lui, en quelque lieu qu'on place *Vellaunodunum*, le texte donnera un contre-sens, puisqu'il suppose que César, sortant de cette ville, pour se porter sur *Genabum*, n'a pas changé sa première marche, et n'a fait que se hâter de la continuer. Ce texte *ipse ut quam primum iter faceret, ad Genabum proficiscitur*, n'a pas d'autre sens, et signifie littéralement : *quant à lui, afin de faire plus vîte le chemin, il part pour Genabum*. Si l'on rapproche cette phrase de celle exprimant le premier départ, il résulte de l'ensemble que *pour arriver plus tôt, il prit le plus long*.

La balourdise est si forte, que M. Thierry n'a n'a pas voulu y participer; et que, sans signaler la faute grammaticale qui la produit, il a traduit la phrase, non comme elle est, mais comme elle devrait être. Au lieu de dire, avec les traducteurs, que César, maître de *Vellaunodunum*, sans s'arrêter, ou *pour gagner du temps*, continua sa route, il dit, au contraire, qu'il se *détourna de sa route*, pour marcher sur *Genabum*. Un esprit aussi judicieux ne pouvait pas expliquer autrement la marche de César. Il venait de dire que la Gergovie des Boiens faisait partie du territoire des Eduens ; que c'est vers cette ville qu'il se dirigea, et que, *chemin faisant*, *Vellaunodunum* avait été soumis par lui ; il ne pouvait plus le conduire à *Genabum*, sans le voir se détourner de sa première route.

Ce texte, *ut quam primum iter faceret*, a toujours embarrassé ceux qui ont voulu l'expliquer. Les anciens Scholiastes s'accordaient à reconnaître qu'il avait été tronqué par les copistes ; ils n'étaient divisés que sur la correction à faire. M. Lemaire (1) rapporte que Vossius, Davisius, Clarkius, Oberlinus, et autres se disputèrent sur cette correction. A leur exemple, j'ai tâché de découvrir la faute, et crois l'avoir trouvée. Elle est nécessairement, ou dans ce qui expose le départ d'*Agendicum*, ou dans ce qui exprime celui de *Vellaunodunum*. Or, le premier départ est expliqué trop substantiellement, et par une phrase trop étendue, pour qu'on puisse penser que c'est dans cette partie que les copistes ont pris un mot pour un autre. Pour en changer le sens, ce n'est pas une faute, mais cent et plus qu'il faudrait signaler. C'est donc dans ce qui concerne le départ de *Vellaunodunum*, qu'il faut la découvrir.

(1) Tom. 1, p. 299, note 2.

Eh bien, si à *ut* on substitue *prius*; si *quam* est détaché de *primum* et uni à *prius*; en un mot, si, au lieu de *ipse ut quam primum iter faceret*, on lit: *ipse, priusquam primum iter faceret*, tout contre-sens disparaît, toute absurdité se dissipe, et le récit de César recouvre dans ce passage toute la clarté dont il brille partout ailleurs. Il en résulte que, comme je l'ai déjà dit, sachant que les Carnutes, informés par un messager de *Vellaunodunum*, qu'il assiégeait cette ville, et que ses alliés se préparaient à lui envoyer un secours, il voulut les prévenir; et *lui, plutôt que de suivre sa première marche, partit pour Genabum.*

Divers accidens ont pu occasionner cette erreur. *Prius*, dans une abréviation mal faite ou mal comprise, a pu être pris pour *ut*; ou bien les trois premières lettres de ce mot, ayant été effacées par l'humidité ou les teignes, on aura vu *ut* dans les deux dernières. Quoi qu'il en soit, on doit d'autant moins refuser cette correction au bon sens qui la réclame, que déjà le texte des Commentaires a été purgé d'un nombre infini de fautes énormes, dont étaient remplies les copies manuscrites, au moment où l'imprimerie commença à reproduire cette précieuse histoire. Dans les premières éditions, on la trouvait presque inintelligible; mais Aimoin, Henri Etienne, Faërno de Crémone, Ursin, Manuce, Hotman et Scaliger firent disparaître successivement la plus grande partie des fautes dans les éditions qu'ils publièrent. Pour cela, ils comparèrent les diverses copies subsistantes alors dans les bibliothèques. Ils s'aidèrent, surtout, de celle du Vatican. Ils cherchèrent, d'ailleurs, dans la substance du récit, son véritable sens, et substituèrent aux mots tronqués, ceux que la raison revendiquait.

Dans l'édition qu'Hotman a donnée à Lyon, en 1574, on trouve une liste fort étendue des corrections (*emendationes*) faites par lui et par les Scholiastes qui l'ont précédé ; et sur lesquelles tous les savans sont d'accord. Je n'en citerai que trois, mais elles feront connaître jusqu'à quel point le texte primitif avait été défiguré. Dans l'édition dont je parle, on a substitué :

P. 24, *facultas* à *difficultas* ;
P. 31, *egrestum* à *ingrestum* ;
P. 50, *inferiorem* à *superiorem*.

Plusieurs fautes ont encore échappé à tous ces soins. Crévier en a découvert une fort grave dans l'exposé du siége de Paris, par Labienus (1). L'ensemble de ce récit fait voir clairement que les Gaulois avaient placé leur camp près d'un marais, qui les garantissait d'un coup de main. Cependant le texte porte : *ipsi profecti palude.... castra considunt*; ce qui signifierait qu'ils ont posé leur camp en

(1) Tom. 13, p. 232, not. 2.

s'éloignant du marais. Il a donc paru évident à Crévier, et à un habile interprète, par lui consulté, qu'il fallait lire *protecti*, au lieu de *profecti* (1).

J'ose dire que la correction que je propose n'est pas moins indispensable que toutes celles déjà faites ; et elle s'est présentée d'autant mieux à ma pensée, que la locution *priusquam* était tellement familière à César, qu'on la trouve trois fois dans un seul chapitre (2). On la voit même dans un autre, suivie de *faceret* (3). Voulant faire une descente en Angleterre, avant de s'exposer aux dangers de cette entreprise, César envoie Volusienus en reconnaître les abords : *priusquam periculum faceret..... C. Volusienum cum navi longâ præmittit.*

ARTICLE VIII.

CONSÉQUENCE DE CE QUI PRÉCÈDE ; AUXERRE EST LE *VELLAUNODUNUM* DE CÉSAR.

Le texte de César ainsi rétabli, la véritable po-

---

(1) Cette correction a été adoptée par M. Thierry, hist. des Gaulois, t. III, p. 163.
(2) Cap. I, lib. VI.
(3) Cap. V, lib IV.

sition de *Vellaunodunum* n'est plus problématique. C'était une ville importante, qui a pu livrer 600 otages aux vainqueurs ; elle était au Sud de Sens, à deux jours de marche, et dans le Sénonais. Auxerre, et Auxerre seul, remplit toutes ces conditions.

J'ai prouvé, avec Danville, combien il était considérable au moment de l'invasion des Romains.

Il est au Sud de Sens, et de l'aveu du même auteur, sur la route directe de Sens au pays des Boiens.

Quatorze lieues le séparent de Sens, ce qui fait encore aujourd'hui deux jours de marche pour les militaires.

Il était dans le Sénonais, et l'une des deux Capitales.

Enfin, puisqu'on a, dans cette recherche, argumenté du plus ou moins de similitude des noms, je ne dois pas omettre que le cours d'eau qui circule à travers les ruines de l'ancienne ville, s'appelle le ruisseau *de Vallan*, jadis écrit *Vallaon*, et donne son nom à un petit village où il prend sa source. Certes, ce nom se rapproche plus de *Vellaunodunum* qu'aucun de ceux de toutes les autres villes, qu'on a essayé de gratifier de cette origine.

De ces villes, il n'en est pas une qui puisse inspirer un doute sérieux.

Château-Landon, Scenevière, Beaune et toutes

celles qui sont à l'Ouest de Sens, par cela seul ne méritent pas d'examen particulier. Villeneuve-le-Roi, bâti par Louis-le-Jeune (1), n'est qu'à trois lieues de Sens ; César n'aurait pas mis deux jours pour y arriver. Vézelay et Avallon sont sur la route de Sens au Bourbonnais, mais à quatre jours de marche; au surplus, ils appartenaient aux Eduens, et étaient, avant la révolution, du diocèse d'Autun, dont le ressort était alors celui de cet ancien Peuple (2). Ils étaient donc amis de César; et loin de s'être exposés à un siége, ils lui auraient fourni des vivres.

Je dois prévenir une objection, qu'on peut fonder sur la distance d'Auxerre à Orléans; objection qui, je l'avoue, a de la gravité, mais n'est pas insoluble.

D'abord, je ferai observer que d'anciens géographes, dont le sentiment a été suivi par Lebeuf, et renouvelé par M. Leblanc, placent *Genabum* à Gien, qui n'est qu'à deux jours de marche d'Auxerre ; et que si cette opinion devait l'emporter, l'objection s'évanouirait. Mais dût-on, comme Valois, Lancelot, Danville et Crévier le soutiennent, se décider pour Orléans, cette circonstance ne serait pas destructive des motifs qui appuient

---

(1) Mémoires de Lebéuf, t. 1, p. 828.
(2) Vézelay, au vi^e siècle, n'était qu'un hameau de Domecy. Mém. de Lebeuf, t. 1, p. 123, note 6.

mon système. Ils sont à mes yeux tellement décisifs, qu'ils ne pourraient fléchir que devant l'impossibilité.

L'espace entre Auxerre et Orléans est, à vol d'oiseau, de 26 lieues de 2282 toises ; ce qui, à cause des détours inévitables, porte, pour une armée, le trajet à 30 ou 32 lieues. César a-t-il pu le faire avec la sienne en deux jours, son texte portant *huc biduo pervenit*? Quiconque a étudié avec quelque soin ses récits, et remarqué la rapidité que, dans des circonstances difficiles, il savait imprimer à ses opérations militaires, n'hésitera pas à répondre affirmativement; et déjà l'expression *pervenit*, jointe à ce qui précède, induit à penser qu'il n'est parvenu à *Genabum*, que par une marche forcée.

Florus, en décrivant le chemin qu'il tînt, et les victoires qu'il remporta, lorsqu'en traversant les Alpes, il se rendit d'*Ocellum* chez les Vocontiens; a dit de lui qu'il se trouva au milieu de la Gaule, avant qu'on le craignît sur la frontière : *ante in mediâ Galliâ fuit quam ab ultimâ timeretur.* Je pourrais citer, dans nos dernières guerres, un grand nombre de faits d'armes autant et plus étonnans encore. Je n'en signalerai qu'un de Bonaparte, peu de jours avant son abdication.

» Les colonnes de l'armée que l'Empereur
» avait laissées à Troyes, arrivèrent le 1ᵉʳ avril à
» Fontainebleau ; ayant, en cette circonstance,

» surpassé tout ce qu'on connaît de plus rapide
» dans la marche d'une armée, puisque ces trou-
» pes auraient fait, en moins de trois jours,
» cinquante lieues. » (1).

On doit, d'autant plus admettre la possibilité de l'accélération que mit César dans cette expédition, qu'il ne perdait pas de vue le secours par lui promis aux Boiens, et que, pour marcher plus lestement, il avait laissé à Sens tous les bagages de l'armée, *impedimentis totius exercitûs relictis*.

Je ne me dissimule pas qu'une opinion aussi contraire à celle des nombreux savans qui ont écrit sur ce sujet, sera reçue avec défaveur. On s'étonnera, sans doute, que j'aie osé toucher à un texte sur lequel personne, pas même Lebeuf et M. Leblanc, malgré le zèle de ces derniers pour notre commune patrie, n'a élevé le moindre doute. Je réponds que, dans l'étude des monumens historiques, il y a, comme dans toute autre, de bonnes fortunes; qu'il n'est pas sans exemple qu'une idée échappée aux plus érudits, aux esprits les plus pénétrans, ait frappé, par hasard, un ami ardent de la vérité. Si j'ai raison, comme je le crois fermement, il en résultera seulement que j'ai été plus heureux que ceux qui m'ont précédé dans l'examen de cette question de géographie ancienne.

---

(1) Mémoires de M. de Bourienne, t. x, p. 63.

EXTRAIT

DU RAPPORT FAIT A L'ACADÉMIE ROYALE DES INSCRIPTIONS ET BELLES-LETTRES, DANS SA SÉANCE DU 15 JUILLET 1831, PAR SA COMMISSION DES ANTIQUITÉS DE LA FRANCE.

※

La ville d'Auxerre, qui avait fourni l'année dernière à M. Leblanc le sujet d'un ouvrage auquel vous regrettâtes de ne pouvoir pas décerner une quatrième médaille, a donné encore cette année la matière d'une bonne dissertation que nous devons à M. Chardon, Président du Tribunal civil d'Auxerre. Le but de cet écrit est de prouver principalement qu'Auxerre était une ville notable de la Celtique, avant la conquête de César; qu'elle se nommait *Vellaunodunum*; et que cette ville de *Vellaunodunum*, aujourd'hui Auxerre, est celle dont César fit le siége, avant de marcher sur *Genabum*, que l'auteur croit être Orléans.

Votre Commission, Messieurs, laissant entièrement à l'écart le fond des questions, qui sont encore un sujet de doute parmi les savans, et considérant que ce mémoire est nourri de faits, composé avec méthode, écrit avec clarté, et propre à répandre quelques lumières sur un sujet curieux, vous propose de lui décerner une mention honorable. Il est destiné à former l'introduction d'une histoire générale de la ville d'Auxerre, dont l'auteur fait espérer la prochaine publication. C'est lorsque l'ouvrage entier paraîtra, qu'il y aura lieu de juger les questions de topographie qui en ont fourni la matière.

ADDITION

A L'INTRODUCTION.

L'inspection de la carte géographique peut inspirer une objection que je crois devoir prévenir.

Votre systême, me dira-t-on peut-être, est appuyé sur la supposition qu'Orléans est le *Genabum* de César; mais si ceux qui le placent à Gien ont raison, vos argumens restent sans force ; car César a pu s'y porter en sortant de Sens, sans beaucoup retarder le secours par lui promis aux Boiens ; la distance entre leur pays et Sens étant à peu près la même, soit qu'on passe par Gien, soit qu'on passe par Auxerre.

1° Si l'on mesure exactement les distances, on trouvera que César, en passant par Gien, aurait imposé à son armée, au moins, un jour de marche de plus ; ce qui est inconciliable avec le désir ardent qu'il avait de secourir des alliés, qui déjà étaient aux prises avec l'ennemi.

2º Cette marche l'aurait éloigné du pays des Eduens, et c'est sur eux qu'il comptait pour ses vivres.

3º Pour conserver le texte des Commentaires, tel que les copistes nous l'on transmis, il ne suffirait pas qu'il ait pu aller au secours des Boiens, en passant par Gien; il faudrait encore que sur cette route, il eut rencontré *Vellaunodunum*. Or, cette idée n'est pas soutenable. Il n'y a que 15 lieues de Sens à Gien. César allait à marches forcées, *impedimentis relictis*; et ce n'est qu'après deux jours de marche qu'il s'est trouvé devant *Vellaunodunum*. Quand il eut soumis cette ville, il lui fallut encore deux jours pour atteindre *Genabum*. Il n'est pas possible d'admettre qu'il ait ainsi employé quatre jours de marches forcées, pour franchir 15 lieues.

Ceux qui veulent *Genabum* à Gien doivent donc dire avec moi, que César, d'abord, prit la route la plus directe, et marcha au Sud; qu'après deux jours de marche, il fut arrêté par le refus de *Vellaunodunum* de lui ouvrir ses portes; qu'informé ensuite des préparatifs qui se faisaient contre lui à *Genabum*, au lieu de continuer sa première marche, il se porta sur cette ville.

TABLE

DES CHAPITRES.

		PAGES.
Chapitre I,	Temps anciens	3
— II,	Invasion des Romains	13
— III,	Domination romaine	26
— IV,	Christianisme dans l'Auxerrois	38
— V,	Domination des Francs-Saliens	68
— VI,	Règne des Francs-Ripuaires	86
— VII,	Onzième siècle	104
— VIII,	Douzième siècle	124
— IX,	Treizième siècle	169
— X,	Quatorzième siècle	206
— XI,	Quinzième siècle	244
— XII,	Seizième siècle	292

FAUTES A CORRIGER.

PAGE XXVIII, 7e ligne, XVIe siècle, *lisez* XIIIe.
    XXXI, 20e ligne, Anticidorum, *lisez* Autricidorum.
    LXIV, 28e ligne, Hotmau, *lisez* Hotman.
    52, 6e ligne, Montatre, *lisez* Montartre.
    81, 21e ligne, Tonnerois, *lisez* Tonnerrois.
    92, 27e ligne, Charles II, *ajoutez* dit le Chauve.
    151, 1re ligne, Bethléem, *lisez* Bethlehem.
    156, note (1), p. 63, *lisez* p. 147.

HISTOIRE

DE

LA VILLE D'AUXERRE.

HISTOIRE
DE
LA VILLE D'AUXERRE.

CHAPITRE PREMIER.

TEMPS ANCIENS JUSQU'A L'INVASION

DES

GAULES PAR LES ROMAINS.

Lorsque les Gaules furent réduites en province romaine, Auxerre, alors nommé *Vellaunodunum*, était déjà une ville importante, et le chef-lieu d'un des Peuples confédérés sous le nom de *Sénons* ou *Sénonais*. Mais aucun monument particulier n'instruit sur le sort de ses habitans dans les temps antérieurs ; on ne peut le connaître qu'en consultant l'histoire générale de la Confédération Sénonaise.

La Gaule celtique, dont elle faisait partie à la première époque éclairée par l'histoire, était, comme tout le pays compris entre les Alpes, le Rhin, l'Océan, les Pyrénées et la Méditerranée, habitée par la race des *Gals* ou *Gaulois*; qui trouvaient dans les produits de leurs nombreux troupeaux, ainsi que dans la chasse et la pêche, tout ce qui était nécessaire pour satisfaire les besoins très-bornés de la vie pastorale. Ils ignoraient même l'usage du fer; leurs instrumens et leurs armes étaient de bois ou de pierre. Toute la population était divisée en Familles ou Peuples, formant ensemble plusieurs Nations distinctes, parmi lesquelles celle des Sénonais s'est rendue fort célèbre. Dans ce premier état, leur religion n'était qu'un grossier polythéisme, consistant dans l'adoration des phénomènes de la nature. Les vents, la pluie, les rivières, et jusqu'aux arbres et aux pierres, recevaient leurs hommages. Un des autels élevés à l'Yonne par les habitans de *Vellaunodunum*, a été retrouvé en 1721 (1).

Dans le cours du cinquième siècle av. J.-C., une multitude de Cimbres, avec leurs familles, quittant le nord de la Germanie, sous la conduite de Hu, ou Hésus-le-Puissant, passa le Rhin; et après de longues guerres, parvint à s'établir dans la partie septentrionale et occidentale de la Gaule, jusqu'aux monts Eduens, aujourd'hui l'*Avallonais* et *le Morvan*. Cette

---

(1) V. les mémoires de l'abbé Lebeuf, t. 2, p. 6.

impulsion naturelle des habitans du Nord à se jeter sur le Midi, pour y jouir d'une température plus douce et d'un sol plus fertile, fut surtout funeste aux Sénonais et aux Vellaunodunes, sur lesquels reflua tout ce qui, par suite de cette invasion, ne put pas trouver à vivre sur le territoire occupé ; ils se virent contraints d'envoyer, en grand nombre, leurs jeunes hommes, avec les femmes et les enfans de ceux-ci, chercher, les armes à la main, un asile dans d'autres contrées. Telle est la cause de l'irruption de cette colonie sur l'Italie. Elle passa le Pô ; chassa les Umbres du littoral de la mer supérieure, et s'y établit (1).

De ce que dit Polybe (2), des habitudes de ces Sénonais, dans le pays par eux conquis, on peut prendre une juste idée de ce qu'elles étaient dans leurs pays, quand ils en sont sortis. « Ils habitaient des » bourgs sans murailles, manquant de meubles, dor- » mant sur l'herbe, ou sur la paille ; ne se nourris- » sant que de viande ; ne s'occupant que de la guerre, » et d'un peu de culture. L'or et leurs troupeaux » étaient, à leurs yeux, toute la richesse, parce qu'ils » pouvaient les transporter avec eux dans tout évé- » nement. » On peut cependant en conclure que déjà

---

(1) C'est par leurs descendans, ayant un Brenn pour Roi ou chef de guerre, que fut remportée, sur les Romains, le 16 juillet 390 av. J.-C. la fameuse victoire d'Allia. C'est par eux que Rome, quelque temps après, fut incendiée, et réduite à acheter la paix au poids de l'or. Les Romains, à leur tour, en 283, exterminèrent leur postérité.

(2) Lib. 2, p. 106.

ils connaissaient les avantages du commerce. Sans cela, l'or auquel ils mettaient du prix, n'en aurait eu aucun pour eux.

Le mélange des Cimbres avec les Gaulois fit faire à ces derniers un pas vers la civilisation. Le Druidisme que professaient les Cimbres, exerça sur toute la population une influence salutaire.

Les Druides de première classe habitaient les forêts; ils y cultivaient les hautes sciences religieuses, civiles et législatives. Seuls ils jugeaient tous les différens; et c'est auprès d'eux que la jeunesse allait recueillir les bienfaits de l'instruction publique. Ceux de la seconde classe, appelés Ovates, allaient dans le monde; étudiaient les sciences naturelles, l'astronomie, la divination et la médecine; ils étaient chargés des fonctions du culte, et de la rédaction des actes. La poésie et la musique étaient les attributs des Druides de la troisième classe, appelés Bardes.

Leur religion admettait, après la mort, des récompenses et des peines, par la métempsycose, ou le passage d'un premier corps dans un second plus ou moins heureux; puis une autre vie, où chacun retrouvait les mêmes jouissances que sur la terre, et recevait des nouvelles de ce qui s'y passait, par la fumée des sacrifices. Les Gaulois l'adoptèrent, sans cependant abandonner leur polythéisme; mais il s'épura, en quelque sorte; ils ne virent plus, dans leur adoration des choses inanimées, que les esprits qu'ils supposaient diriger leurs mouvemens.

Indépendamment de cet ordre privilégié des Druides, qui était électif, il y avait encore parmi les

Gaulois, confondus avec les Cimbres, celui des Nobles ou Chevaliers, chez qui cette qualité était héréditaire. Presque tous les habitans des campagnes s'attachaient à l'un d'eux, cultivaient ses terres, et le suivaient à la guerre avec un dévouement sans bornes. Les habitans des villes conservaient mieux leur liberté. Il y avait aussi des esclaves, mais en petit nombre. Tous les membres d'un même Peuple avaient un chef dont le droit était aussi héréditaire.

Dans les premières années du quatrième siècle, av. J.-C., d'autres Cimbres et des Belges vinrent encore fondre sur le nord de la Gaule; mais cette fois les Sénonais surent leur opposer une telle résistance, qu'aucun d'eux ne put se fixer au-delà de la Seine et de la Marne.

A la même époque, une colonie de Phocéens s'établit sur les bords de la Méditerranée, et fonda Marseille. Se livrer au commerce et à la navigation, fut dès lors la profession principale de ses habitans. Par leurs soins, les marchandises de l'Orient, de la Grèce, de l'Afrique et de l'Italie, se répandirent dans les Gaules; et celles des Gaules, ainsi que l'or, l'argent, le cuivre, le fer et le plomb, qui étaient encore abondans dans leurs mines, furent pris en échange pour ces mêmes contrées. Bientôt le commerce, en remontant le Rhône et la Saône, pénétra dans la Celtique; enfin, on s'aperçut que quarante lieues seulement séparent la navigabilité de la Saône de celle de la Seine, par l'intermédiaire de l'Yonne, un de ses affluens. Des convois par terre furent organisés, pour franchir cette distance, et une ligne de communication porta tout le commerce du Midi, à travers les Gaules, jusqu'aux îles Britanniques.

Les sciences et les arts qui suggèrent et dirigent ces grandes entreprises, arrivent toujours dans les régions ainsi explorées ; c'est ce qu'éprouva la Gaule. Les relations journalières de ses habitans avec tous les étrangers que le négoce y attira, firent faire de rapides progrès à sa civilisation. On ne peut pas douter que les habitans de *Vellaunodunum* n'aient été des premiers qui en ont profité, puisque cette ville était située snr le bord de l'Yonne, précisément au point où commence la navigabilité de cette rivière ; et que c'est dans cette ville qu'alors, comme aujourd'hui, ont du se placer les agens chargés de diriger les transports par eau vers le Nord, et ceux par terre vers le Midi.(1)

Au milieu de ce quatrième siècle, et peut-être par suite des progrès de l'instruction, l'influence des Druides reçut une atteinte grave. Jusque-là, c'était par eux qu'étaient examinées et résolues les questions de paix et de guerre, ainsi que toutes celles concernant l'ordre politique. Tous les chefs des tribus se concertèrent pour s'affranchir de cette tutelle, et réduisirent les Druides à leurs autres prérogatives, encore considérables. Il en résulta une longue anarchie. L'ambition des chefs, qui auparavant était souvent comprimée, n'eut plus de frein. Ils se firent entre eux la guerre, comme, depuis, les seigneurs durant le régime féodal. Plusieurs, après avoir conquis quel-

---

(1) V. l'Introduction, p. x.

ques tribus, se firent Rois, et augmentèrent le désordre, en voulant étendre leur puissance sur un plus grand nombre de Peuples.

Ces calamités duraient depuis deux siècles, lorsque les Peuples, las de se battre ainsi, au gré de chefs que l'hérédité leur imposait, et qui, sans les consulter, disposaient de leur vie et de leurs biens, secouèrent leur autorité, comme antérieurement ces chefs s'étaient soustraits à celle des Druides; nouvelles causes de dissensions civiles, dont le résultat, avec quelques différences dans les localités, fut en général l'abolition du pouvoir héréditaire, l'élection de chefs temporaires, ou à vie, et de notables formant un Sénat. Tous les ans, chaque Nation avait une réunion de députés. Celle des Celtes, dont *Vellaunodunum* dépendait, se tenait chez les Carnutes. Cette révolution, qui ne se termina qu'après une lutte longue et terrible, ne fit pas cesser tous les maux; la démocratie a ses orages, comme l'aristocratie; et ils sont plus difficiles à calmer, par ce qu'il y a plus de volontés à satisfaire.

C'est cependant à l'époque de ces discordes civiles, qu'enfin les habitans de la Celtique devinèrent toute la fertilité de leur sol, agrandirent et perfectionnèrent leur agriculture. Peut-être cet heureux résultat est-il dû à plus de liberté dans l'ordre politique. Quoi qu'il en soit, on leur attribue l'invention de la charrue, du crible en crin, et de l'emploi de la marne (1); et il est certain que, dans les premières

―――――――
(1) Pline, lib. 18, cap 6, 7 et 8.

années du second siècle (avant J.-C.), l'Est, le centre et le Midi de la Gaule, en grande partie défrichés, produisaient abondamment du blé, du millet et de l'orge (1). Il l'est également que l'exemple en fut donné par ceux qui habitaient sur le bord des fleuves et des rivières navigables, appelés les premiers, par cette heureuse position, comme je l'ai dit, aux avantages du commerce et de la civilisation (2). On ne peut donc pas douter que telle était, dès lors, la prospérité agricole et industrielle de *Vellaunodunum*, placé dans le centre de la Celtique, et sur la grande ligne de communication du Rhône et de la Seine, par l'intermédiaire de l'Yonne.

Mais, pour mieux faire apprécier la civilisation incomplète de ses habitants à cette époque du second siècle, quelques détails sur les usages des Gaulois sont nécessaires. Leur habillement était une braie ou pantalon ; une chemise à manches, de toile brochée ; une casaque ou blouse de même étoffe, couvrant le dos et les épaules, attachée sous le menton avec une agrafe de métal, et aux reins par une ceinture. Les riches ajoutaient à ces vêtemens une multitude de colliers, de brasselets et d'anneaux, presque toujours en or, dont ils couvraient leurs bras et leurs doigts. Leurs armes étaient le gais (3), le matras (4), la

---

(1) Strabon, lib. IV, 197 ; Diodore de Sicile, lib. 5, p. 303.

(2) M. Thierry, hist. des Gaulois, t. 2, p. 8.

(3) Trait léger.

(4) Trait énorme lancé par une arbalète.

baléie (1), la flèche, la fronde, le sabre long sans pointe, à un seul tranchant, et la pique en forme de hallebarde.

Tant qu'ils n'eurent de guerre qu'entre eux, ou contre les peuples du Nord, comme ceux-ci, ils ne se firent pas d'armes défensives; souvent même ils affectaient de se battre nus; mais, du moment où ils eurent à se mesurer contre les Romains et les Carthaginois, ils renoncèrent à cette ridicule bravade, et s'armèrent comme leurs ennemis. Une plus louable amélioration s'introduisit encore, à l'exemple des étrangers, dans leurs habitudes guerrières; ils cessèrent d'immoler leurs prisonniers, se bornant à les réduire à l'esclavage. C'est ainsi que cet odieux asservissement d'une partie de l'espèce humaine à l'autre, a cependant été un des premiers degrés de la civilisation.

Les invasions qu'ils avaient éprouvées les avaient portés à se réunir, et à former des bourgs et des villes fermés de murs. Cette enceinte était composée de poutres et de pierres. Leurs maisons, qui ne l'étaient que de bois et de terre, étaient couvertes de chaume. Ils y mangeaient sur des tables fort basses; assis sur des bottes de paille ou de foin. Pour alimens, ils usaient d'un peu de pain, et de beaucoup de viande bouillie ou rôtie, servie dans des plats de bois, de terre cuite, ou de cuivre, ou même d'argent. Leurs mains faisaient l'office de nos couteaux, de nos cuillers et de nos fourchettes. Tous les convives buvaient dans le

---

(1) L'arbalète.

même vase, de la bière, ou de l'hydromel, ou de l'infusion de cumin ; quelquefois du vin que le commerce apportait de l'Italie, ou du Midi de la Gaule ; la vigne n'ayant été plantée dans la Celtique que beaucoup plus tard.

Les villes fermées furent d'un grand secours aux Gaulois, sur la fin du second siècle (av. J.-C.). Un tremblement de terre ayant fait sortir la mer Baltique de ses bords, elle envahit une immense étendue du pays habité par un reste de Cimbres et par des Teutons. Ces Peuples, réunis au nombre de trois cent mille guerriers, et emmenant avec eux leurs femmes et leurs enfans, parcoururent la Germanie ainsi qu'une partie de la Grèce, pillant et saccageant les populations dont ils voulaient prendre la place. Repoussés de ces contrées, ils se dirigèrent sur les Gaules par l'Helvétie. Une partie des habitans de ce pays, alors stérile, se joignit à eux, et tous ensemble voulurent pénétrer dans la Belgique. La résistance qu'ils y éprouvèrent les porta sur la Celtique. Pendant une année entière, les combats se succédèrent sur toutes les parties de cette contrée. Les maux y furent extrêmes. La population, laissant la campagne sans culture, se réfugiait dans les villes, où elle était poursuivie par la famine, et assiégée par l'ennemi qui en incendia un grand nombre. Enfin ces étrangers ne pouvant plus subsister sur un sol par eux dévasté, se virent contraints d'entrer dans la Gaule méridionale devenue déjà province romaine ; et après de nombreux combats, ils y furent détruits par le courage et l'habileté de Marius.

CHAPITRE II.

INVASION DES ROMAINS.

Le moment était venu où les Celtes, après avoir 63 av. J. tant et si long-temps versé leur sang pour conquérir une liberté sans bornes; et s'affranchir, d'abord, des exigences de leurs Prêtres, puis des volontés plus tyranniques de leurs chefs héréditaires, allaient perdre entièrement cette liberté sous le poids des armes de la République romaine, à laquelle était déjà soumise une grande partie du monde connu. Et ce fut encore par les rivalités des Peuples entre eux, que cette grande catastrophe fut préparée.

Les Eduens (1) étaient alliés des Romains, et se di-

---

(1) Pays d'Autun en Bourgogne.

saient leurs frères. Enorgueillis de cette alliance, ils voulurent, en l'an 63, étendre leur puissance sur les Séquanais (1), leurs voisins à l'Orient, et les Arvernes (2), qui l'étaient à l'Occident. Ces deux Peuples attaqués se liguèrent pour leur défense commune ; mais ils eurent l'imprudence d'appeler à leur secours Arioviste, chef ou roi des Suèves en Germanie. Celui-ci arriva avec empressement; réduisit les Eduens, qui avaient en vain réclamé l'appui des Romains ; mais charmé de la beauté du pays, le Suève voulut y rester, et y déploya une autorité si absolue, que les Séquanais et les Eduens, oubliant leurs anciennes divisions, se réunirent contre lui; leurs efforts furent inutiles, il remporta sur eux une victoire complète à Magetobrige. (3)

58   Dans le même temps, la presque totalité des Helvétiens, dégoûtés du pays qu'ils habitaient, voulurent se transporter dans le territoire des Santons (4), contigu à la province romaine. Après avoir brûlé les douze villes, et environ quatre cents villages, bâtis par leurs ancêtres, ils tentèrent de traverser le pays des Séquanais et celui des Eduens. J. César, qui redoutait leur voisinage pour la province romaine, conduisit une armée contre eux; et après plusieurs combats, où périt plus de la moitié de ces malheureux, il força les autres à retourner sur le sol qu'ils avaient abandonné

(1) Franche-Comté.
(2) Auvergne.
(3) Bingen, près Mayence.
(4) La Saintonge.

et ruiné. Profitant de cette circonstance, qui avait amené César dans la Celtique, les Séquanais et les Eduens le conjurèrent de les délivrer également de l'impitoyable roi des Suèves. Très-intéressé à repousser d'un pays que déjà il convoitait, ce dangereux concurrent, César parut ne se rendre qu'à leurs prières; et bientôt Arioviste vaincu fut contraint de repasser le Rhin en fugitif, avec les débris de son armée. C'est dans une seule campagne que ce grand Capitaine parvint à nettoyer ainsi la Celtique des Helvétiens et des Suèves; mais il y resta: et comme Arioviste, mettant au plus haut prix les services par lui rendus, il se conduisit en maître de la Celtique, et même de la Belgique.

Les Sénonais, les Séquanais, les Eduens, les Arvernes et les Rémois se soumirent; les autres Peuples osèrent davantage ; mais en deux années, tant par César que par ses Lieutenans, la Gaule entière fut conquise, et un despotisme de fer pesa sur elle. D'énormes tributs lui étaient imposés; il fallait nourrir de nombreuses et insolentes garnisons; les jeunes Gaulois de familles riches et distinguées étaient pris en otages par César, qui les gardait auprès de lui, s'occupant à les corrompre par l'ambition; les éblouir par la gloire, et en faire des ennemis de la liberté de leur patrie. Il les envoyait ensuite partout où il voulait susciter des troubles. Par cet odieux artifice, on vit bientôt chaque ville avoir deux partis, l'un pour la liberté, l'autre pour les Romains. Ces partis souvent se heurtaient avec la fureur qu'inspirent les haines politiques, surtout lors des élections des Magistrats. Au surplus, ces élections n'étaient qu'un simulacre, dont se jouaient les Romains quand elles leur déplaisaient. S'immisçant dans l'administration intérieure, ils destituaient arbitrairement toutes les autorités qui leur étaient suspectes, et les remplaçaient par leurs créatures, éloignant avec une rigueur inflexible tous les partisans de la cause populaire. Quelquefois ils conservaient les anciennes formes, pour colorer les entreprises les plus funestes à la nation. C'est ainsi que l'assemblée des Sénonais fut obligée de se donner un Roi, et de choisir Cavarin, dont le père et les frères avaient déjà entrepris sur leur indépendance. Les Carnutes eurent, également contre leur gré, un roi nommé Tasjet. Enfin l'oppression devint si insupportable, que la plus grande partie de la nation attendit avec impatience l'occasion de s'en délivrer par les armes.

55 En l'an 55, un rayon d'espoir parut luire. Les Suèves étaient revenus au nombre de 430 mille. César fut obligé de concentrer toutes ses forces vers le Rhin, pour les opposer à cette horde immense. Il réussit ; elle fut exterminée, une partie par le glaive, le surplus en se précipitant dans le Rhin, pour le traverser. Mais cette guerre l'avait occupé une année entière sur un seul point de la Gaule ; partout ailleurs on avait secoué le joug, dans la persuasion que lui et son armée succomberaient sous d'aussi nombreux adversaires.

Au retour des garnisons, l'ordre, ou plutôt la tyrannie, se rétablit ; si ce n'est dans l'Armorique (1),

(1) La Bretagne.

qui, plus éloignée, resta sous les armes. César s'y rendit au printemps suivant. Il y éprouva, d'abord, des revers sérieux, que les autres Peuples prirent pour un signe de délivrance. De toutes parts, les hostilités recommencèrent. Les Carnutes (1) donnèrent la mort à leur Roi. Dans *Agendicum* (2), celui des Sénonais, menacé du même sort par un parti que dirigeait Acco, se réfugia auprès de César. Mais déjà la victoire s'était rangée du côté de ce dernier; et à cette funeste nouvelle, la terreur reprit tout son empire. Les Sénonais s'empressèrent d'envoyer des députés au Proconsul, pour se justifier à l'égard de leur roi Cavarin. Il exigea que leur Sénat entier comparût devant lui; mais les Sénateurs ne virent dans cet ordre qu'un avertissement salutaire pour fuir à leur tour.

Au printemps de l'an 53, César, suivant son usage, convoqua près de lui l'assemblée générale des Peuples, dans laquelle il faisait ordonner la répartition de tout ce qu'il voulait en subsides d'hommes, d'argent et de vivres. Ni les Sénonais, ni les Carnutes, ni les Trévires n'y parurent. Sommés une seconde fois de s'y rendre, ils persistèrent dans leur refus. César alors les déclara rebelles, prorogea la session, transféra l'assemblée à *Lutetia* (3), et conduisit son armée dans le Sénonais. Acco, chef du parti populaire, donna l'ordre aux habitans des campagnes, de se réfugier dans

---

(1) Chartres.
(2) Sens.
(3) Paris.

les villes fortifiées; mais la marche des Romains fut si rapide, qu'aucune mesure de défense n'ayant été suffisamment préparée, il fallut capituler. César fut d'abord inflexible. Il ne parlait que de porter le fer et le feu sur tout le Sénonais. Cependant les députés des Eduens, leurs alliés, ayant intercédé pour eux, il se rendit, à condition qu'Acco lui serait livré; et que toute la cavalerie du pays le suivrait, sous la conduite de Cavarin. Il pardonna de même aux Carnutes, à la prière des Rémois; et se rendit sur-le-champ à *Lutetia*, où l'assemblée des Peuples se reforma. Il y fit régler le contingent de chaque Peuple dans les subsides qu'il exigea, et congédia les députés. Marchant ensuite contre les Ménapes (1), les Trévires (2) et les Eburons (3); il fut par tout victorieux, et ramena son armée chez les Rémois, ses plus fidèles alliés.

Il y convoqua ensuite une nouvelle assemblée générale, pour juger les provocateurs de l'insurrection des Sénonais et des Carnutes. Cette assemblée examina le procès, sous les yeux du Proconsul, et entourée de ses dix Légions. Ce qui n'arrive que trop souvent en pareille occurrence, se réalisa; Acco fut condamné à mort par ses complices et exécuté. Les autres accusés furent aussi condamnés, mais ils étaient en fuite. L'hiver approchant, les Légions prirent leurs cantonnemens, savoir deux chez les Trévires, deux chez les Lingons (4), et les six autres dans le Sénonais, mais

(1) Juliers.
(2) Trêves.
(3) Namur.
(4) Langres.

autour d'*Agendicum* seulement. *Vellaunodunum* n'en eut pas; ce qui prouve que ces deux Peuples, quoique confédérés, étaient indépendans, et que celui de *Vellaunodunum* n'avait pas participé à l'insurrection. César partit ensuite pour l'Italie.

A peine avait-il disparu, que, la terreur s'éloignant avec lui, l'amour de la liberté bouillonna plus vif que jamais dans le cœur du plus grand nombre des Celtes et des Belges. Une foule de circonstances leur parurent favorables à un soulèvement général. Dix Légions étaient restées, mais elles étaient disséminées. Un hiver rigoureux et les rivières débordées, rendant les chemins impraticables pour des armées régulières, semblaient devoir empêcher la réunion de ces forces ennemies. A ces réflexions se joignit bientôt la nouvelle qu'en Italie, Pompée opposait aux prétentions de César un parti redoutable; que déjà un de ses partisans venait d'assassiner un des amis de César; qu'infailliblement une guerre civile allait devenir pour lui d'un intérêt trop majeur pour qu'il pût encore s'occuper de la Gaule. De ce moment, les plus timides partagent l'enthousiasme des plus ardens; de toutes parts on s'agite, on se réunit en secret dans les forêts, loin des yeux des agens de Rome; on se lie par les sermens les plus solennels: l'insurrection de tout Peuple qui n'a pas de garnison, est préparée; à l'exception des Eduens, retenus encore par leur alliance avec les Romains, et des Bituriges, qui sont dans la dépendance des Eduens. Vercingétorix, jeune Gaulois noble et riche, passionné pour la liberté de son pays, est fait chef de guerre; et tout Gaulois portant les armes sera à ses ordres, aussitôt que les Carnutes auront levé l'étendard de la révolte.

Ce signal ne se fit pas long-temps attendre. *Genabum* (1) était un des entrepôts de commerce entre la Méditerranée et l'Océan. Une foule de marchands et d'autres étrangers étaient venus s'y établir; et y amassant de grandes richesses, ils étaient l'objet de la jalousie des habitans. Tout-à-coup, l'armée des Carnutes paraît aux portes de la ville; aussitôt les habitans prennent les armes, fondent sur les étrangers et les massacrent tous. C. Fusius Cita, chargé par César d'acheter des blés pour l'armée, fut du nombre des victimes. La nouvelle de cet événement, transmise, suivant l'usage, par un cri répété de montagne en montagne, frappa, simultanément à peu près, tous les Peuples coalisés. Au même instant, Vercingétorix proclama l'indépendance de la Gaule, et convoqua chez les Arvernes les contingens promis. Tous les Peuples compris entre l'Océan, la Garonne, la Loire-Supérieure et la Seine, à l'exception de ceux dont j'ai parlé, y envoyèrent le leur. Celui de *Vellaunodunum* fut certainement fourni, puisque cette ville n'avait pas de garnison, et qu'elle faisait partie de l'insurrection, comme on va bientôt le voir.

L'armée de Vercingétorix ainsi formée, il se dirigea sur *Agendicum*, pour attaquer les six Légions cantonnées dans cette ville et aux environs. Mais César avait été instruit de tous ces mouvemens. Malgré les rigueurs

---

(1) Orléans ou Gien.

de l'hiver, il traversa les Alpes maritimes avec la rapidité de l'aigle ; prit avec lui les troupes de la province romaine ; franchit les Cévennes couvertes de six pieds de neige, et descendit sur le territoire des Arvernes pour attirer Vercingétorix de ce côté, et, parlà, sauver ses Légions menacées. Vercingétorix rétrograda en effet, sur l'avis qu'il eut de cette marche. Alors César quitta secrétement son armée, passa dans le pays des Lingons où il avait deux Légions, et parvint à *Agendicum*.

Ainsi réuni à son armée, et l'hiver étant dans toute sa force, il voulut attendre un moment plus favorable pour entrer en campagne ; mais Vercingétorix ne lui en laissa pas la faculté. Le voyant éloigné, il mit le siége devant Gergovie, capitale des Boiens placés dans ce lieu par César lui-même. La prudence conseillait à César de garder encore ses Légions dans leurs cantonnemens ; mais s'il ne secourait pas ses alliés, il craignait que sa protection ne cessât d'être recherchée ; l'honneur l'emporta sur la prudence : après avoir invité les Eduens à lui préparer des vivres, et les Boiens à l'attendre, en se défendant avec courage, il laissa tous ses bagages et deux Légions à *Agendicum*, puis marcha avec les autres vers les Boiens. Le second jour de marche, il se trouva devant *Vellaunodunum*, qui lui ferma ses portes ; et il se décida à en faire le siége, pour ne pas laisser derrière lui un ennemi qui pourrait intercepter ses vivres. Déjà le siége avait duré trois jours, lorsque des députés sortirent de la ville, et traitèrent de sa soumission. Les conditions furent qu'on livrerait au vainqueur les armes, les chevaux et six cents otages. Ces conditions acceptées, il laissa C. Trébonius pour les faire exécuter. Quant à lui, informé que les Vellaunodunes avaient fait savoir aux Carnutes qu'il assiégeait leur ville; et que ceux-ci, persuadés que ce siége durerait plus long-temps, se disposaient à envoyer à leur secours la garnison qu'ils avaient mise dans *Genabum*; au lieu de continuer sa première marche, il s'empressa, pour les prévenir, de se porter sur *Genabum* même, et il y parvint dès le second jour. L'ayant pris d'assaut et livré à la vengeance de son armée, il passa la Loire, et entra sur le territoire des Bituriges. (1)

Vercingétorix alors fut contraint de lever le siége de Gergovie, et de venir au-devant de César, qui avait déja forcé *Noviodunum* (2) à se rendre. Les deux armées se rapprochèrent, mais elles évitèrent l'une et l'autre une bataille décisive. César se porta ensuite sur *Avaricum* (3), qui fut long-temps défendu par les mouvemens de l'armée Gauloise, et par les efforts des habitans. Néanmoins l'art et l'intrépidité des Romains surmontèrent tous les obstacles, et César s'en empara.

Pour porter ces grands coups, il avait fait venir *d'Agendicum* Labienus avec les deux Légions qu'il y avait laissées; mais, les Sénonais et les Parisiens, ainsi rendus à la liberté, avaient pris part à l'insurrection; César en fut informé en sortant *d'Avaricum*; et ayant obtenu des Eduens dix mille hommes de cava-

---

(1) Peuples du Berry.
(2) Neuvy.
(3) Bourges.

lerie, il renvoya Labienus à *Agendicum*, pour faire rentrer ses nouveaux ennemis dans son obéissance. Dans ce moment, la fortune parut l'abandonner; il fit des efforts inutiles pour réduire Gergovie des Arvernes (1), et tandis qu'il s'occupait de ce siége, les Eduens, concevant enfin la honte dont ils se couvraient, en aidant d'hommes et de vivres l'oppresseur des Gaules, à en ravager ainsi successivement toutes les parties, entrèrent dans la coalition générale. Cette défection inattendue, qui tourna contre lui les dix mille hommes sur lesquels il avait compté, en détachant de son armée Labienus et quatre Légions, lui inspira la crainte d'être enveloppé, et il se hâta de se rendre lui-même dans le Sénonais, pour rejoindre ses Légions détachées. Il comptait passer la Loire à *Noviodunum* (2), où il avait laissé sa caisse, ses bagages, ses vivres, ses otages et son magasin d'armes, avec un détachement pour les garder. Arrivé près du lieu où naguères existait cette ville, il vit que le feu l'avait entièrement détruite; et ce qui dut l'affecter plus violemment, il apprit que c'était de la main des Eduens, ses anciens alliés, que ce coup terrible lui avait été porté. Tous les Romains restés dans cette ville y avaient été massacrés; tous les otages, ceux de *Vellaunodunum*, comme les autres, y avaient été délivrés; et rien de ce qu'il y avait déposé, n'avait échappé au pillage. Par surcroit de maux, le pont sur la Loire y avait été rompu; il fallut la re-

(1) Clermont.
(2) Nevers. Cette ville portait le même nom que Neuvy. Mais la nature des faits rapportés par César, empêche qu'on ne les confonde.

monter pour trouver un gué, et la passer en présence de l'ennemi qui harcelait César à chaque pas. Il surmonta, néanmoins, toutes ces difficultés, et put faire sa jonction avec Labienus, après avoir passé par *Vellaunodunum*, ou au moins dans les environs.

Déjà cet habile Lieutenant de César avait remis sous la domination romaine, non seulement les Sénonais, mais aussi les Parisiens; dont il avait brûlé la Capitale, après avoir remporté sur eux une éclatante victoire. Toutefois César découragé, instruit d'ailleurs que Vercingétorix soulevait quelques-uns des Peuples de la province romaine, fit sa retraite par le pays des Lingons, et la vallée de la Saône. On peut croire que, s'il n'eut pas été arrêté dans cette marche, la Celtique et la Belgique eussent été délivrées, au moins pour quelque temps. Mais l'armée Gauloise et son chef, croyant pouvoir écraser ce mortel ennemi, ne voulurent pas en perdre l'occasion. Ils le suivirent donc et le traversèrent dans sa retraite, pour le forcer d'en venir à une action générale. César, pénétrant leur dessein, temporisa; obtint de la Germanie ce qui lui manquait en cavalerie; choisit le lieu le plus favorable pour décider du sort des deux armées: la bataille fut longue et sanglante; mais encore une fois il força la victoire à se déclarer pour lui.

Ce succès lui rendit toute son énergie. Peu éloigné d'Alésia, alors l'une des villes les plus considérables des Gaules, il voulut s'en emparer. Vercingétorix se hâta de s'y renfermer avec une partie de son armée, et César en entreprit le blocus. Tout ce que le courage et le désespoir peuvent inspirer de plus héroïque, fut employé, de part et d'autre, à ce siége fameux. Vercingétorix, jugeant ses forces insuffisantes, renvoya sa cavalerie, chargeant chaque cavalier de retourner dans son pays, et de convoquer en son nom toute la population pouvant porter les armes. A cet appel, tous les Peuples répondirent, excepté les Rémois. Une assemblée fixa le contingent de chaque Peuple. Celui des Sénonais fut de douze mille hommes. Cette nouvelle armée fut de deux cent quarante mille hommes d'infanterie, et huit mille de cavalerie. Rassemblée sur la frontière Eduenne (1), elle se porta vers Alésia, où les assiégés étaient livrés à toutes les horreurs de la famine. Mais ce secours ne les sauva pas. Une multitude sans ordre, sans discipline, inonda vainement de son sang la terre pendant deux jours ; ce qui resta fut facilement dispersé.

Vercingétorix termina ce drame terrible, en voulant, aux dépens de sa vie, sauver celle de ses derniers compagnons d'armes. Il se présenta au vainqueur en le conjurant de consommer sur lui toute sa vengeance. L'impitoyable Proconsul, le réservant pour son triomphe à Rome, le fit garrotter, et n'en réduisit pas moins toute la garnison à l'esclavage, en la livrant à ses soldats. Chacun d'eux eut un captif.

L'année suivante, la soumission ne fut pas unanime; il y eut encore des tentatives, mais partielles dans quelques contrées, où elles furent promptement comprimées. Le pays Sénonais ne prit aucune part à ces mouvemens.

---

(1) Vers Avallon, Noyers, Tonnerre, Chatillon-sur-Seine, etc.

On voit seulement figurer parmi les derniers ennemis des Romains un de ses habitans, Drapper, qui, les années précédentes, avait commandé un corps formé d'esclaves fugitifs, et fait la guerre en partisan. Il finit, avec tous les autres insurgés, par se retirer dans *Uxellodunum* (1), ville placée sur la cime d'une haute montagne. César les contraignit à se rendre à discrétion, en s'emparant de toutes les sources qui leur procuraient de l'eau. C'est ainsi que se termina cette guerre, dans laquelle la résistance des Gaulois excite au dernier degré l'admiration et la douleur. César aussi a droit à l'admiration, par la haute conception de ses plans d'attaque et de défense, ainsi que par l'intrépidité de ses moyens d'exécution ; mais le sentiment qui domine à son égard est l'horreur de sa conduite envers Vercingétorix, et de son acharnement à immoler là population d'un pays sur lequel il n'était entré que pour le secourir contre un premier oppresseur.

CHAPITRE III.

DOMINATION ROMAINE.

Autant César avait été terrible, et souvent cruel envers les Gaulois, lorsque défendant l'indépendance

---

(1) Le Puy en Quercy.

de leur patrie, ils méritaient son estime ; autant il affecta de douceur et de modération, quand se résignant à l'oppression, ils ne recherchèrent plus son estime, mais ses bonnes grâces, afin d'obtenir des emplois et des titres. Réunissant la Celtique et la Belgique en une seule province, il l'appela Gaule chevelue (*Gallia comata*), et s'y réserva l'autorité suprême. Il ne fit aucun changement dans la division des Peuples, qui conservèrent toutes leurs propriétés, et la forme de leur gouvernement intérieur; il se borna à en exiger, pour l'entretien et la paye des garnisons, un tribut annuel de quarante millions de sesterces (1), sous le nom de solde militaire. Les Sénonais, proportionnellement à leur contingent dans l'armée qui voulut délivrer Alésia, durent supporter le vingtième de ce tribut; et le Peuple de *Vellaunodunum*, seul, à-peu-près la moitié de ce contingent.

Avant de quitter la Gaule, César visita presque toutes les villes importantes ; s'y entoura des notables, cherchant par des promesses de titres et d'honneurs, à se les attacher. Il rechercha particulièrement les braves qui, dans la guerre de l'indépendance, s'étaient distingués par des actions d'éclat; et prit à son service tous ceux qui, habitués à la vie militaire, voulurent suivre cette carrière, leur assurant une solde supérieure à celle de ses Légions. Il donna également des encouragemens à l'agriculture, au commerce et aux arts. Il mit dans toutes ses démarches tant d'affabilité, et donna tant de marques de l'intérêt qu'il prenait à la pro-

---

(1) Huit millions, deux cent mille francs, de notre monnaie.

vince, que l'aversion qu'il avait inspirée s'effaça des cœurs du plus grand nombre.

Il tînt sincèrement ses promesses; et pendant les treize années qui s'écoulèrent jusqu'à sa mort, les Peuples jouirent d'un état d'ordre et de paix qu'ils n'avaient jamais connu. Tous les esprits et les bras que la guerre cessa d'occuper, se tournant naturellement sur des objets d'utilité publique ou privée, les diverses branches de productions agricoles et industrielles s'élevèrent à un degré de prospérité inoui jusqu'alors. Aussi la nouvelle de son assassinat répandit-elle une véritable affliction : on se crut menacé du retour des anciennes calamités.

Il n'est pas possible, en effet, que les maux sans nombre dont Rome fut accablée à la suite de cet événement, par la haine mortelle de ceux qui s'y disputaient le pouvoir, n'aient pas porté leurs funestes conséquences jusque sur les provinces, et principalement sur celle que César avait traitée avec une prédilection remarquable. C'est à l'irritation qui s'y manifesta, qu'on attribue la fondation de *Lugdunum* (Lyon), par Munatius Plancus, dans l'année qui suivit la mort de César. Ce Proconsul, Gouverneur de la Gaule chevelue, jugea que, pour conserver à la République cette précieuse conquête, il importait de lui donner pour Capitale une ville nouvelle, sans monumens ni souvenirs de l'indépendance, et pour cela peuplée principalement de colons romains.

C'est dans la même année, et probablement par les mêmes motifs, que les habitans de *Vellaunodunum* virent élever sur le mont *Autricus* qui dominait leur ville, la vaste citadelle devenue depuis *la Cité*, qui n'a pu avoir d'autre destination que de recevoir une des nombreuses garnisons que les Romains entretenaient à cette époque dans les Gaules, et dont le nombre était de plus de cent trente mille hommes. L'armée, à la tête de laquelle Antoine et Lépide quittèrent cette province pour aller assouvir leur vengeance sur Rome, en fournit la preuve; elle était composée de dix-sept Légions, indépendamment de six autres qu'ils y laissèrent. (1).

Cependant jusqu'à l'arrivée d'Auguste, en l'an 27, les Peuples conservèrent leurs lois et le droit de s'administrer eux-mêmes par des chefs de leur choix. Leur sort ne fut empiré que par les agens du fisc; qui, indépendamment du léger tribut imposé par César, imaginèrent, pour rançonner les habitans, plusieurs moyens arbitraires, qu'Auguste fit cesser. Mais s'il mit plus de régularité dans ses exigences, elles furent bien plus étendues; et c'est de ce moment qu'on commença à sentir tout le poids de la domination romaine. Devenu Empereur, il avait pris dans son département la Gaule chevelue, et voulut la soumettre, comme province impériale, au régime purement militaire. Il se rendit à Narbonne, et y appela des députés de chacun des Peuples de toutes les Gaules au-delà des Alpes.

Pour effacer, autant qu'il serait possible, les souvenirs de l'ancien ordre, ainsi que les affections et les haines des nations gauloises entr'elles, il brisa leur circonscription territoriale, fit peu de changement dans celle des Peuples; mais les distribua d'une autre ma-

(1) V. Plutarque, vie d'Antoine.

nière. Ainsi la Gaule chevelue forma trois provinces : l'Aquitanie, la Belgique, et la Lyonnaise dont le Peuple de *Vellaunodunum* fit partie. *Lugdunum* n'en resta pas moins la Capitale de ces trois provinces. Les Peuples furent érigés en Cités, et toutes leurs villes chefs-lieux, principalement celles qui, dans la guerre de l'indépendance, avaient le plus résisté, durent changer de nom (1). C'est alors que *Vellaunodunum*, devenu Cité romaine, prit le nom de sa citadelle, et fut appelée *Autricum*, puis *Autricidorum* et plus tard *Autissiodorum*. De grandes voies militaires furent établies pour, de *Lugdunum* point central, communiquer facilement sur tous les points importans; et l'une d'elles, dont le but principal était Boulogne, faisait, entre *Augustodunum* (Autun), et *Augutobona* (Troyes), un angle pour toucher *Autricidorum*.

Auguste ordonna, en même temps, un recensement général des personnes et des propriétés, qui servit de base à un impôt proportionné à celui des autres provinces de l'Empire, conséquemment beaucoup plus considérable que celui de J. César. L'administration et la justice ne furent plus confiées qu'à des officiers nommés par l'Empereur, ou en son nom. Mais ce qui fut le plus humiliant, ce fut le désarmement général d'hommes qui tous avaient jusque là, par goût comme par devoir, été soldats. Il ne fut laissé d'armes qu'à un corps peu nombreux, chargé de la police des villes et des campagnes. Les Cités n'en furent pas moins obligées d'entretenir chacune une cohorte d'infanterie, ou

---

(1) Hist. des Gaulois, t. 3, p. 280.

une division de cavalerie ; sur laquelle, toutefois, elles n'avaient aucune surveillance à exercer, et qui restait dans la dépendance absolue du Gouverneur.

Il était moins facile de changer la direction des esprits ; cependant cette partie importante de l'ordre général ne fut pas négligée par Auguste. Il prononça la réprobation du Druidisme, comme contraire à la croyance romaine, et ne portant qu'à des superstitions sanguinaires. Il en déclara l'exercice incompatible avec les emplois publics et le droit de Cité. Pour ôter aux Druides l'instruction publique de la morale, des lois et des autres sciences, il établit dans plusieurs villes, et principalement à *Augustodunum* (Autun), une école dans laquelle les enfans des familles riches furent invités à apprendre la langue latine, la législation romaine, et les connaissances physiques. Le polythéisme, au contraire, fut encouragé et ramené à celui de la Grèce et de Rome, avec lequel il avait une telle analogie que cette fusion se fit facilement. Le résultat de ces institutions fut que les hautes classes des Gaulois, par ambition et par l'amour de la nouveauté, prirent insensiblement les mœurs romaines, tandis que le peuple s'attacha davantage aux habitudes et au culte qui déplaisaient aux conquérans.

Cette organisation terminée, Auguste établit à *Lugdunum*, en qualité d'Intendant général, Licinius, Gaulois de naissance, qui n'en fut pas moins un violent oppresseur ; et porta l'audace jusqu'à profiter de ce que des noms nouveaux furent donnés à deux mois de l'année, pour supposer qu'elle avait quatorze mois, et se faire payer quatorze douzièmes des impôts. Auguste, visitant, neuf ans après, la province, entendit les plaintes ; mais Licinius trouva l'impunité, en lui livrant les trésors qu'il avait amassés.

Le gouvernement de Drusus, beau-fils d'Auguste, chargé de continuer le dénombrement, fut beaucoup plus juste; et les Cités reconnaissantes se prêtèrent à une cérémonie conçue par une basse flatterie. Des députés de chacune d'elles se rendirent à *Lugdunum*, pour assister à l'inauguration d'un temple magnifique, élevé pour honorer Rome et Auguste par un culte particulier, comme divinités tutélaires de la province. Les noms des soixante Cités étaient gravés sur l'autel, et elles étaient représentées par soixante statues placées autour du temple. Celle *d'Autricidorum* en faisait indubitablement partie.

A la mort d'Auguste, en l'an dix de l'ère chrétienne, Tibère, son fils adoptif, qui lui succéda, laissa, par la dureté de son caractère, et son indifférence sur les désordres de l'administration, les déprédations fiscales monter à un déplorable excès. La misère du peuple le conduit toujours et inévitablement à la révolte.

Une conjuration se trama, en effet, la onzième année de ce règne désastreux, entre deux jeunes Gaulois ayant une grande influence, l'un sur le Nord, l'autre sur le Midi de la Gaule chevelue; Florus à Trèves et Sacrovir à *Augustodunum*. Presque toutes les Cités se liguèrent pour recouvrer l'indépendance. Mais l'impatience des Turons (1) et des Andégaves (2) fit avorter ces généreux

---

(1) Habitans de la Touraine.
(2) Habitans de l'Anjou.

desseins, avant que l'armement général eût pu s'effectuer. Ayant levé trop tôt l'étendard, ces deux Peuples furent promptement défaits ; les Andégaves par Avila qui commandait à *Lugdunum*, et les Turons par un corps d'armée campé sur les bords du Rhin. Sacrovir ne s'en découragea pas : il se hâta de mettre dans son parti des cohortes Eduennes disciplinées par les Romains, et d'armer la multitude de jeunes gens réunis dans *Augustodunum*, pour y suivre les divers cours de l'instruction publique. De presque toutes les autres Cités, et très-certainement de celle *d'Autricidorum* qui en est limitrophe, une foule de nobles et de paysans vint se joindre à lui ; en sorte que son armée se composa d'environ quarante mille hommes. Mais il n'obtint pas le succès qu'il méritait. Silius, avec deux Légions et un corps auxiliaire de Germains, quitta les bords du Rhin, marcha à grandes journées à travers le pays des Séquanais qu'il désola, et se trouva bientôt en présence de l'armée de Sacrovir, à douze milles *d'Augustodunum*. Ce héros de la liberté gauloise fit des prodiges de valeur, mais il fut mal secondé par cette armée formée à la hâte ; elle fut, dès la première attaque, mise en déroute. Sacrovir, perdant tout espoir, se réfugia avec ses plus fidèles compagnons d'infortune dans une maison de campagne qu'il avait près d'*Augustodunum*. Il y mit le feu et se poignarda ; les autres conjurés s'entretuèrent, et l'incendie ne laissa que des cendres à ceux qui les poursuivaient.

Florus, chez les Trévires, ne fut ni mieux secondé, ni plus heureux ; il se vit contraint aussi de mettre fin à ses jours, dans la forêt des Ardennes.

39 Après Tibère, l'Empire fut dévolu à Caius César, surnommé Caligula, qui, par ses exactions, ses extravagances et sa cruauté, força les Gaules, comme l'Italie, à regretter son prédécesseur. La cinquième année de son règne, il vint à *Lugdunum*, et y établit des jeux auxquels étaient invités les hommes les plus instruits des Cités. Là, des concours d'éloquence grecque et latine se terminaient par des prix décernés aux vainqueurs, et des peines bizarres infligées aux vaincus.

41 Cet énergumène fut remplacé par Claude, qui vint aussi dans la Gaule chevelue, en l'an 41, mais avec des vues sincères de bien public. Il visita toutes les Cités, et mit dans ses examens une attention paternelle; rétablissant l'ordre partout où l'on s'en était écarté. Il reconnut que le Druidisme, malgré les mesures prises par Auguste, conservait encore du crédit parmi le peuple, et continuait en secret ses odieux sacrifices ; il en proscrivit les prêtres, et en fit périr un grand nombre. Il multiplia les écoles, et favorisa par tous les moyens en son pouvoir, les progrès des arts et des sciences ; justement persuadé que le procédé le plus salutaire pour améliorer les hommes est de les éclairer. A son retour à Rome, il ne perdit pas le sentiment d'affection qu'il avait conçu pour cette partie de son Empire. Sur sa demande, un Senatusconsulte l'assimilant à l'Italie, accorda aux Gaulois l'entrée du Sénat. Les treize années de règne de ce Prince faible, mais parfois juste et bon, fut pour la Gaule une suite non interrompue de félicité publique, et de progrès dans la
54 civilisation. Sa mort livra le trône à Néron.

L'horreur que les crimes de celui-ci inspirèrent à

tous ceux qui vivaient sous ses lois, parvint dans la Gaule à un si haut degré d'exaspération, que ce fut dans cette province, qu'en l'année 68, à l'instigation de Vindex, Propréteur à *Lugdunum*, une ligue formée entre les Eduens, les Séquanais et les Arvernes, déféra l'Empire à Galba. Une guerre civile en fut la suite; toute la Gaule et les Légions romaines qui s'y trouvaient, s'étant divisées en deux partis pour et contre Galba. Mais à peine quelques mois s'étaient écoulés, que la défaite de l'armée de Vindex, sa mort volontaire, et celle de Néron donnèrent à ces dissensions une autre direction. Galba, qui conserva un instant l'Empire, s'en servit pour se venger des Cités qui avaient refusé d'entrer dans sa rébellion, et récompenser celles qui y avaient pris part. Bientôt il eut un rival dans *Vitellius*, proclamé Empereur par celles des Légions romaines qui étaient cantonnées dans la Gaule orientale. Les Cités punies par Galba de leur fidélité envers son prédécesseur, avaient encouragé les soldats à cette entreprise, et la soutinrent avec ardeur; une armée considérable se forma pour arracher l'Italie à Galba. Dans sa marche, elle apprit l'assassinat de cet Empereur par les Prétoriens, et le choix d'Othon par le Sénat; mais ce changement n'en produisit aucun parmi les partisans de Vitellius; Valens entra en Italie, livra bataille à Othon et le força de se tuer.

Les désordres dont cette rébellion avait rempli les Gaules; l'indiscipline des Légions et leurs dévastations dans les pays qu'elles avaient traversés; enfin les levées d'hommes et d'argent dont chaque faction avait accablé les Cités soumises à sa discrétion, avaient rallumé dans le cœur des Gaulois l'amour de la patrie. Ils virent avec une secrète joie, à ces premières causes de dissolution, se réunir les prétentions de Vespasien au trône impérial que Vitellius possédait encore; les revers que les armées romaines éprouvèrent dans l'Orient, comme dans la grande Bretagne, et jusqu'à l'incendie du Capitole; ils finirent par se persuader que l'Empire s'écroulait. Quatre grandes Cités se soulevèrent et se choisirent des chefs de guerre : Les Bataves eurent Civilis, les Belges Classicus, les Trevires Tutor, et les Lingons Sabinus. Réunis, ils formèrent une armée qui proclama l'Empire des Gaules. Quelques Druides, échappés à la persécution de Claude, sortirent de leur retraite, et secondèrent de leur fanatisme les efforts des guerriers; une partie des Légions romaines se rangea de leur côté, et les autres furent bientôt vaincues par les insurgés. Mais Vespasien, ayant envoyé sept nouvelles Légions commandées par Cérialis, et Sabinus ayant été défait par les Séquanais; la crainte s'empara des Cités qui n'avaient pas participé ostensiblement à cette guerre, et celle d'*Autricidorum* était du nombre; sur l'invitation des Rémois, toutes les Cités intéressées à voir cesser ces troubles envoyèrent des députés dans leur ville. La question sur la continuation de la guerre, y fut vivement agitée; l'amour de la paix l'emporta, et les Cités armées furent sommées de rentrer dans le devoir. Les premiers instigateurs de ce mouvement n'eurent aucun égard à la décision; mais après quelques succès, ils succombèrent, et la paix devint générale.

Tel est le dernier effort tenté par les Gaulois pour recouvrer leur liberté. Les Druides eux-mêmes, perdant tout espoir, renoncèrent à leurs systèmes religieux, et s'adonnèrent à l'étude des sciences dans les écoles romaines. Depuis cette époque, et durant les deux siècles suivans, la Gaule resta tellement soumise au Gouvernement de Rome, que son histoire n'est plus que celle de l'Empire. Ses habitans furent alternativement heureux et malheureux suivant le caractère de ceux qui se succédèrent sur le trône. Parvenus au même degré d'instruction et de civilisation que les Romains, ils vécurent sous les mêmes lois, et n'eurent plus d'autres habitudes, ni d'autres mœurs.

Le seul évènement particulier à la Gaule pendant cette période, est le voyage qu'y fit Marc-Aurèle-Antonin en 213. Il y déploya tout ce que son caractère avait de détestable : il se livra sans mesure aux rapines, aux violences, et aux cruautés envers les Magistrats comme envers les Peuples. La seule chose qui put lui plaire, fut un vêtement bizarre alors en usage, avec lequel il se fit voir à Rome lors de son retour, et qui lui valut le surnom de Caracalla. Il accorda, il est vrai, le droit de Bourgeoisie romaine à tous ceux qui l'avaient dans les Gaules ; mais ce ne fut que pour leur imposer toutes les charges que supportaient ses sujets d'Italie.

CHAPITRE IV.

SUITE DE LA DOMINATION ROMAINE.

ÉTABLISSEMENT

DU

CHRISTIANISME DANS L'AUXERROIS.

Dès le milieu du second siècle, le christianisme répandait sa lumière divine dans la Gaule chevelue ; Saint Pothin avait fondé l'Evêché de *Lugdunum*, capitale de cette province. Son martyre, ainsi que celui de Saint Irénée qui lui succéda; ceux de plusieurs prêtres de la même ville, et celui de Saint Symphorien issu d'une famille illustre *d'Augustodunum*, mis à mort dans son pays, propagèrent, plus encore que leurs prédications, la religion pour la défense de laquelle ils bravaient les supplices. On ne peut donc pas douter que les habitans *d'Autissiodorum* n'en aient eu connaissance, par suite de leurs relations avec *Lugdunum*, leur métropole; avec *Augustodunum*, où se trouvait alors le Préfet de la province, ainsi que la grande école des sciences fondée par Auguste; et avec Rome capitale de l'Empire, déjà le point central de la nouvelle religion.

Depuis quelques années, *Senonum* possédait Saint Savinien, son premier Evêque, lorsqu'en 259 Saint Sixte II envoya Saint Pélerin à *Autissiodorum*, s'établir avec le même titre pour toute la Cité; qui avait, dès-lors, l'étendue conservée par le Diocèse d'Auxerre jusqu'en 1790. L'Evêque était accompagné de Marse, prêtre; de Corcodôme, diacre; de Jovinien et Alexandre, sous diacres; et d'un autre Jovinien, lecteur.

Plusieurs circonstances favorisèrent leur zèle. A Valérien, ennemi des chrétiens, succéda sur le trône impérial Gallien son fils, qui révoqua tous les édits publiés contre eux; défendit de les troubler dans l'exercice de leur culte; et leur fit restituer leurs cimetières, ainsi que tout ce dont ils avaient été dépouillés. Peu de temps après, Posthume, lieutenant de Gallien dans les Gaules, fut proclamé Empereur par ses soldats. Malgré les efforts de Gallien, il maintint son autorité dans cette province, et ne s'en servit que pour y faire régner l'ordre et la justice, autant que les calamités de ce siècle le lui permirent. Cette protection accordée aux chrétiens dura jusqu'au premier édit donné contre eux par Dioclétien, en 303. (1)

(1) Sous Aurélien, il y eut un instant de persécution, mais elle ne fit de victimes que dans la partie du diocèse appelée Puysaie ; où

Une autre circonstance encore dut singulièrement aider les missionnaires *d'Autissiodorum*. Ils y arrivèrent à l'époque remarquée par les historiens comme celle où toutes les contrées de l'Empire, sans exception, furent en proie à la plus longue et la plus épouvantable calamité qui ait jamais frappé le genre humain. Pendant plusieurs années, trente tyrans avaient déchiré les provinces. Toutes les populations, entraînées aux combats, avaient cessé de cultiver la terre ; une famine affreuse en avait été la suite, et la peste dévorait ceux que la faim avait épargnés. (1) Une religion qui fait des souffrances endurées avec résignation à la volonté suprême, le titre le plus assuré à un bonheur sans fin, ne pouvait pas être prêchée dans une conjoncture plus favorable pour être embrassée avec ardeur.

Saint Pélerin fit construire une église près de la rivière, à l'extrémité septentrionale de la ville, (2) et établit un cimetière à l'extrémité opposée sur le mont *Autricus*. Fidèle à sa mission il parcourut, pendant trente ans, tout son Diocèse, n'ayant qu'à se féliciter de la docilité de ses habitans ; mais il se trouva à Entrains, au moment où fut publié l'édit de Dioclétien. Le paganisme asservissait encore la majeure partie de

---

Saint Prix et ses compagnons furent massacrés par les habitans d'un village qui, depuis, a porté le nom de Coucy-les-Saints. Mém. de Lebeuf, t. 1, p. 41.

(1) V. Gibbon, hist. de la décadence et de la chute de l'Empire romain, trad. de Guizot ; et les auteurs cités ; t. 2, p. 279.

(2) Cela doit s'entendre de la ville celtique. Cette église a, depuis, porté le nom de Saint-Pélerin.

la population dans cette contrée ; et Aulercus, homme riche et puissant, y avait consacré à Jupiter un temple, qui, par sa magnificence, y attirait de nombreux adorateurs. Saint Pélerin eut le courage de continuer, malgré l'édit, à combattre l'idolâtrie. Aulercus le fit arrêter, et l'envoya à Bouhy, où il fut long-temps prisonnier, dans un cachot profond. Enfin, on l'en tira pour le juger, et il fut condamné à mort. Comme on le conduisait au supplice, un soldat, altéré de sang, lui arracha la vie.

289

Jovinien, lecteur, fut également victime de son zèle. On ignore dans quel lieu ; mais il paraît certain que ce n'est pas à *Autissiodorum*, et que jamais le sang d'un martyr ne coula dans cette ville.

Dans le même temps, *Autissiodorum* dut éprouver de grands désastres de la part des Bagaudes. On appelait ainsi des paysans qui, tombés dans la misère par suite des exactions du fisc, quittèrent leurs travaux, parcoururent les campagnes, et se réunirent au nombre de quatre-vingt millle, commandés par deux chefs audacieux, Ælianus et Amandus, qui osèrent prendre le titre d'Auguste. Leur passage fut marqué par les plus horribles désordres. Un de leurs premiers exploits fut la prise *d'Augustodunum* après sept mois de siége, en 270 ; et ils ne furent complètement détruits qu'en 284, par la prise du château que César avait construit près de Lutetia, dont ils s'étaient emparés. On ne peut donc pas douter *qu'Autissiodorum*, placé entre ces deux points, n'ait eu à supporter leurs déprédations.

Le martyre de Saint Pélerin et celui de Saint Jovinien ne découragèrent ni les autres missionnaires, ni Marcellien, l'un des habitans convertis par eux, qu'ils choisirent pour remplacer Saint Pélerin dans l'épiscopat. Pendant plusieurs années, les mêmes dangers l'entourèrent; mais enfin il put se livrer avec sécurité à l'administration de son Diocèse, qu'il gouverna vingt-huit ans. Dès l'année 307, Constantin avait fait publier son célèbre édit prohibitif de toute espèce de poursuite contre les chrétiens; et avait embrassé, lui-même, leur religion quatre ans après. A ces premiers actes de justice, il ajouta, en 324, la restitution aux familles des martyrs, des biens confisqués; et aux Eglises, de ceux dont le fisc s'était emparé sous Dioclétien.

Valérien succéda à Marcellien, en 331, et fut, comme lui, élu parmi les prêtres du Clergé formé par les missionnaires. L'efficacité de la protection accordée par les lois aux chrétiens, et les rapides progrès qu'à l'abri de cette protection, la religion avait faits dans les Gaules, se font remarquer sous son épiscopat. Il assista, avec Marcel Evêque de Paris, et Séverin Evêque de Sens, au sacre d'Euverte, Evêque d'Orléans; et, en 349, au Concile de Cologne. On voit aussi dans Ammien que les voyages des Evêques se faisaient aux frais de l'Etat, en se servant des voitures et des chevaux attachés aux postes qu'Auguste avait établies.

Constance régnait alors; et sous ce Prince faible, le gouvernement des Gaules était tellement négligé, qu'en 355, plusieurs bandes d'Allemands, qui avaient passé le Rhin, firent des courses jusqu'au centre de la Gaule chevelue. Après avoir désolé les environs de

Troyes et Auxerre, elles se portèrent sur Autun qu'elles tinrent assiégé pendant plusieurs mois. Heureusement Julien venait d'être déclaré César par Constance ; et, quoique fort jeune, il était chargé, sous la conduite de Marcel, de délivrer la Gaule de ces barbares. Il arriva près d'Autun, au mois de juin 356. A son approche, les ennemis se retirèrent sur Auxerre, et établirent leur camp dans son voisinage. Julien les y poursuivit, et les força à continuer leur retraite du côté de Troyes. Il resta dans Auxerre pendant quelque temps, pour faire reposer la troupe qui l'avait suivi, et attendre les divers corps qui devaient former son armée (1). Enfin il continua sa marche, fit sa jonction avec les Légions cantonnées à Rheims, et contraignit les Allemands à repasser le Rhin. Mais, l'hiver suivant, il désolèrent de nouveau le Sénonais et l'Auxerrois ; avec tant de forces et d'acharnement, que Julien fut contraint de se renfermer dans Sens. Après l'y avoir inutilement assiégé pendant un mois, ils se retirèrent.

L'épiscopat d'Elade, qui remplaça Valérien, en 360, doit avoir été beaucoup moins paisible que celui de son prédécesseur. Par les édits de Constance, tous les temples des idoles avaient été fermés ; défenses avaient été faites à leurs prêtres d'exercer soit en public, soit en secret, leur ministère. Dans plusieurs lieux, les Evêques avaient même fait abattre ces temples, sans que les idolâtres eussent été écoutés dans leurs plaintes ; les

---

(1) Histoire du Bas-Empire, t. 2, p. 373.

emplois importans avaient tous été donnés aux chrétiens ; leur doctrine était la seule religieuse qui fût enseignée dans les écoles publiques. Mais en 361, Julien, qui gouvernait les Gaules et résidait à Paris, ayant été proclamé Empereur par son armée, dans une audience publique et militaire, en présence d'une foule immense, déclara que, malgré l'opposition de Constance à sa promotion, il acceptait l'Empire, et qu'en même-temps il abjurait la religion chrétienne. Cette apostasie d'un Prince jeune encore et revêtu de la toute puissance des Monarques d'alors, fut le signal d'une réaction qui remplit de troubles et de dissensions les villes, les bourgs et les hameaux. En un instant, les chrétiens furent chassés de tous les emplois, et des écoles publiques : il n'y eut plus en place qu'idolâtres ou apostats. On crut long-temps que les supplices et les tortures allaient, encore une fois, éprouver la foi des chrétiens. Il y avait, à ce sujet, une extrême frayeur d'un côté, et une soif sanguinaire de l'autre. Ces sentimens agitèrent les deux partis, surtout à la mort de Constance, qui arriva six mois après la révolte de Julien. Cependant ce dernier, soit par suite de sa bizarre philosophie, soit par crainte d'ébranler son trône encore mal affermi, se borna à réserver sa confiance et ses faveurs aux payens, et à faire relever aux frais des chrétiens, qui conservèrent leurs églises, ceux des temples qu'ils avaient abattus.

Ce bouleversement, comme toutes les tempêtes, dura peu. A peine deux années étaient écoulées, que Julien, dans un combat contre l'armée du Roi de Perse, fut blessé mortellement. Jovien son successeur, et l'année suivante Valens et Valentinien, à qui la mort de Jovien laissa l'Empire, avaient été élevés dans la religion chrétienne. Ils en rétablirent les signes dans les armées, et les chrétiens concoururent à remplir les places comme auparavant. La tolérance religieuse que Julien avait proclamée, fut maintenue, et plus sincèrement exécutée que sous son règne. Il en fut de même sous Gratien, et pendant l'usurpation de Maxime. Mais, sous Théodose le grand, le paganisme fut définitivement proscrit, et comprimé par des lois sévères. La religion chrétienne devint la seule dans cet Empire qui l'avait persécutée pendant quatre siècles.

Lors de cet événement, le siége épiscopal d'Auxerre était occupé, depuis quatre années, par Amatre, successeur d'Elade. Le nouvel Evêque était fils de Proclidius, riche habitant d'Auxerre, et d'Isciole, née à Autun. Dès le temps de Valérien, prédécesseur d'Elade, il faisait partie du Clergé. Cédant aux sollicitations de l'Evêque, il avait renoncé à se marier avec Marthe qui lui était promise, et qui, elle-même, s'était consacrée comme Diaconesse au service de l'Eglise et des pauvres.

Amatre profita de la faveur qu'Honorius, fils et successeur de Théodose dans l'Occident, accordait à la religion chrétienne, pour se procurer, dans l'enceinte même de la Cité, un vaste emplacement, sur lequel il pût construire une plus grande église que celle bâtie par Saint Pélerin; ainsi qu'une habitation pour lui et son Clergé. Il l'acheta de Rutilius, récemment converti, et trouva, en démolissant des bâtimens, dans lesquels les faux Dieux avaient des autels, un trésor fort considérable. Rutilius, à qui il l'offrit, eut la générosité de le refuser ; sa valeur suffit à payer les dépenses des nouveaux établissemens ; et il en resta encore une portion, qui fut distribuée aux pauvres. Il bâtit aussi un Oratoire, sous l'invocation de Saint Symphorien, martyr d'Autun, sur le Mont-Artre, où était le cimetière des chrétiens.

A peu-près à cette époque, la division de la Gaule subit un changement important (1) : la province Lyonnaise fut subdivisée en quatre. Sens devint la métropole de la quatrième, et la Cité d'Auxerre y fut comprise. Mais cette division ne concernait que l'administration religieuse et civile : sous les rapports militaires, toutes les Cités renfermées entre la Seine et la Loire (et celle d'Auxerre était du nombre), ne formèrent qu'un seul gouvernement, appelé le Duché de la marche Armorique, c'est-à-dire pays maritime (2). L'objet de cette organisation était de réunir plus facilement toutes les forces nécessaires pour réprimer les barbares qui, naviguant sur l'Océan avec de petits vaisseaux, entraient par l'embouchure de la Seine et celle de la Loire, et portaient leurs dévastations jusque dans le centre même de la Gaule.

Cette précaution d'Honorius finit par lui être funeste, et par lui faire perdre la majeure partie des Cités comprises dans ce Duché. En 407, une armée, dans la grande Bretagne, donna la pourpre à un soldat,

---

(1) V. la notice de l'Empire, publiée par le P. Sirmond.
(2) Du mot *armor* mer.

parce qu'il s'appelait Constantin ; et celui-ci ne tarda pas à vouloir étendre son autorité sur tout l'Empire. La Gaule, abandonnée par la Cour de Ravenne, désolée par les Huns, les Suèves et les Bourguignons, se soumit ; mais les Armoriques, conséquemment la Cité d'Auxerre, comme toutes celles du Duché, après avoir supporté ce nouveau joug, pendant, à peu-près, deux années, profitèrent des troubles qui survinrent pour se liguer, s'ériger en République, et chasser tous les officiers romains établis par l'usurpateur Constantin. On a peu de détails sur cet événement ; mais on doit croire, avec l'abbé Dubos, que dans chaque Cité, le Sénat, débarrassé du Comte et des autres agens de l'Empereur, gouverna souverainement ; et que les charges, réduites au seul taux nécessaire aux besoins de la Cité, furent infiniment moins onéreuses. Ce retour à l'antique liberté ne fut pas long ; (1) quelques années après la mort de Constantin, qui eut lieu en 411, Honorius, par les soins d'Exsupérantius de Poitiers, fit des démarches pour ramener à lui les Cités Armoriques ; et l'on ne peut pas douter que celle d'Auxerre n'ait été une des premières à se rendre, lorsqu'on voit

411

---

(1) L'abbé Dubos, t. 1, liv. 2, chap. 3, 5 et 9, prétend que cette République résista très-long-temps aux efforts des Romains, et se soutint jusqu'à la conquête du pays par Clovis ; il prétend même que la province Sénonaise est une de celles dont l'opposition a été la plus longue : pour Auxerre, le contraire est prouvé par le voyage de Saint Germain à Arles. (V. ci-après p. 56.) D'ailleurs Montesquieu (Esprit des lois, tom. 3, liv. 38, chap. 24), et Gibbon (trad. de M. Guizot, t. 6, p. 126) traitent de jeux d'imagination la plupart des assertions de Dubos sur ce sujet.

un de ses habitans investi, avant 418, de l'office de Duc des Armoriques.

Cet important personnage est Germain; devenu, depuis, le plus célèbre des Evêques d'Auxerre. Il était né dans cette ville même, vers 380, de parens illustres, Rustique et Germanille, qui avaient mis tous leurs soins à son éducation. Après s'être enrichi, dans les écoles des Gaules, des sciences qui y étaient enseignées, il s'était rendu à Rome, pour y achever son instruction, particulièrement en jurisprudence. A son retour il avait exercé la profession d'Avocat devant le Préfet du prétoire des Gaules, résidant alors à Autun, et y avait acquis la réputation d'un des plus habiles orateurs de son temps. Il avait ensuite été appelé par l'Empereur au poste plus élevé, mais plus difficile, de Gouverneur ou Duc des Armoriques. La conduite qu'il y avait tenue lui avait tellement concilié l'estime du Souverain, et la confiance des peuples, que long-temps après, et quand il avait quitté la vie militaire, pour se vouer au service des autels, il fut appelé à remettre les Armoriques révoltées sous l'obéissance de Valentinien III, comme on le verra bientôt.

Amatre, plus qu'un autre, put apprécier tous les mérites réunis dans Germain; et reconnaissant qu'il allait bientôt atteindre le terme de sa carrière, sa sollicitude pour ses diocésains lui inspira le désir de l'avoir pour successeur. Alors, sous les faibles descendans du grand Théodose, l'Empire était envahi par les Goths, les Francs, les Bourguignons, et une foule d'autres Barbares, qui s'en disputaient les lambeaux. Déjà les Bourguignons s'étaient établis très près d'Auxerre, dans la contrée à laquelle ils ont donné leur nom; à l'Occident du Diocèse, et sur la rive droite de la Loire, les Alains s'étaient également emparés d'un territoire considérable. Ainsi placés entre ces hordes de Barbares indisciplinés, les Auxerrois étaient, plus que toute autre partie de la Gaule, exposés alternativement aux incursions des ennemis; et, quand ceux-ci se retiraient, aux exactions des officiers de l'Empire. Dans de telles conjonctures, Amatre pensa que, pour protéger les habitans contre les agressions des uns et des autres, et les diriger avec prudence, suivant la fatalité des événemens, il importait de leur donner pour Evêque un homme jeune, opulent, plein de science, habitué même aux exercices militaires, et surtout en crédit à la Cour de Ravenne. Ce choix était d'autant plus convenable, que déjà commençait cette influence salutaire, que le pouvoir conféré aux Evêques par les Empereurs Arcade et Théodose exerça pendant plusieurs siècles sur les Peuples et les Souverains; seul tempérament que la Providence ait apporté à la barbarie des hommes, dans ces siècles de désolation (1).

Mais il fallait toute la sagacité d'Amatre, pour apercevoir dans Germain les dispositions nécessaires à l'auguste ministère auquel il voulait l'appeler, et tout son zèle pour oser l'entreprendre : car Germain, alors, se livrait aux illusions qu'une haute naissance et de grandes richesses font presque toujours naître dans un

---

(1) V. Dubos, t. 1, liv. 2, chap. 3, p. 340, édition de 1742. Aug. Thierry, lettres sur l'hist. de France, lettre X, p. 181, note 1.

homme du monde. La chasse, surtout, était, après ses fonctions publiques, sa principale occupation ; et les dépouilles des animaux qu'il avait tués étaient habituellement, et avec ostentation, suspendues aux branches d'un haut poirier planté sur la place publique. Amatre, qui voyait dans ce procédé une ridicule vanité et un reste des pratiques païennes, lui avait fait, à ce sujet, des remontrances nombreuses, mais inutiles, quoiqu'accompagnées de la menace de faire couper l'arbre où il affichait ainsi sa frivolité. Germain n'y avait répondu qu'en le menaçant lui-même de la mort, s'il osait toucher à cet arbre.

Amatre ne se découragea pas dans son généreux désir de dompter cette ame fière, et de faire de Germain un zélé défenseur de la religion, qu'alors il bravait avec opiniâtreté. Il profita d'un moment où Germain visitait son Duché, pour faire abattre le poirier. Sur-le-champ, il se rendit à Autun, auprès de Julius Agricola, qui y résidait en qualité de Préfet du Prétoire ; demanda l'autorisation nécessaire pour faire quitter par Germain l'office que l'Empereur lui avait confié, et l'admettre dans l'ordre ecclésiastique. La réputation d'Amatre qui, depuis plus de trente ans, gouvernait son Diocèse, et y avait éteint jusqu'aux dernières étincelles du paganisme, était répandue dans les Gaules. Il fut reçu avec la vénération et les égards qu'il méritait par l'Evêque Simplice, et par le Préfet, qui, devenu le confident de tous ses desseins, s'empressa d'accéder à sa demande. De retour à Auxerre, où Germain était revenu avant lui, et gardait le silence sur la disparition du poirier, Amatre en augura favorablement, et chercha l'occasion de consommer son projet.

Un jour que les habitans étaient réunis en grand nombre, et armés, suivant leur usage dans toutes les réunions publiques; Amatre apercevant Germain au milieu d'eux, éleva la voix, annonçant à la multitude qu'il avait peu de temps à vivre, et qu'il était urgent de choisir celui qui le remplacerait pour être *la sentinelle de la maison de Dieu*. En disant ces mots, il prit le chemin de l'Eglise, invitant à le suivre tous ceux que l'intérêt de la religion et du pays pouvait toucher. A la porte, il leur représenta qu'ils ne devaient pas entrer avec leurs flèches dans le temple de la prière, et tous, Germain comme les autres, s'empressèrent de se désarmer. A peine la foule était-elle entrée, qu'Amatre fit fermer les portes de l'Eglise, et qu'aidé de tous ceux qui connaissaient ses désirs, il se saisit de Germain, lui déclara, au nom du Seigneur, qu'il n'appartenait plus au monde, mais à Dieu. En même-temps, il lui coupa les cheveux, et le fit revêtir de l'habit ecclésiastique, en lui disant : « Travaillez, mon cher frère,
» à conserver pur et sans tache l'habit que vous venez
» de recevoir; parce que Dieu veut qu'après ma mort,
» vous succédiez à la charge de Pasteur de cette
» Eglise. » Cette action, ces paroles d'un vénérable Pontife, qu'aucun intérêt temporel ne pouvait diriger, et qui n'agissait que dans une juste prévision des intérêts du peuple, furent regardées par Germain comme un arrêt du ciel. Il s'y soumit respectueusement, et quitta avec courage une vie dissipée, où il ne s'occupait que de lui, pour embrasser la vie la plus dure,

et ne s'occuper que des autres. Il se sépara de sa femme Eustachie, pour se livrer entièrement à l'étude de ses nouveaux devoirs.

418 Le premier mai 418, la mort enleva Saint Amatre à ses diocésains. Germain en fit lui-même l'inhumation sur le Mont-Atre; et environ un mois après, cédant aux acclamations unanimes qui lui rappelaient ses promesses, il monta sur la chaire épiscopale. Il y fut un homme nouveau, se réduisant dans ses habits, ses alimens et ses meubles, au plus strict nécessaire. Pour ajouter à son exemple, et donner à ses diocésains, exposés chaque jour au pillage des Barbares, une juste idée des privations que volontairement et dans le seul désir de plaire à Dieu, on peut supporter ; un de ses premiers soins fut de mettre sous leurs yeux la vie monastique, qui avait pris naissance en Egypte dans le siècle précédent. Saint Athanase, fuyant la persécution des Ariens, avait visité les ermitages, les laures et les monastères de la Thébaïde. Etant à Rome, en 341, il avait étonné ses auditeurs par les détails des austérités auxquelles les innombrables habitans de ce désert s'étaient spontanément condamnés. Inspirés par son récit, de nombreux chrétiens des deux sexes s'étaient séparés du monde pour vivre en anachorètes (1). En 370, Saint Martin, témoin à Rome de cette vie entièrement consacrée à la prière et au travail, l'avait établie; et s'y était adonné lui-même près de Poitiers, dans le premier monastère qu'aient eu les Gaules (2),

(1) Hist. ecclésiast. t. 3, p. 318, édit. in-4º de 1720.
(2) *Ibid.* p. 616.

Germain qui, dans son séjour à Rome, avait également apprécié le régime monastique; à l'exemple de Saint Martin, l'introduisit aussi dans son Diocèse. Il fit construire sur le bord de l'Yonne opposé à la Cité, dans l'endroit où est aujourd'hui le faubourg Saint Marien, une Eglise et un couvent, dans lequel s'enfermèrent plusieurs personnes ferventes, qui, sous la conduite d'Alogius choisi par Germain, se livrèrent exclusivement à la vie religieuse. Il s'y était réservé une cellule, où souvent il allait prier, et vivre avec les religieux comme frère, et le plus humble de tous. Leur nombre augmentant, et leurs travaux ne pouvant pas probablement suffire à leurs besoins; il finit par leur donner un vignoble appelé Mousseaux, sa terre de Fontenoy pour les grains, et celle de Mézilles pour les fourrages des bestiaux.

Tous ses autres biens devinrent également la propriété des Eglises. Celle épiscopale eut ses terres de Varzy, Vercise, Poilly, Toucy, Appoigny, Perrigny et Cussy. Il donna celles de Guerchi, Corvol et Moulins à un Oratoire qu'il avait fait construire sur le Mont-du-Brenn, au Nord de la Cité; dans le lieu où l'on voit aujourd'hui l'Eglise qui porte son nom.

Mais si les historiens ont dit de lui que, dans son siècle, il a été *une des plus belles lumières de l'Eglise*; s'il a mérité d'être cité honorablement par tous les écrivains religieux ou politiques, catholiques ou dissidens (1), c'est moins par les talens qu'il tenait de la nature et de l'étude, que par l'admirable usage qu'il

---

(1) Hist. de la conquête de l'Angleterre, par les Normands, Aug. Thierry, t. 1, p. 53.

sut en faire en faveur de tous ceux qui réclamèrent son secours. Ni les dangers, ni les fatigues, ni la vieillesse, ne purent le décourager ; la mort qui seule pouvait l'arrêter, le surprit dans une de ces missions lointaines, que, sans la charité évangélique, l'homme le plus courageux n'aurait pas entreprises.

Depuis onze ans seulement, il gouvernait son Eglise, et déjà la renommée l'avait fait connaître à toute la chrétienté. En 429, la grande Bretagne, troublée dans sa foi par les Pélagiens, eut recours à l'autorité du Pape et des Evêques de la Gaule. Aussitôt les Prélats s'assemblèrent en Concile à Troyes, et décidèrent que deux d'entre eux se rendraient sur les lieux, afin de connaître la cause et l'étendue du mal, et prendre toutes les mesures convenables aux intérêts de l'Eglise. Germain et Loup Evêque de Troyes furent chargés de cette mission honorable, mais périlleuse. Le souverain Pontife Célestin, en confirmant cette résolution, nomma Germain son Vicaire dans la région qu'il allait visiter.

Le résultat du voyage des deux Evêques remplit les espérances qui avaient déterminé leur choix. Ils invitèrent les Pélagiens à une conférence dans laquelle, en présence du peuple, tous les points de doctrine controversés seraient examinés. Les Pélagiens ne craignirent pas de s'y rendre. Ils y apportèrent leur faste, leur orgueil et leur ignorance, et ne trouvèrent dans leurs adversaires que simplicité, modestie, mais aussi savoir et éloquence. Les suffrages unanimes furent pour les deux Evêques ; la plupart des Pélagiens, eux-mêmes, reconnurent leurs erreurs, et la guerre intestine fut appaisée. Mais, dans le même moment, les Saxons et les Pictes tentèrent sur les Bretons une de ces irruptions dont ceux-ci, à cette époque, furent si souvent victimes. Pris au dépourvu et manquant de chefs, ils conjurèrent Germain de les diriger dans leur défense. Cet office, très-différent de celui qu'il venait de remplir, et des nouvelles habitudes que le sacerdoce lui avait fait contracter, ne le trouva ni indifférent sur les maux du pays, ni étranger à ce que la nécessité exigeait de lui. Les deux Evêques se rendirent au camp ; donnèrent le baptême à un grand nombre de soldats qui le demandaient ; inspirèrent à tous, par des paroles édifiantes, une confiance entière dans le secours du ciel ; et Germain, à la tête de l'armée, marcha au-devant des ennemis.

Instruit par des courreurs de leur nombre et de leur marche, qui leur faisait traverser un vallon étroit dont l'issue aboutissait à une rivière, il y porta toutes ses forces, et les tint cachées dans les gorges du vallon, jusqu'à ce que l'ennemi y fût engagé. Alors le cri de guerre convenu, *Alleluia*, proféré tout à coup par l'armée, et répété par les échos du vallon, répandit l'épouvante parmi les Pictes et les Saxons ; qui, au même instant, voyant les Bretons sortir de leur embuscade et fondre sur eux, se crurent écrasés par une armée innombrable. Dans leur effroi, ils jetèrent, pour mieux fuir, armes et bagages par terre ; en se précipitant les uns sur les autres, ils gagnèrent l'issue de la vallée, où un grand nombre, poussé par le mouvement général dans la rivière, y trouva la mort ; le reste se dispersa. C'est ainsi que les Bretons, sans qu'il leur en ait coûté une goutte de sang, furent délivrés de leurs ennemis, et enrichis de leurs dépouilles. Suivant Usserius (1), cet événement a eu lieu sur le territoire de *Flint*, près de la ville que les Anglais appellent *Mold*, et les habitans du pays de Galles *Guid-Cruc* ; il rapporte que l'endroit où la scène s'est passée, a reçu et conservé le nom de *Maes-Germen*, c'est-à-dire *champ de Germain*, et que la rivière sur le bord de laquelle les soldats ont reçu le baptême avant l'action, est celle appelée *Alen*.

C'est dans ce voyage, qu'ayant appris des détails sur les mérites de Saint Alban, martyrisé dans la grande Bretagne, en 287, il résolut d'élever, sous son invocation, à Auxerre, la Basilique qui exista long-temps, à l'angle méridional de la Cité. A son retour dans le Diocèse, Germain trouva le peuple surchargé de nouveaux impôts, ou *super-indictions* (2), que les officiers de l'Empereur avaient établis pendant son absence. Le courageux Evêque persuadé, probablement, que s'il n'avait pas été au loin porter sa bienfaisance, il aurait pu garantir son peuple de ce surcroit de misère, s'empressa de réparer le mal qu'il n'avait pas pu empêcher; et d'aller jusqu'à Arles où résidait

---

(1) De Britt. ecles. primordiis, p. 333 V. aussi Beda, hist. lib. 1, cap. 20 ; Grégoire le Grand, en ses Morales sur Job, lib. 27, cap. 6; les Bollandistes, t. 7, Julii, p. 55, qui citent le P. Pagi, en ses annales; Lebeuf, mém. t. 1, p. 55 ; Vita Sancti-Lupi, Boll. 29 Jul.; Vita Sancti-Germani, cap. 22 ; hist, d'Angleterre par le D. Lingard, trad. tom. 1, p. 96.

(2) V. ci après p. 62.

alors Auxiliaris, Préfet des Gaules. Il fit le voyage à cheval jusqu'à la Saône, où il s'embarqua. Partout sur sa route, et particulièrement à Lyon, la population s'empressait de contempler ce Prélat que recommandaient et ses succès dans la grande Bretagne, et le but du pénible voyage qu'il entreprenait. Les mêmes motifs déterminèrent le Préfet à venir, lui-même, au-devant de Germain; qui, avant d'entrer dans Arles, obtint la décharge de l'impôt extraordinaire dont gémissaient ses diocésains. Pendant son séjour dans cette ville, le célèbre Évêque qui y résidait, Hilaire, et Germain, animés des mêmes vues, contractèrent une amitié qui ne finit qu'avec eux. Hilaire vint plusieurs fois à Auxerre, conférer avec son ami des intérêts de l'Eglise; et l'appela, en 444, au Concile où Chélidoine, Evêque de Besançon, fut déposé. 444

Deux ans après, son dévouement au bien-être des peuples eut encore plusieurs occasions de s'exercer; et il les saisit avec le même empressement. De nouvelles dissensions suscitées par les sectateurs de Pélage, affligeaient l'Eglise de la grande Bretagne. Des députés vinrent conjurer Germain de retourner dans cette île, pour y rétablir la paix que son courage et ses vertus lui avaient procurée, en 429. Aussitôt qu'il eut obtenu 445 l'assentiment de plusieurs Evêques, il se rendit aux vœux des Bretons, avec Sévère, Evêque de Trèves, compagnon de son nouvel apostolat. Après avoir entendu les plaintes, et apprécié les justifications, les deux Evêques reconnurent que les désordres n'étaient l'ouvrage que de quelques factieux dont la présence serait toujours dangereuse. Il les firent passer dans la Gaule, où ils furent plus facilement contenus ; et tous les troubles cessèrent. (1).

A peine, revenu à Auxerre, avait-il pu prendre quelque repos, que la partie des Armoriques la plus rapprochée de la mer, menacée d'être livrée aux barbares, se rappelant le mérite et le crédit de son ancien Gouverneur, invoqua son secours. Les habitans de cette contrée s'étaient révoltés contre l'autorité de l'Empereur d'Occident, Théodose II; et Ætius maître de la milice romaine, dans l'impuissance de les soumettre lui-même, avait autorisé Eocharich, Roi ou chef des Alains établis sur les rives de la Loire, à les traiter en ennemis. Lorsque leurs députés arrivèrent à Auxerre, déjà Eocharich était en marche, et le péril était imminent. Germain partit à l'instant même; et fit une telle diligence, qu'il atteignit la tête de l'armée, avant qu'elle eût mis le pied sur le pays qu'elle se disposait à désoler.

Au moment où le Roi parut, Germain, en se nommant, le conjura de l'écouter. Ce nom célèbre de Germain, et son caractère si révéré même des payens, commandèrent d'abord le respect du barbare ; mais la passion de la guerre, la soif du sang et du pillage, l'entraînant, il marchait encore, lorsque le Prélat porta courageusement la main sur la bride de son cheval. A ce coup hardi, et le chef et l'armée s'arrêtèrent. Alors tout ce que la religion et l'amour de l'humanité peuvent inspirer à une grande ame, sortit de la bou-

---

(1) Const. vita Sancti-Germani, lib xi, cap 3, Hist. ecclés. in-4° t. 6, p. 275.

che de Germain, et dompta la férocité d'Eocharich; qui lui donna le temps de recourir à la clémence de Théodose.

Il ne s'arrêta à Auxerre que pour mettre ordre aux affaires de son Eglise; et, malgré son grand âge, ne considérant que l'énormité des maux qu'il pouvait éviter, il partit pour l'Italie. Le trône impérial était alors occupé par l'Impératrice Placidie; qui l'avait, en quelque sorte, reconquis au nom de Valentinien son fils, et résidait à Ravenne. Germain se mit en route, accompagné seulement d'un Diacre; mais son ardeur héroïque à secourir toutes les infortunes avait donné à son nom une telle célébrité, que dans ce voyage, comme dans les précédens, malgré ses efforts pour n'être pas connu, son passage était annoncé, et de toutes parts on venait lui offrir des hommages. Parvenu à Ravenne, il fut reçu avec honneur par l'Impératrice et son fils; mais, depuis son départ, les Armoricains s'étaient de nouveau révoltés; la nouvelle en était arrivée à la Cour, et les peines du Prélat devinrent inutiles. Une maladie, suite probablement de la fatigue et du chagrin de l'avoir supportée sans fruit, termina, en peu de jours, la vie glorieuse de Germain.

Ayant reçu dans ses derniers momens la visite de l'Impératrice, qui lui avait offert tout ce qui dépendait d'elle; il lui avait demandé, pour unique grâce, de renvoyer son corps à sa ville épiscopale; ce qui fut exécuté. La mort de Saint Germain est du 31 juillet 448; et son corps, arrivé à Auxerre le 28 septembre, fut exposé à la vénération des fidèles durant dix jours dans la cathédrale, puis inhumé dans l'Oratoire de Saint Maurice.

Saint Germain avait pour l'aider dans ses fonctions, et le remplacer pendant ses absences, un prêtre nommé Fraterne. Ce fut lui qui, à la tête du Clergé et du peuple, alla processionellement au-devant du corps de son Evêque, et en fit l'inhumation. Plusieurs Evêques s'étaient réunis à Auxerre, pour honorer cette cérémonie, et présider au choix du successeur. Ce choix fut un nouvel hommage à la mémoire de Saint Germain, en se fixant sur la personne qui avait su mériter le premier degré dans sa confiance.

On touchait alors à l'instant fatal où une partie de la Gaule, et surtout le pays Auxerrois, allaient éprouver une des plus déplorables crises que l'histoire ait transmises. Attila, Roi des Huns, appelant à la guerre tous les peuples de la Germanie et de la Scythie, les excitait à l'aider à la ruine de l'Empire romain, dans l'Occident, comme dans l'Orient, et à s'y gorger avec lui de sang et de dépouilles. Une horrible sympathie unit bientôt ces barbares; et pendant deux années, les bruits de leurs préparatifs, retentissant dans la Gaule, la remplirent de terreur. Les alarmes y furent d'autant plus vives, que les provinces étaient divisées; qu'une partie obéissait encore aux Romains, tandis que les Visigoths, les Francs et les Bourguignons occupaient une grande partie du surplus; qu'enfin dans le centre étaient les Alains établis près d'Orléans, et que ces derniers étaient justement soupçonnés d'intelligence avec Attila. Ce concert entre les ennemis de la Gaule fut particulièrement funeste à Auxerre, placé sur la route que le conquérant devait tenir pour faire sa jonction avec les Alains.

En effet, au milieu de l'année 451, quand la terre couverte de récoltes n'offrait encore que des espérances, Attila, à la tête de 500,000 hommes, passa le Rhin vers Strasbourg. Aucune armée n'était prête, ni à lui disputer le passage, ni à protéger les populations, depuis le Rhin jusqu'à la Loire. Aussi cette immense et riche portion de la Gaule éprouva-t-elle toutes les horreurs d'une dévastation sans frein ni retenue; ces barbares idolâtres ne sachant épargner ni l'individu sans armes, ni le sexe, ni l'âge, et livrant au feu tout ce qu'ils ne pouvaient pas emporter. Les villes fortifiées, elles-mêmes, succombèrent sous les efforts sans cesse renouvelés d'une armée aussi nombreuse. La seule ville de Troyes dut au courage de Saint Loup, son Evêque, une heureuse exception. Il n'en fut pas ainsi d'Auxerre; un même zèle anima Fraterne, mais il fut lâchement immolé, le 26 septembre, quand, aux pieds des barbares, il intercédait pour son peuple. Ce seul trait fait assez juger à quelles tribulations ce peuple, resté sans chef, se trouva livré. (1)

Dans cette invasion, sa misère a été d'autant plus grande, que ce qui sauva les autres contrées de la Gaule, tripla ses maux. Ætius général des Romains, et Théodorich Roi des Visigoths, détrompés enfin de la double perfidie avec laquelle Attila les avait longtemps retenus tous deux dans l'inaction, avaient réuni

---

(1) Cordemoi, hist. de France, t. 1, p. 117.

leurs forces; et joints à Clodebaud, chef d'un parti des Francs, ils atteignirent l'ennemi au moment où il entrait dans Orléans. Attila audacieux mais prudent, ne voulut pas risquer une bataille décisive si loin du Rhin; et pour se ménager une retraite, si le sort des armes lui était contraire, il replia son armée sur les pays qu'elle venait de ravager. Les alliés le suivirent, et de si près que, chaque jour, des engagemens plus ou moins meurtriers eurent lieu entre leurs corps avancés et l'arrière-garde de l'ennemi; on se battit ainsi partiellement jusque dans les plaines de Châlons-sur-Marne; en sorte que l'Auxerrois eut encore à supporter toutes les fureurs des barbares poursuivis, et toutes les exigences de l'armée victorieuse.

Heureusement ces calamités furent ensuite tempérées par la sagesse de Ferréol, alors préfet de la Gaule; dont les historiens du temps célèbrent l'administration paternelle. Il allégea les impôts dans les régions qu'avait désolées la guerre, et répandit des secours sur celles où les maux avaient été les plus grands. Pendant les trente-cinq années qui suivirent le passage d'Attila, la Cité d'Auxerre paraît avoir été beaucoup plus heureuse et tranquille, que la plupart de celles qui l'entouraient; et qui déjà étaient devenues, comme je l'ai dit, la proie des barbares. Le royaume des Visigoths s'étendait jusqu'à la rive gauche de la Loire; celui des Bourguignons jusques et y compris l'Avallonais; les Francs étaient maîtres du Nord de la France actuelle, jusqu'auprès de Paris. L'Empire ne conservait plus dans la partie septentrionale de la Gaule que les Cités de Soissons, Reims, Châlons-sur-Marne, Troyes, Orléans, Sens et Auxerre (2). Mais AEgidius, né Gaulois, y commandait, comme maître de la milice, au nom de l'Empereur Majorien ; et réunissant à un haut degré les talens d'un habile général et ceux d'un sage administrateur, il sut pendant long-temps protéger ces Cités contre les efforts de leurs dangereux voisins.

Aussi voit-on Marien quitter le Berry, sa patrie, et venir à Auxerre s'enfermer dans le monastère de Saint Côme, qui depuis porta son nom. Il y fut reçu par Alode qui, après l'assassinat de Saint Fraterne par les Huns, lui avait succédé dans l'épiscopat. On voit également que, du temps de Censoire, Evêque d'Auxerre après Alode, Sidonius Apollinaris, Evêque de Clermont, recommanda à celui d'Auxerre un Diacre qui s'y réfugiait avec sa famille.

Les Auxerrois et les autres peuples soumis à AEgidius étaient gouvernés par lui avec tant de sagesse et de modération, que leur sort fut envié par les Francs-Saliens. Le Roi de ceux-ci, Childéric, abusant, au contraire, du pouvoir souverain pour se livrer sans retenue à ses passions, se porta à un tel excès de libertinage que ses sujets révoltés le forcèrent à s'éloigner, et offrirent son trône à AEgidius. Celui-ci ne l'accepta que comme un dépôt, et pendant six années gouverna en même temps ce nouveau royaume, et les débris de l'Empire qui lui étaient restés. Ce temps écoulé, les sujets de Childéric, oubliant ses torts pour ne se rappeler que ses qualités, désirèrent son retour. La moitié

---

(1) Cordemoi, t. 1, p. 132.

de la pièce d'or, par lui laissée à ceux de ses sujets qui n'avaient pas cessé de lui être fidèles, lui ayant été rapportée, il reparut. Ægidius lui rendit son royaume (1), et conserva les Cités romaines, non pour l'Empereur Severus, qu'il ne voulut jamais reconnaître mais; comme en ayant la souveraineté, qu'à sa mort, en 464, il laissa à Syagrius son fils.

Celui-ci les posséda pendant vingt-deux années, et les maintint dans l'état de paix dont elles avaient joui sous son père. Doué des mêmes qualités que lui, il avait de plus que, s'étant rendu familières les diverses langues des barbares arrivés dans la Gaule, il était souvent consulté par les plus puissans d'entre eux, sur la législation romaine qu'ils admiraient, et dont il avait fait une étude approfondie. Par là il avait acquis dans leurs esprits une grande considération. Mais souvent la même cause a des effets contraires. Les mérites d'Ægidius lui firent occuper momentanément deux trônes; ceux de son fils l'ont fait descendre du sien. Plusieurs auteurs attestent qu'un des motifs qui déterminèrent Clovis à l'attaquer, a été l'éloge de Syagrius, dont on l'entretenait à chaque moment, et qu'il ne pouvait pas supporter. (2)

Ce Prince, en effet, ayant succédé, en 486, à Chil-

---

(1) Plusieurs auteurs supposent que Childéric ne put reprendre son royaume sur Ægidius, qu'en lui faisant la guerre; l'abbé Dubos prouve disertement le contraire, liv. 3, chap. 4.

(2) Sid. Apol. ip. 5, lib. 5; ep. 8, lib. 8; Dubos, liv. 4, chap. 1

déric son père, préluda à la conquête de la Gaule entière qu'il méditait, par déclarer la guerre à Syagrius. Une seule bataille décida entre ces deux souverains ; Syagrius fut vaincu et se réfugia chez le Roi des Visigoths ; mais il n'y trouva que perfidie ; il fut livré à Clovis, qui le fit mourir. C'est ainsi que la Cité d'Auxerre fut réunie aux autres conquêtes des Francs.

Je crois utile, avant de passer au nouvel ordre de choses qui en est résulté, de faire connaître quels étaient les mœurs, les habitudes des Auxerrois, leur langage, leur état, leurs droits civils et politiques, ainsi que la forme de leur administration, durant les derniers siècles que nous venons de parcourir. Ayant vécu, pendant 536 ans, sous les lois de Rome, ils en avaient contracté les mœurs, les habitudes et jusqu'à la langue. Les vestiges des habitudes gauloises qu'avaient conservées quelques Cités, surtout celles maritimes, s'étaient totalement effacés dans celle d'Auxerre. Traversée, comme je l'ai dit, par la plus grande voie de communication entre l'Italie, centre des deux grandes puissances civile et religieuse, et le milieu de la Gaule, ses habitans avaient eu plus de relations et d'alliances avec les Romains, et en comptaient un plus grand nombre parmi eux. Aussi dans tous les monumens de cette époque sont-ils appelés Romains.

L'uniformité de législation et d'ordre public établie alors dans toutes les Cités de la Gaule, fait très-parfaitement connaître ce qui existait dans celle d'Auxerre. Quoique le nombre des esclaves fût plus considérable que celui des hommes libres, ils étaient privés de tous droits civils et politiques ; réputés propriété mobilière de leurs maîtres, ils habitaient avec eux, les servaient, et les suivaient à la guerre. Quelques-uns avaient des habitations séparées, où ils cultivaient les terres du maître ; d'autres exerçaient un métier, dont il lui payaient tribut.

Les hommes libres étaient distribués en trois ordres. Le premier était composé des familles sénatoriales, c'est-à-dire, des descendans d'anciens Sénateurs, parmi lesquels étaient choisis les membres devant occuper les places vacantes dans le Sénat. Le second ordre se divisait en *Curiales* et *Possessores*. On appelait *Curialis* le citoyen qui possédait des biens fonds, et trouvait dans leurs revenus des moyens suffisans pour vivre honorablement. Celui qui à des biens fonds joignait le négoce, ou une autre industrie, était simplement *Possessor*.

Le Sénat avait la haute administration de la justice, de la police et des finances ; mais sous la direction d'un Comte, qui lui-même recevait les ordres du Duc ou Gouverneur résidant dans la métropole. L'appel des jugemens du Sénat et du Comte était porté devant le Duc, et dans les causes très-graves devant l'Empereur. On suivait dans ces jugemens les lois romaines recueillies sous l'Empereur Théodose II ; ce que nous appelons encore le code Théodosien.

L'administration municipale était confiée à des citoyens toujours choisis parmi les *Curiales*; mais l'élection en était faite dans une assemblée de cette classe réunie au Sénat. Ces officiers étaient appelés *Decuriones*. Ils exécutaient pour la police les réglemens faits par le Comte et le Sénat. Ils étaient aussi chargés de recouvrer les revenus de l'Etat et les impôts; avec l'obligation d'en faire l'avance, s'ils ne les avaient pas reçus dans le délai qui leur était fixé.

Les revenus de l'Etat consistaient dans les fermages des biens fonds qui, lors de la conquête, avaient été attribués à l'Empire, ou qui lui avaient été dévolus depuis par confiscation ou déshérence. Un impôt direct, appelé *jugeratio*, était assis sur tous les fonds de la Cité, dont un cadastre donnait l'étendue et le possesseur. Cet impôt était fixé par chaque arpent à une quotité réglée pour une période de quinze années. L'annonce de la quotité s'appelait *indictio*. Elle était supposée invariable pour cette période; mais dans toutes les circonstances où les agens du fisc la jugeaient insuffisante, ils y faisaient une addition qu'on nommait *Super-indictio*. Un second impôt, sous le nom de *Capitatio*, se percevait sur tous les citoyens, et par tête. Cependant à l'égard des fortunes modiques, plusieurs individus n'étaient comptés que pour une tête. La Cité entretenait, en outre, une milice commandée par un officier indépendant des autorités civiles, et qui ne pouvait être employée que conformément aux instructions de l'Empereur.

Mais au-dessus de tous ces pouvoirs, s'élevait, depuis Théodose le grand, la puissance de l'Evêque. Chef de la religion, sa supériorité ne s'étendait pas seulement sur le Clergé, elle planait sur tous les habitans de son Diocèse; qui, dans beaucoup de cas, pouvaient être traduits à sa juridiction. Ceux qu'il excommuniait, de quelque rang qu'ils fûssent, encouraient la mort civile, s'ils n'obtenaient pas l'absolution dans le délai qui leur était prescrit. Il devenait l'arbitre souverain du sort des esclaves et des criminels qui s'étaient réfugiés dans les Eglises. Les lois impériales l'établissaient tuteur des veuves et des orphelins; lui conféraient le droit de reviser les jugemens des Tribunaux laïcs; d'en suspendre l'exécution, et même, dans certains cas, de les réformer. Ce pouvoir immense, aidé de l'empire que la religion, alors, obtenait sur tous les esprits, n'eut presque jamais que des effets salutaires; parce qu'il n'était confié qu'avec l'assentiment du peuple sur lequel il devait être exercé, et non imposé à ce peuple par les grands, comme nous le verrons par la suite.

CHAPITRE V.

DOMINATION DES FRANCS-SALIENS.

486 Le pays Auxerrois et tous ceux conservés par Syagrius jusqu'en 486, ont été fort heureux de n'avoir été soumis aux barbares que long-temps après leurs voisins. Lorsque les Bourguignons, les Visigoths et les

Francs s'étaient jetés sur les parties de la Gaule qui leur sont restées ; ayant encore toute la férocité de leur éducation germanique, ils avaient usé sans mesure des droits de la conquête sur les personnes et les propriétés. Les Bourguignons avaient pris la moitié des biens-fonds, les Visigoths les deux tiers, et les Francs beaucoup moins. Mais, depuis ces irruptions jusqu'à la défaite de Syagrius, un demi-siècle s'était écoulé ; la génération qui avait fait la conquête était éteinte ; ses enfans, nés dans la Gaule, élevés avec ceux des vaincus, avaient pris de leurs habitudes et adopté leurs mœurs ; les alliances entre les individus des deux nations, et les relations de commerce entre les pays conquis et ceux restant aux Romains, avaient achevé de disposer les esprits à une tolérance réciproque. Cette bonne intelligence a du, surtout, exister entre les Francs-Saliens et les Cités romaines, qui, pendant six années, avaient été réunies sous un même sceptre, celui d'Ægidius : aussi tous les historiens rapportent-ils unanimement que Clovis, après sa victoire, traita les peuples qu'elle lui livrait, avec une extrême modération. Pendant son règne, en effet, tous les pays soumis à son pouvoir n'éprouvèrent aucun changement ni dans la constitution des Cités, ni dans les lois, ni même dans les impôts. La religion chrétienne elle-même fut protégée par ce Prince idolâtre, dont la conversion, ensuite, ne fut que l'effet naturel du respect que les Evêques des Gaules lui avaient inspiré. Comme ils avaient facilité sa conquête, dans l'espoir de trouver, pour la paix publique, une plus ferme garantie dans un gouvernement neuf et vigoureux, que sous l'Empire défaillant des

Romains; il leur laissa tous les pouvoirs que leur avaient concédés les lois des derniers Empereurs.

Cette protection devint encore plus efficace, lorsque Clovis, ayant épousé Clotilde, princesse catholique, finit par recevoir le baptême. Auxerre eut, bientôt après, une preuve de son zèle pour l'Eglise. En 502, le siège épiscopal étant devenu vacant par la mort de Censoire, le Clergé et le peuple désirèrent y placer un saint prêtre nommé Eptade, qui habitait les environs d'Autun, dans le royaume de Bourgogne. Comme il fallait le consentement de Gondebaud, Roi de ce pays, ce fut Clovis qui, sur la prière des Auxerrois, fit les démarches nécessaires; mais elles devinrent inutiles; Eptade, effrayé du fardeau de l'épiscopat, s'enfuit dans la forêt du Morvan, et ne put pas être découvert.

Les Auxerrois, alors, se rappelèrent qu'à leur porte, sur le mont *Autricus*, vivait un vénérable Ermite, Urse, aux prières de qui ils se croyaient redevables de l'extinction d'un incendie, qui avait menacé de consumer la ville entière. Ils le tirèrent de sa cellule, et avec l'assentiment de Clovis, ainsi que du Clergé, le proclamèrent Evêque. Il n'exerca ce ministère que pendant six années, et eut Théodose pour successeur. Celui-ci, sur la demande du Roi, se rendit, en 511, au premier Concile d'Orléans; dont le principal objet était de régler les droits que la couronne pouvait avoir sur les biens dépendans des Evêchés, pendant la vacance des siéges.

Dans la même année, Clovis mourut, âgé de 45 ans seulement. Ses quatre fils se partagèrent ses états, conformément à ce qu'il en avait ordonné lui-même. La Cité d'Auxerre fut comprise dans le royaume d'Orléans, échu à Clodomir ; qui le conserva jusqu'à sa mort, en 524. C'est dans ce temps que Clotilde vint à Auxerre. Elle y avait passé lors de son voyage de Chalon-sur-Saône à Soissons, à l'occasion de son mariage. Elle y avait été frappée de l'affluence des étrangers qui, des régions les plus éloignées, étaient attirés au tombeau de Saint Germain, par la renommée de ses miracles. La vénération des peuples pour ce tombeau était si grande et si générale, qu'un Tribun de la Cité d'Auvergne, Nunninus, ayant trouvé le moyen de s'approprier un éclat de la pierre qui couvrait le monument, l'emporta ; et qu'ensuite, ayant éprouvé des chagrins, et les regardant comme une punition de sa témérité, il bâtit une Eglise pour réparer sa faute (1).

524

Clotilde, devenue veuve, voulut donc, de nouveau, visiter le sépulcre du Saint Evêque, dont la mort remontait à plus de 60 ans, mais dont les éminentes vertus étaient restées dans le souvenir des peuples. Sa vie, d'ailleurs, écrite par Constance, prêtre de Lyon, venait d'être publiée. Ce fut en Reine que Clotilde honora Saint Germain. Ses restes étaient modestement placés dans le petit Oratoire qu'il avait fait élever lui-même sur le Mont-du-Brenn, et dédié à Saint Maurice. Elle fit construire à la place une vaste Eglise, que l'Evêque Eptade consacra sous l'invocation de Saint Germain.

---

(1) Grégoire de Tours, de glor. conf. cap 41.

En 524, les frères de Clodomir, ayant fait mourir ses enfans, se partagèrent son royaume; et Auxerre fut dévolu au Roi de Paris, Childebert. Ce Roi y passa, allant en Bourgogne pour suivre contre Godomar la guerre qu'avait commencée Clodomir, et que les deux frères terminèrent la même année, en s'emparant de ses états. Un denier d'argent frappé à Auxerre, ainsi que le prouve son exergue AVTIZIODERO CI, et que Bouteroue attribue à Childebert, ne laisse pas de doute que les Rois avaient alors à Auxerre un hotel des monnaies. Aussi Mézerai (1) met-il Auxerre au rang des villes où l'on battait monnaie au vi^e siècle.

558 La mort de Childebert, en 558, plaça Auxerre, et tout le royaume, sous la domination de Clotaire, comme les avait possédés Clovis. Il eut, de plus, le royaume de Bourgogne. Ainsi trois nations, bien différentes de mœurs, d'habitudes et de langage, les Francs, les Bourguignons et les Gallo-Romains, se trouvèrent sujets du même souverain. Ils furent ainsi, et pendant long-temps, mêlés mais sans confusion; et, à cette époque, la population offrait un bizarre assemblage de costumes. On reconnaissait le Romain à ses longs habits, ses cheveux courts, et son menton rasé; le Franc et le Bourguignon à leurs habits courts, avec la barbe et la chevelure dans leur longueur naturelle. L'esclave, de quelque nation qu'il fût, n'était pas moins reconnaissable, ayant la tête et le menton tout-à-fait rasés. Ces bigarrures durent être remarquables, surtout à

---

(1) Tom. 1, p. 194.

Auxerre, peuplé de Gallo-Romains, ayant une garnison composée de Francs, et où, chaque jour, pouvaient se trouver des Bourguignons, puisqu'en de-çà d'Avallon commençait le pays qu'ils habitaient. Une différence plus importante séparait encore les nations, et subsista sous les Rois des deux premières races : Clovis, Charlemagne et leurs successeurs, ayant voulu que les droits des individus fussent réglés par les anciennes lois de leurs nations (1), avec cette restriction que, si la loi civile, qu'on appelait *Lex Mundana*, était plus sévère que les lois de l'Eglise, celles-ci devaient être suivies. (2)

Aussitôt que Clotaire fut sur le trône, il établit le premier Comte d'Auxerre connu dans l'histoire. Cet emploi n'était point héréditaire; aucune propriété n'y était attachée, il n'avait pour objet que de faire exécuter les ordres du Souverain dans tout le ressort de la Cité, c'est-à-dire, dans tous les lieux où l'Evêque réglait les intérêts religieux, comme celui du Gouverneur, sous les Empereurs romains. Le choix de Clotaire tomba sur un Auxerrois nommé Peonius.

561

Trois ans après, Clotaire, en mourant, laissa quatre fils, qui divisèrent de nouveau le royaume. Gontran, l'un d'eux, eut la Bourgogne et l'Orléanais, dont Auxerre dépendait encore. Peonius s'empressa d'envoyer à Chalon-sur-Saône où résidait Gontran, son fils *Eunius Mummolus*, avec des présens pour le Roi, afin d'être confirmé dans l'emploi de Comte

---

(1) Baluze, t. 2, p. 269.
(2) Dubos, t. 4, p. 64.

d'Auxerre. Mummolus qui, à un cœur corrompu, joignait les qualités brillantes de l'esprit et du corps, ne parla que pour lui, et ravit à son père la place honorable qu'il désirait conserver (1). Gontran fut tellement séduit par tout ce qui élevait ce mauvais fils au-dessus des hommes ordinaires, qu'il le fit Patrice, c'est-à-dire, Généralissime de ses armées. Pendant long-temps, il n'eut qu'à s'en louer. De nombreuses victoires furent remportées par lui sur les Lombards et les Saxons; qui, à plusieurs reprises, firent des excursions sur le royaume de Bourgogne. Mais il finit, comme il avait commencé, par une perfidie. En 581, il quitta le service de Gontran, et prit le parti d'un aventurier, qui, sous le nom de Gondebaud, se disait fils de Clotaire, et réclamait, à ce titre, le royaume de Bourgogne. Il furent assiégés tous deux dans Comminges; alors Mummolus, pour se sauver, livra Gondebaud; mais il ne fit que retarder le supplice qu'il méritait. Il fut amené jusqu'à Sens, où l'ordre de le mettre à mort fut exécuté.

Pendant que Gontran employait ainsi le Comte d'Auxerre, il avait confié le gouvernement du Comté à Erpon, l'un de ses Ducs. En 577, ce Duc fit arrêter à Auxerre Mérovée, fils de Chilpéric, Roi de Soissons. Ce jeune Prince avait connu à Rouen Brunehaut, veuve de Sigebert, que Chilpéric y retenait prisonnière. Vivement épris de ses charmes, il profita d'un voyage en Bretagne dont son père l'avait chargé, pour se détour-

---

(1) Greg. Tur. lib. 4, cap. 42.

ner de sa route, et aller voir la belle captive. Aveuglé par la passion, il lui proposa de l'épouser, et trouva dans Prétextat, alors Evêque de Rouen, assez de complaisance pour qu'il prêtât son ministère à ce mariage, qui eut, pour lui-même, une funeste conséquence. Peu de jours après, Childéric averti se rendit à Rouen, se saisit de Mérovée, le fit raser et renfermer dans le couvent de Saint Martin de Tours. Mérovée venait de s'en évader, lorsqu'espérant trouver un refuge dans les états de son oncle Gontran, il arriva à Auxerre, et qu'Erpon le fit arrêter. Il sut cependant se tirer de ses mains, et se réfugia dans l'Eglise de Saint-Germain, asile alors inviolable. Il y vécut deux mois, épiant l'occasion de s'échapper. Elle arriva, mais il n'en fut pas plus heureux. Il tenta de rejoindre Brunehaut, à qui Childéric avait permis de se retirer dans l'Austrasie, sur la demande que lui en avaient faite les habitans; mais ceux-ci, craignant d'irriter le Roi, s'ils souffraient que son fils retournât près de Brunehaut, refusèrent de le laisser passer. Obligé d'errer dans la Champagne, ce Prince infortuné fut reconnu par des soldats de Chilpéric, qui, trop fidèles à exécuter les ordres barbares d'un père implacable, le poignardèrent. Cette vengeance ne put pas satisfaire Chilpéric; le Duc Erpon, pour avoir laissé échapper Mérovée, fut puni par la perte de son emploi, et une amende de sept cents pièces d'or.

A cette époque, Auxerre avait Aunaire pour Evêque. Depuis Urse élu sous Clovis, ceux qui avaient occupé ce siège ne sont connus que par leurs noms, savoir : Théodose en 508, Grégoire en 515, Optat en 530, Droctroald en 532, Eleuthère en 533, Romain en 561, un second Eleuthère en 564, et jusqu'en 572.

Aunaire mieux connu, était issu d'une famille noble et riche d'Orléans, qui l'avait envoyé fort jeune à la cour du Roi de Bourgogne. Il avait quitté cette cour à l'insçu de ses parens, pour se consacrer à l'état ecclésiastique, dans le monastère de Saint Martin de Tours; puis auprès de Siagrius, Evêque d'Autun : et c'est sur la renommée de sa science et de ses vertus, qu'il fut appelé à l'Evêché d'Auxerre. Les mémoires du temps le représentent, en effet, sans cesse occupé à purifier les mœurs, et à faire fleurir la religion, par ses instructions et ses exemples. Parmi ses nombreux règlemens, il en est un qui fait voir combien était grand alors le zèle du Clergé pour l'office divin. Celui du Samedi au Dimanche commençait, depuis Pâques jusqu'au mois d'octobre, le Samedi aussitôt après le soleil couché ; et ne cessait que le Lundi au point du jour. D'octobre à Noël, il commençait au chant du coq, et de Noël à Pâques au milieu de la nuit. Tous les jours de la semaine, excepté le Samedi, le Clergé de deux monastères, ou d'un monastère et d'une paroisse, se réunissait pour faire l'office à la cathédrale. Plusieurs de ces monastères et des paroisses désignées étaient à dix lieues et plus.

Le peuple, néanmoins, conservait encore des restes d'idolâtrie celtique, mêlés avec les pratiques du christianisme. On signalait dans les forêts quelques arbres qui avaient le mérite de guérir certaines maladies. On leur faisait des vœux; et quand on les croyait exaucés, par reconnaissance on suspendait aux branches de ces arbres des pieds de bronze, ou de petites figures humaines peintes sur toile. Plusieurs fontaines passaient pour sacrées; et la plus fameuse était celle qu'on trouve entre les deux ruisseaux de Beauche, près de la route de Saint-Georges à Charbuy.

Aunaire, par ses prédications et ses ordonnances, parvint à faire cesser ces superstitions; ainsi que l'usage fort bizarre dans lequel étaient les hommes, au premier janvier, de s'atteler à de petits chariots qu'ils tiraient comme des bêtes de somme. Il assembla un Concile ou Synode, dont les règles sont souvent citées par les Canonistes. Il mourut le 25 septembre 603, laissant toutes ses terres, qui étaient nombreuses, à son Eglise, et à celle de Saint-Germain.

603

Il fut remplacé par Didier, qui a été l'objet d'une controverse entre plusieurs savans. Frédegaire et Aimoin, auteurs de chroniques dans lesquelles des erreurs graves ont été relevées, ont avancé que Brunehaut, chassée d'Austrasie par les Grands, et abandonnée sur la frontière, avait été reconnue par un pauvre homme, qui l'avait conduite auprès de Thierry, son petit-fils, Roi de Bourgogne après Gontran, et résidant comme lui à Chalon-sur-Saône; que ce pauvre homme, qu'ils ne nomment pas, avait été récompensé de cette bonne action par l'Evêché d'Auxerre. Godeau, dans son histoire ecclésiastique, dit que ce pauvre homme est Didier successeur d'Aunaire; ce qui a été copié par la plupart des historiens modernes. Cependant le P. Lecointe et le P. Longueval traitent ce récit de fable, Mézerai semble en convenir, et l'Abbé Lebeuf adopte sans hésiter le sentiment de ceux qui font Didier parent, et quelques-uns neveu de la Reine Brunehaut, conséquemment de la famille royale des Visigoths. Aux raisonnemens de ce savant, j'ajouterai que très-certainement Didier n'était ni un paysan, ni un pauvre homme, puisqu'après Saint Germain, c'est celui qui a donné le plus de biens à son Eglise et à celle de Saint-Germain; ainsi qu'à une infinité d'autres, tant de son Diocèse, que de ceux de Sens, de Cahors et de Toulouse; qu'il en laissa encore de considérables à sa famille; enfin que ses terres étaient tellement importantes qu'il y affranchit environ deux mille Serfs. Il est donc très-probable qu'effectivement il était parent de Brunehaut; que c'est lui qui la conduisit à Chalon auprès de son fils; que peut-être il se déguisa en paysan dans ce voyage périlleux, d'où sera venue la tradition populaire recueillie par Frédégaire, et copiée ensuite par d'autres. Quoi qu'il en soit, ce voyage est de l'année 599, et Didier ne fut élu Évêque d'Auxerre qu'en 603.

603

Il agrandit à ses frais la Cathédrale, et y fit construire, du côté de l'Orient, un grand Dôme, qu'il embellit d'or et d'ouvrages en mosaïque. La mort l'enleva à son Diocèse le 27 octobre 621; et Pallade, abbé de Saint-Germain, le remplaça. Celui-ci détruisit une basilique qui existait dans la Cité sous le titre de Saint-Julien, et la rebâtit au milieu de l'ancienne ville, qui subsistait encore en entier. Il y établit une communauté de religieuses; prenant sur les biens de son Evêché et du Monastère de Saint-Germain, ceux nécessaires à leur dotation. Un second Monastère s'éleva par ses soins, à l'Occident et hors de la Cité. Il donna aux religieux tout le territoire qui, avant la révolution, formait la paroisse de Saint-Eusèbe, et qui alors était une pleine campagne, avec quelques vignes. Cet Evêque assista à trois Conciles, ceux de Reims en 630, de Clichy près Paris en 633, et de Châlons en 650. Il mourut en 657.

Dès l'année 613, Auxerre était rentré sous la domination de Clotaire II, Roi de France, la mort de ses neveux ayant remis tout le royaume sous son sceptre. Dagobert son fils, qui monta sur le trône en 628, passa à Auxerre la même année, et fit don à l'Evêque de trois terres : Migennes du Diocèse de Sens, Vincelles et Trucy de celui d'Auxerre. L'Evêque les ajouta à la dotation du Monastère de Saint-Julien, en imposant au clergé de cette Eglise l'obligation de venir, tous les Jeudis de chaque semaine, célébrer la messe dans la Cathédrale, et de donner à manger à trente pauvres en l'honneur de Dagobert et de sa famille.

Vigile son successeur, à son exemple, fonda une communauté de Moines au Nord-Ouest de la Cité. Il en bâtit l'Eglise sur la partie occidentale du mont du *Brenn*, alors en vignes, qui lui appartenait, et dota la communauté du vaste territoire qui formait, en 1790, la paroisse de *Notre-Dame-la-d'hors* ; ainsi que de plusieurs autres biens de son patrimoine. Il y établit aussi et dota un hopital pour les pauvres, dans l'emplacement occupé depuis par les Ursulines, et aujourd'hui par la caserne. Ce Prélat fut assassiné, en 684, dans un voyage, et lorsqu'il traversait la forêt du Diocèse de Soissons. L'opinion générale fut qu'il

613
628
657
684

était victime de son zèle, s'étant joint à Saint Ouen Archevêque de Rouen, pour adresser à Gilimer, fils du Maire du palais, de vives représentations sur les abus qu'il faisait du pouvoir de son père. Ses Diocésains honorèrent sa mémoire comme celle d'un martyr, et réclamèrent son corps ; qui apporté à Auxerre, fut inhumé dans l'Eglise du Monastère qu'il avait établi.

691 De 684 à 691, le siége épiscopal fut occupé par Scopilion, sur lequel aucun monument ne fournit de notions particulières.

En 691, ce siége fut dévolu à Tétrice, abbé de Saint-Germain, tellement recommandable par sa piété et ses vertus, que son élection fut le résultat de l'unanimité des suffrages. Il changea l'ordre pour la célébration de l'office dans la Cathédrale. Une semaine dans l'année fut assignée à chacun des Monastères et principales paroisses du Diocèse, pour y venir à leur tour. Les plus éloignés, tels que ceux de Varzy, Donzy, Gien, etc., eurent leur semaine; mais l'Evêque ordonna que sur les revenus de l'Evêché, il fût pris les fonds nécessaires pour les indemniser de leur dépense, en proportion de leur éloignement. Comme ses prédécesseurs, il augmenta de son patrimoine la dotation de plusieurs Eglises de son Diocèse. Sa sévérité pour le maintien de la discipline lui suscita des ennemis, même dans le Clergé. Son Archidiacre, Rainfroy, l'ayant trouvé en-

706 dormi dans sa maison, le 18 mars 706 (ou 707), le poignarda, disparut et sut échapper à toutes les recherches.

Déjà commençaient ces temps d'ignorance et d'anarchie durant lesquels l'Europe, et surtout la France, eurent à gémir de tous les désordres inséparables d'un tel état. Les Maires du palais, devenus plus puissans que leurs maîtres, ne leur laissaient que le nom de Roi; les Princes et les Seigneurs, peu dociles à une autorité usurpée, s'abandonnaient à toutes leurs passions; et la justice restant sans appui, il n'y eut plus que troubles et confusion. Les grands s'emparèrent des biens des Eglises et des hôpitaux. Le peuple et le clergé séculier eurent la main forcée pour le choix des Evêques, et les Monastères pour celui de leurs Abbés. Des aventuriers ainsi devenus Evêques et Abbés, n'en prenaient le titre que pour les revenus, et se mêlaient de toutes les affaires du siècle, sans s'occuper de celles auxquelles ils étaient appelés par le devoir.

L'Eglise d'Auxerre ne fut pas exempte de ce fléau. Après Saint Tétrice, elle eut pour Evêque Foucaut, dont on ne sait rien, sinon qu'il ne siégea que cinq ans; mais après lui, Savaric, plus soldat que prêtre, fit servir les revenus de l'Evêché à lever des troupes, et à ravager tous les pays environnant son Diocèse, l'Avallonais, le Tonnerois, le Nivernais et l'Orléanais. Il porta son armée jusqu'à Troyes, dont il s'empara. Il était en marche pour tenter la conquête de Lyon, en 715, lorsqu'il fut tué par la foudre. Son corps fut rapporté à Auxerre. 711 715

Le Clergé et le peuple, désirant donner au Diocèse un chef plus digne de l'épiscopat, s'empressèrent de tirer du couvent de Saint-Germain un religieux renommé *par la sainteté de ses mœurs*, nommé Quintilien; qui fut remplacé, en 728, par Clément, également 728 recommandable par ses vertus. Mais pour éviter un mal, ils tombèrent dans un autre non moins grave.

Dans ce siècle de guerres continuelles, si l'Evêque ne réunissait pas les talens d'un guerrier aux qualités de Pontife, les biens de son Eglise devenaient tôt ou tard, la proie ou d'un conquérant, ou de celui qui se chargeait de se mesurer avec lui : l'Eglise d'Auxerre l'éprouva en 731.

731

Les Sarrasins, maîtres de l'Espagne, conçurent l'espoir d'asservir l'Europe entière au joug de leur Prophète. Leur Calif Harhem fit franchir les Pyrénées par une armée formidable, que commandait Abdérame, le plus expérimenté et le plus intrépide des généraux de ces infidèles. Deux grandes victoires remportées par celui-ci sur Eudes, Duc d'Aquitaine, lui livrèrent le Midi de la France. L'année suivante, une de ses colonnes s'avança jusqu'à Tours ; tandis qu'une autre, après avoir soumis Lyon, Besançon, Chalon-sur-Saône et Autun, se jeta sur l'Auxerrois ; où l'Evêque Clément n'avait pour se défendre que des larmes et des prières (1). Comme partout ailleurs, les barbares s'y livrèrent à tous les excès du fanatisme musulman. Les chroniques rapportent que la renommée répandait devant eux une telle épouvante, qu'à leur approche, les villes et les villages étaient abandonnés ; en sorte

732

---

(1) L'abbé Lebeuf doute que les Sarrasins aient paru dans l'Auxerrois ; mais voyez Mézerai, t. 1, in-f° 1685, p. 316 ; et l'histoire de la décadence et de la chute de l'Empire romain, par Gibbon, t. 10, p. 364. D'ailleurs, les biens des Eglises d'Auxerre, livrés à des Princes de Bavière, sont la preuve que le pays avait été délivré par eux

qu'il ne restait à leur merci que les Eglises et les Monastères, qu'ils dépouillaient, et livraient ensuite aux flammes. La colonne qui ravagea Auxerre, s'avança jusqu'auprès de Sens ; mais Ebbon qui en était Archevêque, sut endosser la cuirasse, manier le fer, et sauver son peuple. Dans le même temps, celle qui avait pénétré jusqu'en Touraine, rencontra les armées réunies d'Eudes et de Charles-Martel. Les Sarrasins furent contraints de concentrer leurs forces contre ces redoutables adversaires, entre Tours et Poitiers; et c'est alors que, pendant sept jours consécutifs, les deux nations se livrèrent des combats à outrance, terminés par la mort d'Abdérame et la défaite de son armée.

La paix qui suivit cette mémorable victoire, ajouta encore à la misère de la plus grande partie de la population. Charles-Martel, pour combattre les Sarrasins avec succès, avait appelé dans son armée un grand nombre de Seigneurs de la Germanie. La guerre finie, il ne trouva pas pour les payer d'autre ressource que de leur distribuer, à peu près, tout ce qui restait des biens du Clergé, dans les pays qu'ils avaient délivrés des barbares. L'Evêque d'Auxerre se vit réduit pour lui, ses prêtres et l'entretien des Eglises, à cent maisons ou métairies, *centum mansos :* tous les autres biens de l'Evêché furent partagés entre six Princes de Bavière. Ceux des abbayes de Saint-Germain, Saint-Père, Saint-Eusèbe, Saint-Marien et Saint-Amatre, et de toutes les autres abbayes du Diocèse, furent également livrés à des Seigneurs de l'armée victorieuse. Si l'on se rappelle qu'alors chacun de ces Monastères avait un hospice pour les pauvres du pays et les pèlerins, on aura la mesure de l'abandon dans lequel cette spoliation fit tomber les indigens.

Lors de ces douloureux événemens, Clément, devenu aveugle, avait été forcé de se démettre des fonctions épiscopales en faveur d'Aidulfe; qui, bientôt après, frappé de paralysie, ne put les remplir que très-imparfaitement; et l'on vit ces deux Evêques habiter ensemble une petite maison près de la cathédrale, et finir leurs jours dans l'infortune.

748 A la mort d'Aidulfe, en 748, le Clergé reconnut qu'il fallait un homme riche et puissant pour rendre à l'Episcopat une partie de la force qu'il avait perdue ; et l'on choisit Haymar, que l'auteur de sa vie dit avoir été *courageux*, *distingué par la noblesse de sa naissance, et possédant de grands biens*. Il fit effectivement de la guerre sa principale occupation: mais pour s'y livrer sans que ses Diocésains en souffrissent, il obtint pour Corévêque Théodran, qu'il chargea d'administrer le Diocèse.

L'abbé Lebeuf croit qu'il suivit Pépin en Aquitaine, contre Aymon, Roi de Sarragosse; et qu'il remporta une grande victoire sur les Sarrasins; que quelque temps après il y retourna, et obtint de nouveaux succès. Il y a évidemment erreur dans cette opinion : la guerre de Pépin contre Aymon est de 730 à 737; et ce n'est qu'en 748 qu'Aymar a été Evêque d'Auxerre. La première expédition dans laquelle il servit Pépin, est celle que ce prince, devenu Roi de France, fit dans 760 l'Aquitaine, en 760, pour réduire Gaifre, Duc de cette contrée, qui refusait de reconnaître son autorité; et lors de laquelle le Roi fit ordonner à ses milices de se trouver en *ost* (*hostiliter*) *dans l'Auxerrois*, tandis que lui passerait par la Champagne. La seconde expédition dans laquelle Haymar s'est engagé, est celle que fit Pépin, en 763, contre ce même Duc, en passant par Troyes et *Auxerre* (1). Dans ces deux expéditions, le Duc fut défait, mais le Roi aurait voulu, en s'assurant de sa personne, le mettre dans l'impuissance de renouveler les hostilités ; et le Duc lui avait échappé par la fuite. Quelques Seigneurs, jaloux de la faveur de l'Evêque auprès du Roi, l'accusèrent d'intelligence avec le Duc ; et il fut arrêté. Peu de temps après, un de ses neveux l'ayant fait évader, ils furent tous deux surpris et tués par les accusateurs de l'Evêque.

Dans le testament trouvé après sa mort, on vit qu'il portait à son Eglise plus d'intérêt que son goût pour les armes ne le faisait présumer : par cet acte il lui donnait, ainsi qu'à l'hospice qui y était attaché, plusieurs terres importantes.

Son siége se trouva dévolu, de plein droit, à son Coadjuteur Théodran.

---

(1) V. Mézerai, t. 1, p. 373 et suiv.

CHAPITRE VI.

RÈGNE DES FRANCS-RIPUAIRES.

La source principale des dissensions et des calamités dont on vient de lire les détails était, comme je l'ai déjà rappelé, dans l'indolence des enfans de Clovis; qui, nés sur le trône et ne pensant pas qu'il pût leur échapper, laissaient à leurs Maires du Palais le soin de gouverner l'Etat. Ceux-ci, dont le pouvoir, créé par la faveur, pouvait, à chaque moment, leur être enlevé, étaient souvent contraints de souffrir des excès que, maitres absolus, ils auraient pu réprimer. L'ordre ne pouvait donc renaître que quand tous les attributs de la souveraine puissance seraient réunis dans la même main. C'est ce qui arriva au milieu du vIII^e siècle. Pépin-le-Bref, à qui Pépin son aïeul, et Charles-Martel son père, Francs-Ripuaires d'Austrasie, et, comme lui, Maires du Palais, avaient préparé les voies ; était parvenu par ses succès contre les agressions étrangères, à un tel ascendant sur les autres grands Vassaux, qu'il put impunément renfermer Childéric III, ainsi que son fils Thierry, dans un Monastère, et se faire proclamer Roi des Francs. Dès ce moment, des jours plus heureux commencèrent à luire.

Sa mort, arrivée en 768, fit passer son royaume à Charles et Carloman, ses deux fils; et par suite du partage qu'il leur en avait fait, l'Auxerrois fut placé sous le sceptre de Carloman; mais, en décembre 771, ce Prince ayant suivi son père dans la tombe, Charles se trouva seul maître de tous les Etats de son père.

Un des premiers actes de sa souveraineté sur l'Auxerrois, fut de l'ériger en Comté, et de le confier à Hermenold, auquel il portait une vive affection. Dans le même temps, un nouvel Evêque, Maurin, monta sur le siége vacant par la mort de Théodran. La parfaite harmonie de goûts et de vertus qui régna entre l'Evêque et le Comte (1), et l'habileté avec laquelle Charles (depuis justement appelé Charlemagne) parvint à éloigner de l'intérieur de ses Etats le fléau de la guerre, firent renaître dans l'Auxerrois un état de paix et de félicité, qui en était banni depuis long-temps.

Pour le compléter, et faire rendre à son Eglise les biens dont elle avait été dépouillée par Charles-Martel, l'Evêque sut habilement s'attirer la bienveillance

---

(1) Ils se réunirent pour fonder en commun le monastère de Saint-Sauveur, qui resta dans la dépendance de l'Eglise d'Auxerre, et est l'origine de la petite ville de ce nom.

du Monarque: mais dans la manière dont cet acte de justice fut demandé et octroyé, on reconnaît combien les grands et les Princes étaient encore éloignés de cette délicatesse de sentimens que la civilisation seule peut faire connaître. On venait de trouver à Auxerre, dans la tour Brunehaut, une quantité considérable d'anciennes monnaies d'or. Maurin, pour se présenter au Roi, les divisa en plusieurs paquets qu'il attacha à son étole. Après avoir exposé la misère de son Eglise, et demandé la restitution de ses biens, il dit à Charles que sa première pensée avait été de distribuer ses paquets d'or aux officiers qui l'entouraient; mais que de nouvelles réflexions l'avaient déterminé à les lui offrir à lui-même. Charles reçut très-bien le Prélat, et mieux encore son présent, malgré la misère qui en était l'occasion. Une charte ordonna la remise à l'Eglise d'Auxerre de tous les biens envahis, mais seulement à la mort de ceux qui en avaient la possession. La chronique ajoute qu'ils moururent presque tous dans les deux années suivantes. (1)

778 En 778, Charles revenant d'Espagne, s'arrêta plusieurs jours à Auxerre, et y fut informé de la révolte des Saxons: c'est de cette ville qu'il donna ses premiers ordres pour les réprimer.

800 Aaron, qui, en 800, avait succédé à Maurin, étant décédé, après treize années d'épiscopat, Angelesme,

---

(1) L'ordre de Charlemagne ne fut pas complètement exécuté; les biens des abbayes de Saint-Julien, Saint-Amatre et Saint-Marien ne furent restitués qu'en 936.

Abbé de Saint-Germain, fut élu sous la présidence de l'Archevêque de Sens. C'est par ses soins et par ses dons qu'en exécution des canons du Concile de Tours, en 818, les prêtres qui desservaient la cathédrale, et qu'on appelait les frères de l'Evêque, furent réunis dans un cloître, pour y vivre en commun. 813

De 829 à 856, le siége fut occupé par Héribalde, neveu de l'Evêque précédent, et l'un des Chapelains de Louis-le-Débonnaire. Cet évêque se mêla beaucoup dans les intrigues des enfans de ce Prince; qui, par son excessive bonté, a laissé dans l'histoire l'exemple du plus infortuné des hommes, et comme Souverain, et comme père. Quoique l'Auxerrois ait fait partie des Etats par lui donnés en partage à Charles-le-Chauve, l'un de ses fils; Héribalde ne cessa de suivre, contre son Roi, le parti de Lothaire, qu'après la défaite de ce dernier à Fontenoy près Auxerre, en 841. 829
841

L'abbé Lebeuf, en appliquant sur les lieux mêmes, le récit circonstancié que Nithard a écrit de cette fameuse bataille, dans laquelle il combattait, sous les drapeaux de Charles, fait parfaitement voir comment les armées des quatre frères se rencontrèrent dans l'Auxerrois; pour aller, à huit lieues de là, laisser cent mille hommes sur un champ de bataille.

Charles et Louis-le-Germanique, étant parvenus à joindre leurs armées, se déterminèrent à soumettre au jugement de Dieu, par le sort des armes, la question de souveraineté que Lothaire leur aîné, par suite de ce que son père l'avait associé à l'Empire, élevait sur eux et sur leurs Etats. Informés qu'il conduisait son armée dans l'Auxerrois, où Pépin, avec la sienne venant d'Aquitaine, devait se joindre à lui ; ils traversèrent la Champagne, passèrent l'Yonne, vers Gurgy ou Monéteau; se placèrent sur les montagnes qu'ils trouvèrent à leur gauche, tandis que Lothaire était déjà maître de celles de Charbuy, Lindry et Pourrain. Les deux armées s'aperçurent le mardi 21 juin 841 ; mais séparées par des bois, des étangs et des ruisseaux ; et, de part et d'autre, on jugea ce lieu peu propre à un grand combat. Elles continuèrent à suivre la chaîne des montagnes qu'elles occupaient, en se dirigeant au Midi, et laissant environ trois lieues de distance entre elles.

Cependant Charles et Louis, ne désespérant pas encore de vaincre, par de justes représentations, l'opiniâtreté de leur frère, lui firent proposer la paix. Celui-ci, que Pépin n'avait pas encore rejoint, éluda leurs propositions et continua sa marche. Ses frères le suivirent. Enfin, après avoir marché le 22 et le 23, savoir, Charles et Louis par Saint-Georges, Chevannes, Avigneau, jusqu'auprès de Thury; et Lothaire par Parly, Toucy et Fontenoy, ils s'approchèrent du lieu fatal sur lequel ils venaient offrir à la mort d'innombrables victimes. Le 24, Pépin, qui venait enfin de passer la Loire, ayant fait sa jonction avec Lothaire ; celui-ci fit dire à ses frères qu'il entendait conserver sur eux l'Empire que leur père lui avait donné dans son premier partage. Leur réponse fut, qu'il eût à accepter le combat pour le lendemain, à deux heures de jour.

A l'instant indiqué, tous les corps se mirent en mouvement avec une fureur facile à concevoir, si l'on considère que tout ce que la France avait alors d'illustres

Seigneurs et Chevaliers, était là rangé sous les bannières de quatre Rois jeunes et braves, affrontant avec eux tous les périls, et décidés à vaincre ou à périr glorieusement.

Charles et Louis avaient, pendant la nuit, pris position sur la montagne au bas de laquelle Lothaire était campé, ce qui leur fut d'un grand avantage. Néanmoins celui-ci, poussé d'abord du côté de Druyes, soutint ensuite leur attaque avec succès; et bientôt sur une surface de plusieurs lieues, les quatre armées se mêlèrent; la bataille devint générale; on se battit corps à corps, comme il était inévitable avant les armes à feu. Louis et Lothaire se mesurèrent en personne à Bretignelles; et Lothaire se vit contraint de fuir son terrible adversaire. Cependant la victoire semblait se décider pour son armée et celle de Pépin; les troupes de Louis et de Charles commençaient à plier, et à se débander. Charles parvint, un moment, à les rallier; l'instant d'après elles prirent la fuite; mais la partie de l'armée qui se replia vers Adelard, l'un des chefs, et celle que commandait Nithard (l'historien), recommencèrent le combat. Dans le même moment, un corps de réserve, ayant à sa tête le comte Guérin, et formé de Toulousains et de Provençaux, tomba à l'improviste sur l'armée de Lothaire et de Pépin, et en fit un horrible carnage; la déroute se mit dans les rangs; la fuite de ce qui restait termina la bataille.

Charles et Louis, contens d'avoir abattu l'orgueil de leur aîné, ne le poursuivirent pas. A midi, les vainqueurs étaient sous leurs tentes; on ne se battait que depuis six heures, et cent mille hommes avaient cessé de vivre. Parmi les morts, se trouva Gérard, comté d'Auvergne et de Limoges, gendre de Pépin, et avec lui l'élite de la noblesse. Mézerai remarque que, depuis le commencement de la Monarchie, jamais autant de sang français n'avait été répandu. Le lendemain, les troupes victorieuses inhumèrent tous les morts; et la tradition attribue à leur immense quantité les noms d'Etais et Etais-Milon, en latin *Testæ* et *Testæ-Milonis*, que portent deux villages de cette contrée.

Les bagages de Lothaire furent pris; et ses frères distribuèrent les ornemens de sa chapelle aux Eglises voisines, particulièrement à celles d'Auxerre. L'Evêque Héribalde s'empressa d'adresser à son Roi, Charles, l'expression de son repentir et de sa soumission; le Roi lui rendit ses bonnes grâces. Il revint même à Auxerre, dans le mois de septembre suivant, assister à la translation des reliques de Saint Germain.

Dans ces temps, où, à la mort de chaque souverain, le Royaume était partagé comme une succession, Auxerre, par sa position, était très-important. Quand le Comté appartenait, soit au roi de Paris, soit à celui de Bourgogne, la ville était frontière et la clef de l'Etat dont elle dépendait (1). La Cité était entourée de fortifications, construites avec tout ce que l'art avait jusque-là conçu de plus complet. Lorsque les deux Royaumes étaient dans la même main, comme sous Charles II, elle se trouvait au centre de la souverai-

---

(1) Elle est encore appelée ville frontière dans une commission d'Henri II, du 15 mars 1546; v. Lebeuf, tom. 2, p. 380.

neté; et, par là, s'attirait particulièrement l'attention du Monarque, qui souvent y résidait. Il en entretenait les fortifications, et y avait toujours un Comte et des troupes. Celui de Charles-le-Chauve fut Conrad, son oncle, frère de Judith sa mère, et, comme elle, enfant de Welfe, Duc de Bavière.

Conrad et sa femme Adelaïs résidèrent habituellement dans Auxerre; qui se ressentit de leurs richesses et de leur générosité. C'est par leurs soins et leurs largesses que les premières grottes de Saint-Germain ont été construites, et l'Église presqu'entièrement rebâtie. Tout contribuait alors à donner à la ville de l'illustration. L'Evêque Héribalde était savant, surveillait les Ecoles; qui, déjà renommées, obtinrent un nouvel éclat par le zèle qu'il mit à y attirer les maîtres les plus célèbres. Héric d'abord, puis Rémi, tous deux Auxerrois et Religieux de Saint-Germain, y puisèrent les connaissances qui les ont mis au premier rang des littérateurs du IXe siècle. Aussi, en 847, Charles-le-Chauve, destinant à l'Eglise l'un de ses fils, d'Hermentrude sa première femme, qui était né boiteux, envoya-t-il cet enfant à l'abbaye de Saint-Germain, pour y être élevé; le confiant principalement à Héric. Quelques années après, Rémi fut tiré de cette Ecole, pour rétablir celle de Reims, qui était tombée; puis fonder à Paris la première que cette ville ait possédée(1).

---

(1) L'Abbaye de St-Germain avait alors 600 Religieux, cultivant et enseignant à 2000 écoliers toutes les sciences. Aussi Pépin et Charlemagne l'avaient-ils exemptée de tout impôt sur les denrées qu'elle

Charles, ayant ainsi à Auxerre son oncle et son fils, y venait fréquemment. En 858, lorsque ses peuples, s'en prenant à lui des malheurs du temps, voulaient le méconnaître, et se donner à son frère le Germanique, et que craignant d'être trahi par son armée, il la quitta; c'est à Auxerre, et dans l'abbaye de Saint-Germain, alors isolée de la ville et fortifiée, qu'il vint se renfermer avec Loup-de-Ferrière. Il y passa les mois de novembre et décembre, et n'en sortit que lorsqu'il fut informé que les esprits étaient mieux disposés à lui rendre justice.

Cinq ans après, il y célébra le mariage de sa fille Judith. Elle avait été mariée à *Etel-Wulf*, Roi de Wessex en Angleterre (1). Devenue veuve, elle fut recherchée par Baudouin dit *Bras-de-Fer*, grand Forestier de Flandre; mais Charles se refusa à cette alliance. La jeune veuve, partageant la passion de Baudouin, sut mettre dans ses intérêts son frère, Louis-le-Bégue; son oncle, Louis-le-Germanique; et Lothaire, son cousin, qui lui offrit un asile dans ses Etats. Baudouin, alors, osa venir à main armée jusqu'à Senlis, où il l'enleva. Charles, informé de cette audacieuse expédition, le fit poursuivre; mais sa troupe ayant été battue par le ravisseur, au mont Saint-Eloi, il eut recours au Pape, Benoît III; qui excommunia les deux amans. Cette mesure produisit l'effet désirable; Bau-

---

pouvait faire venir dans quatre bateaux par chaque année; droit qui lui fut confirmé par Louis-le-Débonnaire, suivant ses lettres datées d'Aix-la-Chapelle, 10 mars 816. *Chronique*, p. 175.

(1) Lingard, hist. d'Angleterre, trad. tom. 1, p. 241.

douin et Judith furent frappés de l'effroi qu'elle inspirait alors; et de la Lorraine ils se rendirent à Rome, aux pieds du souverain Pontife, pour implorer leur pardon. Touché de la soumission de Baudouin, ainsi que des larmes de la Princesse, Benoît leva l'excommunication; et envoya des Légats particuliers auprès de Charles, pour l'inviter à la clémence. Charles se rendant à ses prières, reçut à Auxerre Judith et Baudouin, et les maria. Il érigea même la Flandre en Comté, et le donna à Baudouin. C'est un des événemens les plus remarquables parmi ceux qui prouvent combien était salutaire cette foudre du Vatican; seul moyen alors de réprimer des maux contre lesquels tous les moyens humains étaient impuissans.

Dès l'année 857, l'Evêque Héribalde étant mort, Abbon son frère, Religieux et Abbé de Saint-Germain, avait été élu à sa place, conformément aux désirs du Roi; qui, en même temps, avait donné l'Abbaye à son fils Lothaire (1). Ce jeune Prince n'était alors âgé que de dix ans. Héric assure qu'il était fort studieux, et avait de très-heureuses dispositions pour les sciences; mais il mourut en 865, après avoir enrichi la châsse de Saint-Germain des diamans qui l'ornaient encore en 1358. 857 865

Dans cette même année, Conrad II, que le Roi avait investi du Comté d'Auxerre, du vivant de son père, prit le parti de Lothaire, Roi de Lorraine, contre Thietberge, femme de ce dernier, qui s'était réfugiée

---

(1) Lorsque l'Abbé de Saint-Germain était séculier, les Religieux élisaient, pour les gouverner, l'un d'entre eux qui portait le titre de Doyen. V. Mahillon, t. 3, p. 656.

auprès du Roi. Charles, indigné de sa conduite, lui retira sa confiance, et donna le Comté à Robert-le-Fort, l'un des aïeux de la famille royale actuelle. Lebeuf suppose Robert l'un des fils de Conrad I; contre le sentiment de Mézerai, plus généralement adopté, qui lui donne pour père un autre Robert, petit-fils de Théodéric, Comte de Madrie. Suivant les chroniques auxquelles Mézerai et les auteurs plus modernes se sont conformés, Robert-le-Fort a épousé la veuve de Conrad I; qui était sœur du Roi Charles; et il en eut deux ou trois enfans, qui ont été frères utérins de ceux qu'avait eu Adelaïs de Conrad I; c'est probablement cette alliance de Robert qui, obscurément exprimée dans des chroniques incomplétement conservées, a occasionné ces contradictions entre les historiens. Quoi qu'il en soit, ils sont tous d'accord que, dès 861, Robert-le-Fort avait été fait par Charles Duc de tous les pays entre la Loire et la Seine; ce qui ne comprenait ni l'Auxerrois, ni le Nivernais, puisqu'en 865, il y ajouta le Comté d'Auxerre et celui de Nevers. Il est également

867 reconnu qu'il fut tué, en 867, dans un combat contre les Normands.

Ses enfans étant dans le plus bas âge, Hugues l'abbé, qui avait été fait Abbé de Saint-Germain, après la mort de Lothaire, devint aussi Comte d'Auxerre pendant quelques années, et remit ensuite cet emploi à Girbold, comme lui, vaillant homme de guerre, et fameux par

886 l'adresse avec laquelle il contribua, en 886, à défendre Paris assiégé par les Normands.

Pendant environ un siècle, ces barbares désolèrent la France, pillant et brûlant tous les pays dans lesquels ils purent pénétrer. Auxerre fut long-temps épargné, puisque le corps de Saint Martin y fut réfugié ; toutefois il est certain qu'à deux reprises, la dernière en 889, ils ravagèrent l'Auxerrois et tous les faubourgs de la ville, c'est-à-dire toutes les habitations placées hors de la Cité.

889

Les Evêques qui tinrent le siége d'Auxerre depuis Abbon, savoir Chrétien en 860, Wala en 873, Wibaud en 879, et Hérifild en 887, ne se firent remarquer que par leur dévouement à la prospérité de leur Diocèse. Le dernier eut la douleur de voir la Cité presque entièrement consumée par un incendie, qui détruisit la Cathédrale, les deux Eglises qui y étaient jointes, et la maison épiscopale. Il entreprit de réparer cette perte, et commença par les Eglises, qu'il parvint à rétablir. Ayant été surpris par la mort en 909, le Palais épiscopal ne put être reconstruit que par ses successeurs. Son siége fut ensuite occupé par Géran, cher aux Auxerrois par sa science, sa piété et sa bienfaisance. Déjà il était Archidiacre et Prevôt du chapître. Cependant son élection fut, en quelque sorte, contrainte.

909

Charles-le-Chauve avait érigé la Bourgogne en Duché, et l'avait donné, avec le Comté d'Auxerre, à Beuves, en 888. Celui-ci s'étant fait Roi de Provence, Charles-le-Simple donna ces deux grands fiefs a Richard-le-Justicier son fils; et à la mort d'Hérifild, Richard gouvernait le Comté par Reynard de Vergy, son Vicomte. Alors, comme on l'a vu, l'autorité des Evêques obtenait des peuples une déférence qui souvent contrariait les prétentions des Gouverneurs.

Reynard l'avait probablement éprouvé du temps d'Hérifild; et prenant pour de la faiblesse la douceur de Géran, dans l'espoir d'en abuser, il fit intervenir la puissance du Duc pour déterminer son élection. Mais Géran était plus digne de l'épiscopat que le Vicomte ne l'avait pensé; il sut conserver les biens de son Eglise, objet particulier de la convoitise de Reynard; qui ne put lui ravir que la terre de Gy, et celle de Narcy pour son frère Manassès.

A peine ce prélat était-il à la tête de son peuple, qu'une horde de Normands recommença à répandre la désolation dans le Diocèse. Le Vicomte, qui par état devait les repousser, resta indifférent sur des maux qui ne pouvaient pas l'atteindre; fut sourd aux prières de l'Evêque et des habitans, et se renferma dans la Cité. Géran, au contraire, oubliant un instant ses habitudes, se forma une troupe, sortit de la ville, au moment où déjà l'ennemi était aux portes; lui livra bataille dans la plaine des Chesnez, le défit entièrement, et rentra avec trois drapeaux enlevés aux barbares, et deux de leurs chefs faits prisonniers. L'un d'eux fut précipité par le peuple du haut des remparts de la Cité, et l'autre abandonné au Vicomte qui le réclama.

De semblables excursions se renouvelèrent plusieurs fois dans les environs d'Auxerre, et furent toujours repoussées avec le même succès, non par Reynard, mais par Géran; ce qui, sans doute, détermina le Duc Richard, marchant à la rencontre de ces brigands qui dévastaient le Tonnerrois, à laisser son lâche Vicomte à Auxerre, et à mener avec lui l'Evêque et sa troupe prendre part à la victoire qu'il remporta sur eux en

911. L'abbé Lebeuf, sur la foi de ceux qui ont écrit la vie de cet Evêque, rapporte ce fait à la victoire remportée sur les Normands, aux portes de Chartres. Ce combat près de Chartres, leur a été livré, non par Richard, mais par le Comte Thibaud, et en 908, un an avant que Géran fût Evêque d'Auxerre (1). Géran aida encore Richard à dompter les Normands dans la partie de son Diocèse dépendante du Nivernais. Tandis que le Duc les poursuivait chargés de butin, l'Evêque les attendait dans une embuscade, et son apparition suffit pour rendre leur déroute complète.

Ces occupations si opposées à ses goûts n'altérèrent ni sa piété, ni la douceur de son caractère; et sa mort imprévue remplit de deuil le Diocèse. Ne pouvant obtenir du Vicomte ni de son frère, la restitution des deux terres qu'ils avaient ravies à son Eglise, il entreprit, pendant les chaleurs de l'été de 914, le voyage de Soissons, pour demander à Charles-le-Simple justice de cette spoliation; il y termina sa vie le 28 juillet. Gaudri fut mis à sa place l'année suivante.

914

915

A Richard, mort le premier Septembre 921, succéda Raoul son fils, comme lui Duc de Bourgogne et Comte d'Auxerre; qui fit de cette ville sa résidence principale. « C'était, dit Mézerai, un Seigneur de
» belle prestance, et encore de meilleur sens, et de
» grand courage, sévère à punir les malfaiteurs et à
» repousser les ennemis de l'Etat. »

Charles-le-Simple s'étant aliéné l'esprit de ses su-

V. Mézerai, t. 1, p. 628.

jets par ses alliances avec les Normands; les Seigneurs, réunis à Soissons, élurent Raoul Roi de France, le 13 juillet 923. Cette couronne, qu'il porta glorieusement pendant quatorze années, le tint presque continuellement en guerre avec les Normands, ou avec le Comte de Vermandois; qui, ayant renfermé Charles-le-Simple dans Péronne, menaçait, à chaque instant, de le rendre à la liberté. Raoul n'en prit pas moins un soin particulier du Comté d'Auxerre, qu'il conserva. Il y donna une preuve de cette sévérité envers les malfaiteurs, dont parle Mézerai. Instruit qu'un Seigneur du Tonnerrois, qui s'était emparé de la terre de Dyé sur les Religieux de Fleury, au lieu de la leur restituer, comme il l'avait promis, prenait sur les revenus de la terre les frais d'un repas splendide qu'il allait donner dans la forêt voisine; le jour même destiné à cette fête, il partit d'Auxerre, sans confier son projet à personne; arrivé près de la forêt, il la fit entourer par ses gardes, alla droit à l'usurpateur, et le perça de sa lance.

Plusieurs Chartes données par lui sont datées de son palais d'Auxerre; et il y est mort le 15 Janvier 936, après une maladie de plusieurs mois. La Reine Emme sa femme l'avait précédé dans le tombeau, quelques années auparavant, également à Auxerre. Ils avaient pris pour Aumônier Guy, élève de l'Evêque Hérifild, et Archidiacre de la Cathédrale; qui avait été promu à l'épiscopat à la mort de Gaudri, arrivée le 21 Avril 933.

La mort de Raoul, sans postérité, livrait ses immenses possessions, ainsi que le Royaume, à de nombreux compétiteurs : Hugues-le-Blanc, frère de la

Reine, et Hugues-le-Noir, frère du Roi, prirent tous deux les titres de Duc de Bourgogne, de Comte d'Auxerre, et d'Abbé de Saint-Germain, que Raoul avait réunis sur sa tête (1). Hugues-le-Blanc, sous le règne de Raoul, avait été souvent employé par lui dans le gouvernement de l'Etat. Il était Comte de Paris, Duc de France, Duc d'Orléans, et, comme tel, le plus illustre des Seigneurs du temps. Il pouvait, plus que tout autre, s'élever au trône par la même voie qui y avait conduit Raoul ; mais les vicissitudes continuelles que celui-ci y avait éprouvées, et les maux dont son usurpation (2) avait inondé la France, avaient trop fait connaître à Hugues les désordres, suites inévitables de ces révolutions, pour qu'il suivît l'exemple de Raoul. Persuadé, au contraire, que le seul moyen de rendre aux grands, comme aux peuples, la paix depuis long-temps bannie, était de replacer le sceptre dans la main de ceux à qui il appartenait légitimement ; (3) il n'usa de son influence sur les esprits que pour les disposer à se remettre sous l'obéissance de Louis, fils de Charles-le-Simple. Ce jeune Prince, alors âgé de seize ans, était en Angleterre, où sa mère Ogine s'était réfugiée, lors de la révolution qui avait fait descendre son

---

(1) Le désordre était tel alors, que les Abbayes étaient réputées biens patrimoniaux dans la succession du dernier titulaire séculier.

(2) Charles-le-Simple vivait encore, lorsque Raoul se fit élire !

(3) « Le droit du peuple, dans cette race, était d'élire *dans la famille* ; c'était, à proprement parler, plutôt un droit d'exclure, qu'un droit d'élire. » Montesquieu, Esprit des lois, liv. 31,

mari du trône dans la prison du Comte de Vermandois. Elle y était auprès du Roi Aldestant son frère.

Aussitôt que Hugues se fut assuré que le retour du Roi ferait taire toutes les ambitions, et qu'il serait reçu partout comme un gage de paix; il s'empressa d'en informer la Reine; l'invitant à venir sans délai ressaisir la couronne pour son fils. La Reine n'hésita pas; et bientôt Hugues, allant au-devant de Louis, depuis appelé *d'Outremer*, le conduisit à Laon, où il fut sacré le 20 Juin 936.

936

Presqu'aussitôt, il l'amena à Auxerre (1), pour y terminer ses différens avec Hugues-le-Noir. Le résultat des négociations entre eux fut que le Duché de Bourgogne, le Comté d'Auxerre et l'Abbaye de Saint-Germain resteraient à Hugues-le-Noir. L'Evêque Guy profita de la résidence du Roi et de Hugues-le-Blanc à Auxerre, pour réclamer la remise à son Eglise des Abbayes de Saint-Julien, Saint-Amatre et Saint-Marien; qui, depuis 732, étaient restées au pouvoir des Seigneurs Laïcs. (2)

Hugues-le-Noir conserva le Comté d'Auxerre et l'Abbaye de Saint-Germain jusqu'à sa mort en 952. Son successeur immédiat fut Gislebert, qui avait épousé sa fille Hermengarde. Après ce dernier, ces Seigneuries passèrent à Othon, mari de Leutgarde, fille de Gis-

952

---

(1) On conserve deux Chartes de ce Roi, datées d'Auxerre; l'une du 26 juillet 936, en faveur de l'Abbaye de Saint-Germain, l'autre du 28 du même mois, pour l'église d'Autun. Annal. Bened. t. 3, p. 425.

(2) P. 83, ci-devant.

lebert. Aucun monument n'a recueilli ce qui se passa à Auxerre pendant qu'il appartenait à ces Ducs; si ce n'est qu'Othon y est décédé le 22 février 965, et a été inhumé dans l'Eglise de Saint-Germain. 965

Il en est de même de l'épiscopat de Guy, mort le 6 janvier 961 ; et de celui de Richard, mort le 6 mai 970. Les chroniques font seulement mention des éminentes qualités du premier et de l'extrême simplicité d'esprit du second, qui avait été tiré du Cloître de Saint-Germain. 970

Le duc Othon n'ayant pas laissé de postérité, le Comté d'Auxerre et l'Abbaye de Saint-Germain furent dévolus, avec le Duché de Bourgogne, dont à cette époque ils semblaient ne pas devoir être séparés, à Henri son frère, comme lui frère de Hugues Capet ; et tous fils de Hugues-le-Blanc. Henri, en 971, profita de la vacance du siége épiscopal, et de l'empire que ses vertus lui avaient donné sur le peuple et le Clergé, pour placer sur ce siége Héribert, aussi fils de Hugues-le-Blanc, mais né d'une concubine. 971

Cet Evêque, en 977, contribua au sacre de Sévin, nommé à l'Archevêché de Sens; qui s'étant présenté devant cette ville, s'en vit fermer les portes par Raynard, son oncle, et se trouva forcé de venir à Auxerre pour se faire sacrer. 977

CHAPITRE VII.

RÈGNES DE HUGUES CAPET

ET

DE SES SUCCESSEURS,

PENDANT LE ONZIÈME SIÈCLE.

Au commencement de la période parcourue dans le chapitre précédent, Charlemagne, très-attaché aux mœurs Teutoniques, et craignant pour ses Leudes, *Francs-Ripuaires*, le même amollissement qui avait fait descendre les *Francs-Saliens* du trône; avait mis tous ses soins à prévenir cette décadence, et à tenir les Francs séparés des Gallo-Romains. Mais, après lui, la discorde qui suscita les enfans de son fils contre leur père; puis les arma les uns contre les autres, et toutes les calamités qui, sorties de cette source fatale, désolèrent la Gaule ; confondirent Gaulois, Romains et Francs, pour les faire retomber tous dans la barbarie. Il n'y eut plus de différence qu'entre les oppresseurs et les opprimés. Les oppresseurs furent tous ceux qui avaient un grade militaire dans les divisions et subdivisions du territoire. Chacun d'eux regarda la contrée sur laquelle il commandait, comme sa propriété ; s'y perpétua, et la transmit à sa famille ; en observant cependant la hiérarchie militaire qui distinguait leurs grades respectifs. De là, les grandes divisions, les Comtes dans les Cités, et les Seigneurs inférieurs dans les degrés subséquens ; en un mot, le régime féodal.

Les Evêques, souvent imposés aux peuples par les hommes puissans, et choisis parmi eux, pour avoir à leur discrétion les biens des Evêchés ; ne craignirent pas, comme on l'a vu, de se charger du service militaire, afin de s'attribuer aussi la puissance et les profits de la féodalité. A leur exemple, les chefs des Monastères et des Chapitres en firent autant, dans tous les lieux où ils possédaient des fonds ; en sorte que chaque village eut au moins un Seigneur, et souvent plusieurs. Le Roi ne fut plus que le propriétaire féodal de ses domaines, et le Seigneur suzerain de tous les autres ; mais tellement borné dans la réalité de son pouvoir, que fréquemment il eut à traiter de paix ou de guerre avec les plus petits Seigneurs.

Tout le reste de la population se vit à la merci de ces nouveaux maîtres ; quelques propriétaires conservèrent une ombre de liberté personnelle ; le surplus devint serf de corps et de biens ; les hommes libres, comme les serfs, furent obligés de suivre leur Seigneur à la guerre, chaque fois que, par son caprice ou celui de son Suzerain, il voulut la faire. Il n'y eut plus ni lois, ni tribunaux, ni autorité municipale; la volonté du Seigneur devint la règle suprême; les écoles furent abandonnées; les sciences s'éteignirent, le Clergé seul en recueillit les débris; la langue latine corrompue par les barbares, dégénéra en langue romane, mélange informe de latin et de germain; le nom même de la Gaule disparut, et ses provinces prirent les noms de France, Bourgogne, Aquitaine, etc.

987   Tel était l'état des choses lorsqu'en 987, le fils de Hugues-le-Blanc, Hugues Capet, Duc de l'Isle-de-France et de l'Anjou, consomma l'usurpation commencée depuis un siècle dans sa famille, sur la postérité de Charlemagne. Il fut proclamé Roi, et Charles, oncle de Louis V, qui, à la mort de ce dernier, avait droit à la couronne, fut enfermé dans la tour d'Orléans; où il mourut quelque temps après.

Les habitans d'Auxerre avaient alors une multitude de maîtres. L'Evêque, le Chapitre de Saint-Etienne, et tous les Monastères avaient chacun leur Cense, ou Seigneurie. Le Comte avait aussi la sienne, qui relevait du Roi pour une faible partie; et de l'Evêque, dont il était Baron, pour tout ce qu'il possédait dans l'Auxerrois.

Le siége épiscopal était alors, comme on l'a vu, occupé par Héribert, frère du Roi et du Duc Henri, qui avait déterminé les habitans à le choisir. Mais il ne répondit pas aux espérances qu'il avait fait concevoir. C'est à la cour de Hugues Capet qu'il avait été élevé, et les habitudes qu'il y avait contractées le suivirent dans sa nouvelle carrière. Il était si prodigue, qu'on vit se traîner à sa suite, pour recueillir ses largesses, toute la noblesse de la contrée, et même Eudes, Comte de Champagne, et Héribert Comte de Chartres. Les Moines du temps notent comme une circonstance très-heureuse que, pour subvenir à ses dépenses immodérées, il n'ait rien vendu ni des meubles de son Eglise, ni des livres rares et précieux qu'elle possédait. Aimant passionnément la chasse, il fit bâtir, dans la seule vue de s'y livrer à son gré, deux châteaux, l'un à Toucy, l'autre à Saint-Fargeau. Ces mêmes châteaux sont devenus, depuis, la proie des Seigneurs qui se révoltèrent contre les Evêques ses successeurs, et envahirent une partie de leurs biens.

Tandis qu'il s'éloignait ainsi de son ministère, le Duc Henri, qui était, je l'ai déjà dit, Comte d'Auxerre et Abbé de Saint-Germain, changeait de rôle avec lui. Scandalisé du désordre dans lequel étaient tombés les Religieux de ce Monastère, qui n'était gouverné que par un Doyen, choisi entre eux ; et reconnaissant qu'un Abbé régulier pouvait seul les ramener à la stricte observance de la règle de Saint Benoît, il se démit, en 980, de son Abbaye, en faveur de Mayeul, Abbé de Cluny, à la condition de venir y introduire la réforme. Mayeul, cédant à ses désirs, rendit aux Religieux la vie régulière, telle que le fondateur de leur ordre l'avait commandée; et après les avoir gouvernés jusques en 989, il choisit, pour lui succéder, celui qui l'avait secondé avec le plus de zèle ; ce fut Heldric.

989

Le Duc Henri fut si flatté des heureux effets de son désintéressement, qu'il obtint, le 15 octobre 995, du Roi Hugues-Capet, et de Robert, son fils, des lettres portant que jamais les Religieux de Saint-Germain ne pourraient être privés du droit d'élire leur Abbé.

995 Le 23 août de la même année, l'évêque Héribert mourut à Toucy, et son corps fut rapporté à Auxerre. Le Duc Henri, pour le remplacer, jeta les yeux sur Guy, dont la vie séculière fit craindre aux Auxerrois un trop fidèle imitateur d'Héribert. Désirant un Prélat digne de ses augustes fonctions, c'était Jean, Archidiacre de la Cathédrale, qui était l'objet de leurs vœux. Né dans Auxerre, toute sa vie était connue sous les rapports les plus rassurans. Ses parens étaient peu fortunés, mais il avait été élevé par le fameux Gerbert. Ses heureuses dispositions à la piété comme aux sciences, l'avaient fait nommer, d'abord, chef des écoles, puis à la place éminente qu'il occupait. Lorsqu'il n'était qu'Ecolâtre, il avait été un des défenseurs d'Arnould, Archevêque de Reims, dans les Conciles où sa conduite avait été examinée ; et Jean s'y était fait remarquer par ses talens et son savoir.

Cependant les démarches du Duc Henri, auprès de Robert fils du Roi, avaient réussi en faveur de Guy ; et déjà Sévin, Archevêque de Sens, était à Auxerre pour le sacrer, lorsque le Clergé et les habitans s'y opposèrent; se plaignant de ce que l'élection n'avait pas été faite par eux, et ajoutant des reproches à Guy sur sa conduite antérieure. L'Archevêque crut devoir céder à cette opposition jusqu'à ce que le Roi eût prononcé, et se retira. Les habitans s'empressèrent d'envoyer une députation au Roi ; qui, sur leurs représentations, et informé des mérites de Jean, consentit à son élection. L'Archevêque de Sens revint à Auxerre, et le sacra, le 12 avril 996, aux acclamations universelles.

Le Diocèse vit se réaliser dans ses actions tout ce qu'on peut désirer d'un saint Evêque; mais des larmes de deuil succédèrent promptement à celles de l'allégresse; la mort l'enleva le 21 janvier 998, et un Pontife guerrier vint encore prendre sa place.

Hugues, fils de Lambert, Comte de Chalon-sur-Saône, et d'Adelais d'Arles, sœur de la Reine, fut celui que le Duc Henri son beau-frère présenta au Roi Robert, pour l'Evêché d'Auxerre. Déjà la mort de son père l'avait investi du Comté de Chalon, et il le conservait, quoique dans l'état ecclésiastique et chanoine d'Autun. Robert agréa sans difficulté un choix qui flattait son neveu; et l'on raconte que Hugues avait désiré l'Evêché d'Auxerre, depuis que, passant dans cette ville, il avait été enchanté de la beauté du chant qu'il avait entendu dans la Cathédrale.

Quoi qu'en dise l'abbé Lebeuf, il paraît que ce n'est pas sans résistance de la part des Auxerrois qu'il se mit en possession du siége. Chaque fois qu'ils ont été libres dans leur élection, on n'en a vu sortir que le personnage le plus recommandable par sa science et ses vertus, et presque toujours choisi dans le Clergé de la ville même; les quatorze mois qui s'écoulèrent depuis la mort de Jean, jusqu'à l'intronisation de Hugues, donnent beaucoup à croire qu'il éprouva une forte opposition. Si elle a eu lieu, sa conduite l'a justifiée; car pendant les vingt premières années de son épiscopat, il fut presque toujours absent; occupé soit à gouverner son

Comté de Chalon, soit à s'impliquer dans toutes les intrigues et dans toutes les guerres du temps ; au point que les chroniques disent de lui que c'était *un excellent guerrier*; et que sa ville épiscopale ne fut pas à l'abri de ses exploits.

La famille du Duc Henri eut, elle-même, à regretter la part qu'il avait prise à ce choix. Le Duc, n'ayant pas eu d'enfans, avait adopté Othon-Guillaume, fils de Gerberge sa première femme, et lui avait assuré sa riche succession. Celui-ci, même du vivant du Duc, en mariant sa fille Mathilde à Landri, Seigneur de Monceaux et de Maers (aujourd'hui Metz-le-Comte), lui avait donné le Comté d'Auxerre, et celui de Nevers.

1002 A sa mort, qui eut lieu le 15 octobre 1002, Othon-Guillaume se mit en possession du Duché de Bourgogne ; mais Hugues-Capet, dans ses transactions avec les grands vassaux de la couronne, en maintenant leur droit héréditaire à leurs fiefs, avait stipulé le retour à la couronne, dans le cas de félonie du vassal, ou de sa mort sans enfant mâle. En conséquence, le Roi Robert réclama le Duché de Bourgogne et le Comté d'Auxerre, par deux motifs : parce que Henri ne laissait pas de fils, et parce qu'Othon-Guillaume, par lui adopté, était fils de Gerberge et d'Adelbert, Duc de Lombardie, son premier mari, et conséquemment étranger en France.

Othon et Landri ne craignirent pas de s'armer contre leur Roi, pour conserver les largesses de Henri. Des secours leur furent promis par Brunon, Evêque de Langres, frère de la femme d'Othon. Ce dernier avait un fils, Renaut, l'un des plus braves Chevaliers du Royaume. Ainsi Auxerre, par suite de son attachement aux Ducs de Bourgogne, auxquels il appartenait depuis près d'un siècle, et de l'influence que son nouveau Comte Landri y exerçait, se trouva en guerre avec le Roi de France; et en même temps son évêque Hugues prenait contre Othon le parti du Roi; qui, l'année suivante, s'achemina vers la Bourgogne, avec une armée formidable, dans laquelle on comptait quarante mille Normands sous les ordres de leur Duc Richard.

C'est Auxerre qui, par sa position, devait éprouver les premières rigueurs de la guerre. Le 10 novembre 1003, le Roi à la tête de son armée, s'y présenta, accompagné de l'évêque Hugues, et s'empara, sans coup férir, des faubourgs; mais le Comte Landri, avec ses vassaux et les Bourgeois, s'était renfermé dans la Cité. Le château de Saint-Germain, alors fortifié par ses soins, comme la Cité, et rempli des nombreux vassaux de l'Abbaye, ferma également ses portes au Roi. D'abord irrité de tant d'audace, il crut de son honneur et de son intérêt de la réprimer, et assiégea la Cité. « *Landry, li Cuens* (le Comte) *et li Borgiois* » *le défendirent vaillamment,* » dit la chronique. Après plusieurs jours de vaines tentatives, Robert se détermina à attaquer le château de Saint-Germain, qui, placé sur une éminence, lui faciliterait la prise de la ville. Aux premiers mouvemens de l'armée sur ce nouveau plan d'attaque; l'Abbé de Saint-Germain Heldric, et Odilon, Abbé de Cluny, qui était auprès de lui, se présentèrent au Roi, et le conjurèrent de ne pas profaner par ses armes le Monastère où le corps

1003

du grand Saint Germain reposait. Leurs représentations furent inutiles; la résistance qu'il éprouvait le rendit implacable. Sa réponse fut un ordre aux Abbés et aux Religieux de sortir du Monastère, à l'exception de huit qui pourraient rester pour la garde du corps de Saint Germain. Son ordre fut exécuté, et tout aussitôt le château fut investi par l'armée. Robert, le casque en tête, et le bouclier au bras, y figurait de sa personne; et l'Evêque d'Auxerre, également armé, était à côté de lui. Cependant l'Abbé de Cluny vint encore essayer de les désarmer, mais sans succès; les arcs, déjà bandés de part et d'autre, immolèrent, sous ses yeux, d'innombrables victimes.

Si l'on en croit les chroniques (1), au moment de l'attaque, un épais brouillard couvrit les assiégés et les déroba à la vue des assiégeans; qui placés, au contraire, dans un lieu parfaitement éclairé, étaient atteints de toutes les flèches dirigées sur eux. Ce qui est certain, c'est que leur perte fut considérable, surtout parmi les Normands; et que, dès le lendemain, le Roi levant le siége, se jeta sur les campagnes de la Bourgogne; où la guerre se fit pendant environ douze années. (2).

L'Evêque d'Auxerre ne cessa pas d'aider le Roi son oncle, de ses conseils et de son bras. Lorsqu'O-

---

(1) Voyez l'abbé Lebeuf, t. 2, p. 56.

(2) On lit dans Mézerai et plusieurs historiens modernes, qu'Auxerre se rendit au roi Robert; ils ont en cela suivi Paul-Emile et Grégoire; mais tous les détails qui viennent d'être rapportés, ont été puisés, par l'abbé Lebeuf, dans Glaber, en cela conforme à une

thon et ses confédérés entrèrent en négociation pour la paix, c'est à Hugues que le Roi en confia la conclusion. Après une première assemblée à Verdun, une seconde, que les historiens qualifient de Concile, fut indiquée, en l'an 1015, à Airy, près d'Auxerre. Elle fut effectivement présidée par Léothéric, Archevêque de Sens, et composée d'un grand nombre d'Archevêques, d'Evêques et d'Abbés. Le Roi y assista, et le Comte Landri y fut aussi admis. La vénération qu'inspirait alors la mémoire de Saint Germain, était si profonde et si universelle, que les châsses de Saint Sanctien, de Saint Vorle et de Saint Bercaire, apportées par les religieux de Sens, de Châtillon-sur-Seine et de Moutier-en-Der, Diocèse de Chalon-sur-Saône, ne parurent pas suffisantes pour la garantie des promesses qui allaient être faites; qu'on demanda celles de Saint Germain, et que l'Evêque d'Auxerre les refusa, par le motif qu'aucune circonstance ne pouvait autoriser le transport des reliques de ce Saint incomparable.

Ce qui suivit cette assemblée prouve qu'Othon y renonça au Duché de Bourgogne, et conserva la Franche-Comté; que les Comtés d'Auxerre et de Nevers furent laissés à Landri; et qu'à sa mort, en 1028, ils passèrent à

1015

---

chronique Auxerroise, conservée par le P. Viole. Mézerai a même copié une médaille, qui semble appuyer son système. L'abbé Lebeuf assure qu'elle est d'invention très-récente; et qu'en 1634, on trouva, en démolissant une des tours du château de Saint-Germain, une médaille contemporaine, paraissant avoir été frappée en l'honneur des succès obtenus sur les troupes du Roi.

son fils aîné Renaut. Quant à l'évêque Hugues, il s'occupa encore pendant environ trois années de négociations pour le Roi, et de son Comté de Chalon; mais, dès 1018, il se livra avec zèle à son ministère. Ses richesses ne furent plus consacrées qu'à de bonnes œuvres, et les occasions ne lui manquèrent pas. Son Eglise Cathédrale, ayant été consumée, en 1030, par un incendie qui détruisit toutes les habitations de la Cité, fut rebâtie par lui sur de plus grandes dimensions que celles qu'elle avait auparavant.

1030

Dans le même temps, à la suite de deux années de stérilité, Auxerre et toute la France éprouvèrent les horreurs de la plus épouvantable famine dont l'histoire fasse mention. De tous les traits qui en sont rapportés, un seul est suffisant pour faire connaître son affreux caractère. Des hommes se plaçaient en embuscade dans les chemins et sur les bords des rivières, pour dévorer les voyageurs qui tombaient dans leurs mains. Peut-être Auxerre fut-il exempt de ces horreurs, et le dut à son Evêque; qui obtint du Roi son oncle qu'elle fût la cinquième des villes où, chaque jour, trois cents pauvres étaient nourris à ses frais.

1033 L'année 1033 vit cesser ce fléau; et il se tint dans Auxerre une assemblée de Prélats, de Seigneurs et de Bourgeois, qui fit divers réglemens pour remédier aux suites de cette calamité, et prévenir les désordres qui l'avaient aggravée.

Hugues, tourmenté des souvenirs que lui laissaient ses succès à la guerre, se rendit d'abord à Rome, auprès du souverain Pontife, Jean XIX, pour en obtenir l'absolution. Quelques années après, il fut en pèlerinage à Jérusalem ; et de retour, il ne sortit plus de son Diocèse. Aux approches de la mort, il prit l'habit religieux dans le Monastère de Saint-Germain, où il fut enterré, huit jours après, le 4 novembre 1039.

1039

Avant de mourir, il avait cru pouvoir désigner son successeur ; et son choix était tombé sur Héribert, né à Auxerre et généralement considéré. Néanmoins ce procédé inusité pour le choix d'un Evêque, paraît avoir fait naître quelques difficultés ; que le roi Henri I, qui vint à Auxerre, termina par un coup d'autorité en faisant sacrer Héribert en sa présence. Cet Evêque et son Clergé eurent cependant beaucoup à se plaindre de Robert, frère du Roi, qui s'était emparé du Comté d'Auxerre ; voici à quelle occasion.

Comme on l'a vu, ce Comté, en 1038, avait été dévolu à Renaut, l'aîné des quatre fils de Landri ; qui en jouissait avec d'autant plus de sécurité, qu'après en avoir pris possession, il avait obtenu en mariage Alix, fille du roi Robert. Cependant un des fils de ce Monarque, à qui, dès 1032, il avait donné le Duché de Bourgogne, éleva des prétentions sur les limites de son Duché et du Comté d'Auxerre, et vint les soutenir les armes à la main. Les deux beaux-frères se livrèrent bataille, près de *Saligniacum* (1) ; et Renaut y

(1) L'abbé Lebeuf croit que ce mot désigne *Seignelay*; M. Henri, avec plusieurs savans, pense qu'il s'agit de Souvigny situé sur la frontière de la Bourgogne et du Nivernais. Cette circonstance rend leur opinion la plus probable ; puisque l'objet de la guerre était la limite des deux pays ; tandis que le Duc de Bourgogne ne prétendait rien sur Seignelay, placé sur la frontière de l'Auxerrois, du

fut tué. Quelques auteurs (1) assurent que ce fut de la main même du Duc Robert. C'est à la suite de cette victoire, qu'il s'empara du Comté, et que, pendant longues années, il traita en vaincus et les habitans et le Clergé. Sa domination devint tellement insupportable, en 1051, que l'évêque Héribert, préférant la vie monastique à l'épiscopat, chercha un successeur plus capable que lui de résister à Robert, et de protéger les diocésains contre ses exactions.

Geoffroy-de-Champalement, de la famille du Comte Renaut, était un des chapelains du roi Henri. Il réunissait à sa noble extraction de grandes richesses et de brillantes qualités. Ce fut lui qu'Héribert invita à lui succéder; il le demanda au Roi et l'obtint. Ce nouvel Évêque, sacré le 1er décembre 1051, et intronisé le 28, fit renaître dans la ville et le Diocèse l'espoir d'un meilleur temps.

Peu d'années après son avénement, il eut la satisfaction de voir le Comté retourner à son maître légitime, Guillaume, son parent, fils du Comte Renaut. Ce jeune Seigneur, qui à ses droits sur le Comté d'Auxerre, joignait la possession non contestée de celui de Nevers, y ajouta encore le Comté de Tonnerre, par son mariage avec Hermengarde, fille du dernier Comte. Fort de ses nombreux vassaux, enhardi, d'ailleurs, par son titre de neveu du Roi, il osa résister à son oncle

---

côté de la Champagne. Cette opinion est encore appuyée par la chronique de Vézelay, qui désigne le lieu du combat par *Siluiniacum*, ce qui convient beaucoup plus à *Souvigny* qu'à *Seignelay*; celle de Saint-Germain, p. 188, porte *Saligny en Nivernais*.

(1) Histoire de Bourgogne, par le P. Duchêne; le P. Anselme.

Robert, et reprendre la ville d'Auxerre. La guerre que cet événement ralluma entre eux, en 1057, fut soutenue, pour le Duc de Bourgogne, par Hugues son fils; qui n'eut d'autres avantages, que de brûler la petite ville de Saint-Bris à deux lieues d'Auxerre. Cent dix personnes qui s'étaient retirées dans l'Eglise y périrent. L'année suivante, Thibaut, Comte de Tours et de Chartres, que Robert avait mis dans son parti, parvint avec sa troupe à escalader le château de Saint-Germain; mais à peine leurs pieds touchèrent-ils ce sol vénéré, que cédant à une terreur panique, ils s'enfuirent; et cette guerre ne paraît pas avoir eu d'autre suite.

1057

Les vertus dont étaient également doués l'Evêque et le Comte procurèrent à Auxerre dix-huit années de paix et de prospérité; qui ne furent troublées que par deux incendies considérables. L'un en 1064, le 31 mars, consuma le château de Saint-Germain, le Monastère (1) et toutes les habitations du faubourg Saint-Loup. Le second, en 1075, porta la dévastation, d'abord sur le quartier de Saint-Père, puis sur ce même faubourg Saint-Loup, dont une grande partie des maisons venait d'être rebâtie. La Cathédrale même fut atteinte par les flammes, et perdit sa charpente et ses vitraux. Mais elle trouva dans l'Evêque un zélé restaurateur. En moins d'un an, tout fut réparé par ses soins et à ses frais. C'est à cette occasion qu'il destina trois prébendes pour des ecclésiastiques qui se seraient rendus habiles dans les arts de l'orfèvrerie, de la peinture et de la vitrerie. L'abbé Lebeuf a effectivement

1064

1075

---

(1) Il s'étendait jusqu'au moulin Juda, alors appelé *de Chanteraine*. Chron. de Saint-Germain, p. 189.

remarqué sur le nécrologe du onzième siècle, des *Chanoines peintres et vitriers.*

A peine le généreux Prélat avait-il ajouté cette restauration aux bienfaits que, pendant vingt années, il avait répandu sur son Diocèse, qu'il mourut à Varzy, le 16 septembre 1076. Le nécrologe de la Cathédrale le désigne « *dignus memoriâ, lacrymis et benedictio-* « *nibus.* » Les Auxerrois, pour le remplacer dignement, voulurent d'abord élire Hunaud, Archiprêtre de l'Eglise ; mais il ne justifia leur choix que par son refus ; il prit la fuite, et ne reparut qu'après l'élection terminée : elle tomba sur un des fils du Comte Guillaume, Robert de Nevers ; à qui son père fit don du Comté. En sorte que, pour la première fois, Auxerre vit la puissance temporelle et celle spirituelle réunies dans la même personne ; et ce qui est plus remarquable, Robert sut les exercer parfaitement toutes deux. Aussi adroit et brave que les Comtes ses prédécesseurs, quand les circonstances l'exigeaient ; il avait habituellement la douceur et la piété de ceux qui avaient occupé le siége épiscopal avant lui ; ce qui lui mérita cet éloge : « *Consul et Antistes, geminato dignus honore.* »

Son premier soin fut de réprimer les courses que faisaient les Sénonais sur la frontière du Diocèse. C'est dans cette vue que, de ce côté, il fit bâtir Régennes ; qui ne fut long-temps qu'un château fort, et fut depuis transformé en maison de plaisance par ses successeurs. Certains Seigneurs avaient rendu Pourrain presque désert, par les extorsions dont ils accablaient les habitans, sous le prétexte de les défendre des ravages auxquels ils étaient exposés. Il mit ces Seigneurs à la raison, et construisit un fort à Parly, tant pour protéger ce pays, que pour contenir les habitans de Toucy, qui s'étaient révoltés, et refusaient les redevances qu'ils devaient à l'Eglise d'Auxerre.

Le sort des armes ne le favorisa pas toujours. En 1078, ayant été requis, par le roi Philippe Ier, de réunir ses hommes d'armes à ceux du Duc de Bourgogne, pour réduire Hugues, Seigneur du Puiset en Beauce, il se trouva au siége du château, et fut fait prisonnier par les assiégés, lors d'une sortie subite. Rendu, quelque temps après, à la liberté, il ne s'occupa plus que de ses fonctions épiscopales, et mourut le 12 février 1084, à Nevers. Frodon, son historien, qui avait vécu dans son intimité, rapporte que, du moment où il avait été appelé à l'épiscopat, désirant y conformer sa vie, et craignant que les qualités de l'esprit et du corps dont il était abondamment doué, et la vivacité de son tempérament, ne le fissent sortir du sentier dans lequel il voulait toujours marcher, il se condamna à se priver de vin ; et qu'entraîné vers la tombe, avant l'âge, par une maladie de langueur, il persista dans sa résolution, malgré les avis des médecins et les prières de ses amis.

Le Comté d'Auxerre retourna à Guillaume, Comte de Nevers ; qui le conserva jusqu'à sa mort, arrivée le 20 juin 1100. A l'égard du siége épiscopal, il resta vacant pendant trois années, sans que la cause de ce retard soit connue. Ce ne fut qu'en 1087 que Humbaut, appelé depuis le *Vénérable*, fut élu. C'était *un noble Auxerrois*, disent les historiens du temps ; qui, élevé dans le Clergé de la Cathédrale, avait, par son mérite, été déjà investi de la dignité de Doyen. Il se rendit, de suite, avec des députés du Clergé, à Milan, où résidait le Pape Urbain II, qui le sacra, le 6 mai 1087; contre l'usage qui, jusqu'alors, attribuait aux Archevêques de Sens la consécration des Evêques d'Auxerre. Il se fit remarquer par une extrême simplicité et une sobriété sévère; dont il ne se départait jamais, en ce qui le concernait; tandis qu'il était grand et magnifique pour les autres; et que, tout en traitant splendidement les Seigneurs, il voulait toujours avoir avec eux quelques pauvres à sa table.

On peut juger du peu de police qui se faisait alors à Auxerre, par ce qui s'y passa en 1095. Les Evêques de la province de Reims s'étaient donné rendez-vous dans cette ville, pour aller ensemble au Concile de Clermont, que le Pape avait convoqué pour la première croisade. Lambert de Guines, Evêque d'Arras, fut arrêté en route par un chevalier nommé Garnier de Chatillon, et fut retenu dans les prisons d'Auxerre. Il n'obtint sa liberté, ni par les voies judiciaires, ni par l'autorité du Roi, mais par celle du Pape, qui écrivit au chevalier, en le menaçant de l'excommunier, s'il n'avait pas d'égard à sa demande.

La licence et la corruption des mœurs étaient à cette époque si générales qu'elles pénétraient jusque dans les cloîtres. L'évêque Humbaut, en 1096, eut la douleur de reconnaître que de grands désordres s'étaient introduits dans celui de Saint-Germain; où il ne restait plus de traces de la réforme que Saint Mayeul y avait établie dans le siècle précédent. Les Religieux avaient continué à élire leurs Abbés; mais le plus grand nombre était, probablement, vicieux, surtout lors de l'élection de l'Abbé Guibert, en 1088. Ses déréglemens, en effet, devinrent si intolérables, que la partie saine de la communauté eut recours à l'Evêque ; qui, instruit enfin de tout ce qui faisait gémir ceux que la contagion n'avait pas infectés, cita, sur-le-champ, l'Abbé devant le Concile assemblé à Nîmes. Le pape Urbain II, qui le présidait, et qui, élevé dans les environs d'Auxerre, connaissait l'Abbaye de Saint-Germain, auparavant si célèbre par la piété, comme par la science de ses Cénobites, fut vivement affligé de l'état dans lequel elle était tombée. L'Abbé Guibert fut déposé; et le Pape, en remettant sa crosse à l'Evêque, lui reprocha de n'avoir pas plus tôt découvert ce déplorable état de choses; lui recommandant, pour rétablir la réforme dans ce Monastère, de demander à l'une des Abbayes de la Chaise-Dieu, de Cluny ou de Marmoutiers, un Religieux capable d'y faire revivre les vertus monastiques.

Humbaut s'adressa, d'abord, à l'Abbé de Cluny ; qui, sans délai, envoya à Auxerre, Jude, Grand-prieur de l'ordre, avec quinze Religieux. Le lendemain de leur arrivée, ceux de Saint-Germain se réunirent au Chapitre, en présence de l'Evêque, du Clergé de la ville et des principaux habitans, pour entendre le Grand-prieur de Cluny expliquer ses intentions. Sur sa réponse qu'il venait, avec ceux qui l'assistaient, prendre possession de l'Abbaye, et en faire une dépendance de celle de Cluny, une improbation générale rejeta leur prétention, comme diamétralement contraire aux vues du souverain Pontife, et ils furent congédiés.

L'Abbé de Cluny, qui mettait beaucoup d'intérêt à réunir cette riche Abbaye à la sienne, fit pour réussir beaucoup de démarches, particulièrement auprès d'Etienne, Comte de Champagne, l'un des principaux gardiens de Saint-Germain. En vain l'Evêque recourut aux Abbés de la Chaise-Dieu et de Marmoutiers; l'Abbé de Cluny l'avait devancé de ce côté, et rendit ses prières inutiles. Ce ne fut qu'après trois années de tribulations, qu'enfin le Comte de Champagne put venir à Auxerre apprécier, par lui-même, et le mal et le remède convenable. Il partagea bientôt le chagrin et les désirs de l'Evêque. Tous deux écrivirent à Hugues, Abbé de Cluny, le conjurant de ne pas sacrifier l'intérêt de la religion à celui de son couvent, et de faire, comme un de ses prédécesseurs, Saint Mayeul, renaître, par le ministère d'un de ses meilleurs Religieux, l'exacte observance de la règle de Saint Benoît dans la communauté de Saint-Germain, sans en faire une dépendance de Cluny. Hugues se rendit à leurs sollicitations. Son neveu, Hugues de Montaigu, qu'il avait instruit dès sa plus tendre enfance, vint avec plusieurs Religieux. Il fut élu Abbé par la communauté, puis, suivant l'usage, béni par l'Evêque et confirmé par le Roi. Il parvint par son zèle et ses exemples à faire refleurir l'ordre et la piété dans l'Abbaye, avec tant de succès que, dix-huit ans plus tard, on le verra élevé par le Clergé et le peuple sur le trône épiscopal.

La fin de ce siècle est remarquable par un des plus grands événemens qui aient jamais agité l'espèce humaine; je veux parler de cette guerre qui s'éleva entre deux parties du monde, l'Europe et l'Asie, combattant l'une pour la religion de Jésus-Christ, et l'autre pour le fanatisme de Mahomet ; de cette guerre qui fit un instant suspendre toutes les autres, et qui des nombreuses armées se combattant en Europe, n'en fit qu'une seule pour arracher aux infidèles la ville sainte de Jérusalem. Depuis long-temps les Musulmans l'avaient conquise et profanée. Les innombrables pèlerins qui s'y rendaient pour la visiter, en étaient ignominieusement repoussés ; ou n'y étaient admis qu'au poids de l'or, et souvent sous des conditions odieuses. Les chrétiens qui y étaient restés, ainsi que leurs prêtres, étaient courbés sous la plus cruelle persécution.

A la voix d'un pauvre Ermite, témoin de ces excès, la Chrétienté tout entière se leva, au mois de novembre 1095. Une foule immense de Princes, de Prélats, de Seigneurs et d'individus de tous les états, accourut à Clermont, où se tenait le Concile. Sur la proposition du souverain Pontife, d'aller délivrer le sépulcre de Jésus-Christ, *Dieu le veut* fut la réponse unanime ; et au printemps suivant, cette multitude, centuplée, se précipita vers l'Orient. La plus grande partie n'y trouva que la misère, l'esclavage ou la mort. Mais, après trois ans de combats héroïques, le 15 juillet 1099, Jérusalem fut délivrée. 1099

Les nombreuses chroniques du temps n'ont fait mention que des personnages illustres qui figurèrent dans cette expédition ; et comme ni l'Evêque, ni le Comte, tous deux très-avancés en âge, ne purent en faire partie, nous n'avons aucun renseignement positif sur la part qu'y prit l'Auxerrois. Mais l'entraînement fut si général, surtout en France, les priviléges des Croisés furent si importans, qu'on ne peut pas douter qu'un grand nombre de Seigneurs, de chevaliers et d'habitans de la ville et du Comté, ne se soient enrôlés dans cette armée.

CHAPITRE VIII.

DOUZIÈME SIÈCLE.

Guillaume Ier, mort en 1100, eut pour successeur dans ses trois comtés Guillaume II, son petit-fils; issu de Renaut II, son fils, mort quelques années auparavant Comte de Tonnerre. Le premier acte du nouveau Comte dans Auxerre, fit espérer au Clergé plus de bienveillance qu'il n'en montra par la suite. Informé d'un abus qui s'était introduit dans sa famille, et qui consistait à s'emparer, à la mort des Evêques, de tout ce qu'ils laissaient en effets mobiliers; il y renonça pour lui et ses successeurs, par une charte expresse; et pour donner à cette renonciation plus de stabilité, il la confirma solennellement dans l'Eglise cathédrale, le dimanche 31 août 1102.

Sa piété et sa valeur ne le laissèrent pas insensible aux récits brillans qu'à chaque instant la renommée publiait sur la conquête de Jérusalem, la prise d'Ascalon, et les exploits des Croisés dans la Palestine. D'ailleurs, la plupart de ces héros, après trois ou quatre ans d'absence, croyaient avoir payé suffisamment leur tribut à la cause de la religion; et revenaient jouir de leur gloire au sein de leur famille : en sorte que Godefroy, Roi de Jérusalem, n'avait, pour conserver ce nouveau Royaume contre les infidèles qui l'entouraient de toutes parts, que 300 chevaliers. Les Prélats concevant des inquiétudes sur le précieux dépôt resté dans ses mains, faisaient souvent retentir la chaire des louanges méritées par les conquérans, pour avoir occasion de blâmer l'indolence des Seigneurs qui étaient restés dans leurs terres. On ne tarda donc pas à voir, surtout en France et en Italie, des Princes et des Seigneurs demander la croix, et se disposer à partager les périls de Godefroy. Le comte d'Auxerre fut de ce nombre.

Il leva 15,000 hommes dans ses trois Comtés ; fit don d'une Eglise aux Religieux de Saint-Michel de Tonnerre, en les chargeant de prier Dieu, pendant son absence, pour le succès de ses armes. Il se rendit ensuite à Nevers, et réunit son armée à celle d'Harpin, Comte de Bourges. Ils arrivèrent dans les premiers jours de juin 1103 à Constantinople, où leur troupe fut nourrie par l'empereur Alexis. Désirant rejoindre une armée de Lombards, d'Allemands et de Français qui les précédait, ils sortirent de Constantinople sur la fin du même mois. Après avoir traversé de vastes forêts et des pays arides, ils parvinrent à Ancyre, qu'ils trouvèrent dans l'état de ruine où l'armée qui les devançait l'avait mise. Changeant alors de route, ils se dirigèrent sur Stancon, et y apprirent le sort funeste de cette armée. Elle était composée de 250,000 hommes, mais en y comprenant une foule de Clercs, de Moines, de femmes et d'enfans, qui ne faisaient qu'embarrasser les combattans. Elle avait, d'abord, éprouvé des pertes considérables en traversant des pays déserts, dans lesquels la faim et la soif avaient fait beaucoup de victimes; enfin, ayant rencontré les nombreux corps de Musulmans chargés de les harceler, et la division s'étant mise entre ses chefs, elle avait été complétement détruite. Le même sort était réservé à celle de Guillaume et d'Harpin. La défaite fut si générale, que Guillaume, parvenu a s'échapper, arriva seul à Germinacopolis, dépendance de l'Empire d'Alexis. Il y prit des soldats grecs pour le conduire à Antioche; son escorte le dépouilla, et l'abandonna dans un désert. Il put cependant se traîner jusqu'à Antioche, où il arriva excédé de fatigue, de misère, et ses habits en lambeaux. Il ne fut pas tenté de courir de nouveaux hasards; et dès le mois d'avril de l'année suivante, il était de retour dans ses Comtés.

A Auxerre, il trouva l'Evêque Humbaut occupé à recouvrer sur ses Barons une partie des biens de son Eglise, qu'ils étaient chargés de protéger, et dont, au mépris de leurs devoirs de vassalité, ils s'étaient emparés pendant la longue vacance du siége. En vain le Comte réunit ses efforts à ceux de l'Evêque; les ravisseurs ne cédèrent qu'aux censures ecclésiastiques, auxquelles ce dernier fut contraint d'avoir recours. La protection des Seigneurs, et même celle du Roi, étaient alors si peu rassurantes, et souvent si onéreuses, qu'Humbaut sollicita celle du souverain Pontife. Pascal II eut égard à sa demande; et dans un bref qu'il lui adressa, il déclara que la *Sainte Eglise d'Auxerre* serait, désormais, sous la protection spéciale du saint siége apostolique.

Humbaut ne mit pas moins de zèle dans la discipline de son Clergé. On remarquait, alors, une grande différence dans les mœurs des Prêtres séculiers, et de ceux qui, parce qu'ils avaient adopté les règles de conduite tracées par Saint Augustin pour les Chanoines de son Eglise, étaient appelés *Chanoines réguliers*. Peu satisfait des deux communautés de Chanoines établies dans les Monastères de Saint-Pierre et de Saint-Eusèbe, gouvernés par un Chanoine de la Cathédrale, il mit à leur place des Chanoines réguliers ayant à leur tête un Prieur du même ordre.

Ce Prélat jouissait d'une si grande considération parmi les Evêques du Royaume, qu'il fut du nombre de ceux réunis à Paris pour assister à la cérémonie dans laquelle le roi Philippe Ier, excommunié par le Pape pour avoir répudié Berthe et épousé Bertrade, reçut de l'Evêque d'Arras, député du souverain Pontife, une absolution qu'il ne mérita pas long-temps.

En 1113, Humbaut et le Comte se concertèrent pour fonder le Monastère de Pontigny. Un Chanoine d'Auxerre avait consacré à cet établissement les biens qu'il possédait dans ce lieu; et l'Evêque, à sa prière, avait demandé des Religieux à Etienne, Abbé de Citeaux. Cet Abbé, voyant l'exiguité du terrain concédé, s'adressa au Comte et à l'Evêque. Ceux-ci, par eux-mêmes, et par plusieurs Seigneurs que leur exemple entraîna, agrandirent de beaucoup le territoire; qui bientôt s'enrichit par les travaux auxquels la règle des Religieux les assujettissait.

Peu de temps après, le Comte eut à soutenir une guerre contre Hugues-le-Manceau, qui s'était emparé de plusieurs terres du Comté, et était secondé dans ses entreprises par Thibaut, Comte de Chartres et de Blois. Guillaume eut pour auxiliaire le Roi lui-même, et l'Evêque d'Autun; il n'en fut pas plus heureux. Tous trois faisaient le siége de Cosne, où Hugues s'était renfermé, lorsque Thibaut et Geoffroi, Comte d'Anjou, vinrent à son secours avec des forces supérieures. Il fallut lever le siége; dans la retraite, Guillaume fut fait prisonnier, et conduit au Château de Blois; où il fut retenu pendant plusieurs années, malgré l'excommunication prononcée contre ceux qui le retenaient, par Conon, alors Légat en France.

Guillaume y apprit la mort funeste de son ami l'Evêque d'Auxerre. Ce pieux Pontife, quoique fort âgé, sans s'effrayer des maux que le Comte avait éprouvés dans la Palestine, ne voulut pas achever sa carrière, sans avoir visité la terre sainte; et s'y rendit en pèlerinage. Son voyage avait été heureux : il y avait fait l'acquisition de plusieurs objets précieux, pour son Eglise; mais, au retour, la mer engloutit le vaisseau qui le ramenait, le 20 octobre 1114.

Très-peu de jours après la nouvelle de ce fâcheux

événement, le Clergé d'Auxerre s'assembla pour le choix d'un successeur Il y eut division : plusieurs voix tombèrent sur Ulger, neveu de l'Evêque Humbaut, et Prévôt du Chapitre de la Cathédrale; un plus grand nombre nomma Hugues de Montaigu, Abbé de Saint-Germain. Le roi, Louis-le-Gros, prit le parti d'Ulger contre Hugues; ce qui força les deux compétiteurs à se rendre à Rome, et soumettre le différend au Pape Pascal II. Le souverain Pontife prononça en faveur de Hugues, et lui donna la consécration épiscopale. Le comte Guillaume, qui connaissait les vertus de l'Abbé de Saint-Germain, fut ravi de sa promotion; et, de sa prison, lui écrivit pour lui témoigner sa satisfaction.

La vie de cet Evêque ne fut effectivement remplie que de traits de piété, de dévouement à ses devoirs et d'humilité. Un de ces traits mérite d'être rapporté. Alors le célèbre Saint Bernard remplissait, sans le vouloir, l'univers de son nom. Son discernement exquis à découvrir dans les affaires les plus compliquées le point d'équité, et son courage à le déclarer, sans acception de personne, faisaient que, de toutes parts, les Souverains et les Seigneurs en appelaient à ses hautes lumières pour terminer leurs dissensions. Pendant un séjour que l'Evêque fit à Clairvaux, auprès de cet illustre personnage, celui-ci, à la tête des Religieux, se livrait avec eux aux pénibles travaux de la moisson. Un jour que l'Evêque était au nombre des ouvriers, un orage menaçant s'éleva. Bernard invita l'Evêque à prier Dieu de détourner ce fléau; Hugues s'en excusa, en protestant que la prière du saint Abbé serait plus agréable à Dieu. Ils terminèrent ce combat d'humilité en se jetant tous deux à genoux; et l'orage se dissipa.

Le comte Guillaume II, de retour de sa captivité, n'eut pas, pour les biens du Clergé, les égards que sa conduite antérieure avait fait espérer. Ceux même de l'Evêque, dont l'élection lui avait paru si agréable, ne furent pas toujours à l'abri de ses entreprises; mais ce fut sur l'Abbaye de Vézelay, que son ambition se porta avec le plus de violence.

Cette Abbaye avait la souveraine Seigneurie d'un pays vaste, riche et très-peuplé. Fondée au neuvième siècle par Gérard, Comte de Roussillon, celui-ci avait obtenu de Charles-le-Chauve qu'elle serait, à toujours, ainsi que ses hommes libres et ses serfs, exempte de toute juridiction temporelle et ecclésiastique; ne relevant que de l'Eglise de Rome. Ce privilége exorbitant devint, par la suite, pour cette Abbaye, une source continuelle de persécutions de la part des Comtes d'Auxerre. Placée entre leurs Comtés de Nevers et d'Auxerre, elle était trop à leur convenance, pour que, dans un temps où la force remplaçait le droit, ils n'épiassent pas toutes les occasions qui se présenteraient de la réunir à leurs immenses domaines.

1119   Vers 1119, les émissaires de Guillaume parvinrent à persuader à une partie des nombreux censitaires de cette Abbaye, qu'ils seraient beaucoup plus heureux si, secouant le joug monacal que jusque-là ils avaient porté, ils le reconnaissaient pour leur Seigneur. Mais, ou ses promesses ne parurent pas sincères aux autres habitans, ou la religion et l'honneur les retinrent dans le devoir; ils se refusèrent à la déloyauté dans laquelle on voulait les entraîner. Il en résulta pour le pays une guerre intestine ; les deux partis vidèrent la querelle dans un combat, qui coûta la vie à 1,127 personnes. Au milieu du désordre, l'Abbé, nommé Artaud, fut assassiné : la victoire resta néanmoins au parti fidèle à l'Abbaye ; et le Comte fut obligé de renoncer à ses funestes espérances. (1)

Dans le même temps, l'Evêque Hugues reçut à Auxerre le pape Calixte II ; qui, revenant de Normandie, se rendit en Bourgogne, à la prière d'Etienne, abbé de Cîteaux. Calixte séjourna pendant plus d'un mois à Auxerre ; où il consacra le grand autel de la Cathédrale : et l'Evêque l'accompagna dans son voyage jusqu'à Cluny. Il reçut également, en 1131, le Pape Innocent II.

Un Clerc de la Cathédrale, nommé Ithier, s'occupait alors de rétablir le Monastère élevé jadis par Saint Germain, sous l'invocation de Saint Cosme ; mis, depuis, sous celle de Saint Marien, l'un de ses Religieux, et abandonné lors de l'invasion des Normands, sur la fin du IXe siècle. Ithier se portait avec tant de zèle à ce rétablissement, qu'il avait vendu ses biens pour en faire la dépense. Déjà l'Eglise était achevée, lorsque le Pape arriva. Informé de la célébrité qu'avait eue ce Monastère, par la sainteté de Saint Marien et de plusieurs autres Religieux, il voulut bénir lui-même la nouvelle Eglise, y officia pontificalement ; et voyant la foule innombrable que

---

(1) V. Labbe, *Chron. Vézel. novæ bibliothecæ manuscrip.*

cette cérémonie avait attirée, il prêcha sur le texte : *Vere locus iste sanctus est.*

L'évêque Hugues, qui l'assista dans cette cérémonie, fut enlevé à ses diocésains, par la mort, le 10 août 1136. Il fut regretté à Auxerre, particulièrement pour sa charité, qui ne connaissait d'autres bornes que l'épuisement de tout ce qu'il possédait. Il s'y était livré surtout en 1118 ; les vignes de l'Auxerrois avaient été si généralement frappées de la gelée, le 8 mai, que dans tout le vignoble on fit à peine, dit la chronique de Saint Marien, la valeur d'un *sextier de vin*. L'Evêque adoucit, autant qu'il le put, les effets de ce désastre, par ses aumônes et les abondantes distributions de ses vins vieux.

1137

La vacance du siége épiscopal dura peu, et Hugues de Mâcon fut appelé à l'occuper. Il ne fut cependant sacré que le 24 janvier 1137. Ses premiers soins furent de profiter du désir qu'avait le comte Guillaume, depuis plusieurs années, de réparer les injustices que, dans les premiers temps de sa puissance, les conseils de son ambition et de ses nombreux courtisans lui avaient fait commettre. En effet le Comte, dès 1128, avait restitué à l'Evêque d'Autun la terre de Marigny ; il avait contribué à la fondation et à la dotation du Monastère de Régny, près de Vermenton, en 1130 ; ainsi que de celui de Crisenon, en 1134 ; il venait d'aider Ithier à achever le rétablissement du Couvent de Saint-Marien, et avoit obtenu du Supérieur de Prémontré une colonie de ses Religieux. Cependant il conservait encore quelques biens de l'Evêché d'Auxerre. Sur les réclamations du nouvel Evêque, il consentit à ce que tous leurs différens fussent soumis à l'arbitrage de Saint Bernard. En 1145, ils obtinrent de ce célèbre arbitre un règlement, en forme de transaction, destiné à faire cesser les difficultés existantes ; comme aussi à éviter, autant que possible, toutes celles qui pourraient naître par la suite. Tous deux le ratifièrent solennellement, en présence de plusieurs Seigneurs. Le Comte y reconnaît qu'il ne peut faire aucun changement dans Auxerre, sans l'assentiment de l'Evêque ; que c'est du Prélat qu'il tient en fief tout ce qu'il possède dans la ville et son circuit, à l'exception de ce qui est renfermé dans le Cloître de Saint-Etienne, qu'il tient du Roi, et du *fief du Duc*, situé au-delà du pont.

1145

Il paraît que, malgré les égaremens de sa jeunesse, ce Comte, dans les vicissitudes dont sa vie fut agitée, et notamment lors de sa déplorable expédition en Asie, de sa guerre contre le Comte de Blois, et de la longue captivité qui en fut la suite, avait fait preuve de talens et de vertus qui le rendaient digne d'un meilleur sort. L'histoire rapporte à ce sujet un trait remarquable.

Les conquêtes des Francs dans la Palestine leur étaient vaillamment disputées par les Musulmans. Déjà Edesse venait de tomber, pour la seconde fois, en leur puissance ; des cruautés inouies avaient été exercées sur les chrétiens ; Noureddin menaçait Jérusalem, dont les envoyés réclamaient de prompts secours ; une seconde croisade était sollicitée par le pape Eugène III, et Saint Bernard par son éloquence y appelait tous les fidèles. Ce fut près d'Auxerre, à Vézelay, qu'ils

1146 furent invités à se réunir, au printemps de 1146. L'assemblée y fut si nombreuse, qu'elle ne put se former que dans la campagne. Le Comte d'Auxerre s'y trouva avec ses deux fils, Guillaume et Rainaut; ce dernier déjà investi par lui du Comté de Tonnerre. La chaleureuse éloquence de l'Abbé de Clairvaux éleva l'enthousiasme de l'assemblée au même degré que celui qui avait éclaté au Concile de Clermont. Louis VII demanda la croix. Son exemple fut suivi par la plupart des Princes, des Prélats et des Seigneurs, ainsi que par les deux fils du comte Guillaume. Quant à lui, son grand âge, et les infirmités par lui contractées à la guerre et dans sa captivité, lui refusaient toute participation à cette glorieuse entreprise; mais un autre genre de gloire lui fut offert dans une seconde assemblée, qui eut lieu à Etampes, lors du départ des Croisés, au printemps suivant.

1147 Il fallait, pendant l'absence du Roi, remettre l'administration du Royaume dans des mains sûres et habiles. Après la délibération des Barons et des Evêques sur ce choix, Saint Bernard dit au Roi, en lui montrant l'abbé Suger et le comte d'Auxerre : *Sire, voilà deux glaives, et cela nous suffit.* Tous deux justifièrent la grande estime qu'ils avaient inspirée, par le refus absolu du Ministère; poste si envié par le commun des hommes! Suger, depuis, fut obligé de céder aux ordres du Pape; mais Guillaume s'étant excusé sur le vœu qu'il avait fait de quitter le monde, et d'entrer dans l'ordre de Saint Bruno, on ne put pas insister. (1)

(1) Histoire des Croisades, par M. Michaud, t. 11, p. 165 et 152.

Il se rendit, en effet, au sortir de l'assemblée, à la grande Chartreuse; où, le 21 août suivant, il expira, portant l'habit de novice. Les Comtés de Nevers et d'Auxerre se trouvèrent par cet événement dévolus à son fils aîné Guillaume III.

Au mois d'octobre de la même année, le Pape vint à Auxerre, et l'Evêque l'y conserva plusieurs mois. Gilbert de la Porrée, Evêque de Poitiers, y fut mandé pour rendre compte de sa doctrine, accusée d'erreur par son Clergé. C'est aussi à Auxerre, que le Pape confirma l'élection de Henri Murdac à l'Archevêché d'York (1). L'Evêque Hugues suivit le souverain Pontife aux Conciles de Paris et de Reims. Il était compté pour sa science, sa prudence et sa piété, au nombre des premiers Prélats de son temps. Aussi le voit-on presque toujours avec Saint Bernard ou l'Abbé Suger, dans toutes les affaires graves et difficiles. C'est avec eux qu'il parvint à réconcilier le Roi Louis VII, et Thibaut Comte de Champagne. Au Concile de Reims, il fut un des trois commissaires chargés de présenter au Pape la confession de foi des Evêques de France, sur les questions agitées par l'Evêque de Poitiers; il est même nommé le premier par les historiens. La mort le ravit à ses diocésains le 12 octobre 1151, 1151 pendant un séjour qu'il fit à Pontigny.

Le choix de son successeur devint un sujet de troubles à Auxerre, pendant plus d'une année. Etienne, neveu de l'Evêque, abusant de la faiblesse de son oncle

---

(1) Fleury, hist. eccles. t. 14, p. 667.

pendant les dernières années de sa vie, s'était fait pourvoir de nombreux bénéfices, et particulièrement de la prévôté du Chapitre. Craignant d'y être troublé par un nouvel Evêque, il voulait s'y faire confirmer par le Pape avant l'élection. Un parti le soutint dans cette opposition; mais un plus nombreux nomma un Evêque. Alors Etienne et ses partisans en nommèrent un autre. Le comte Guillaume III, qui était de retour de la Palestine depuis deux ans, et méditait plusieurs entreprises sur les biens et sur les droits des Eglises, espérant trouver moins de résistance dans le sujet choisi par le parti d'Etienne, que dans celui nommé par l'autre, voulut que ce choix l'emportât. Informé que le Doyen de Saint-Père et le Prieur de Saint-Eusèbe se disposaient à se rendre auprès du Pape, pour faire confirmer la première nomination, il les fit citer devant lui, et leur défendit de se mêler de cette affaire.

Saint Bernard fut instruit de ces dissensions; et connaissant le Comte, il ne douta pas qu'une odieuse cupidité ne fût l'unique cause de l'intérêt qu'il prenait au choix de l'Evêque. Après avoir envoyé à Auxerre un Religieux, pour s'assurer de la vérité des faits, il écrivit au Pape et la lui fit connaître. Il lui signala le Comte disposé à envahir le bien des Eglises, comme un lion qui se prépare à se jeter sur sa proie. Qu'on nomme, ajoutait-il, pour Evêque un Juif ou un Musulman, peu importe au Comte, pourvu qu'il trouve en lui un homme qui n'ose pas lui résister.

Le Pape crut devoir ne confirmer ni l'une ni l'autre des deux élections, et ordonna qu'il serait procédé à une troisième, en présence de trois commissaires nommés par lui. Saint Bernard seconda de tous ses moyens la partie saine du Clergé, et le choix tomba sur Alain, Religieux très-recommandable de l'ordre de Citeaux, Abbé de la Rivour, Diocèse de Troyes; qui fut sacré le 30 novembre 1152.

1152

Les prévisions de l'Abbé de Clairvaux sur les projets du Comte ne tardèrent pas à se réaliser; mais ce ne fut pas, d'abord, sur les biens de l'Evêché que sa convoitise s'exerça; ce fut sur ceux de l'Abbaye de Vézelay. Les richesses de cette contrée, qui n'avait pour Seigneur que des moines, firent renaître en lui les prétentions que son père avait abandonnées depuis plus de trente ans.

Dès 1150, les Censitaires de l'Abbaye avaient conçu l'idée de s'ériger en Commune; telle fut la circonstance dans laquelle Guillaume crut trouver l'occasion d'atteindre son but, en tout ou en partie. Dans l'espoir que, quand ces habitans se seraient affranchis de leur obéissance envers l'Abbaye, il les ferait aisément courber sous la sienne, il les encouragea dans leur projet, et leur promit de les aider, même de ses armes. Toutefois, il trouva un habile et courageux adversaire dans Ponce de Montboissier, alors Abbé de Vézelay. Une première tentative des habitans et du Comte, en 1152, fut arrêtée par la plainte que l'Abbé porta au Pape Anastase IV, et au Roi Louis VII. Mais elle avait laissé dans les esprits cette haine, qui ne peut céder qu'après une violente catastrophe.

En 1155, quelques entreprises des habitans sur les bois de l'Abbaye, ayant été sévèrement punies par

1155

les Religieux, le feu de la discorde se ralluma. Les habitans formèrent leur Commune ; se firent mutuellement le serment qui en était le signe et le lien; ils se donnèrent aussi pour chefs des Consuls, à l'imitation de quelques villes du Midi. Le Comte Guillaume s'affilia à cette Commune, jurant aux Bourgeois *de leur être fidèle ; de n'avoir ni amis, ni ennemis, que les leurs, et de ne faire ni paix ni trève, sans les y comprendre.* En retour, ils lui firent *serment de foi et service de leurs corps et de leurs biens, à la vie et à la mort.* Aussitôt chacun des Bourgeois, suivant ses facultés, éleva autour de sa maison des tours et des murailles crénelées, qui alors étaient le signe de la liberté de l'habitant. L'Abbé Ponce se hâta d'instruire de cette rébellion le Pape, le Roi et plusieurs Evêques. Aussitôt le Cardinal Légat lança la foudre de l'excommunication sur les habitans ; et malgré leur vigilance, un Prêtre trouva le moyen de la publier sur la place publique; de faire enlever les portes de l'Eglise Sainte Marie-Madeleine; et d'y substituer des ronces et des épines, suivant l'usage. Ainsi placés entre l'amour de la liberté et la crainte de la damnation, les habitans furent alternativement en proie à la consternation et à la fureur. Ils se livrèrent à toutes sortes d'excès envers les Religieux, pour en obtenir une absolution qu'il n'était pas au pouvoir de ces Religieux de leur donner. Ils finirent par démolir tous les murs de clôture du Monastère, afin de le piller, et de maltraiter les moines à leur gré.

Guillaume, également effrayé de l'excommunication dont il était la cause, n'en excitait pas moins les

Bourgeois à persévérer dans leur insurrection. Rien ne peint mieux la férocité de son caractère, si justement apprécié par l'Abbé de Clairvaux, que sa réponse à des envoyés de Vézelay, qui, le priant de les secourir, lui demandaient comment ils feraient moudre leurs grains et cuire leur pain ; le moulin et le four de la bannalité leur étant interdits : « Allez-y, » leur dit-il, et si le fournier résiste, brûlez-le dans » son four ; si le meunier refuse, broyez-le sous sa » meule. *Si quis obstiterit, vivum incendite ; si mo-* » *linarius obstat, vivum molâ similiter commi-* » *nuite.* (1) «

L'Abbé Ponce, qui s'était retiré à Cluny, alla à Corbeil, se jeter aux pieds du Roi ; qui, dans le même temps, reçut du Pape Adrien IV une lettre apostolique, lui faisant un devoir religieux d'arrêter et de réprimer ces désordres, dont il regardait le Comte d'Auxerre comme l'auteur principal. Louis VII, après lui avoir envoyé l'Evêque de Nevers, qui ne put vaincre son obstination, se mit en marche sur Auxerre. Enfin Guillaume intimidé pria l'Evêque d'Auxerre, Alain, d'aller offrir au Roi sa soumission ; il le suivit bientôt après avec les envoyés de Vézelay. Le Roi les reçut à Moret, et sur la promesse des envoyés de se remettre sous l'obéissance de l'Abbaye, ainsi que de l'indemniser de ses pertes, l'armée fut congédiée. Mais, quelque temps après, le Roi, informé que le règlement de l'indemnité éprouvait des retards et des difficultés,

---

(1) V. *Script. rer, franc. Tom.* 12, p. 325.

vint lui-même à Auxerre, et fit comparaître devant lui l'Abbé Ponce, le Comte Guillaume, et les principaux habitans de Vézelay. Après les avoir entendus, il fixa l'indemnité de l'Abbaye à 40,000 sols d'or (1). Elle fut payée par la suite, et l'ordre se rétablit pour quelque temps. (2)

Guillaume fut peu reconnaissant du zèle qu'avait mis Alain à le servir auprès du Roi, dans cette grave conjoncture; ce ne fut qu'en 1157, qu'intervint entre eux une transaction par laquelle il se soumit au règlement arrêté, en 1145, par Saint Bernard, et auquel il avait lui-même donné son assentiment avec son père Guillaume II.

Alain eut encore a combattre un autre genre d'usurpation sur les attributs de son siége. L'Abbé de

---

(1) 540,000 francs de la monnaie actuelle.

(2) L'abbé Lebeuf, qui paraît n'avoir consulté que le continuateur d'Aymoin, a commis un anachronisme au sujet de ces tentatives du Comte sur Vézelay, en les attribuant à Guillaume IV, et en supposant u'elles n'ont eu lieu que de 1161 à 1168. M. Thierry, dans ses lettres sur l'histoire de France, a rapporté cet événement dans tous ses détails, d'après une histoire du monastère de Vézelay, (*apud Script. res. franc. tom.* 12.) la chronique de Hugues de Poitiers, et les Mémoires relatifs à l'histoire de France, tom. 7.) Il résulte de ses recherches que ces faits ont eu lieu de 1150 à 1155; que conséquemment ils appartiennent au Comte Guillaume III, auquel Guillaume IV, son fils, n'a succédé qu'en 1161. Ce qui lève tous les doutes, c'est que la lettre apostolique, qui a déterminé Louis VII à réduire le Comte d'Auxerre, est du Pape Adrien IV, et que ce Pontife n'a occupé le Saint-Siége que de 1154 à 1159. l'Abbé Lebeuf n'a pas été trompé seulement sur l'époque, mais encore sur les circonstances importantes de cet événement.

Cluny prétendait que l'Abbaye de Saint-Germain, dont les Religieux avaient été tirés de son Monastère, ne devait reconnaître d'autre gouvernement que le sien, et que l'Evêque ne pouvait y exercer aucune espèce de surveillance. L'Abbé et les Religieux de Saint-Germain, au contraire, repoussaient cette protection éloignée, et préféraient celle, beaucoup plus efficace, de l'Evêque d'Auxerre. Des plaintes respectives ayant été portées au Pape Anastase IV, ce Pontife, au mois d'avril 1154, donna sa bulle portant qu'à l'Evêque seul appartient la suprématie de l'Abbaye; et que c'est par lui que l'élection des Abbés peut être confirmée ou annulée.

Nonobstant le traité de 1157, le Comte ne cessa, pendant toute sa vie, de tourmenter l'Evêque. Il paraît même que son caractère le portait naturellement à ne consulter jamais que son intérêt, et non l'équité, dans ses prétentions. Il eut avec Godefroy de Donzy, au sujet de la Seigneurie de Gien, un démêlé, sur lequel le Roi prononça en faveur de Godefroy. Trois autres Seigneurs, Narjot de Toucy, Gibaud de Saint-Verain, et Guillaume de Dampierre, furent contraints de s'armer contre lui pour réprimer sa cupidité, et obtinrent le succès que méritait la légitimité de leurs droits.

Cependant, en 1159, le Comte voyant approcher le terme de sa carrière, s'occupa de réparer par des dons aux Eglises, les torts nombreux qu'il avait commis, particulièrement envers l'Abbaye de Saint-Germain; dont par force il avait occupé, les forteresses à Ecan, Diges et Moutiers, lors de ses guerres. Il

1159

voulut même être enterré dans le couvent de Saint-Germain ; ce qui eut lieu le 21 novembre 1161.

Son fils, Guillaume IV, parut, d'abord, beaucoup plus juste. Craignant même que les réparations faites par son père ne fussent pas suffisantes, il ajouta plusieurs largesses à celles qu'il avait faites au Chapitre d'Auxerre et à l'Abbaye de Saint-Germain. Mais il ne tarda pas à se laisser pénétrer de sentimens contraires. Non-seulement il ne s'occupa point de reconnaître, par son hommage, la supériorité de l'Evêque d'Auxerre sur lui; mais il renouvela, avec autant de fureur que son père, la prétention de suzeraineté sur la riche Abbaye de Vézelay. L'Abbé Ponce était mort dans la même année que son persécuteur Guillaume III; et sur-le-champ, les Religieux avaient élu, pour lui succéder, Guillaume de Mello. Le nouveau Comte prétendit qu'à cause du droit de garde qu'il s'attribuait sur l'Abbaye, il devait être appelé à cette élection; et que, n'y ayant pas participé, elle était nulle. Il fit, en conséquence, défendre aux Religieux de recevoir l'Abbé par eux élu; et envoya des hommes d'armes pour l'empêcher de s'introduire dans le couvent. Mais cette garde fut forcée; les moines n'eurent aucun égard à sa défense, Guillaume de Mello prit possession, et le Comte fut obligé de remettre à un autre temps ses tentatives.

Une guerre sérieuse qu'il eut à soutenir contre le Comte de Joigny et celui de Sancerre confédérés, l'occupa pendant deux années, et se termina par une victoire décisive qu'il remporta sur eux près de la Marche, entre la Charité et Nevers, le 17 avril 1163.

Dans le même moment, il fut informé qu'au Concile de Tours, alors assemblé, l'Abbé de Vézelay avait obtenu la reconnaissance du droit de son Abbaye de ne dépendre, sous les rapports du temporel comme du spirituel, d'aucune autre puissance que de celle du Pape; son irritation fut extrême, et sur-le-champ il conduisit son armée victorieuse à Vézelay. Lui-même, s'armant d'une hache, enfonça la porte principale du Monastère, et livra le couvent au pillage de ses soldats. Plusieurs Religieux furent tués, le surplus ne trouva son salut que dans la fuite.

Sur les plaintes de l'Abbé, qui s'était sauvé à Chamoux, le Roi et le Pape firent au Comte de vives représentations; mais elles ne firent que suspendre les violences au moyen desquelles il espérait amener, tôt ou tard, de simples moines à subir son pouvoir. Dès l'année suivante, il revint à Vézelay, sans cependant s'introduire dans l'Abbaye; réduisant ses prétentions à un droit de sel qu'il s'avisa de prétendre, tant sur le couvent que sur les habitans de la Cense. Il fit sommer l'Abbé et les habitans de reconnaître son droit, sous peine de prison. Sa démarche ayant été sans effet, il fit ravager la campagne par ses soldats, ayant à leur tête Jean Lethard, son Prévôt du Châtel-Censoir; et à la Pentecôte 1165, le même Prévôt fit enlever tous les chevaux et les instrumens de labour de l'Abbaye. 1164 1165

Le Pape, voyant l'inutilité de ses représentations, manda à comparaître devant lui, à Clermont en Auvergne, le Comte, ainsi que sa mère Ide, qui partageait ses torts; les menaçant tous deux des rigueurs de l'Eglise. Sur leur refus, il écrivit au Roi pour l'informer des mesures par lui prises, et aux Evêques dans les Diocèses desquels le Comte avait des biens, leur enjoignant de prononcer l'interdit, après les vingt jours suivans. Le Comte, intimidé, sollicita une entrevue entre l'Abbé et lui, devant l'Archevêque de Sens. Elle se tint à plusieurs reprises; la dernière le premier septembre, sous l'orme de Bassou (*ad ulmum Bassoldi*); elle n'eut aucun résultat : il exigeait 300 livres d'argent; mais il fallait l'en croire sur parole, aucune espèce de document ne justifiant sa réclamation, si ce n'est le consentement de plusieurs moines qu'ils avait séduits.

Enfin l'Abbé alla à Moret, implorer l'autorité du Roi, et en reçut des lettres pour les Evêques de Sens, Meaux, Autun, Langres, Auxerre et Nevers (1), leur recommandant d'exécuter la sentence d'excommunication. L'Archevêque de Sens y obtempéra le premier, avec la plus grande solennité, après un exposé pathétique de toutes les persécutions endurées par les Religieux de Vézelay de la part du Comte et de sa mère. A la nouvelle qu'en reçut le Comte, il devint furieux. C'était quelques jours avant Noël. Il courut à Vézelay, fit assassiner la sentinelle placée à la porte du Monastère; s'y introduisit, en chassa le Prieur et tous les Religieux restés fidèles; donna l'administration de la maison et des biens à son Prévôt Lethard, et celle

---

(1) On voit par là combien étaient immenses les propriétés du Comte !

du couvent d'Asquins aux Religieux entraînés dans son parti.

Tous les autres, au nombre de 80, suivirent Gillo leur Prieur, et fondant en larmes s'acheminèrent vers Auxerre. La partie saine de la population mêlait ses larmes aux leurs. La contesse Ide, elle-même, ne fut pas inaccessible à la pitié; elle voulut les retenir, promettant de les nourrir, et leur assurant que son fils n'en voulait qu'à leur Abbé; ils la remercièrent sans s'arrêter. Déjà l'Abbé, et quelques Religieux qui l'avaient suivi, avaient été recueillis au Monastère de Saint-Germain, par l'Abbé Alduin. Ce dernier, instruit de l'arrivée des autres Religieux, s'empressa d'aller au-devant d'eux, à quelque distance de la ville. Ils y entrèrent processionnellement, le 26 novembre, en chantant des psaumes, et se rendirent à Saint-Germain. « Tout le peuple, dit la chronique, se » porta sur leur passage, pleurant leur sort, et mau- » dissant leur persécuteur. (1) Le Comte, arrivait à Auxerre comme ils traversaient la ville; il voulut leur parler, mais il ne l'écoutèrent pas.

Le lendemain, avec leur Abbé, ils allèrent à Joigny; et le surlendemain à Sens, où ils furent reçus et traités par un Bourgeois nommé Simon, qui leur procura un bateau, dans lequel, en ramant eux-mêmes, ils parvinrent, en quelques jours, à Paris. L'Abbé de Saint-Germain-des-prés les logea dans son Monas-

---

(1) V. Labbe, *Chron. Vézel.* Histoire de Vézelay, par l'abbé Martin.

tère, et les présenta au Roi. La réponse du Prince à leurs plaintes fut que, quand le Comte d'Auxerre aurait autant de terres que le Roi d'Angleterre, il n'en voudrait pas moins le mettre à la raison ; et les venger, ainsi que leur glorieuse Patrone, Sainte Marie-Madeleine. Jean d'Orléans voulut justifier le Comte, mais le Roi lui imposa silence, et envoya déclarer à Guillaume qu'il se hâtât de réparer tous ses torts, sinon qu'il irait en personne, et avec des forces suffisantes, pour l'y contraindre. En attendant la justice du Roi, l'Abbé et ses Religieux se retirèrent à Moret, dans le couvent de leur ordre.

Les envoyés du Roi auprès du Comte furent mal reçus par lui. Ils rapportèrent au Roi qu'il avait parlé de lui sans égards; qu'il les avait eux-mêmes injuriés et menacés. Le Roi courroucé ordonna la levée de son armée, et partit sur-le-champ pour Sens ; où il manda le Comte et l'Abbé, qui obéirent et s'expliquèrent devant lui. L'Abbé finit par déclarer qu'il rendait le Prince arbitre souverain du différend. Le Comte osa refuser cet honorable expédient. Quoi, lui dit le Monarque, l'Abbé qui n'est sujet que du Pape, se confie à ma justice, et toi mon vassal, tu la fuis ! Louis VII parut si outré et si menaçant, qu'enfin Guillaume promit d'exécuter tout ce qu'il ordonnerait ; et le Roi exigeant des garanties de cette tardive soumission, il donna pour cautions Isignard, Vicomte de Joigny, et deux autres Seigneurs.

Le Roi déclara qu'avant tout, l'Abbé et les Religieux devaient être rétablis dans leur Monastère et dans leurs biens ; ce qu'il voulait faire lui-même : qu'à l'égard des difficultés sur les droits prétendus par le Comte, et les indemnités réclamées par l'Abbé, elles seraient jugées par Thomas Becquet, Archevêque de Cantorbéry, alors réfugié à Pontigny, et par l'Archevêque de Lyon. Louis VII, en effet, alla à Vézelay, remit l'Abbé et ses Religieux dans leur couvent, et assista à la célébration de l'Epiphanie dans l'Eglise de Sainte-Marie-Madeleine.

Guillaume vit avec chagrin approcher le moment de la justice, et ne s'occupa que de lasser les augustes arbitres par des retards et des ajournemens multipliés. Une première conférence, dans laquelle le Comte et sa mère comparurent, eut lieu à Crisenon; une seconde à Escolives (*apud Escolnias*); une troisième était indiquée à Moret, lorsque par un caprice et une opiniâtreté, que la barbarie du temps peut seule expliquer, Guillaume envoya son Prévôt Lethard et ses soldats piller encore une fois l'Abbaye.

1166.

A la nouvelle de ce dernier excès, le Roi, qui était à Beauvais, en partit avec une armée si formidable, que Guillaume épouvanté courut se jeter à ses genoux. L'abbé était présent; et sous la dictée du Roi, un arrangement définitif intervint entre eux, le 11 novembre. Les conditions n'en sont pas connues; mais ce qui fut public, c'est le serment par lequel le Comte vint solennellement dans l'Eglise de Sainte-Marie-Madeleine, jurer paix et amitié à l'Abbaye; et renoncer irrévocablement à toutes ses prétentions. Son serment fut assuré par ceux de sa mère; de Guy, son frère; de Jean, Prévôt d'Auxerre; de Colomb, Prévôt de Tonnerre; de Milon, Prévôt de Mailly, et de Lethard, Prévôt du Châtel-Censoir, le fidèle exécuteur de ses ordres injustes.

Déjà, et dans les deux années précédentes, le Comte avait cessé ses hostilités envers l'Evêque d'Auxerre et l'Abbaye de Saint-Germain. Pour se procurer cet état de paix, l'Evêque Alain s'était plaint au Pape, qui avait envoyé à Auxerre l'Archevêque de Sens, à l'effet d'entendre les deux parties. Ce Prélat, trouvant le Comte inflexible, avait été forcé d'en écrire au Roi. Enfin, le Roi ayant renvoyé l'examen des difficultés devant Godefroy, ancien Evêque de Langres, Guichard, Abbé de Pontigny, et Geoffroy, Abbé de Citeaux; le Comte, en 1164, s'était soumis à la décision de ces arbitres, et avait rendu à l'Evêque l'hommage qu'il lui devait. La sentence arbitrale rendue à ce sujet jette quelques lumières sur l'état des personnes dans l'Auxerrois à cette époque. L'article IV porte « que les officiers du Comte ne pourront enlever les » chevaux appartenant aux gens de l'Evêque, ou aux » Eglises, pour quoi que ce soit; ni rien exiger des » mêmes hommes pour la construction ou l'entretien » des forteresses. » On entrevoit dans cette prohibition, que tout ce qui n'était ni prêtre ni noble, était la propriété du Comte, ou des Eglises; et que les individus appartenant au Comte étaient exposés à de fâcheuses exactions de la part de ses officiers. Les affranchissemens qui se firent dans le siècle suivant, me fourniront les moyens de mieux faire connaître quel était le sort du peuple avant cette importante époque de la civilisation.

Le Comte s'était également réglé avec l'Abbaye de

Saint-Germain; dont ses gens de guerre avaient aussi mis les propriétés à leur discrétion. Il reconnut leurs torts, et promit de ne pas souffrir qu'ils se renouvelassent. La transaction est de 1165.

1165

Tombant ainsi d'un état habituel d'agitation et de guerre dans une paix profonde, il sut donner à l'activité naturelle de son caractère une direction favorable à l'intérêt public. Il s'occupa de fortifier la ville d'Auxerre; qui, placée au centre de ses trois Comtés, était sa principale résidence. Toute la population avait successivement abandonné l'ancien emplacement de *Vellaunodunum*, dans la plaine de Saint-Julien; et se groupant autour des Monastères de Saint-Eusèbe, Saint-Vigile, Saint-Germain et Saint-Père, avait formé quatre faubourgs plus considérables que la Cité, et qui l'enveloppaient entièrement. Il les réunit à la Cité, en faisant construire l'enceinte actuelle, avec ses portes et ses tours, depuis le pont, et en remontant à l'Ouest, jusqu'au château de l'Abbaye de Saint-Germain. Les murs sur le bord de la rivière n'ont été élevés que depuis. Mais au bout du pont, une forte bastille en défendit l'entrée. Chacune des portes du Pont, de Chante-pinot, du Temple, d'Aigleny et de Paris, formait également une forteresse. L'Abbé de Saint-Germain suivit son exemple, et entoura son Monastère de nouvelles fortifications. Une des tours appelée la Tournelle, s'avançait assez dans la rivière, pour qu'aucun accès dans la ville ne fût praticable, si ce n'était en bateau; et comme le pont et ses bastilles l'interdisaient également à l'autre extrémité, la ville se trouva aussi complètement fortifiée que l'art le permettait à cette époque.

1167 Dans la même année, 1167, Auxerre perdit son Evêque et le Comte. Alain, qui n'avait quitté qu'à regret la vie monastique, fatigué des embarras dont, surtout alors, l'épiscopat était entouré, abdiqua son pouvoir. Dans la lettre qu'à ce sujet il écrivit au Pape Alexandre III, on voit combien il eut à souffrir de la barbarie de son siècle! A l'exposé des hostilités toujours renaissantes des Seigneurs sur les droits et les biens des Eglises, il ajoute que quand on lui ravit un Bourgeois, on se refuse à le lui rendre, à moins qu'il ne prouve qu'il lui appartient par le combat de deux hommes; et qu'il aime mieux perdre sa cause, que d'employer un moyen aussi contraire à la religion et à l'humanité. Avec l'autorisation du Pape, il se retira à Clairvaux. (1)

A l'égard de Guillaume, agité de nouveau par la passion de la guerre, et ne voulant pas troubler la paix dont jouissaient ses peuples, peut-être aussi pour expier les torts qu'il ne pouvait pas se dissimuler, il prit la croix, leva une armée, et partit, pour la Palestine avec son frère Guido (*ou Guy*). Mais à peine eut-il débarqué, qu'il fut atteint de la peste qui désolait alors ce pays; et il succomba devant Ptolémaïs,

---

(1) Il s'y livra à ses goûts dominans, la piété et la science. Il y composa plusieurs ouvrages, qui l'ont fait confondre par quelques historiens avec Alain surnommé l'*Universel*, qui vivait de son temps. Le plus connu de ses ouvrages, est la vie de Saint Bernard. Il mourut avec l'habit religieux, le 14 octobre 1182. Ses vertus l'ont toujours fait citer sous le nom de *Vénérable*.

le 24 octobre 1168. Désirant être enterré à Bethléem, il avait, par son testament, fait don à cette Eglise de l'hôpital de Pantenor à Clamecy, pour qu'il pût servir de retraite à l'Evêque, si, comme on le craignait déjà, il était forcé de quitter son siége. L'événement qu'il avait prévu, est arrivé quelques années après; et le faubourg de Clamecy où était l'hôpital, a pris depuis le nom de Bethléem.

Le successeur de l'Evêque Alain fut choisi dans la famille d'un des Barons de l'Evêché. Guillaume de Narbonne, Baron de Toucy, avait deux fils dans le Clergé; Hugues qui était Archevêque de Sens, et Guillaume qui, après avoir été Archidiacre et Prévôt de Sens, était trésorier du Chapitre d'Auxerre. C'est sur lui que se porta l'élection, et il fut sacré Evêque d'Auxerre, le 2 juillet 1167. Son premier soin fut de se rendre à Rome, et d'y reconnaître pour chef de l'Eglise, Alexandre III. On prétend même qu'il fut le premier Evêque de France qui lui ait rendu cet hommage.

1167

Par la mort du Comte Guillaume sans enfans, ses riches possessions furent dévolues à son frère Guy, Vicomte de Clamecy, âgé seulement de dix-huit ans. Il ne revint de la Palestine qu'en 1169.

Le 30 novembre de cette année, les Prémontrés quittèrent leur couvent de Notre-Dame-la-d'hors, pour habiter celui qu'ils venaient de faire construire dans le faubourg Saint-Martin, sur la rive gauche de l'Yonne. On a vu le généreux Ithier leur en procurer un, en 1138, dans le même faubourg; mais il n'avait pas pu leur suffire. Le Comte Guillaume II, à la vérité, leur avait donné, pour agrandir leur demeure, l'Eglise de Saint-Martin, dépendant auparavant d'un couvent de Religieuses, qui avait donné au faubourg son nom qu'il porte encore. Mais les propriétaires des héritages entre cette Eglise et leur couvent, n'ayant pas voulu les leur vendre; l'Evêque Hugues de Montaigu leur avait fait don du Monastère construit par Saint Vigile, en 657, appelé déjà Notre-Dame-la-d'hors, et occupé par des Chanoines. Ils s'y étaient établis en 1141, et l'avaient même beaucoup augmenté en construisant leur cloître au Sud de l'Eglise ; ce qui les rapprochait du carrefour, aujourd'hui nommé *La-croix-de-Pierre*. Mais ils n'avaient pas tardé à reconnaître que ce local, par sa proximité avec une des parties les plus peuplées de la ville, n'était pas en cela conforme aux règles que leur fondateur, Saint Norbert, leur avait dictées; leur recommandant de fuir le monde, et de chercher la solitude. Ils étaient, surtout, tourmentés par le voisinage d'une fontaine contigüe à leur couvent, et à laquelle, dit Robert de Saint-Marien, dans sa chronique, (*p.* 83, *b, édit. imprimée*) on venait continuellement de toutes les parties de la ville; ce qui leur faisait très-souvent entendre des chants de femme, des propos et des applaudissemens mondains. *Nam audiebantur frequentissime cantilenæ muliebres, plausus seculares, strepitus populares, eo quòd loco illi fons esset contiguus, ad quem ex totâ urbe jugis omnium fit occursus* (1). Ayant

---

(1) Cette circonstance est fort remarquable. Elle justifie ce que, trois siècles plus tard, ont dit nos ancêtres, dans leur délibération au sujet des eaux de Vallan, qu'il était désirable de les attirer à

alors témoigné leurs regrets du silencieux manoir qu'ils avaient quitté près de la rivière, et sur le bord opposé à la ville, l'Evêque et le Comte les avaient aidés à acheter les héritages qui séparaient le couvent d'Ithier de l'Eglise Saint-Martin, et à construire, sur le tout, le vaste et commode Monastère, dont ils allèrent processionnellement prendre possession. Ils laissèrent néanmoins deux Religieux dans celui de Notre-Dame-la-d'hors, pour desservir la paroisse formée, dès cette époque, autour du couvent.

En 1170, le Comte Guy reçut à Auxerre le Roi Louis VII, qui y avait convoqué plusieurs grands Vassaux, pour remettre sous son obéissance Godefroy, Baron de Donzy. Le jeune Comte suivit le Roi dans cette expédition; dont le résultat, après une guerre sanglante, fut la défaite du Baron, et la démolition de son château.

Pendant quelque temps, Guy ne fit point d'entreprises sur les biens du Clergé; il fit même plusieurs largesses au Monastère de Saint-Marien, et répara par des dons au Chapitre de Saint-Etienne, le brigandage qu'une compagnie de ses soldats avait exercé sur le village d'Ecan, dont elle avait occupé le château, malgré les habitans. Mais cé-

---

Auxerre; pour y former *une fontaine ou plusieurs, ainsi qu'il soulait d'ancienneté.* Les expresions de Robert, qui ne parle que de ce qui existait de son temps, puisqu'il est mort en 1212, ne laissent pas de doute que cette fontaine ne fût très-abondante; d'où l'on peut conclure qu'elle était fournie par les eaux de Vallan; aucune des sources de nos environs ne pouvant donner un pareil résultat. Il était plus facile d'y amener ces eaux que sur la place actuelle des fontaines, qui s'élève à 9.^{m}73.^{c} de plus que le carrefour de la Croix-de-Pierre.

dant aux conseils intéressés de ses officiers, il voulut imposer aux Auxerrois de nouvelles charges; qui eussent considérablement augmenté ses revenus, et par suite cette portion qui n'échappe jamais à l'adroit serviteur, quand il parvient à enrichir son maître. Quoique la culture de la vigne fût déjà immémoriale dans l'Auxerrois, il paraît qu'à cette époque, elle y prit un accroissement tel que, le nombre des pressoirs n'étant plus suffisant, les habitans s'occupaient d'en construire de nouveaux. Au nom du Comte, on prétendit que ces nouvelles constructions ne pouvaient pas se faire sans sa permission; et qu'il fallait la payer. Heureusement pour les habitans, la cupidité aveuglant les gens du Comte, ils avaient compris les ecclésiastiques dans leur exaction. La réclamation devint générale comme le projet, et l'Evêque résista, de tout son pouvoir, à cette tentative; ce qui conserva aux Bourgeois, comme au Clergé, la liberté sur ce point.

Bientôt après, on voulut la compromettre sur un autre bien plus important. Il s'agissait d'assujettir le produit des vignes à la levée d'un dixième au profit du Comte. Ses officiers avaient même extorqué le consentement de plusieurs membres du Clergé. L'Evêque, sans l'assentiment duquel les Comtes ne pouvaient faire aucune innovation dans l'Auxerrois, malgré la toute puissance qu'ils s'arrogeaient, fit au Comte Guy de vives représentations, qui ne furent pas écoutées. Déjà les gardes étaient à toutes les portes de la ville, et cet énorme impôt se percevait, lorsque l'Evêque, recourant aux seules armes qui pouvaient en imposer au Comte, fulmina une sentence d'excommunication contre lui ; mit le Comté en interdit, et soumit ces mesures au Pape, qui les approuva sans réserve. Alors Guy fléchit, fit restituer tout ce qui avait été pris; et la paix fut rétablie dans le pays.

Ces dispositions du Comte et de ses officiers à améliorer ses revenus aux dépens de ses sujets, aident à résoudre la question agitée par les historiens, de savoir si c'est par humanité ou par politique, que les Seigneurs et les Rois ont favorisé l'établissement des Communes? On ne peut pas hésiter, au moins à l'égard d'Auxerre, à reconnaître que, loin que l'humanité ait porté le Comte Guy à cette pensée, il n'y fut déterminé que par son intérêt. C'est après avoir inutilement tenté de se créer un droit sur les pressoirs et la dîme sur les vins, qu'on le voit solliciter du Roi la permission, pour les habitans, de former une Commune. Ses motifs peuvent facilement être aperçus. C'est parce qu'il ne pouvait faire aucun changement dans le gouvernement des habitans, sans la participation de l'Evêque, et qu'il avait éprouvé une vive résistance de la part du Prélat, que ses premiers projets avaient échoué; mais, du moment où la Commune aurait été établie, les habitans seraient devenus Bourgeois du Roi, et, comme tels, soumis à toutes les charges que le Prince, à l'instigation du Comte, aurait voulu leur imposer.

De son côté, l'Evêque voyait dans ce changement l'anéantissement de tous ses droits. Aussi s'empressa-t-il d'aller à la Cour conjurer l'orage. Sa réclamation indisposa, d'abord, le Roi; qui lui reprocha de vouloir priver la couronne des ressources qu'elle pourrait tirer de la ville d'Auxerre; toutefois l'Evêque ne se découragea pas : il produisit les titres de son Eglise au Conseil, et parvint à faire suspendre provisoirement l'exécution du projet.

La cupidité du Comte fut donc, encore une fois, déconcertée ; mais ses sentimens restèrent les mêmes ; il se vengea de ces deux échecs sur les terres du Chapitre de Saint-Etienne et de plusieurs autres Eglises dans les Diocèse de Nevers et d'Autun. L'Abbaye de Vézelay vit elle-même se renouveler en partie les maux dont elle avait été accablée par les trois derniers Comtes, au mépris du serment que Guy avait fait avec son frère, lors de la dernière pacification (1). Ses ravages furent portés à un tel excès, en 1173, que les Evêques d'Autun et de Nevers l'excommunièrent. Succombant alors aux chagrins qu'il s'attirait par tant d'opiniâtreté, il tomba malade à Clamecy. Le danger parut si imminent, que la plupart de ses Barons se rendirent auprès de lui, ainsi que les Evêques d'Auxerre, de Nevers et d'Autun; et il se passa une de ces scènes où respirent les mœurs et les opinions de ces malheureux temps.

Peu de jours avant, le Comte plein de jeunesse et de santé, encouragé par ses Barons, bravait alors les armes de l'Eglise, et pillait impitoyablement ses biens; mais, étendu sur le lit de douleur, il est menacé de mourir dans sa vingt-troisième année, et de

---

(1) V. p. 63.

mourir excommunié! La terreur s'empare de lui, il demande à mains jointes l'absolution ; ses Barons conjurent les Evêques de la lui donner. Ceux d'Autun et de Nevers restent inflexibles, et s'obstinent au silence. Enfin celui d'Auxerre se lève, déclare qu'il ne peut pas souffrir qu'un pardon si ardemment demandé soit refusé ; que, d'ailleurs, il se rend caution du Comte, pour la réparation des torts par lui faits aux Eglises ; et sur-le-champ il lui donne l'absolution. Les Barons, ravis de cette effusion de charité, se rendent également cautions de la réparation; et bientôt le Comte recouvre la plénitude de sa santé. Il ne fut ni ingrat ni infidèle. Non-seulement il respecta les biens du Clergé, mais il en donna à plusieurs Eglises ; et sa reconnaissance envers l'Evêque d'Auxerre était si vive, qu'il ne l'appelait plus que son père.

L'année suivante, il eut à soutenir contre Hugues, Duc de Bourgogne, une guerre dans laquelle il fut fait prisonnier; ce qui le contraignit, pour payer sa rançon, à vendre son fief de la Charité aux Religieux du même lieu, moyennant 500 marcs d'argent pour lui, pour la comtesse dix tasses d'argent, et un cheval de prix. La débilité de sa complexion le fit retomber, en 1175, dans un état valétudinaire fort long, dont il ne se releva que pendant très-peu de temps; et le 18 octobre 1176, il finit, à 26 ans, une vie fort agitée par de nombreuses entreprises, dont aucune ne lui réussit; car, peu de jours avant sa mort, le Roi, après l'examen par son Conseil des titres de l'Evêché, avait terminé l'affaire relative à l'établissement d'une Commune dans Auxerre, en défendant au Comte d'y procéder sans le consentement de l'Evêque.

La vie de l'Evêque Guillaume avait été également agitée, mais dans un sens contraire. Il n'avait fait que résister, avec zèle et persévérance, aux tentatives multipliées du Comte et de ses agens; et il eut l'avantage, non-seulement de l'emporter dans toutes les circonstances et de bien mériter de ses Diocésains, mais encore de se montrer, comme on vient de le voir, généreux envers celui qui l'avait constamment tourmenté. Ce vertueux Prélat assista au Concile de Latran, en 1179, et au sacre de Philippe-Auguste en 1179. Il fut sincèrement regretté à sa mort, arrivée le 28 février 1181.

Le Comte Guy, laissant deux enfans en bas âge, Pierre et Agnès, en avait déféré la tutelle au Roi de France; néanmoins sa veuve Mathilde, pendant les dernières années de Louis VII, c'est-à-dire jusqu'en 1179, conserva l'administration des trois Comtés; pouvoir dont elle n'usa que pour répandre des bienfaits. Elle en eut de fréquentes occasions en 1176, le pays éprouvant une famine telle que, pour secourir les pauvres, on fut obligé d'engager les ornemens des Eglises, et de dégarnir les châsses des Saints. Des pluies continuelles, pendant l'année 1174, avaient empêché la culture des terres; et en 1175 la récolte avait été presque nulle.

Le jeune Comte Pierre, dernier rejeton mâle de la famille de Landri, mourut à Tonnerre, en 1181; et bientôt après, Philippe-Auguste vint à Auxerre, prendre possession de la tutelle d'Agnès, restée seule propriétaire des trois Comtés. Après avoir confirmé les largesses faites par Mathilde au nom de ses enfans, il lui laissa l'usufruit du Comté de Tonnerre, sur lequel son douaire avait été assigné, et choisit des officiers pour administrer les deux autres au nom d'Agnès, qu'il emmena à la cour.

Deux années s'écoulèrent, sans que le siége épiscopal fût occupé; par suite des intrigues de Gilles, premier Ministre de Philippe-Auguste. Son frère Garmond étant Abbé de Pontigny, il voulut l'élever sur ce siége, et obtint les suffrages d'une partie du Clergé; mais les dignitaires en appelèrent au souverain Pontife. Garmond et ses adversaires devinrent, pour la plupart, victimes d'une maladie contagieuse qui alors ravageait la population de Rome. Garmond y mourut le 15 novembre 1182; et, à peu-près au même moment, son frère le Ministre fut disgracié.

Le choix étant devenu libre, le Clergé, au mois de janvier suivant, le fit tomber sur le trésorier du Chapitre de Saint-Etienne, Hugues de Noyers, neveu de l'Archevêque de Sens, et fils de Miles, Seigneur de Noyers. Il s'était fait distinguer par ses qualités, et surtout par sa science dans le droit civil et canonique; science alors nouvelle, difficile, et que peu de personnes osaient aborder.

Les premières années de son épiscopat furent troublées par l'apparition d'Albigeois, dans une partie de son Diocèse. On sait que cette secte impie réprouvait toute espèce de religion; regardait comme pure chimère l'idée d'une autre vie, et comme une absurdité, contraire aux progrès de la population, le nœud du mariage. Par la vigilance de l'Evêque, de tous ceux qui avaient apporté ou accueilli d'ausi funestes opinions, les uns furent ramenés à la raison, et les autres quittèrent le Diocèse, sans qu'on ait eu recours à aucun des moyens violens employés ailleurs contre ces fanatiques. Peu de temps après; le Diocèse fut infecté d'une secte plus dangereuse encore. La première comptait parmi ses chefs quelques hommes puissans, qui s'efforçaient de la diriger dans un sens favorable à leur ambition, et n'en voulaient qu'au Clergé; dont les biens, en tout temps, ont été un objet d'envie, et par suite un sujet de troubles. La seconde ne se composait que de ce que la populace avait de plus abject et de plus impur. Ses adeptes ne voulaient rien moins que l'abolition de toute supériorité. Ils s'armaient au cri de *la liberté et de l'égalité*. En signe d'affiliation, ils portaient sur des capuchons, des images de plomb représentant la vierge du Puy-en-Velay; ce qui les fit appeler *Caputiers*. L'Evêque Hugues, informé qu'une partie des habitans de Gy-l'Evêque était déjà atteinte de cette frénésie, s'y transporta lui-même, fit arrêter les plus obstinés; les condamna à une amende, et à rester pendant une année la tête nue. Ce coup de vigueur comprima les factieux. Son zèle, dans ces deux circonstances, le fit nommer *le marteau des hérétiques*. Il ne tarda pas à rencontrer un adversaire plus difficile à combattre.

Pierre de Courtenay, petit-fils de Louis-le-Gros, fut choisi par Philippe-Auguste, son cousin, pour mari de la fille du Comte Guy; et Agnès lui apporta en mariage les trois Comtés. Cette union fut célébrée à la cour en 1184 ; cependant il ne paraît pas que le nouveau Comte soit venu à Auxerre, avant 1187. 1184

Ses premières actions n'eurent rien que de favorable au Clergé, comme aux habitans. Un vaste incendie, allumé dans le quartier du marché, près du palais, le 21 juillet 1188, consuma la partie la plus peuplée et la plus riche de la ville. Des députés en portèrent l'affligeante nouvelle au Comte, qui se trouvait dans son château de Druyes ; et sur-le-champ, dans une charte en forme de lettre à ses Bourgeois d'Auxerre, *nostris Burgensibus de Autissiodoro*, il leur fit remise, pour eux et leurs descendans, du droit de main-morte qu'il avait conservé sur les personnes libres. Les expressions de sa lettre donnent la mesure des désastres éprouvés par la ville. Il veut que sa libéralité aide à la restauration de cette ville, que le feu a ravagée de la manière la plus déplorable : « *Ad meliorem præfatæ » urbis restaurationem, quam ignis tam lacrimabi- » litèr concremaverat.* » 1188

Sa lettre est datée d'août 1188 ; avec l'addition remarquable, que c'est l'année où le Roi avait pris la croix. A cette époque, en effet, Jérusalem et le Royaume fondé par Godefroy de Bouillon, ayant succombé sous le poids des armes des Musulmans ; une troisième croisade avait été publiée dans l'assemblée de Gisors. Philippe-Auguste et le Roi d'Angleterre, Henri II, quoiqu'alors en guerre pour le Vexin, s'y étaient concertés à ce sujet ; et l'Archevêque de Tyr leur ayant reproché qu'en ne s'occupant que de leurs dissensions particulières, ils avaient laissé l'ennemi de la croix s'emparer de la Terre-Sainte ; les deux Monarques n'avaient répondu à ce reproche qu'en versant des larmes, et demandant la croix.

Le Comte Pierre avait suivi leur exemple; et c'est par suite de cette promesse que, dans la même année, il obtint du Roi l'autorisation de lever douze deniers par chaque ménage dans toutes ses terres, pour l'aider dans cette entreprise, *pro viâ Jerosolimitanâ*. Les conditions furent 1° que c'était sans tirer à conséquence, ce don gratuit ayant été consenti par ses sujets, qui ne l'avaient jamais payé, et ne pourraient jamais être contraints de le renouveler; 2° que la monnaie du Comte resterait au taux qu'elle avait alors; et que, si elle éprouvait la moindre altération, elle cesserait d'avoir cours forcé. Ce sacrifice ne fut pas le seul que les Auxerrois eurent à faire pour cette guerre; ils eurent à supporter, avec tous les sujets de Philippe-Auguste, la dîme appelée *Saladine*, du nom du Prince Musulman devenu maître de Jérusalem. Ce tribut qui fut imposé au Clergé et à tous les hommes libres, consistait dans la dixième partie du capital des meubles et du revenu des immeubles, suivant l'évaluation qui en était faite, dans chaque Paroisse, par une Commission, en présence d'un agent du Roi.

Le départ de Philippe-Auguste et des Seigneurs croisés n'eut cependant lieu qu'en 1191; le Comte le suivit avec la troupe par lui levée dans ses Comtés, et se trouvait sur son vaisseau lorsque, dans les eaux de la Sicile, une tempête assaillit la flotte si violemment, qu'il fallut, pour éviter la mort, jeter tous les équipages dans la mer. Arrivés au port de Messine, les Seigneurs auraient manqué des choses les plus nécessaires, si le Roi ne les eût dédommagés de leurs pertes. Pierre reçut de lui 500 marcs d'argent.

Avant son départ, il avait laissé le soin du gouvernement à la Comtesse Agnès; qui ne s'en servit que pour le bien-être des habitans. Elle continua de résider, soit dans Auxerre, soit dans ses châteaux des environs, c'est-à-dire, Druyes, Coulange-sur-Yonne, Mailly et Sainte-Nitasse. La mort l'enleva, le 6 février 1192; lorsque Mathilde, sa fille unique, était encore en très-bas âge.

1192

Dès 1193, le Comte Pierre avait quitté la croisade, et était de retour à Auxerre. Il s'occupa de terminer la clôture de la ville; en la continuant depuis le pont jusqu'à la tournelle de l'Abbaye de Saint-Germain, sur le bord de la rivière. Ces dépenses, comme celles des premières fortifications, furent faites, au moins en partie, par des levées de deniers sur les habitans. On en a la preuve dans la reconnaissance par lui donnée, que c'était par grâce spéciale que l'Evêque, le Chapitre et les Monastères de la ville, avaient consenti à ce que leurs Bourgeois contribuassent à l'aider dans cette construction importante. On peut attribuer aux sacrifices qu'alors il exigea des habitans, et aux alarmes qu'ils ont dû en concevoir pour l'avenir, le traité qui intervint entre eux et lui, en novembre 1194. En voici les principales dispositions.

1194

1° Pour acquitter les Bourgeois d'Auxerre, des Faubourgs et du Bourg Saint-Gervais, de la taille, de la corvée et de toutes autres exactions, le Comte ne pourra exiger des plus riches que 20 sols de la monnaie d'Auxerre, réduite à 4 deniers; et à proportion, des moins aisés; les garçons ne payeront rien.

2° Les amendes de 60 sols sont réduites à 5 sols, 12 deniers.

3° Les gages d'un duel ne seront plus que de 7 sols, 6 deniers.

4° Il est reconnu que les hommes libres peuvent hériter, et qu'on peut hériter d'eux.

5° Ils ne sont pas obligés de suivre le Seigneur au-delà du Comté; à moins que ce ne soit dans un lieu assez proche pour qu'ils puissent revenir, la nuit suivante, dans les limites du Comté.

6° Il ne pourra exiger d'eux qu'ils le suivent à d'autres Tournois qu'à ceux de Chablis, Joigny et Rougemont.

7° Les sexagénaires sont exempts de ce service.

8° Les habitans ne pourront pas être traduits en justice, ailleurs que dans la ville; ni être saisis ou arrêtés dans leurs biens, tant qu'ils s'en rapporteront à la justice de la cour du Comte.

9° Ils ne feront crédit au Comte, pour tout ce qui concerne sa nourriture, que pendant 40 jours.

10° Les Bourgeois peuvent avoir des gardes pour leurs héritages; mais les amendes des délits seront pour le Comte.

11° L'homme de libre condition peut sortir d'Auxerre, et y revenir à son gré.

12° Les Juifs ne peuvent réclamer que deux années d'intérêts de leurs prêts, quel que soit le nombre de celles qui leur seront dues.

13º Le Comte conserve la connaissance de l'homicide, du rapt et du vol.

14º Le Vicomte et le Voyer cessent d'avoir aucuns droits sur les délits et forfaits des Bourgeois; qui leur payeront annuellement 20 livres, monnaie d'Auxerre.

On voit encore dans ce traité combien peu les petits pouvaient compter sur la parole des grands, et à quelles précautions ceux-ci devaient recourir quand ils voulaient inspirer quelque confiance à leurs sujets, sur leur conduite ultérieure! Le Comte fait serment de tenir ses promesses; il les fera jurer par ses Prévôts et Sergens, quand ils entreront en charge; il les fera ratifier par sa fille, dès qu'elle aura douze ans, et par son mari quand elle sera mariée; le Roi sera prié par lui de le contraindre, ainsi que ses successeurs, à exécuter la convention; il prie le Pape, l'Archevêque de Sens, les Evêques d'Auxerre, de Langres, d'Autun et de Nevers, de l'excommunier, lui ou ses successeurs, s'ils y manquent; huit de ses Barons font serment d'aider les Auxerrois contre lui, s'il y est infidèle. Enfin, pour intéresser le Roi au maintien de cette charte, les habitans s'obligent à lui payer annuellement 100 livres, monnaie de Paris.

Ces garanties multipliées prouvent aussi que, si les Auxerrois trouvaient des avantages dans le traité, le Comte s'en procurait plus encore; et si l'on compare sa bénignité apparente envers eux et ses actions à l'égard des Seigneurs, ses voisins, et les ecclésiastiques, on est bien éloigné d'attribuer ses concessions à une louable bienveillance.

Effectivement, il fut continuellement en hostilités

avec l'Evêque Hugues et son Clergé. Tout ce qui était à sa convenance, et à celle des hommes de mauvaises mœurs qui formaient sa cour, devenait leur proie. Le Clergé ne pouvait opposer à leurs violences que les armes spirituelles; mais aussi il ne leur en épargna pas les coups. Pendant longues années, les excommunications sur le Comte et ses gens se succédèrent; au point que ces excommuniés, s'y habituant, n'en mettaient que plus d'opiniâtreté dans leurs déprédations. Le Clergé, s'étant aperçu de cette inefficacité, eut recours à un nouvel expédient. Jusque-là, quand un Seigneur était frappé d'excommunication, toutes ses terres étaient en *interdit;* et un des effets de cette mesure était que, dans tous les pays qui lui appartenaient, on cessait de sonner les cloches et d'administrer les sacremens; que l'office n'était célébré qu'à voix basse, les portes de l'Eglise fermées; que les enterremens se faisaient sans prêtre ni prières, et hors des cimetières. Cet état répandait une terreur universelle.

Pour en délivrer les peuples, et en laisser tout le poids sur le Comte et ses gens, l'Evêque ordonna qu'on ne garderait plus les formes de l'interdit, que dans les lieux où ils résideraient, et pendant leur résidence seulement. Par suite de cet ordre, à l'instant où le Comte arrivait dans Auxerre, la grosse cloche de la Cathédrale annonçait la reprise de l'interdit et de ses rigueurs. Aussitôt qu'il s'éloignait, cette même cloche annonçait la fin de la consternation, et le retour à l'ordre ordinaire. Le même cérémonial fut établi dans tout le Diocèse; en sorte que le Comte et ses partisans ne purent plus se dissimuler que, partout, leur apparition était le signe d'une calamité, et leur départ celui de la réconciliation avec le Ciel.

Pierre n'osant plus lutter avec le Clergé, voulut s'en dédommager sur les Seigneurs qui l'avoisinaient; mais il éprouva, de leur part, une résistance plus proportionnée avec ses moyens d'attaque. En 1196, une armée de Champenois, commandée par ses proches parens, Guillaume de Brienne et ses frères, parcourut presque toutes ses terres, ruina beaucoup de places, incendia plusieurs villages, et le força à la paix. A peine cet orage était-il apaisé, qu'il en éleva lui-même un plus violent encore. En 1199, il eut avec Hervé, Baron de Donzy, une guerre à outrance. Il n'avait pas craint de grossir son armée d'une bande de Cottereaux, ces bandits signalés dans l'histoire comme aussi perdus de religion et de mœurs que les Albigeois. Une bataille sanglante donnée entre Cosne et la Charité, le 3 août, termina cette guerre par la destruction de son armée.

1199

Dans ce temps, le Vicomte d'Auxerre, Pierre de Courson, qui, jusque-là, avait été l'ame des conseils du Comte, et l'artisan aveugle de ses infortunes, perdit son emploi et sa faveur. L'Evêque ne laissa pas échapper cette occasion d'en faire un exemple, qui pût intimider les ennemis de l'Eglise. Il le fit arrêter, et le condamna à être promené dans toute la ville, les fers aux pieds et la tête nue. Dans cet état, celui qui, la veille, faisait encore trembler les personnages les plus recommandables, se vit couvert des huées de la populace.

Le Comte, l'ayant remplacé par Evrard de Château-Neuf, qui, suivant la chronique, ne valait pas mieux, continua de tourmenter et ses sujets et ses voisins. Le Roi, son parent, s'interposa entre lui et Hervé de Donzy; et pour éteindre tout ferment de dissension, il voulut que Pierre donnât sa fille unique Mathilde en mariage à Hervé; avec le Comté de Nevers, et l'expectative de ceux d'Auxerre et de Tonnerre, après le décès du père. Depuis ce mariage, Pierre ne prit plus que le titre de Comte d'Auxerre.

Pour prix de sa médiation, Philippe-Auguste se fit céder par Hervé Gien, qu'il réunit à la couronne. S'il sut ainsi tirer parti de son obligeance, il ne fut pas moins habile dans la fixation de l'indemnité due à l'Evêque d'Auxerre, pour l'extinction des droits éventuels de sa suzeraineté sur cette ville; il le dispensa pour l'avenir de *régaler* le Roi de France quand il passerait à Auxerre ou à Varzy. Les Evêques d'Auxerre n'en ont pas moins tenu à honneur de recevoir les Rois dans leurs palais, lors de leur passage dans la ville.

CHAPITRE IX.

TREIZIÈME SIÈCLE.

Jusqu'à ce moment, je n'ai pu donner que la vie des Evêques et des Comtes d'Auxerre. On n'a pu qu'entrevoir le sort des simples citoyens, les monumens historiques ne contenant, à ce sujet, que des notions imparfaites; mais les innovations survenues sur la fin du xiie siècle, et dans les premières années du suivant, en signalant ce qu'elles ont fait cesser, font apercevoir plus clairement quels étaient, auparavant, l'état des personnes, leurs habitudes, et de quelle manière la justice leur était rendue.

Par suite de l'anarchie dans laquelle la France était tombée sous les Rois de la seconde race, et du régime féodal qu'elle avait produit, la servitude personnelle écrasait de tout son poids la plus grande partie de la population, qui se composait de six classes, savoir, les nobles, possesseurs de fiefs; les nobles, simples chevaliers ; les ecclésiastiques ; les hommes libres ; les serfs et les Juifs.

Les deux premières classes jouissaient de la liberté dans toute sa plénitude, sans autre obligation que celle du service militaire, quand les Seigneurs et les Chevaliers y étaient appelés par leurs Suzerains ; obligation dont souvent ils savaient se dispenser, usant, parfois, de leurs armes, contre ces Suzerains, et même contre le Roi, comme on l'a vu au siége de Cosne, en 1113. (1)

Les ecclésiastiques, consacrés au service des autels, étaient également libres, lors même qu'ils étaient nés de condition servile. Aussi, pour qu'un serf pût être admis dans le Clergé, il fallait la permission de son maître. Toutefois les Evêques, les Abbés et autres dignitaires, qui possédaient des fiefs, étaient obligés au ban du Duc et du Roi, et tenus de se rendre à l'armée avec leurs vassaux ; mais seulement quand le Duc, ou le Roi, y commandait en personne.

Les hommes libres, jusqu'aux chartes de 1188 et 1193, différaient peu des serfs ; puisque, par la première de ces chartes, il leur est fait remise de la mainmorte ; et que, par la seconde, le Comte promet de ne plus les emmener avec lui au-delà du Comté, excepté pour les tournois de Joigny, Chablis et Rougemont ; qu'il renonce à exiger par an plus de vingt sols des plus riches, pour toutes ses *exactions* ; qui, conséquemment, étaient auparavant arbitraires. Pour eux, la liberté consistait probablement dans le droit d'avoir des pro-

(1) V. p. 128.

priétés, d'en disposer, et de changer de domicile à leur gré. Probablement encore, ils transmettaient leurs successions à leurs proches; et la main-morte, dont ils eurent remise en 1188, n'était qu'une redevance annuelle, puisque le Comte l'abandonna pour servir à la restauration de la ville : ce qui ne peut pas s'entendre des échoites de succession, qui, n'étant qu'accidentelles, n'auraient procuré qu'un avantage fort éloigné, fort incertain.

La charte de 1193 prouve, comme je viens de le dire, que jusque-là les exactions du Comte étaient arbitraires. Cependant il importe d'observer que, s'il est vrai que les Seigneurs, dans les siècles précédens, usurpant sur le Monarque les droits de la souveraineté, à l'égard de leurs vassaux et de leurs sujets, excédaient souvent les bornes de la modération; il l'est aussi que Philippe-Auguste, à l'exemple de Louis-le-Gros, son aïeul, mettait un frein à leur tyrannie. En 1182, le Duc de Bourgogne l'éprouva, et fut contraint par lui à restituer à ses sujets 30,000 marcs d'argent qu'il avait injustement levés sur eux. Aussi vient-on de voir le Comte d'Auxerre faire approuver par le Roi le tribut par lui imposé pour la croisade.

Les serfs et leurs enfans étaient une propriété mobiliaire, que le maître pouvait donner, vendre ou échanger. Dans les pièces justificatives des Mémoires de l'abbé Lebeuf, on trouve plusieurs traités de cette espèce. En 1155, trois frères, Chevaliers, vendent à l'Église Saint-Germain les quatre enfans de Geoffroy Monin, habitant d'Orgy, moyennant 55 livres, monnaie d'Orléans. Dans la même année, Odier,

Chevalier, vend à la même Eglise, deux hommes, nommés Samson et Garin, habitans de Venoy, moyennant 26 livres, monnaie d'Auxerre. En 1170, le Comte Guy cède une Bourgeoise au Chapitre de Saint-Etienne.(1) En 1171, le même Comte, pour réparer les torts faits à Escan par ses gens, cède à l'Abbaye de Saint-Germain Guillaume, habitant de Montmercy, sa femme, son frère et leurs héritiers; ainsi que Garnier, habitant d'un autre village, avec ses fils, ses filles et leur *tennement;* c'est-à-dire, les choses mobiliaires et immobiliaires qu'ils possédaient. En 1173, le même Comte fait don à l'Evêque de tous les hommes qu'il avait à la chapelle Saint-André. Enfin, en 1222, Geoffroy d'Arsy, voulant dédommager le Chapitre de Saint-Etienne des pertes qu'il lui avait fait éprouver, lui paya 180 livres en argent, et lui céda un homme pour en remplacer un qu'il avait tué. (2)

Comme on le voit, les serfs n'étaient pas une propriété féodale; elle était indépendante de la Seigneurie; puisqu'Orgy et Venoy appartenaient à l'Abbaye de Saint-Germain, et que des Chevaliers y avaient les hommes qu'ils lui ont vendus. Les autres actes justifient la même observation; qui est encore fortifiée par un acte de 1176: le Chevalier Herbert, de Merry-sur-Yonne, y reconnaît que Nitry et Lichères appartiennent à l'Abbaye de Molesme, et qu'il n'y possède que quelques hommes et autres menus droits.

---

(1) Mémoires de l'Abbé Lebeuf, t. 2, p. 101, note (*a*).
(2) V. les preuves à la suite des Mémoires, n°s 31, 32, et 51, et tom. 1er, p. 362.

Les maîtres les plaçaient, soit dans les villes pour y exercer un métier, soit dans les campagnes pour y cultiver des héritages; moyennant des tributs en nature ou en argent, suivant les conditions qu'il leur plaisait d'imposer, sans autre mesure que l'intérêt qu'ils avaient eux-mêmes à la prospérité du serf et de sa famille. Celui-ci n'avait rien en propriété ; ce qui le faisait appeler *homme de main morte*; il n'avait que l'usage des choses qu'il possédait. Pendant sa vie, son maître pouvait les lui reprendre; à sa mort, c'était encore le maître qui pouvait s'emparer de tout ce qu'il avait. Ordinairement il laissait la succession aux enfans, moyennant un prix, (1) et à la charge de n'en posséder les choses qu'au même titre. Le seul allégement dans leur déplorable position, qu'obtinrent les serfs durant le siècle précédent, fut qu'on leur permit de laisser croître leurs cheveux, et de s'habiller comme les hommes libres. (2)

Les Juifs faisaient alors, comme aujourd'hui, une caste particulière, ne vivant que de trafic et d'usure, ne possédant aucuns biens. Rarement employés au service militaire, ils étaient assujettis à des taxes arbitraires et variables, prix de leur résidence dans la Seigneurie ; et, pour leur en accorder la permission, les Seigneurs, eux-mêmes, étaient obligés d'obtenir celle du Roi, et de lui payer un tribut.

---

(1) Le droit de mutation sur les successions que perçoit encore l'État aujourd'hui, n'a pas d'autre origine que cette exaction du moyen âge.

(2) V. l'abbé Dubos., tom. 4, p. 112.

La ville et les faubourgs se composaient de onze Seigneuries : savoir, celles du Comte, de l'Evêque, du Chapitre de Saint-Etienne ; des Monastères de Saint-Germain, Saint-Père, Saint-Eusèbe, Saint-Vigile, Saint-Marien, Saint-Gervais, Saint-Julien et Saint-Amatre. Le ressort de chacune de ces Seigneuries, alors appelées *Censes*, s'étendait tant sur la partie habitée, que sur le territoire ; mais les serfs, comme les hommes libres, résidaient indifféremment dans tous les quartiers, sans pour cela cesser d'appartenir à la Cense de laquelle ils dépendaient. Plusieurs même appartenaient au Vicomte, et à des Chevaliers qui n'avaient pas de Cense. On verra, en 1214, le Comte, traitant avec ses Bourgeois, excepter des charges de la communauté les hommes des Eglises, et de tout Chevalier résidant à Auxerre. Si un homme libre venait s'établir et se marier à Auxerre, il était obligé, le jour de ses noces, de se placer dans celle des Censes qui lui convenait ; aucune autre ensuite, ne pouvait lui imposer

1200 ses charges. Plus d'un siècle après l'époque à laquelle je suis arrivé, en 1340, les officiers du Comte et ses Bourgeois ayant voulu assujettir à la taille et à leur juridiction Colin de Planciz et sa femme, qui, en se mariant, avaient déclaré vouloir être de la Cense du Chapitre ; le Roi Philippe de Valois donna ordre au Bailli de Sens, de maintenir le droit du Chapitre.

Chaque Seigneurie avait juridiction non-seulement sur le territoire, mais encore sur les Bourgeois de sa Cense. La justice était administrée par le Seigneur ; ces fonctions étaient remplies, pour le Chapitre, par le Doyen ; pour les Monastères, par le chef, Abbé,

Doyen ou Prieur : mais, dès cette époque, ces divers Seigneurs laissaient presque toujours le soin de juger les différens à leurs officiers, qui cependant ne prononçaient le jugement qu'au nom du Seigneur. Tel était l'état des Auxerrois au commencement du XIIIᵉ siècle.

Depuis quinze ans, comme on l'a vu, ils avaient à souffrir des dissensions sans cesse renaissantes entre le Comte Pierre et ses officiers d'une part, l'Evêque Hugues et son Clergé de l'autre. En 1201, elles furent portées au dernier excès. La femme d'un des officiers du Comte, ayant perdu un enfant, ne put pas obtenir de le faire inhumer en terre-sainte, à cause de l'interdit, et s'en plaignit à lui. Le Comte, fatigué des plaintes et des reproches de cette femme, et cédant à un mouvement de fureur, ordonna à ses gens de porter l'enfant dans la chambre de l'Evêque, et de l'enterrer au pied de son lit : ce qui fut exécuté. A cet abus de la force, à ce dégoûtant outrage, l'Evêque ne put, d'abord, opposer qu'un redoublement dans les rigueurs de l'interdit; mais le Comte, effrayé des suites de son emportement, voulant les éviter, réparer ses fautes et se réconcilier avec l'Eglise, se soumit au jugement de l'Evêque; qui profita de ce repentir tardif pour déployer une sévérité aussi extrême que l'avait été l'offense. Il exigea que le Comte, en présence de son oncle l'Archevêque de Bourges, et de l'Archevêque de Sens, vînt en chemise et nu-pieds, déterrer l'enfant et le porter, lui-même, au grand cimetière, à la suite d'une procession générale, pour l'y faire inhumer. Pierre eut le courage d'exécuter cette humiliante décision; et de ce moment, délivré

1201

de son interdit, il évita avec soin tout ce qui pouvait lui occasionner de nouveaux démêlés avec le Clergé. Il porta même la déférence envers l'Evêque jusqu'à chasser les Juifs de la Cité, sur la prière que lui en fit le Prélat. C'est de leur Synagogue que fut formée l'Eglise de la paroisse Saint-Regnobert.

1204   En 1204, le Chapitre de Saint-Etienne affranchit tous les serfs de sa Cense, au moyen d'une somme de 600 livres, monnaie de Paris, qu'il reçut d'eux.

L'Evêque Hugues, dans le même temps, eut plusieurs différens avec Radulfe, Abbé de Saint-Germain; qui s'était soustrait à sa juridiction, et avait obtenu du Pape la faculté de porter la mître et l'anneau. Il s'ensuivit entr'eux un procès fort dispendieux en cour de Rome. L'Abbé, pour le soutenir et conserver les ornemens pontificaux, dont il se trouvait pourvu, ne craignit pas d'enlever à la châsse de Saint-Germain une partie des joyaux que la dévotion des Princes y avait attachés. Quant à l'Evêque, malgré son grand âge, il crut devoir, pour faire terminer ce procès à l'avantage de son siége, entreprendre le voyage de Rome ; mais la mort l'y surprit, dix jours après son arrivée,

1206   le 6 décembre 1206.

Deux mois après, le Clergé et le peuple furent assemblés pour élire son successeur. Deux frères, Manassès et Guillaume de Seignelay, partagèrent seuls les voix des électeurs. Manassès était Archidiacre de Sens et d'Auxerre. Guillaume, élevé depuis sa plus tendre enfance à Auxerre par Guy, son oncle, Prévôt du Chapitre, en était devenu Doyen depuis quelques années. Entre ces deux frères, la tendresse avait toute l'énergie qui, dans l'ordre de la nature, devrait toujours animer les enfans d'un même père. Ils avaient une maison à Sens et une autre à Auxerre, qu'ils habitaient alternativement, sans jamais se séparer. Tous deux s'étant fait également chérir et considérer par leurs mœurs et leurs sciences, Manassès l'aîné, fut le premier désigné ; mais il refusa, en faisant entendre que son frère, le Doyen, supporterait mieux que lui le fardeau de l'épiscopat. Guillaume, à son tour, conjura l'assemblée de persister dans son premier choix ; son frère, par son âge et ses vertus, devant lui être préféré. Cet admirable débat ne put se terminer que par l'intervention de l'Archevêque de Sens ; et Guillaume céda à ses représentations. (1)

Ce changement dans son état n'en produisit aucun dans son intimité avec son frère, sans le conseil duquel il ne voulut rien faire, jusqu'au moment où Manassès fut contraint d'accepter l'Evêché d'Orléans. Ils surent, même encore, vaincre la distance qui les séparait, autant que leurs devoirs leur en laissaient la faculté ; et toute démarche, tant soit peu importante, était tou-

(1) C'est dans les premières années de son Episcopat qu'on imagina de placer sur une des piles du pont, un tour, au moyen duquel un cable faisait remonter les bateaux et franchir le pertuis. Ce procédé ingénieux procura à son inventeur un bénéfice si considérable, que l'Evêque, propriétaire de cette partie de la rivière, en revendiqua une partie. Cette pile se fait encore remarquer, parce qu'elle est la seule qui s'élève au niveau du pavé du pont, et qu'elle s'appelle, du nom donné dans le temps à la machine, *le Laindar* ou *Vindas*. Cette invention a été imitée sur plusieurs rivières.

jours concertée entr'eux. C'est par suite de ce constant accord que tous deux, et pour la même cause, tombèrent dans la disgrâce du Roi Philippe-Auguste.

En 1209, ils reçurent l'ordre d'amener leurs vassaux et leurs écuyers à l'armée que commandait le Comte de Saint-Pol. Il leur fallut quitter une vie paisible, dont tous les instans n'étaient remplis que par des œuvres de piété et de charité, pour embrasser celle des camps, et se livrer à l'art cruel de répandre le sang. N'obtempérant donc qu'à regret à l'ordre du Prince, à peine furent-ils arrivés à Mantes, que, voyant que le Roi n'y était pas, ils se retirèrent, prétendant qu'un Evêque ne pouvait être contraint d'être à l'armée, que lorsqu'elle était commandée par le Roi en personne. Bientôt leurs vassaux et leurs Chevaliers disparurent également.

Le Roi, vivement courroucé, fit saisir le temporel des deux Evêques; et ce ne fut qu'après trois années de sollicitations tant par eux, que par l'Archevêque de Sens et par le Pape, que ce différend fut assoupi. Ils reconnurent qu'ils étaient tenus, comme les autres Evêques et les Barons, de fournir au Roi toutes les troupes à leur disposition; mais le Roi les dispensa du service personnel; et bientôt cette dispense fut étendue à tous les Prélats qui la demandèrent. En sorte que c'est à leur résistance qu'on dut la fin de ce contre-sens scandaleux, qui mettait dans la même main la croix qui pardonne et le glaive qui tue. (1)

(1) V. Mézerai . t. 11 , p. 183.

Les deux frères prirent néanmoins, en 1213, une part active à la guerre contre les Albigeois; le caractère de cette guerre, plus religieuse que politique, explique ce qui semble contradictoire dans leur conduite.

Le Comte Pierre et son frère Robert, quoique cousins germains du Comte de Toulouse, après d'inutiles efforts pour lui faire abjurer ses erreurs, se croisèrent également contre lui, et contribuèrent puissamment à sa défaite.

Avant cette expédition, le Comte, par une charte de janvier 1213, avait mis fin à divers procès qu'il avait avec les habitans, au sujet des étaux, des boutiques, de la perche pour le mesurage des terres, de la monnaie et du serment des bouchers et des drapiers. Par le même acte, il autorisa la Communauté des habitans à faire des levées de deniers lorsque les circonstances l'exigeraient.

Tandis qu'il était encore occupé à la guerre contre les Albigeois, Pierre fut appelé, avec tous ses vassaux, à l'armée du Roi, dont la couronne était dans un péril imminent. Toutes les forces de l'Angleterre, de la Flandre et de l'Allemagne, étaient réunies par suite des machinations de Jean-sans-Terre, Roi d'Angleterre, et de l'Empereur Othon. Un grand nombre de Seigneurs français avaient adhéré à cette coalition, dont le but était de tuer Philippe-Auguste, de partager son Royaume, d'abolir la Papauté ainsi que l'épiscopat; et de réduire le surplus du Clergé à vivre, comme les premiers apôtres, des aumônes des fidèles. Tous ces efforts, toutes ces espérances, vinrent se briser, en peu d'heures, contre l'habileté, le courage et la fortune de Philippe. Le 25 juillet 1214, dans la plaine de Bouvines, l'armée ennemie, forte de 150,000 hommes d'infanterie, indépendamment de corps considérables de cavalerie, fut taillée en pièces par 50,000 français. Le Comte Pierre, qui comptait parmi les ennemis son propre fils Philippe, ne s'en distingua pas moins par son dévouement au Roi, au risque de rencontrer, à chaque pas, une main parricide. Il était à côté de Philippe-Auguste, au moment où ceux qui s'acharnaient sur sa personne l'avaient déjà renversé de cheval. Ce fut lui qui le releva, et le remit sur son cheval, tandis que les Chevaliers Gallon de Montigny et Pierre-Tristan lui faisaient un bouclier de leurs corps. (1)

De retour à Auxerre, le Comte fit avec les habitans un traité, qui prépara l'œuvre de leur liberté, achevée depuis par sa fille Mathilde. Il leur afferma, pour six années, moyennant 2,000 livres par an, monnaie de Provins, (2) tous les produits fixes et casuels de sa Cense; même la jouissance de son château, pour y loger le Prévôt, et y tenir leurs assemblées. Sa charte leur attribue le droit d'assujettir aux charges municipales tous ceux qui viendront s'établir à Auxerre; elle porte encore que la Communauté élira douze Bourgeois, qui choisiront parmi eux un Prévôt et trois agens pour s'occuper des affaires de la Com-

---

(1) V. Mézerai, p. 157.

(2) Le marc d'argent étant alors de 50 sols, cette somme représente au moins 40,000 fr. de la valeur actuelle.

munauté; que, si la conduite de ces premiers élus est accusée d'être contraire aux intérêts communs, la plainte sera portée devant l'Evêque, assisté de quarante autres Bourgeois; qui pourront, ou faire réparer la faute, ou même remplacer les premiers par d'autres habitans. Ce traité fut ratifié, au mois de mars 1215, par l'Evêque Guillaume, qui vécut toujours avec le Comte dans une parfaite harmonie.

1215

La Cathédrale, bâtie environ deux cents ans auparavant, menaçait d'une ruine prochaine; Guillaume entreprit de la reconstruire, et y parvint; son Eglise est celle subsistante aujourd'hui. Elle fut élevée sur l'Eglise souterraine, dont les murs et les voûtes se trouvèrent assez solides pour supporter le nouvel édifice, quoiqu'on lui donnât plus de hauteur. Pendant la démolition, qu'on commença par le sanctuaire, aux deux côtés duquel étaient les tours; l'une d'elles tomba sur l'autre, et une demi-heure après celle-ci s'écroula également; sans aucun autre accident.

Un événement bien plus désastreux affligea la ville le premier juin 1216. Le feu consuma toutes les maisons depuis le château jusqu'à Saint-Eusèbe et à Saint-Amatre, dont les Eglises furent très-endommagées; ce qui donne à présumer qu'alors les maisons du faubourg Saint-Amatre étaient beaucoup plus rapprochées de la ville qu'elles ne le sont aujourd'hui.

Dans la même année, la fortune ouvrit au Comte Pierre une carrière bien plus brillante que celle par lui suivie jusque-là; mais ce qui arrive souvent, en l'élevant ainsi, elle creusait sa tombe. Henri Lascaris, son beau-frère, était sur le trône de Constantinople, et mourut empoisonné le 11 juin 1216. Les Barons, assemblés aussitôt, élurent pour lui succéder le Comte d'Auxerre. Plusieurs vinrent en ambassade lui annoncer cette nouvelle à Auxerre, où il leur fit une réception magnifique. Philippe Monske dit *que les dames désarmèrent les Chevaliers ; et les demoiselles, les Ecuyers jeunes d'âge.* Pierre saisit avec empressement une occasion favorable, en apparence, à l'établissement de sa nombreuse famille. Indépendamment de la fille de sa première femme, mariée à Hervé, Comte de Nevers ; il avait d'Yolande quatre garçons et sept filles. Il appela donc à lui tout ce que ses deux Comtés d'Auxerre et de Tonnerre pouvaient fournir de gens de guerre.

Dans de telles circonstances, l'avenir n'offre à l'imagination que des chances heureuses. L'ambition du Comte passa dans l'ame de ses sujets, chacun suivant sa position. On le voyait, de simple Comte, devenir Empereur ; et l'on en concluait que quiconque aurait le bonheur de le suivre, s'élèverait en proportion. En peu de temps, il eut donc un cortége digne de son nouveau rang. Guillaume de Sancerre voulut l'accompagner, et 162 Chevaliers portant bannière lui amenèrent 5,500 hommes, tant d'infanterie que de cavalerie.

Au printemps de 1217, il alla à Rome, où il fut sacré, ainsi que sa femme, par le pape Honorius III ; et neuf jours après, il partit pour Constantinople. Sa femme et ses filles s'y rendirent par mer. Mais lui et son armée suivirent la route par terre, dans les Etats de Venise, contigus à ceux de Théodore, Prince d'Epire, son compétiteur, au trône impérial. C'est là que, par suite d'une fatale imprudence, il vit s'évanouir toutes ses espérances. Au lieu de ne s'occuper que des moyens qui pouvaient le faire arriver, le plus promptement possible, dans sa Capitale, et mettre à sa disposition toutes les forces de ses nouveaux Etats, il se laissa persuader par les Vénitiens de reprendre pour eux la ville de Duras, que Théodore venait de leur ravir. Il en entreprit le siége, qu'une résistance à laquelle il ne s'attendait pas, le força de lever, après la perte de plusieurs jours, et d'une partie importante de sa petite armée.

Le surplus, fatigué du siége, eut à traverser avec lui les montagnes de l'Albanie, où les troupes de Théodore leur coupaient les vivres, et massacraient ceux qui, pour en chercher, s'écartaient de l'armée. Il fallut en venir à une bataille, ou à un traité avec l'ennemi. Ce perfide proposa, lui-même, par l'entremise de Jean Colonne, Légat du Pape, qui accompagnait l'Empereur, de laisser passer l'armée, et même de lui procurer des vivres, à diverses conditions qui furent aveuglément acceptées.

Pierre, et tous ceux qui avaient attaché leur destinée à la sienne, marchant ensuite sur la foi du traité, sans ordre ni précaution, furent inopinément assaillis par l'armée de Théodore. L'Empereur, le Légat, Guillaume de Sancerre et tous les Chevaliers, furent faits prisonniers; quant aux soldats, ils furent abandonnés sans armes et sans habits, dans des lieux déserts. Tel fut le déplorable résultat de l'appel de Pierre à l'Empire. On croit qu'il mourut de chagrin dans sa prison, en 1219. Quelques historiens prétendent que Théodore abrégea sa captivité par une mort violente.

La nouvelle de ce désastre ne tarda pas à répandre la consternation dans les Comtés d'Auxerre et de Tonnerre, qui perdaient l'élite de leur population. Hervé, Comte de Nevers, qui avait épousé Mathilde, fille aînée de Pierre, et avait pris la croix, l'apprit au siége de Damiette. Il quitta aussitôt l'armée des Croisés, pour prendre possession des deux Comtés appartenans à sa femme. Au mois d'août 1219, il se présenta, en effet, devant Auxerre; mais Pierre, avant son départ, avait confié le gouvernement de ses Etats à son frère Robert de Courtenai, Seigneur de Conches, et à l'évêque Guillaume; qui, parce qu'on n'avait pas encore de certitude de la mort de Pierre, lui firent fermer les portes de la ville, et déployèrent une telle résistance, qu'il fut obligé de se retirer.

Il fut plus heureux l'année suivante. Auxerre perdit, en même temps, ses deux défenseurs. Robert fut choisi par les Barons de l'Empire, pour succéder à Pierre; et s'empressa d'aller prendre possession d'une couronne qui lui fut, à peu près, aussi funeste qu'à son frère. Guillaume, transféré à l'Evêché de Paris, fit le voyage de Rome pour conserver Auxerre. Honorius exigea qu'il obéît; l'autorisant seulement, pour satisfaire son attachement à son premier Evêché, à choisir lui-même son successeur. Il se résigna; présida au choix du nouvel Evêque, mais sans gêner les suffrages; et Henri de Villeneuve, chantre de la Cathédrale, fut nommé, et sacré le 20 septembre 1220.

Hervé ne fut pas plutôt informé du départ de Robert et de Guillaume, que n'ayant plus à craindre d'opposition légitime, il se présenta de nouveau, et prit possession des deux Comtés. Son règne ne fut qu'une suite de discordes intestines. L'année pendant laquelle la mort de Pierre avait été probable, sans être certaine, son frère Robert et l'évêque Guillaume, n'administrant qu'avec l'irrésolution d'un gouvernement précaire, une affreuse anarchie avait envahi le pays ; l'avidité des Seigneurs et l'insolence des Bourgeois étaient sans frein. Hervé lui-même ne put dompter leur insubordination. Mais c'est à l'égard des Eglises et du Clergé que les maux furent extrêmes : le nouvel Evêque, Henri de Villeneuve, né dans une humble condition, et sans fortune personnelle, conservait sous sa mître les habitudes de douceur et de piété qui l'avaient fait porter à l'épiscopat. Avec un tel caractère, il était peu fait pour comprimer les nouveaux ennemis de la paix publique; et les désordres arrivèrent à un tel point, que le Doyen de la Cathédrale fut emmené prisonnier jusque dans la Bresse ; qu'une nuit, tandis que les Chanoines célébraient matines, des hommes furieux entrèrent dans l'Eglise, à cheval et l'épée à la main, pour les en expulser; qu'un des Chanoines fut blessé, et qu'un autre fut écrasé sous les pieds des chevaux.

Probablement Hervé sympathisait avec les auteurs de ces excès; car à sa mort, arrivée en 1222, sa veuve, Mathilde, s'emparant du gouvernement, tous les désordres cessèrent, et elle fit jouir ses peuples, particulièrement les Auxerrois, de l'administration la plus sage et la plus généreuse qui les ait gouvernés soit avant, soit depuis. D'abord, ses officiers avaient voulu faire revivre la main-morte sur les hommes libres, dont son père les avait affranchis. Mais, par une charte du premier août 1223, non-seulement elle confirma cet affranchissement, mais elle abolit toute espèce de servitude, et déclara également libres tous les habitans de sa Cense dans la ville et les faubourgs. Elle renouvela aussi tous les réglemens faits par son père; notamment l'établissement des douze jurés pour l'administration de la Communauté des habitans, sans le concours desquels ni elle, ni ses officiers, ne pouvaient rien entreprendre sur les habitans ou leurs biens. La même charte permit aux Juifs de prêter de l'argent aux Bourgeois, pourvu que ce fût en présence de deux chrétiens, et que l'intérêt ne fût que de trois deniers par semaine; ce qui revient à soixante cinq pour cent par an. La condition ainsi imposée autorise à conclure qu'ils prenaient davantage auparavant. Elle ordonna encore qu'ils ne pussent jamais exiger plus d'une année d'intérêts.

Après cinq ans de veuvage, en 1226, elle se remaria avec Guy, Comte de Forez; qui partagea sa bienveillance envers les habitans. Ce nouveau Comte d'Auxerre, en 1227, entra en guerre avec Thibaut, Comte de Champagne, pour les limites de leurs Comtés, et les fortifications qu'ils y avaient fait construire; mais, par l'entremise de Boniface, Légat du Pape, les hostilités cessèrent, et un traité de paix conclu à Auxerre, en 1229, laissa les choses dans l'état où elles avaient été mises par les deux Comtes.

Dans la même année, Mathilde et son mari fournirent aux Religieuses Cisterciennes (les Bernardines) établies, depuis quelques années, dans le terrain infertile de Celles, près Saint-Georges, un local beaucoup meilleur, aux Iles près d'Auxerre. Déjà, en 1225, Mathilde avait admis, près de son château de Sainte-Anastasie (vulgairement appelée Sainte-Nitasse), les disciples de Saint François-d'Assise, qui vivait encore. Elle les transféra, en 1228, dans le quartier d'Egleny; et en 1240, elle leur donna leur dernier emplacement dans la Cité.

L'harmonie qui avait existé entre le nouveau Comte et l'Evêque Henri, fut troublée, en 1230, au sujet de deux Italiens, Bonaventure de Sienne et Villain de Lucques; qui, voulant se fixer à Auxerre, se déclarèrent Bourgeois de l'Evêque. Les officiers du Comte prétendirent qu'ils ne pouvaient l'être que de leur maître; les firent arrêter, et saisirent tout ce qu'ils avaient de meubles et de marchandises. La difficulté fut soumise à l'arbitrage de Barthélemi, Abbé de Saint-Père, et de Milon, Doyen de la Cathédrale, qui ordonnèrent la mise en liberté des deux Italiens, et condamnèrent le Comte à leur payer, pour la valeur de ce qui leur avait été pris, 220 livres, monnaie d'Auxerre; équivalant à 3,000 francs de la monnaie actuelle.

1230

Un second différend s'éleva, en 1231, sur la monnaie du Comte. Jusque-là, elle n'avait été, comme celle de l'Evêque, qu'au poids de seize sols, quatre deniers; et Guy en fit frapper du poids de dix-huit sols quatre deniers; ce qui faisait décrier celle de l'Evêque, et se trouvait contraire aux traités faits entre leurs prédécesseurs, portant que les Comtes ne pouvaient rien entreprendre de nouveau dans le Comté, sans le consentement de l'Evêque. Cette entreprise fut

1231

encore arrêtée par l'Archevêque de Sens, auquel Guy s'en rapporta. La sentence arbitrale ordonna que la nouvelle monnaie serait retirée, et remplacée par une autre, du poids accoutumé, et qui seule aurait cours pendant la vie du Comte.

1234   Le 18 janvier 1234, l'Evêque Henri, jeune encore, fut subitement enlevé à son Diocèse par une esquinancie; et remplacé, peu de jours après, par Bernard de Sully, Archidiacre de la Cathédrale. Cet ecclésiastique s'était fait si généralement aimer et considérer dans ce premier emploi, qu'il fut appelé au trône pontifical par acclamation, et à l'unanimité des suffrages, dès le premier vote de l'assemblée; ce qui, suivant les historiens, était fort rare à cette époque. La renommée de son mérite parvint jusqu'au roi, Louis IX; qui recommanda à ses officiers de mettre, dans ce qui intéressait l'Evêque, l'empressement et les égards dus à ses vertus. C'est à cette honorable recommandation du Roi, qu'on attribue le respect que gardèrent, durant l'épiscopat de Bernard, tous les Seigneurs du Diocèse à l'égard des biens du Clergé.

Les habitans n'eurent pas moins à se louer des procédés du Comte. Au mois de septembre 1234, il leur céda tous les revenus de sa Cense, comme l'avait fait Pierre, dix ans auparavant, pour trois années, moyennant douze cents livres tournois qu'ils lui avancèrent; et cette avance les ayant obligés, l'année suivante, à faire un emprunt, le Comte et sa femme Mathilde les aidèrent dans cette négociation, en se rendant leurs cautions. Ce prêt fut fait par trois Bourgeois de Reims.

Il paraît que le Comte Guy n'anticipait ainsi sur ses revenus, que pour satisfaire le désir qu'il avait conçu, avec un grand nombre de Seigneurs, particulièrement les Comtes de Joigny et de Mâcon, de prendre part à la guerre contre les infidèles. Le Roi, déjà dominé par cette pensée, avait promis de les y conduire: mais diverses circonstances l'ayant retenu, les Croisés, après avoir attendu plusieurs années, partirent, en 1239, sous le commandement de Thibaut, Comte de Champagne. De grandes infortunes accablèrent ces Croisés dans la Palestine; le comte Guy, et la plupart des habitans du Comté qui l'avaient suivi, y trouvèrent la mort, le 31 juillet 1241. (1)

Cet événement remplit de deuil la contrée, déjà consternée par la crainte d'une invasion épouvantable. Des hordes innombrables de Tartares, après avoir couvert l'Asie de morts et de ruines, étaient entrés en Europe, où ils portaient le fer et la flamme avec une férocité que rien ne pouvait fléchir, et une intrépidité que n'arrêtaient ni les forteresses, ni les armées. Les trônes, disent les historiens, s'écroulaient devant eux; l'Europe entière, et jusqu'aux îles de l'Océan, étaient menacées, ou croyaient l'être. On était tellement persuadé qu'ils étaient invincibles, que, pour se préserver de leur fureur, on se bornait, partout, à des prières, des jeûnes et des processions; ajoutant aux litanies : « *Délivrez nous, Seigneur, de la fureur des Tartares.* » Heureusement la France fut épargnée;

---

(1) V. l'Histoire des Croisades, tom. 4, liv. 13.

les barbares furent enfin repoussés et vaincus en Allemagne, et cessèrent de marcher vers l'Occident. (1)

La veuve du comte Guy ne se remaria pas ; elle continua de gouverner ses trois Comtés ; toujours généreuse envers les habitans, et se réunissant à l'Evêque pour tout ce qui pouvait contribuer à l'affermissement de la religion. Les hérésies populaires qui, dans ce siècle, affligeaient l'Europe, avaient déterminé les Papes à favoriser l'établissement de divers ordres de Religieux pauvres, dont le devoir était de ne vivre que d'aumônes ; de parcourir les campagnes, y prêcher la vérité, et combattre les opinions désorganisatrices enfantées par les Albigeois; tandis que les Religieux dotés composaient, dans la solitude de leurs cloîtres, les écrits nécessaires au soutien de la même cause. Déjà, comme on vient de le voir, des disciples de Saint François-d'Assise étaient établis à Auxerre, sur un terrain dépendant du château de la Comtesse, qu'elle leur avait donné. Elle ne fut pas moins favorable à l'admission de ceux de Saint Dominique ; à qui Amicie, Comtesse de Joigny, fit don, en 1241, du vaste emplacement qu'ils ont occupé jusqu'à la révolution.

Le pieux Evêque, Bernard de Sully, éprouvait une vive satisfaction de voir augmenter ainsi le nombre de ses coopérateurs; cependant, en 1244, affecté d'un mal de jambes, appelé *malum mortuum*, il ne voulut plus conserver un titre dont il ne pouvait remplir qu'imparfaitement les obligations, et obtint du souverain

---

(1) V. l'Histoire des Croisades, t. 4, liv 14.

Pontife, Innocent IV, la permission de s'en démettre. Il ne se réserva que le château de Beauretour, paroisse de Charbuy; où il mourut, peu de mois après, le 6 janvier 1245.

1245

Aussitôt après sa retraite, Renaud de Saligny, Doyen du Chapitre, avait été élu; mais il ne fit son entrée qu'après la mort de Bernard. Il fut lui-même frappé, le jour de sa prise de possession, d'une maladie de langueur, qui ne lui laissa aucun espoir de recouvrer la santé. Persuadé que le terme de ses jours s'approchait, il se fit transporter à l'Abbaye de Roches, où il avait choisi sa sépulture; et y termina sa vie, au mois de janvier 1247.

1247

Son successeur fut Guy de Mello, fils de Guillaume de Mello, Seigneur de Saint-Bris, que son zèle à concilier tous les différens entre les Seigneurs voisins, avait fait appeler *Porte-paix*. Guy de Mello, héritier des vertus de son père, avait été Doyen du Chapitre de Saint-Etienne, et ensuite éloigné d'Auxerre par sa promotion à l'Evêché de Verdun. Mais le Clergé qui, connaissant son mérite, avait déploré son éloignement, s'empressa, pour le recouvrer, s'il était possible, de l'élire, après la démission de Renaud. Guy, également flatté de revenir dans sa patrie, et de consacrer sa vie au bien-être de ses concitoyens, se réunit à eux pour obtenir sa translation à Auxerre. Ce concert, qu'un attachement réciproque avait pu seul former, fut accueilli par le Pape Innocent IV, qui était encore en France; et le nouvel Evêque combla les vœux qui l'appelaient, en faisant son entrée solennelle à Pâques 1247.

Le premier acte remarquable de son épiscopat fut d'exécuter la bulle de canonisation de Saint Edme, donnée par le Pape, sur la demande du dernier Evêque d'Auxerre, au mois de décembre précédent; par laquelle, comme Evêque Diocésain, il était chargé de relever le corps du Saint, modestement inhumé dans le cimetière des Religieux de Pontigny (1), et de l'exposer à la vénération des fidèles. Il indiqua cette cérémonie au 9 juin. De toutes parts, et surtout du Diocèse, une foule innombrable se rendit à Pontigny, au jour indiqué; avec d'autant plus d'empressement que la tradition y avait conservé la mémoire des vertus et des malheurs de cet Archevêque de Cantorbery, persécuté par Henri III, Roi d'Angleterre, comme Saint Thomas, l'un de ses prédécesseurs, l'avait été par Henri II, et qui, comme lui, s'était retiré à l'Abbaye de Pontigny. Il avait particulièrement édifié les habitans du Diocèse, qui avaient vu ce Prélat, descendu d'un des premiers sièges de la chrétienté, descendre encore, volontairement, jusqu'à se livrer, durant sa retraite, et tant que sa santé le lui permit, à la fonction de parcourir les campagnes pour en instruire les peuples. (2)

Le Roi Louis IX et la reine Blanche sa mère, voulant aussi assister à la cérémonie, vinrent à Auxerre, et furent reçus par l'Evêque dans son palais. Ils l'accompagnèrent ensuite à Pontigny; où, assisté de plu-

---

(1) Il était mort, en 1241, dans le monastère de Soissy, en Brie; mais suivant ses désirs, son corps avait été rapporté à Pontigny.

(2) Hist. ecclés. t. 17, p. 250.

sieurs autres Évêques et Abbés, il fit l'exhumation. Le corps fut trouvé entier; et après que tous les Prélats en eurent reconnu l'intégrité, celui d'Auxerre l'ayant fait placer sur l'autel, toute la foule fut admise à le vénérer. Enfin le corps fut renfermé dans un sépulcre de pierre; d'où, deux ans après, le même Évêque, assisté de celui d'Orléans, ainsi que de ceux de Norwich et de Chichester, en Angleterre, le tira pour le placer dans une châsse.

Les sentimens de respect et d'amour que le Roi lui avait inspirés, dans cette circonstance, ne l'empêchèrent pas de soutenir, en 1248, les droits de son siège contre les officiers de ce Prince. Les personnes intéressées à la navigation de la rivière d'Yonne, avaient obtenu du ministre l'autorisation de faire enlever de la rivière et de ses bords tout ce qui pouvait nuire à la navigation. Ils en prirent occasion de faire placer dans la rivière, au-dessus du pont, deux poteaux surmontés de fleurs de lis, comme signes de la propriété du Roi. L'Évêque, seul propriétaire de cet endroit, fit enlever les poteaux. Il fut aussitôt mandé à comparaître devant le Monarque. Ce fut une occasion de plus pour faire connaître combien était juste et ferme l'ame de ce jeune Prince! Après avoir entendu l'Évêque, et vu ses titres, il approuva sa conduite; le blâme fut pour ses officiers.

La conduite de Saint Louis, dans cette conjoncture, n'était que la conséquence des principes de gouvernement qu'il avait adoptés. Persuadé que parmi ses officiers et les fermiers de son fisc, il s'en trouvait qui ne craignaient pas d'employer des moyens odieux pour exiger du peuple au-delà de ce qu'il devait légitimement, il avait établi dans toutes les villes épiscopales, et conséquemment dans Auxerre, deux commissaires, l'un ecclésiastique, l'autre laïc, chargés d'entendre et de juger les plaintes contre ses ministres et ses agens. De temps en temps, au prône des paroisses, les habitans étaient invités à porter leurs plaintes, s'ils avaient éprouvé des torts; et avertis que des bureaux de restitution étaient ouverts pour rendre ce qui avait été indûment perçu. Indépendamment de ces premières mesures, de saints Prêtres, de bons Religieux, étaient secrètement chargés de surveiller la conduite de ces commissaires. C'est surtout en 1248, au moment où ce Prince se disposa à sa première expédition dans la Terre-Sainte, qu'il redoubla de précautions pour que son absence ne fût pas préjudiciable à ses sujets. Il ne mit aucun impôt sur le peuple pour cette expédition; le Clergé seul fut imposé, au dixième de ses revenus. Tous les autres citoyens ne donnèrent que ce qu'ils offrirent eux-mêmes. Dans toutes les Eglises, des troncs étaient placés pour recueillir les offrandes de la piété; et les produits en furent immenses.

Plus on avait fait de sacrifices pour secourir les chrétiens de l'Orient, et seconder le zèle du Roi ; et plus, deux ans après, les esprits tombèrent dans l'affliction et le désespoir, lorsqu'on apprit que, des cinquante mille hommes qui formaient son armée, il en restait à peine douze mille; que le Prince avait couru d'éminens dangers; qu'il avait été fait prisonnier et chargé de fers ; enfin qu'après avoir, avec honneur, racheté sa vie et sa liberté, il restait encore en Orient, pour sauver ce qui lui restait de troupes, au risque de succomber avec elles. La consternation fut d'autant plus générale à Auxerre, comme dans tout le royaume, « qu'on n'y comptait pas, dit l'historien des Croisa- » des, une seule famille qui n'eût une perte à déplorer » dans les désastres dont on venait d'avoir la triste » certitude. » (1)

A ces malheurs publics, se joignit à Auxerre, et dans la même année, un événement également déplorable. A l'instigation d'une famille appelée *les Soüefs*, un pauvre clerc, nommé Chevrier, avait été condamné, à l'insçu de l'Evêque, par Lebin, Prévôt, au bannissement. Cet infortuné, ne pouvant subsister hors de la ville, osa y rentrer. Aussitôt, sur la dénonciation des mêmes ennemis, il fut pendu aux fourches de Brelon, malgré les réclamations de l'Evêque Guy. Celui-ci traduisit le Prévôt, et tous ceux qui avaient pris part à ce meurtre, devant le Pape Innocent IV, alors résidant à Lyon; qui leur infligea une punition conforme aux usages de ce temps. Le Clergé et le peuple allèrent en procession générale aux fourches-patibulaires, y reprendre le cadavre de Chevrier. Le Prévôt Lebin, Pierre et Dreux Soüefs, ainsi que leurs complices, y étaient pieds nus et en chemise, portant des verges dans leurs mains. La procession arrivée aux fourches-patibulaires, le corps de Chevrier fut mis dans une bière et remis aux condamnés, pour être par eux rapporté à la Cathédrale, près de laquelle il fut

(1) Tom. 4, p. 370.

inhumé. Ils furent, en outre, tenus de payer la somme nécessaire pour la construction d'une chapelle expiatoire.

C'est en 1256 qu'enfin les habitans d'Auxerre virent effacer parmi eux les dernières traces de la servitude personnelle. Ceux dépendant de la paroisse Saint-Loup, qui formait la Cense de l'Abbaye de Saint-Germain, étaient restés jusque-là dans les liens de la main-morte; en sorte qu'à leur mort, tout ce qu'ils possédaient était dévolu à la Seigneurie des Religieux. Ils renoncèrent à ce droit, de la manière la plus absolue, par une charte que l'Evêque confirma; et reçurent en indemnité une somme de 1,000 livres parisis. (1)

L'année suivante, la ville fit une perte que les événemens postérieurs n'ont jamais réparée (2); la bonne Comtesse Mathilde, qui récemment venait d'ajouter à toutes ses largesses l'abandon pour les écoliers, appelés les *Bons enfans*, d'une place près le couvent des Dominicains, succomba à son grand âge et à ses infirmités, le 29 juillet 1257, dans son château de Coulange-sur-Yonne. (3)

De son mariage avec Hervé de Donzy, elle avait eu Agnès, mariée à Guy de Châtillon. De ceux-ci était

---

(1) Lebeuf, preuves, n° 124.

(2) Il importe d'observer que la bonté naturelle des femmes les a presque toutes préservées, dans ce malheureux temps, de la barbarie à laquelle la plupart des hommes étaient livrés. Aux nombreux exemples que fournit l'histoire, nous pouvons ajouter les deux Mathildes.

(3, J'ai suivi Lebeuf; mais Pérard, dans son recueil pour l'histoire de Bourgogne, place cette mort au 12 décembre 1255, et née Yolande, qui, devenue épouse d'Archambaud de Bourbon, avait donné le jour à Mathilde de Bourbon. Cette dernière enfin avait épousé Eudes, fils aîné de Hugues, Duc de Bourgogne ; et comme elle était l'unique héritière de Mathilde de Courtenay, son mari succéda pour elle aux trois Comtés.

Elle n'en jouit pas long-temps, et mourut en 1262, laissant quatre filles, Yolande, Marguerite, Alix et Jeanne, sous la tutelle d'Eudes ; qui gouverna en son nom ses trois Comtés, jusqu'au mariage d'Yolande avec un des deux fils de Louis IX. Pendant son administration, ses officiers firent battre et circuler une nouvelle monnaie, sans s'être concertés avec l'Evêque ; contre le texte des traités antérieurs. Ils allèrent jusqu'à défendre, sous de fortes peines, d'en donner ou recevoir d'autres ; et leur émission était si peu proportionnée aux besoins, que le public vit toutes ses négociations compromises. L'Evêque Guy assembla le Clergé ; et les officiers du Comte furent sommés de représenter leur monnaie pour être mise à l'épreuve. Sur leur refus, l'Evêque recourut au Roi, qui ordonna que les monnoyeurs fussent chassés de la ville, et que leur monnaie fût décriée.

Cette sévérité du Roi, et dont il avait déjà donné plusieurs exemples, détermina, en 1263, l'Evêque d'Auxerre, et plusieurs autres Evêques, à faire, auprès

---

prétend que Mathilde mourut à Fontevrant, où elle avait pris le voile. Née de la Rochelle, dans ses mémoires sur l'histoire du Nivernais, s'est conformé à cette version. Elle n'en est pas moins une erreur, que Lebeuf a rendue palpable, par les nombreux documens sur lesquels il s'est fondé. V. tom. 2, p. 170.

de lui, une démarche qui prouve plus de zèle que de discernement. Ils s'apercevaient que la mesure de l'excommunication perdait chaque jour de sa force, et que bientôt elle ne serait, dans leurs mains, qu'une arme inutile, si le Roi continuait à leur refuser l'aide de son pouvoir pour l'exécution de leurs sentences, comme il l'avait fait jusque là. Ils se réunirent et furent admis à son audience, ayant à leur tête l'Evêque d'Auxerre, chargé par eux de porter la parole.

Guy de Mello le pria de commander à ses *Baillis et serjans que il contreingnent les escommuniés an et jour, par quoi il facent satisfaccion à l'Eglise,* ajoutant : *Sire, la chrétienté déchiet et font entre vos mains, et décherra encore plus, se vous n'i metez conseil.* Louis répondit qu'il le feroit volontiers, *mès que en li donnast la cognoissance se la sentence était droiturière, ou non.* Les Evêques ayant répliqué que *de ce que il afféroit à la chrétienté, ne li donroient-il la cognoissance;* il leur déclara *qu'aussi de ce qu'il afféroit à li, ne leur donroit-il la cognoissance, ne commanderoit jà à ses serjans que il contreinsissent les escommeniés à euls fère absoudre, fu tort, fu droit;* leur rappelant qu'ils avaient, pendant sept ans, tenu le Comte de Bretaigne *en escommeniement,* et qu'il avait été ensuite absous par la Cour de Rome. Il finit la conférence par ces mots : « se je » l'eusse contreint dès la première année, je l'eusse » contreint à tort. » (1)

(1) Hist. de Saint Louis, par Joinville, édition de 1826, p. 219. Plusieurs publicistes voyent dans ces réponses de Saint Louis, l'origine des appels comme d'abus.

Guy fut plus heureux dans une occasion également importante. Le Pape Urbain IV avait, dès l'année 1261, proclamé une croisade contre Mainfroy, tyran de Naples, et avait appelé à ce Royaume Charles d'Anjou. Guy se rendit à Rome, en 1265, et y fut fait Légat pour accompagner le Duc dans sa conquête. Guillaume de Nangis attribue, en grande partie, le succès de cette expédition à l'habileté et à la bravoure de l'Evêque d'Auxerre.

Dès l'année suivante, au mois de mai, il revint avec sa suite dans sa ville épiscopale; toute la population, comme si elle eût partagé les dangers qu'il avait courus, et la gloire dont il revenait couvert, alla processionnellement au-devant de lui, avec le Clergé, en chantant des cantiques d'actions de grâces.

Peu de temps après, il reçut à Régennes le Roi, qui y donna ses lettres du 25 juillet 1266, par lesquelles tous les Bourgeois et gens d'église, dans quelques lieux qu'ils habitassent, s'ils se trouvaient propriétaires d'héritages dans le territoire d'Auxerre, furent assujettis à la réédification du pont, qu'une inondation avait renversé l'année précédente. Il fut construit sur les fondations de l'ancien.

On croit que c'est dans ce même voyage que le Roi, pour Jean Tristan, son sixième fils, qui venait d'épouser Yolande de Bourgogne, et Hugues, Duc de Bourgogne, aïeul de celle-ci, tant pour elle que pour ses trois sœurs, firent le traité de 1266; par lequel l'administration des trois Comtés fut déférée au fils du Roi. Cependant le Comte Eudes vivait encore; mais il était en Palestine, où il mourut en 1267.

1269   En 1269, le 27 mars, Auxerre vit encore dans ses murs le Roi, qui, cette fois, était accompagné de son fils le Comte d'Auxerre, et de ses deux autres fils. Ils allaient à Aigues-Mortes s'embarquer pour la seconde croisade, dont Louis IX devint victime devant Tunis, le 25 août 1270. Quelques jours auparavant, la mort avait déjà enlevé le jeune Comte d'Auxerre, dans le même camp.

1270   Le 19 septembre suivant, Auxerre perdit aussi son Evêque, Guy de Mello; qui, trois ans auparavant, avait donné à ses Diocésains une grande preuve d'attachement, en refusant l'Archevêché de Lyon, auquel le Pape l'avait nommé. Il fut remplacé par son neveu, Erard de Lésignes; qui, depuis vingt ans, était Chanoine, et plus récemment Doyen de la Cathédrale. A cette époque, l'Eglise de Saint-Germain, construite, en 524, par les largesses de la Reine Clotilde, *menaçait ruine,* dit l'histoire manuscrite d'Auxerre, par Bargedé, (t. 2, p. 202), *en divers endroits, en suite de deux incendies dont elle avait été endommagée.* L'abbé, Jean de Joceval, et les cinquante Religieux qui composaient alors sa communauté, *résolurent de la faire rebâtir tout à neuf;* et l'on ne peut pas douter qu'ils n'ayent exécuté cette résolution en très-peu de temps, au moins pour cette belle partie du sanctuaire et du cœur qui subsiste encore; car on voit, dans la même histoire (p. 207), que Guy de Munois, qui a succédé à J. de Joceval en 1277, *fit construire de beaux édifices en diverses Seigneuries du Monastère;* et qu'après lui l'Abbé Gaucher-Guignon fit *ceindre de murs et de fortifications le Monastère et le clos de vigne adjacent* (p. 209). Ces deux Abbés ne se seraient pas livrés à des constructions qui n'avaient rien d'urgent, si l'Eglise, dont la reconstruction avait été reconnue indispensable du temps de J. de Joceval, et où les Religieux passaient une grande partie du jour et de la nuit, n'eût pas été rétablie. D'ailleurs, l'historien ajoute, (p. 205) que tous les Prieurés dépendant de l'Abbaye contribuèrent aux réparations qui y furent faites à cette époque. (1)

Les vertus du nouvel Evêque, Erard de Lésignes, le firent chérir du peuple et du Clergé; mais il n'eut que des chagrins à éprouver de la part du nouveau Comte, Jean de Chalon. Après la mort de Jean de France, Yolande sa veuve avait conservé les trois Comtés; et s'était remariée, un an après, à Robert de Bethune, Comte de Flandre. Elle et son mari, prétendant que les trois pays ne formaient qu'un seul Comté, et devaient leur rester sans partage, attendu qu'elle était

(1) L'auteur d'une notice sur cette Abbaye, insérée dans l'almanach d'Auxerre de 1760, est tombé dans une grande erreur, en attribuant au Pape Urbain V, la reconstruction de cette église; erreur renouvelée par M. Leblanc, probablement trompé par cette notice, dans ses *Recherches historiques*, tom. 2, p. 118. Guillaume de Grimoard n'a été élu Abbé de Saint-Germain, qu'après Etienne de Chitry, qui l'était encore en 1343; et n'a été élevé sur le Saint-Siège qu'en 1362, près d'un siècle après la nécessité de refaire entièrement cette église reconnue par J. de Joceval. Il est vrai qu'Urbain V a envoyé *une grosse somme* d'argent aux Religieux de Saint-Germain, mais seulement *pour la réparation* de leur église, avec une Bulle, dans laquelle il menace *de l'indignation des Apôtres ceux qui iront au contraire*. V. le Chronicon de Dom Cotron, p. 970, Dom Viole, chap. des Abbés de Saint-Germain, article de J. de Joceval; et Bargedé, dans son histoire manuscrite d'Auxerre, t. 2, p. 224.

l'aînée, refusaient d'en distraire la moindre portion en faveur des sœurs de la Comtesse. Il ne fut pas difficile de combattre leur système; et la cause portée au Parlement de la Toussaint de 1273, le partage des trois Comtés fut ordonné. Celui de Nevers fut dévolu au Comte de Flandre; celui de Tonnerre, avec une partie de celui d'Auxerre, à Charles de France, Roi de Sicile, pour Marguerite qu'il avait épousée; et la ville d'Auxerre avec le surplus du Comté à Jean de Chalon, à cause d'Alix sa femme. C'est depuis ce moment que les trois pays ont eu leurs Comtes particuliers.

Mais il paraît que dans ce partage on ne suivit pas les anciennes circonscriptions de ces Comtés. Par tout ce qui précède on a pu se convaincre que, jusque là, le Comté et le Diocèse n'avaient eu qu'un même ressort. Le Diocèse avait encore toute l'étendue du sien, en 1790, parce qu'on ne pouvait pas y toucher sans le concours de la Cour de Rome. Mais les trois Comtés se trouvant à être partagés entre trois sœurs, et l'aînée voulant les avoir tous trois, le Parlement, pour terminer le procès, et concilier l'excessive prétention de l'aînée avec la justice due à ses sœurs, crut probablement pouvoir, en donnant à Yolande le Comté de Nevers, l'agrandir des Baronies de Donzy et de Saint-Verain, ainsi que de plusieurs autres Seigneuries retranchées du Comté d'Auxerre; et, en attribuant à Marguerite le Comté de Tonnerre, l'augmenter de 15 à 16 paroisses prises au milieu même du Comté d'Auxerre, sans aucun point de contact avec le ressort du Comté de Tonnerre, en sorte qu'il ne resta à Alix que des débris de l'ancien Comté d'Auxerre.

C'est ce qui explique, d'une part, l'exiguité qu'à eue le Comté depuis ce partage, comparée avec l'étendue du Diocèse; de l'autre cette bizarre enclave des dépendances du Comté de Tonnerre, dans celui d'Auxerre.

La première entreprise du nouveau Comte à laquelle l'Evêque se vit contraint de résister, fut sur l'enceinte de la Cité et le cloître du Chapitre. Il avait fait percer les murs de la Cité, du côté appelé, alors, *Sous-murs*, et, depuis, *Grands-jardins*; ce qui donnait issue dans le cloître; une porte qui, de ce cloître, conduisait sur le bord de la rivière, avait été enlevée par ses ordres; enfin il avait fait emporter la serrure et les verroux d'une seconde porte appelée la *Porte-pendante*; en sorte qu'il mettait l'Evêque et les Chanoines à la merci des brigands, dont alors l'audace était extrême. Après d'inutiles représentations, l'Evêque s'en plaignit au Roi Philippe-le-Hardi; qui ordonna provisoirement que les choses seraient remises dans leur premier état, et chargea l'Abbé de Saint-Denis et le Trésorier de Laon de s'assurer de l'obéissance du Comte. Sur le fond des droits contestés, on nomma des arbitres; et en décembre 1275, une transaction termina le différend à la satisfaction de l'Evêque.

Mais le Comte, piqué de cet échec, n'en fut que plus irrité; et pour s'en venger, renouvela toutes les entreprises de ses ancêtres sur les biens et les droits de l'Evêché. Ses déprédations furent portées à un tel excès, que l'Evêque crut devoir recourir, d'abord, contre lui à l'excommunication, puis à l'interdit sur la ville et le Comté. Jean de Chalon, par un appel au Pape, suspendit ces mesures, et l'Evêque se vit forcé d'aller à Rome les justifier. Avant son départ, il eut la précaution d'abandonner aux Chanoines de la Cathédrale la moyenne justice sur toutes les maisons habitées par eux, afin qu'ils exerçassent eux-mêmes la police dans leur cloître. C'est l'origine de la justice du Chapitre, qui a subsisté jusqu'à la révolution.

Pendant l'absence de l'Evêque, le Bailli et le Prévôt du Comte s'enhardirent, et firent éprouver aux membres du Clergé toutes sortes de persécutions. Heureusement, déjà la justice commençait à avoir en France des moyens de répression, sinon contre les Grands, au moins contre leurs subalternes. Sur la plainte du Doyen du Chapitre, le Parlement de l'Epiphanie 1277 condamna Jacques Aisant, Prévôt, à faire quatre processions, à des jours de fêtes indiqués, et à payer cent livres tournois au Chapitre. Par un second arrêt, du même jour, Nicolas de Passu, Bailli, fut également condamné à payer deux cents livres tournois, soit au Roi, soit à qui il l'accorderait; et en outre, à faire autant de processions qu'il plairait au Roi d'en exiger.

A Rome, la conduite de l'Evêque Erard fut si complètement approuvée par le Pape Jean XXI, qu'en 1278, il le nomma Cardinal et Evêque de Préneste; mais il ne conserva ces nouvelles dignités que très-peu de temps, et mourut à Rome, le 18 mars 1279. Suivant qu'il l'avait ordonné, son corps fut apporté à Auxerre; et son chapeau de Cardinal suspendu à la voûte de la Cathédrale, où il est resté jusqu'au pillage des Calvinistes, en 1567.

Le Clergé ayant été assemblé pour l'élection de son

successeur, les suffrages se trouvèrent divisés; et la difficulté qui en survint, ayant été soumise au Pape, il nomma, de son propre mouvement, Guillaume Desgrés, alors Doyen de Chartres, qui se trouvait à Rome, et s'y était fait remarquer autant par sa science, que par son zèle pour les intérêts de l'Eglise. Arrivé à Auxerre, le 22 juin 1280, il ne s'y occupa que de ses devoirs; et sut se concilier l'affection, non-seulement de son Clergé et du peuple, mais même du Comte, qui lui rendit sans difficulté l'hommage accoutumé.

1280

Le Comte, à cette époque, était déjà veuf, ayant perdu la Comtesse Alix, et ne possédait le Comté que comme bailliste de Guillaume leur fils unique. Il le maria, en 1291, à Eléonore, fille d'Amédée, Comte de Savoye. Il conserva néanmoins le titre de Comte d'Auxerre, que prenait également son fils; celui-ci, depuis, y ajouta la qualité de Comte de Tonnerre, dont sa tante, la Reine de Sicile, lui fit don, en 1294.

1294

Le 29 janvier de la même année, l'Evêque, Guillaume Desgrés, mourut, avec la satisfaction d'avoir, par son amour pour la paix, soutenu par la science et l'activité, terminé tous les procès sans nombre que ses prédécesseurs lui avaient laissés contre les Seigneurs du Diocèse.

Le Clergé réuni pour le choix du nouvel Evêque, la division qui l'avait privé de son droit d'élection, à la mort d'Erard de Lesignes, se renouvela, et eut le même résultat. Deux concurrens, parmi lesquels était Pierre Desgrés, neveu de l'Evêque précédent, furent élus; mais le Pape, Boniface VIII, nomma Pierre de Mornay, qui déjà occupait le siége d'Orléans.

CHAPITRE X.

QUATORZIÈME SIÈCLE.

Le commencement de ce siècle vit naître entre l'Evêque, de Mornay, et Guy, Abbé de Saint-Germain, un différend fort grave, pour un fait plus singulier qu'important. L'Abbé avait un sanglier apprivoisé ; qui, sorti du Monastère, trouva dans les vignes une nourriture plus agréable que celle du couvent. Un Prêtre du chœur de Saint-Etienne, l'ayant rencontré dans la sienne, le tua. Quelques Religieux informés de cet accident, voulurent venger la mort de l'animal ; se portèrent à la maison du Prêtre, et la ravagèrent ;

puis à sa vigne, qu'ils arrachèrent jusqu'aux racines. L'Evêque se disposait à punir les coupables de cette action révoltante, lorsque l'Abbé soutint que seul il avait le droit et la possession de réprimer les torts de ceux qui vivaient sous son obéissance. Il fallut recourir à la Cour de Rome. L'Abbé en fit le voyage, et revint après un séjour de trois années, sans avoir pu obtenir de décision; mais l'Evêque n'insista pas sur sa prétention, et lui laissa le soin de corriger ses Moines.

Cet Evêque, très-savant en droit, et doué de beaucoup de talens, était un des membres les plus habiles du Conseil du Roi, Philippe-le-Bel. Il le servit avec tant de zèle et de succès, dans ses démêlés avec le Pape Boniface VIII, que ce Prince le fit son Chancelier, en 1304; il était encore revêtu de cette charge honorable, lorsque, retiré à Régennes, il y mourut, le 29 mai 1306.

1304

1306

Les ténèbres de l'ignorance commençaient à se dissiper, mais elle enchaînait encore le peuple et la noblesse; le Clergé seul avait le dépôt des sciences, et tous les esprits avides de savoir mettaient à y entrer d'autant plus d'empressement, qu'avec l'instruction, ils y trouvaient des honneurs et de la fortune; de-là cette toute-puissance morale que ce corps, et particulièrement son chef, le souverain Pontife, exerçaient sur toute la chrétienté. Philippe-le-Bel, à l'exemple de Saint Louis, son aïeul, justement convaincu que cette puissance peut être un instant comprimée par la force, mais qu'elle finit, toujours par l'emporter, mit tous ses soins, pour combattre Boniface avec succès, à se servir de ses propres armes. Pour cela, il s'entourait d'Evêques et d'Abbés, qu'il comblait de faveurs et de grâces; et lors des élections, toute son influence avait pour but de ne faire élever à ces postes éminens, que ceux qui s'étaient rendus recommandables par leurs connaissances, surtout dans le droit civil et canonique.

De Mornay lui avait été trop utile, pour qu'il ne cherchât pas à le faire remplacer par un homme aussi capable. Ceux qui, dans ses Conseils, lui parurent plus conformes à ses vues, étaient Pierre Desgrés, neveu du prédécesseur de Mornay, et Pierre de Belle-perche. Le premier fut celui pour lequel il fit faire, d'abord, des démarches. Le titre de Chanoine d'Auxerre qu'avait Desgrés, lui donnait plus d'espérance. Le Roi ne se contenta pas de le recommander au Doyen et au Chapitre; il envoya, lors de l'élection, deux personnes chargées de la diriger dans son sens; et son désir fut satisfait. Néanmoins cette élection n'eut pas l'approbation du Pape, on en ignore le motif; et le choix tomba définitivement sur Pierre de Belle-perche, qui n'était pas moins agréable au Monarque, puisque déjà il l'avait fait Chancelier à la place de Mornay; et qu'il vint lui-même assister à son installation, au commencement de 1307.

De Belle-perche était né dans une condition obscure; mais ayant étudié le droit à Orléans, sous Jacques de Ravigny, il y avait fait de tels progrès, qu'il y était devenu lui-même Professeur, et avait composé plusieurs ouvrages, notamment un glossaire fort utile aux étudians, qui lui mérita d'être appelé le père des savans en droit. Ce qui recommande plus encore ses œuvres, c'est l'éloge que Bartole en fit cinquante ans après. De Belle-perche fut abondamment récompensé de ses travaux, il devint successivement Conseiller au Parlement, Chanoine de Chartres, Doyen de Paris, Chancelier du Roi de Navarre, Chancelier de France (1), et Evêque d'Auxerre. Là était marqué le terme de cette honorable vie : il mourut à Paris, le 17 janvier 1308.

1308.

Le Roi recommanda de nouveau au Chapitre Pierre Desgrés, qu'il appelait son *Clerc-familier*, et qui, nommé pour la troisième fois, fut enfin confirmé par le Pape, Clément V. Ses fonctions auprès du Roi ne l'empêchèrent pas de remplir celles de l'épiscopat, à la satisfaction générale. Il n'eut qu'une seule contestation sérieuse, relativement à l'hommage de la Baronnie de Donzy; mais il n'en eut aucune avec ceux dans les mains desquels passa, de son temps, le Comté d'Auxerre.

Dès l'année 1304, le Comte Guillaume était mort sur le champ de bataille de Mons-en-Puelle; faisant partie des 1,500 hommes qui payèrent de leur vie, en cet endroit, la victoire remportée par Philippe-le-Bel sur les Flamands. Guillaume laissa deux enfans en bas âge, Jean et Jeanne de Chalon, sous la tutelle de sa veuve Eléonore de Savoye. Elle ne la conserva que jusqu'à son

---

(1) L'abbé Lebeuf prétend que c'est une erreur dans l'histoire de P. de Belle-perche; mais c'est lui qui est tombé dans l'erreur. V. l'histoire de France, par le Président Hénaut, p. 167, édition de 1788.

second mariage avec Dreux de Mello, en 1308. Alors le gouvernement du Comté fut repris par Jean Ier, aïeul des enfans ; mais à sa mort, arrivée le premier mars, elle passa à Louis de Flandre, leur grand-oncle. Enfin, en 1314, le jeune Comte, Jean II, étant majeur, fut mis en possession des deux Comtés d'Auxerre et de Tonnerre. Il ne garda ce dernier que jusqu'au mariage de sa sœur avec Robert de Bourgogne.

A cette époque, les habitans d'Auxerre firent des pertes considérables sur leurs vins. D'une part, le débit qu'ils en faisaient habituellement en Normandie, était arrêté par une ordonnance de Philippe-le-Bel, qui, étant en guerre avec le Comte de Flandre, défendait de rien conduire à Rouen, par la Seine. De l'autre, les officiers du Comte d'Auxerre enlevaient dans les caves des Bourgeois et des Ecclésiastiques tous les vins qui leur convenaient, sous prétexte d'approvisionner l'armée que le jeune Comte se préparait à conduire en Flandre.

1315 En 1315, le Roi, Louis-Hutin, rendit à la navigation sur la Seine la liberté que réclamait le com-
1319 merce ; mais ce ne fut qu'en 1319 que, sur les plaintes réitérées des habitans, Philippe-le-Long manda au Bailli de Sens de prendre connaissance des exactions dont ils se plaignaient, non-seulement sur leurs vins, mais sur tous les autres comestibles, qui leur étaient enlevés sans paiement ; quand, suivant les chartes de Pierre de Courtenay en 1194, et de Mathilde en 1223, le Comte devait payer tous les vivres levés par ses officiers, au plus tard, quarante jours après la livraison.

Le Comte reconnut les torts de ses agens, les répara, et confirma les chartes de ses ancêtres. Il fit également cesser des difficultés qui, sans cesse, entravaient la marche de la justice. Depuis l'établissement des douze Jurés accordé aux Auxerrois par Pierre de Courtenay, en 1194, ils servaient de Conseils au Bailli et au Prévôt dans le jugement des affaires civiles et criminelles ; mais souvent ces Magistrats n'avaient aucun égard à leur avis. Par deux chartes, d'avril 1320 et de janvier 1321, confirmées par le Roi Charles-le-Bel, en 1322, il décida : 1° que, quand des douze Jurés, sept seraient d'un avis uniforme, le Magistrat serait tenu de s'y conformer, et que cette sentence serait réputée celle du Comte ;

2° Que dans les cas qui ne souffrent aucune difficulté, le Bailli pourrait agir sans appeler les Jurés ;

3° Que tous les lundis, ils seraient tenus de se réunir, sinon le Bailli agirait seul ;

4° Que le Comte lui-même ne pourrait faire arrêter un Bourgeois, ni saisir ses biens, sinon pour cause de larcin, homicide, rapt ou autre crime punissable de mort ou de bannissement ;

5° Que cependant il ne pourrait ni le bannir, ni le mettre dans les fers, ni même l'appliquer à la question, qu'avec l'avis de la majorité des Jurés ;

6° Que si un Juré était absent, ou parent du prisonnier, il se ferait remplacer par un Bourgeois non parent, qui ferait serment sur les Evangiles de faire son devoir aussi bien que celui dont il tiendrait la place ;

Si l'on remarque avec attention tous les effets de ces deux chartes, combinés avec ceux des chartes de

1188, 1194 et 1223 (1), on reconnaîtra que les Auxerrois qui, vers la fin du XIIe siècle, portaient encore le joug féodal avec toutes ses rigueurs, étaient parvenus, dès le commencement du quatorzième, à un état de liberté civile et individuelle, en quelque sorte, plus complet que celui dont la France jouit aujourd'hui ; puisque la procédure par Jurés n'est pas admise en matière civile.

Indépendamment des contestations entre le Comte et les habitans, que ces chartes firent cesser, il en restait encore deux autres. Le Comte réclamait les sommes par lui dépensées pour la réparation des fortifications, et des amendes en punition de ce que, sans son consentement, les habitans avaient fait venir des soldats pour la défense de la ville ; mais sa dernière charte porte que, de l'avis d'Amédée de Savoye, son aïeul maternel, et pour la bonne amitié qu'il porte aux habitans, il leur fait remise de tout ce qu'il pouvait exiger à ce sujet.

Peu de temps après l'extinction de ces mésintelligences entre le Comte et les habitans, celle de l'Evêque avec le Comte de Flandre, pour l'hommage de la Baronnie de Donzy, fut également terminée. Le bon droit et la patience de Pierre Desgrés vainquirent l'orgueil du Comte. Voici les détails de cette cérémonie, qui se renouvelait à toutes les mutations d'un Evêque d'Auxerre, ou d'un de ses Barons, mais que les chroniques donnent pour la première fois.

---

(1) V. ci-dessus, p. 161, 163 et 186.

Le 8 juin 1323, le Chapitre de Saint-Etienne se rendit processionnellement dans la grande salle du Palais épiscopal, le Diacre portant le livre des Evangiles. Le Comte de Flandre fut, ensuite, introduit devant l'Evêque assis sur son trône, mit ses mains dans celles du Prélat, lui donna le baiser de paix, et toucha le livre des Evangiles. L'Evêque lui rappela ses devoirs comme son Baron, et, en cette qualité, *son homme et son féal*. Cette cérémonie eut pour témoins, non-seulement le Chapitre, mais encore l'Abbé de Saint-Père, celui de Vézelay, le Prieur de la Charité, et un grand nombre de Chevaliers.

Cet Evêque, aimé du peuple et respecté des Grands, succomba aux fatigues d'une visite diocésaine, le 21 septembre 1325.

Sur l'invitation du Roi, Charles-le-Bel, ce fut encore un des membres de son Conseil, Pierre de Mortemar, qui devint Evêque d'Auxerre. Il ne dut pas à la famille qui lui donna le jour, son illustration, mais à l'étude et à ses dispositions naturelles. Il était devenu savant Professeur en droit; ce qui lui avait procuré l'estime et l'amitié du Roi. Déjà il était Evêque de Viviers, lorsqu'il fut élu au siège d'Auxerre; dont il prit possession dans les premiers jours de novembre 1326. Il fut porté, suivant l'usage, par les quatre Barons; parmi lesquels était ce Comte de Flandre, qui avait tant fait d'efforts les années précédentes pour ne pas reconnaître la suzeraineté de l'Evêque! Cette fois, il se prêta de bonne grâce à lui rendre foi et hommage; mais il termina la cérémonie par une prétention ridicule : il voulut retirer du doigt de Mortemar l'anneau pastoral, soutenant que, l'ayant touché, tandis qu'il avait ses mains dans celles de l'Evêque, il devait lui appartenir. Mortemar ne fut pas sa dupe, et lui déclara qu'il le lui remettrait aussitôt qu'il aurait justifié de son droit.

Dès l'année suivante, 1327, Jean XXII fit Mortemar Cardinal, et l'appela à Avignon; où il est mort, le 14 avril 1335.

En très-peu de temps, Auxerre eut sept Evêques auxquels aucun fait intéressant ne se rattache ; savoir: en 1328, Talleyrand-Périgord, promu au Cardinalat trois ans après, et Légat du Pape dans la Croisade de cette époque;

En 1330, Aymeric Guenaud, transféré depuis à l'Archevêché de Rouen;

En 1338, Jean de Blangy, qui donna sa démission six ans après;

En 1344, Pierre de Vilaines, transféré ensuite à Bayeux;

En 1347, Bernard Lebrun, qui ne vécut que deux ans;

En 1349, Pierre de Cros, fait Cardinal par Clément VI; (1)

En 1351, Audouin Albert, auparavant Evêque de Paris, et depuis revêtu de la pourpre romaine, par

(1) V. l'introduction, p. xxix.

son frère, Etienne Albert, Pape sous le nom d'Innocent VI. (1).

En 1352, l'Eglise d'Auxerre eut un Pasteur qui s'y dévoua entièrement. Jean d'Auxois fut transféré par Innocent VI, de l'Evêché de Troyes à celui d'Auxerre. A son entrée, qui eut lieu le 29 août, il s'éleva un singulier incident; les quatre Barons qui l'avaient porté depuis l'Eglise de Saint-Germain jusqu'à la Cathédrale, s'emparèrent du drap de soie qui couvrait la chaise sur laquelle il était assis; et ne le restituèrent que sur une menace d'excommunication. Depuis, ayant prouvé que c'était un droit acquis, le drap leur fut rendu.

C'est sous le pontificat de cet Evêque, que le monastère de Saint-Germain eut pour Abbé, Guillaume de Grimoard, plus connu comme Pape, sous le nom d'Urbain V; et qui déjà était un des hommes les plus considérés de son temps. Après avoir professé dans plusieurs Universités et dans celle de Paris, les hautes sciences du temps, savoir, la théologie, la philosophie, ainsi que le droit civil et canonique, il avait été Grand-Vicaire de l'Evêque de Clermont, et l'Ordre de Cluny, auquel il appartenait, venait de l'envoyer à Avignon, en qualité de son Procureur-général près le Saint-Siège, lorsqu'il fut élu par les Religieux de Saint-Germain; pour succéder à leur Abbé, Etienne de Chitry. Il accéda à leurs vœux, mais ils ne purent pas le conserver long-temps. Le Clergé de Saint-Etienne et celui de

(1) C'est Audouin Albert qui commença la destruction du château de Beauretour, à Charbuy.

Saint-Germain ont presque toujours été en rivalité, *de libertés immunités et prérogatives*. On ne vit pas plutôt l'Abbé de Grimoard officier avec la crosse et la mître, ainsi que le Pape, en confirmant son élection, lui en avait attribué le droit, qu'un procès s'ensuivit. Il le gagna; mais il n'était pas délivré de cette première hostilité qu'il eut à se défendre de plusieurs autres, intéressant la communauté dont il était le chef; et venant non-seulement du Clergé mais aussi des principaux habitans de la ville. Pour avoir la paix, l'Abbé sollicita des conférences avec ceux qui lui suscitaient ces difficultés. Dans la dernière, l'Evêque y avait appelé Guillaume de Melun, son Métropolitain et son parent. Celui-ci, frère du Comte de Tancarville, Chambellan de France, et en grande faveur auprès du Roi, crut pouvoir traiter les questions avec hauteur, tandis que l'Abbé les développait avec science et logique. Probablement les argumens de l'Abbé devinrent si pressans que l'Archevêque ne put pas les réfuter, car il finit par lui donner un soufflet. Innocent VI, informé de cette déplorable aventure, transféra Grimoard à l'Abbaye de Saint-Victor de Marseille. On verra bientôt comment devenu Pape, il se vengea généreusement des désagrémens qu'il avait éprouvés à Auxerre.

Jean d'Auxois résida plus assidûment que ses prédécesseurs dans son Diocèse, et ne craignit pas de partager avec les habitans tous les maux dont, à cette fatale époque, ils furent accablés. La guerre de Philippe-de-Valois avec Edouard III, Roi d'Angleterre, avait coûté la vie à leur Comte Jean II, tué à la bataille de Crécy, le 25 août 1346. Cette perte avait d'autant plus affligé la ville, que l'année précédente, il lui avait donné une nouvelle marque d'affection. Ses officiers, depuis la charte de 1320, y contrevenaient souvent, et méconnaissaient en plusieurs points les autres priviléges des habitans. Sur les plaintes qui lui furent adressées, il avait enjoint à son Bailli et à ses autres officiers de n'attenter en rien aux droits des habitans ; particulièrement, de se conformer dans leurs jugemens, à l'avis de la majorité des Jurés; et de laisser les Bourgeois jouir du droit de chasser en tout temps, et toute espèce de gibier, dans la forêt du Bar. Ses lettres, à ce sujet, sont du 9 mars 1345. (1)

A la nouvelle de la mort du Comte, son fils, Jean III, qui, jeune encore, habitait presque toujours le palais d'Auxerre, prit possession du Comté, et ne tarda pas à être rangé parmi les premiers Seigneurs du Royaume. Le roi Jean, n'étant encore que Duc de Normandie, lui avait donné sa confiance pour tout ce qui l'intéressait en Bourgogne; et monté sur le trône, il le fit son grand Bouteiller.

On peut attribuer à son absence une partie des désordres dont la ville eut à gémir. Les contestations sur le cloître de Saint-Étienne, qui avaient été assoupies en 1275, se renouvelèrent. Les Chanoines désiraient que ce cloître fût fermé depuis le coucher jusqu'au lever du soleil. Leur droit, à cet égard, était incontes-

1275

( ) Hist. manuscrite de Bargedé, p. 210, qui s'appuie sur celle des Papes, de la bibliothèque de Corbie.

table. Mais quelques habitans, gênés par cette clôture, ne voulaient pas la souffrir; et pendant six années, il n'est sorte de voies de fait qu'ils n'aient employées pour contraindre les Chanoines à abandonner leur droit. On peut lire dans les Mémoires de l'Abbé Lebeuf (1), les détails des excès auxquels ils se livrèrent. Des assassinats même furent commis; et il était passé en proverbe pour menacer quelqu'un, de dire: « *je te trouverai quand tu iras à matines.* » Cependant une instance se suivait au Parlement. Deux Commissaires nommés pour instruire sur les lieux, parvinrent à rapprocher les esprits; et moyennant 2,400 livres que la ville s'obligea de payer au Chapitre, il renonça à son droit de clôture. La transaction est du 8 août 1352.

Ces dissensions intestines n'étaient que l'effet d'un mal beaucoup plus grave, qui tourmentait la France entière à cette époque. En effet, il n'y en a pas dans l'histoire, de l'aveu de tous les historiens, où il y ait eu plus de dépravation dans les mœurs. L'heureux temps pendant lequel Saint Louis faisait régner l'ordre et la religion dans ses Etats, n'employant l'ardeur guerrière de ses Chevaliers que contre les infidèles, et au-delà des mers, avait cessé. On ne se rappelait le règne de ce bon Roi, qu'avec le regret de l'avoir perdu; les Princes et les Souverains de l'Europe toujours armés les uns contre les autres, n'étaient occupés qu'à s'arracher les provinces et les royaumes, livrant l'administration intérieure de leurs Etats à tous les fléaux

---

(1) Tom. 2, p. 215.

de l'anarchie. Aussi, malgré les qualités du Roi Jean-*le-bon*, la France n'a-t-elle jamais été plus malheureuse que sous son règne. Charles-*le-Mauvais*, Roi de Navarre, fut le principal artisan de ces maux. Descendant d'une fille de Louis Hutin, il se prétendait préférable à Jean pour le trône; en même temps qu'Edouard III, Roi d'Angleterre, tirait les mêmes prétentions d'une génération plus éloignée. Tous deux, sans s'avouer leur but commun, s'entendaient pour porter le fer et le feu sur les villes et les campagnes dont ils pouvaient s'emparer.

A la bataille de Poitiers, le 17 septembre 1356, où le Roi fut fait prisonnier, le Comte d'Auxerre, plein de zèle pour sa cause, eut le même sort; et avec lui conduit en Angleterre, fut enfermé dans la tour de Londres. Ses enfans étaient à Auxerre; et Jean son fils aîné, déjà marié, résista, autant qu'il fut possible, avec les habitans, aux événemens désastreux qui se succédèrent sans cesse.

Le Dauphin, Charles, s'était déclaré Régent du Royaume; et dans la lutte inégale qu'il eut à soutenir, tant contre les deux Rois d'Angleterre et de Navarre, que contre les factieux qui rêvaient un gouvernement populaire, il déployait le courage et la prudence qui, depuis, lui méritèrent le nom de *Sage*. Mais assez heureux pour sauver la monarchie, il ne put pas garantir ses Etats des maux inévitables dans une guerre générale et intestine. Aucune ville, dans cette tourmente, ne souffrit plus que celle d'Auxerre.

Tandis que le Régent recourait à tous les moyens que les circonstances lui laissaient, de payer la rançon du Roi son père; le Roi d'Angleterre mettait ses troupes à la disposition du Roi de Navarre, pour désoler la France, et rompre toutes les mesures qui pouvaient procurer cette rançon. En 1358, après avoir pris Melun, les Anglais s'avancèrent dans la Champagne. Devenus maîtres d'Aix-en-Othe et de Champlot, ils s'approchèrent de Régennes, dont le château, alors fortifié, était la clef du pays Auxerrois. L'Evêque venait également de fortifier Appoigny; mais ces précautions devinrent inutiles ; l'ennemi s'empara de ces deux places, le 8 décembre.

L'épouvante, aussitôt, fut à Auxerre, et surtout dans les faubourgs. Les Monastères de Saint-Amatre, Saint-Julien, Saint-Gervais, Saint-Marien et celui des Bernardines, aux Iles, furent abandonnés. Celui de Saint-Côme, rebâti en 1130, fut détruit; les Religieux, Religieuses et les habitans de ces faubourgs s'enfermèrent dans la ville. Le fils aîné du Comte avait quelques soldats, qu'il chargea de garder une partie des tours et des murs. Les Bourgeois, qui pouvaient fournir deux mille combattans et plus, conservèrent la garde de la partie occidentale de la ville; et se crurent tellement au-dessus du danger, qu'imprudemment ils refusèrent le service de plusieurs Chevaliers qu'avait amenés Guillaume, l'un des fils du Comte, et les forcèrent de sortir de la ville.

Effectivement, les ennemis, s'étant plusieurs fois approchés, furent reçus avec vigueur et repoussés avec succès. Le dix janvier, quoiqu'en plus grand nombre, ils ne furent pas plus heureux. Deux mois se passèrent ensuite, sans qu'on les vît reparaître. Il arriva alors ce qui est ordinaire aux Bourgeois devenus momentanément soldats. D'abord pleins d'énergie, ils la perdirent dans leurs succès. Persuadés qu'ils étaient invincibles, et que l'ennemi n'oserait plus se mesurer avec eux, ils ne firent plus qu'un service de parade.

Les Anglais et les Navarrois, probablement instruits de cette folle sécurité, employèrent ces deux mois à recueillir des renseignemens sur l'état de la ville, à y pratiquer des intelligences (1), et à rassembler toutes leurs forces, en prenant des détachemens dans leurs garnisons. Dans la nuit du 9 au 10 mars, 1359. ils s'approchent ; au point du jour, les murs confiés aux Bourgeois sont escaladés, et l'ennemi est dans la ville. A ses cris, à ses excès, l'effroi pétrifie toute la population. En un instant, le château est forcé, les enfans du Comte sont faits prisonniers, les habitans désarmés, et leurs maisons livrées au pillage. Il dura trois jours, pendant lesquels mille hommes seulement fouillèrent toutes les habitations, et dévastèrent les Eglises, sans éprouver la moindre résistance. Ils ont évalué eux-mêmes à 600,000 moutons d'or (2) la valeur des choses qu'ils ont emportées.

Lorsqu'ils cessèrent de trouver à prendre, ils assemblèrent les notables ; et leur déclarèrent qu'ils allaient forcer plusieurs endroits qu'ils avaient trouvés fermés, puis mettre le feu à la ville, si l'on ne leur payait pas, sur-le-champ, une rançon de 50,000 flo-

---

(1) La chronique de J. de Guise assure que la ville fut trahie par quelques habitans.

(2) Equivalant à environ sept millions de la monnaie actuelle.

rins d'or, au mouton. La leur payer en espèces, était chose impossible ; ils y avaient mis bon ordre. Ils voulaient au moins des gages ; mais les habitans avaient été livrés si inopinément au pillage, qu'il ne leur restait pas un seul diamant, un seul bijou d'or ou d'argent. Heureusement les Religieux de Saint-Germain avaient caché, avec tant de précautions, dans un des caveaux de l'Eglise, la châsse du Saint, et tous les joyaux de leur riche Abbaye, qu'ils purent sauver la ville des nouveaux tourmens dont elle était menacée. Le 18 mars, sur la demande des notables, ils confièrent à leurs députés le devant de la châsse, avec les pierreries qui la garnissaient ; une croix d'or et beaucoup d'autres joyaux en or et en argent ; mais ils mirent pour condition à ce prêt, que, si tous ces objets ne leur étaient pas rendus avant la fête de la Madeleine, 22 juillet, il serait payé annuellement, et en deux termes, par la ville à l'Abbaye, une redevance de 3,000 florins d'or de Florence. Ils exigèrent que le lendemain le traité conclu dans ce sens, avec les députés, fût solennellement ratifié par tous les habitans. Ceux-ci, ravis d'échapper ainsi à de nouvelles misères, vinrent en foule dans l'Eglise de Saint-Germain, et devant sa châsse, ratifier les promesses de leurs députés. Le serment, au nom de tous, fut prononcé par Gibaut, Abbé de Saint-Père, et Pierre d'Etrisy, Chevalier.

Le même jour 19, une partie de ces bijoux fut remise à Robert Kanole et autres capitaines Anglais et Navarrois, en gage des 50,000 moutons d'or promis. Ils exigèrent en outre, un acte notarié, par lequel vingt-cinq des principaux habitans s'obligèrent, au nom de tous, de payer le double de la rançon, si elle n'était pas payée dans les termes convenus, qui probablement étaient fort courts.

Dans une nouvelle assemblée des habitans, au nombre de cent cinquante, seize d'entr'eux furent chargés de faire des emprunts sur ce qui restait des joyaux de Saint-Germain; afin de retirer des ennemis et rendre aux Religieux tout ce que ces derniers leur avaient confié. Les députés partirent aussitôt, les uns pour aller auprès du Régent, l'informer de ces événemens, et obtenir son approbation de ce qui avait été fait pour y remédier; les autres pour faire les emprunts. Plusieurs de ces derniers furent arrêtés avant d'être arrivés à Joigny; et dépouillés des effets d'argenterie qu'ils portaient; deux ou trois seulement furent plus heureux dans leur voyage; et, le 25 avril, rapportèrent soixante perles fines, que les capitaines Anglais acceptèrent pour la valeur de 10,000 moutons d'or; en rendant le devant de la châsse de Saint-Germain; ainsi que les pierreries qui y étaient attachées.

1359

Tous ces sacrifices ne purent pas empêcher la destruction des fortifications de la ville, qui furent rasées et jetées dans les fossés. Ce n'est qu'après ces dernières hostilités, que, le 30 avril, le plus grand nombre des ennemis quitta Auxerre pour aller porter la désolation dans la vallée d'Aillant, le Gatinais et la Puisaye. La ville continua néanmoins à rester sous leur domination. De Régennes qu'ils occupaient, ils y venaient encore chercher des vivres qu'ils avaient laissés. Enfin, dans la nuit du 7 au 8 septembre, l'armée du Régent, commandée par le Connétable, Robert de

Fienne, et par Henri de Poitiers, Evêque de Troyes, arriva. En deux jours, les habitans mirent la ville à l'abri d'un coup de main, en remplaçant les murs détruits par plusieurs rangées de tonneaux remplis de pierres. L'armée du Connétable fut forcée de se porter plus loin ; mais à la prière des habitans, le Connétable revint lui-même au mois de novembre.

Le commerce avec Paris et la Normandie était arrêté par les forteresses de Régennes et de la Motte-Chanlay, que tenaient les ennemis ; et les Auxerrois ne pouvaient acquitter les obligations par eux contractées pour leur délivrance, que par la vente de leurs vins. Le Connétable fit avec les commandans de ces forts un traité portant que, pendant un an, ils ne feraient aucune entreprise sur Auxerre et les autres pays environnans, déjà rançonnés ; à moins que ce ne fût pour accompagner le Roi d'Angleterre ou le Duc de Lancastre ; que, pour prix de cette suspension d'armes, il leur serait payé 16,000 moutons d'or ; qu'en attendant ce payement, le transport des marchandises serait libre par terre et par eau, à condition qu'il leur serait payé trois moutons d'or par queue de vin ; et que sur tous les vins qui avaient déjà descendu par le pertuis de Régennes, ils recevraient un mouton d'or par chaque queue ; enfin que, lorsqu'ils évacueraient les forteresses, ils pourraient en détruire les fortifications. Le Connétable et dix-neuf de ses Chevaliers s'obligèrent personnellement à ces conditions ; il en donna même quatre en otage, pour plus ample garantie.

L'empressement des Auxerrois avait pour objet non-seulement la rançon promise aux capitaines Anglais, mais aussi de retirer les joyaux de Saint-Germain des mains des prêteurs; et déjà le terme accordé par les Religieux était passé, lorsqu'en exécution de ce traité, leurs vins purent circuler. Ils en avaient recueilli, tant dans la ville que dans les environs, 16,020 tonneaux, faisant 32,000 queues.(1) Un Bourgeois, nommé Jean Régnier, alla à Paris; et par acte notarié, vendit tous ces vins à deux Conseillers du Régent et deux marchands de vins de Paris; à la charge de les rendre au port de la Pallée près de Paris, à raison de quatorze florins d'or, à l'écu du Roi de France, par tonneau; ce qui équivaut à 2,662,203 francs 60 centimes de la monnaie actuelle.

Ce traité est du mois de décembre 1359; mais son exécution, ainsi que celle des obligations envers les Religieux de Saint-Germain, furent infiniment retardées par les nouvelles tribulations auxquelles la ville fut en proie. D'une part, elle eut beaucoup à souffrir des gendarmes et des brigands, que le Connétable y avait laissés; de l'autre, ses portes brûlées, ses murs abattus, l'exposaient à chaque moment à tomber au pouvoir des nombreux ennemis qui ravageaient encore la France. La dépense la plus urgente aux yeux des habitants fut donc celle que commandait un péril imminent; et en peu de mois les murs, les tours et les portes, furent remis dans l'état où ils étaient auparavant.

---

(1) La capacité de ces mesures est indiquée par la tradition. Nous appelons encore *demi-queue* le tonneau de vendange, qui anciennement ne contenait que trois quarts de muid. Ainsi, les 32,000 queues contenaient 48,000 muids, et étaient vendus 55 fr. 46 c. $\frac{123}{480}$ de notre monnaie.

1360. Enfin la paix, conclue dès le 8 mai 1360, fut ratifiée à Londres par les deux Rois, le 24 octobre suivant. Le même jour vit cesser la captivité du Roi de France et celle du Comte d'Auxerre. Le Roi s'empressa même de lui délivrer des lettres pour le remettre en possession de la ville d'Auxerre; qui, ayant été reprise sur les Anglais par l'armée royale, se trouvait, suivant les lois de la guerre, appartenir au Roi. Ces lettres contiennent des motifs fort honorables pour le Comte; c'est sa captivité, suite de son dévouement à la cause du Roi. Il n'en est pas de même pour les Auxerrois, *à la defaute et coulpe* desquels la prise de la ville est attribuée; en ce que, « *par leurs grands avarice, orgueil et malvais gouvernement, veuldrent de eux garder ladite ville, boustèrent et mirent hors d'icelle les gentilshommes amenés par l'un des fils du Comte.* »

À l'égard de Régennes, le Roi y mit une garnison, sous les ordres des Baillis de Troyes et de Chaumont; et ne le rendit que quelques mois après à l'Evêque d'Auxerre, sur la recommandation du Pape, Innocent VI. Le siège épiscopal était alors occupé par Ithier de Jarousse, successeur de Jean d'Auxois.

Ce dernier avait vu avec un extrême chagrin son château de Régennes au pouvoir des Anglais. Enfermé ensuite dans Auxerre, tous les mouvemens d'attaque et de défense dont il avait été témoin, avaient détruit sa santé; et dans les premiers jours de janvier 1358, ayant aperçu que tous les ecclésiastiques qui étaient dans sa chambre, étaient en armes, un torrent de larmes l'avait suffoqué.

Ithier de Jarousse ne put prendre possession du siège que par procureur, le 6 mars 1358; et ne vint jamais à Auxerre, même après la restitution de Régennes. L'état de guerre et de détresse du pays, lui faisant probablement préférer le séjour d'Avignon auprès du Pape; il y resta jusqu'à sa mort, arrivée le 8 juin 1361.

1361

Innocent VI le remplaça, sur-le-champ, par Jean Germain, né à Dixmont près de Joigny. Ce Prélat, très-savant en droit, avait d'abord été Doyen de l'Eglise d'Auxerre, puis Evêque de Chalon-sur-Saône, et membre du conseil privé du Roi Jean. Le Monarque lui portait une telle affection, que voulant aller en Bourgogne, il l'amena avec lui à Auxerre. Le 17 décembre 1361, ils y firent ensemble, et tous deux à cheval, leur entrée; et l'intronisation du nouvel Evêque se fit en présence du roi, qui ne partit que le lendemain pour Dijon. Après de grands sacrifices pour retirer ses châteaux des mains de ceux qui les avaient repris sur les Anglais, l'Evêque Germain fut surpris par la mort dans celui de Villechaut, le 7 septembre 1362.

1362

Le 30 octobre suivant, le Roi permit, par des lettres spéciales, au Clergé d'élire un Evêque; ce qui eut lieu le 23 novembre: et le choix tomba sur Pierre Aymon, d'Aigueperse en Auvergne, élevé à la Cour pontificale d'Avignon, et Sous-Diacre d'office d'Urbain V. Ce choix fut probablement indiqué par le Pape lui-même, qui, comme on l'a vu, avait été Abbé de Saint-Germain, et malgré les désagrémens qu'il y avait éprouvés, portait à la ville le vif intérêt dont on verra bientôt la preuve. Pierre Aymon prit possession du siège, le 13 mars 1363, en présence de Jean, fils aîné du Comte d'Auxerre.

Ce Comte, par suite des fatigues de la guerre, et de sa captivité en Angleterre, était tombé dans un état d'infirmités qui le rendait incapable de gouverner ses Comtés; et quoiqu'il ne soit mort qu'en 1366, on ne le revit plus à Auxerre. Dès le 24 janvier 1361, le Roi avait, par des lettres expresses, donné le gouvernement de toutes ses terres à son fils, Jean IV; qui finit par prendre, même du vivant de son père, le titre de Comte d'Auxerre. Il ne fut pas moins que lui dévoué au service du Roi. Lui et son frère, qu'on appelait *Louis d'Auxerre* et *le Chevalier-Vert*, furent les dignes compagnons du brave Bertrand du Guesclin, dans la prise, sur le Roi de Navarre, du fort de Rouleboise, de Mantes et de Meulan, en 1363. Lors de la bataille de Cocherel, le 16 mai 1364, l'armée, au moment de marcher à l'ennemi, désignait pour son chef le Comte d'Auxerre, par les cris unanimes, *Notre-Dame d'Auxerre*; et le modeste du Guesclin déférait à ce vœu, en lui offrant le commandement: mais le Comte s'en défendit sur sa jeunesse, et insista pour que l'armée continuât de profiter de l'expérience de du Guesclin. Il n'en fut pas moins mis, ainsi que son frère le Chevalier-Vert, au rang de ceux qui contribuèrent le plus à la victoire. Tous deux, après avoir ainsi partagé la gloire de du Guesclin, partagèrent son infortune, à la bataille d'Auray, le 20 septembre de la même année. Louis d'Auxerre venait d'abattre la bannière du Comte de Montfort, lorsqu'il fut tué, à côté du Comte de Blois. Le Comte d'Auxerre eut l'œil gauche crevé; et fut fait prisonnier, ainsi que le Comte de Joigny et du Guesclin.

Dans cette fâcheuse conjoncture, les Auxerrois s'honorèrent par leur conduite envers le malheureux Comte; et de louables sentimens se manifestèrent de part et d'autre. Il existait entr'eux une difficulté au sujet des clefs de la ville. Les habitans qui, en 1360, avaient, comme on l'a vu, relevé à leurs frais les murs et les portes, en avaient conservé la garde et les clefs jusqu'au moment où Jean IV fut chargé de gouverner les Etats de son père. Celui-ci les avait alors réclamées; et les habitans les avaient refusées, se prévalant, non-seulement des dépenses qu'ils avaient faites, mais d'une possession immémoriale. Le Bailli de Sens avait même été chargé par le Roi d'informer à ce sujet; et le litige subsistait encore, lorsque le Comte devint une des plus déplorables victimes de la guerre. A cette nouvelle, on ne pensa plus dans Auxerre à la contestation; on ne s'occupa que des maux du jeune Comte, et des moyens de les faire cesser. Pour l'aider à payer sa rançon, les habitans lui firent offrir, ou le dixième de tous les blés et de tous les vins qu'ils récolteraient dans le Comté, ou trois francs par chaque feu, pendant ces trois années; ou, enfin, un franc par chaque queue du vin récolté pendant le même temps.

Le 31 juillet 1365, Guichard d'Ars, Bailli de Sens, vint à Auxerre, et y rédigea l'acte d'acceptation du Comte et de toutes les déclarations par lui faites. En substance, il rappelle les offres généreuses des habitans; déclare qu'elles ont été *de leur pure grâce, libéralité et franche volonté, sans qu'ils fussent en rien*

1365

tenus, ni que ses successeurs puissent jamais s'en faire un titre. Il accepte le dixième des vins seulement, et non des blés, pendant trois ans. Enfin, il ne parle de la contestation relative aux clefs de la ville, que pour défendre à ses officiers de donner aucune suite à cette prétention ; et confirme tous les autres priviléges et immunités des habitans.

Ces nouvelles obligations ne firent oublier aux Auxerrois, ni les vins qu'ils avaient vendus à Paris, pour payer leurs emprunts, et dont il leur restait une partie à livrer ; ni les quarante mille moutons dont ils étaient encore redevables sur la rançon de la ville. A l'égard des vins, par l'entremise de l'Archevêque de Sens et de l'Evêque de Chartres, ils obtinrent des délais. Mais un bonheur inattendu les délivra de leurs dettes envers les capitaines Anglais ; le Pape Urbain V, qui, comme je l'ai dit, avait conservé beaucoup d'affection pour les habitans, et s'était affligé de ce qu'ils avaient souffert lors et depuis la prise de leur ville, avait eu l'heureuse idée d'user de toute son influence pour alléger leurs maux. Il s'était adressé à Robert Kanole, et en lui payant une grande partie de ce qui lui était dû, avait obtenu de lui la remise des obligations et des vases précieux qui en faisaient le gage. Tous ces objets lui avaient été livrés à Avignon, par un sergent-d'armes du Roi ; et il l'avait chargé de les porter lui-même à Auxerre. (1)

---

(1) Le seul document qui donne à penser que le soufflet par lui reçu de l'Archevêque de Sens, n'était pas sorti de sa mémoire, est la bulle par laquelle il affranchit son ancienne abbaye de Saint-

Le 16 août 1366, fut un jour d'allégresse pour les habitans. Une convocation générale les appela dans le Chapitre de Saint-Germain. Là se trouvèrent l'Evêque Aymon, l'Abbé de Saint-Germain, et les autres dignitaires de la ville. Le sergent-d'armes du Roi fit la remise des obligations, des pièces d'argenterie de l'Abbaye, et de la quittance sans réserve de Robert Kanole. Après en avoir dressé un acte, toute l'assemblée se rendit à l'Eglise; les objets recouvrés furent déposés sur l'autel, et de vives actions de grâces furent rendues à Dieu pour un événement qu'aucune probabilité n'avait pu faire espérer.

Urbain V ne s'en tint pas là. Ayant découvert que ceux qui avaient dépouillé les députés de la ville des bijoux qu'ils portaient à Paris, étaient deux Gentilshommes de Besançon, Simon de Saint Aubin, et Hugues de Binan; et que les bijoux volés étaient encore en la possession des spoliateurs; il adressa à leur Archevêque un Bref qui lui faisait un devoir de les déterminer à restituer ce qu'ils avaient ravi. Les premières démarches de l'Archevêque furent sans succès; mais l'excommunication qu'il prononça contre eux, par les ordres du Pape, eut son effet, et les bijoux furent recouvrés. Il n'en restait plus qu'une partie, mise en gage dans les mains d'un usurier demeurant hors du Royaume, pour un prêt à gros intérêts. Dans une assemblée générale, Guy de Rochefort se chargea de

---

Germain de la suprématie épiscopale; la faisant relever immédiatement du Saint Siège, à la charge de lui payer le tribut annuel d'une obole d'or.

traiter avec le prêteur, moyennant la cession qu'on lui fit pour dix-huit mois, d'un droit sur le vin, appelé *la courte pinte;* ce qu'il exécuta. Enfin, le 18 mai 1371, il intervint entre les Religieux et Jean Robiqueaul, que les habitans, trois ans auparavant, avaient élu chef de leur communauté, avec l'autorisation de Gaucher d'Iroir, Gouverneur du Comté, un acte constatant l'entière libération de la ville envers l'Abbaye.

On s'occupa également de rembourser plusieurs autres prets faits à la ville par l'Evêque de Troyes et par celui d'Auxerre, ainsi que par divers particuliers, et notamment Pierre de Villiers, à qui il était dû vingt mille francs d'or. Les habitans trouvèrent dans les revenus de la Communauté assez de ressources pour éteindre toutes ces dettes. Ces revenus consistaient en un droit de douze deniers sur chaque bruneau de sel vendu pour le compte du Roi; un droit de barrage sur toutes les marchandises qui passaient par la ville, ou sur la rivière; une augmentation sur les droits à la vente des denrées, résultant de la diminution des mesures, que le Roi avait autorisée; un droit de deux deniers dans le sol pour livre dû au Roi; et enfin une pinte sur chaque bichet de blé apporté aux moulins de la banlieue. C'est avec le produit de ces droits que Jean Robiqueaul et, après lui, Jean Beaulieu chef de la communauté, parvinrent à effacer les maux les plus apparens de ceux dont la ville avait été accablée dans la fatale année 1358.

Mais bientôt commença pour les Auxerrois un nouvel ordre de choses. Jean IV, après avoir recouvré sa liberté, n'en usa que pour se livrer avec plus d'ardeur à la guerre, qu'il fallut de nouveau soutenir contre les Anglais et les Navarrois; laissant à Gaucher d'Iroir le soin de gouverner ses deux Comtés. Ces fatigues continuelles, et une seconde captivité qu'il éprouva, le firent tomber, à peu près, dans la même infirmité de corps et d'esprit dont son père avait été affecté.(1) Dans cet état, il se détermina à vendre le Comté d'Auxerre au Roi. L'acte en fut passé devant deux notaires de Paris, Montigny et Ferrebourg, le 5 janvier 1370 (1371), et le prix fixé à trente-et-un mille livres (2). Sur une invitation du Comte, plusieurs Bourgeois d'Auxerre, Pierre Defaix, Bailli, Jean Regnier, Michel Payen, Jean Jourdain et autres, y participèrent dans l'intérêt de la ville.

Tous les habitans du Comté furent ravis de passer ainsi sous le gouvernement immédiat du Roi. Celui d'un Comte particulier avait le grave inconvénient de les obliger à son service, indépendamment de celui du Monarque. Jusque-là, ils avaient eu deux maîtres, ils n'en avaient plus qu'un; et celui-ci, infiniment plus riche et plus puissant, leur faisait espérer une administration plus forte et moins onéreuse. Ils aperçurent dans ce nouvel état tant de conséquences favorables à la sécurité et à la prospérité du pays, que, pour ne se voir jamais retomber sous un Seigneur particulier,

---

(1) V. les Mém de l'abbé Lebeuf, t. 11, p. 251.

(2) Équivalant à 310,000 fr. de la monnaie actuelle. La livre de compte était égale à un franc d'or pur, pesant un gros et un grain V. le traité des monnaies de Leblanc, p. 24

ils se décidèrent à offrir au Roi, Charles V, le dixième de tous les vins et grains à récolter dans le Comté pendant trois ans, afin de lui rendre le prix de son acquisition; sans autre condition que celle d'annexer le Comté au domaine de la Couronne, pour n'en être jamais distrait, à quelque titre que ce fut; et d'accorder aux habitans la libre navigation de leurs marchandises sur l'Yonne et la Seine, jusqu'à Paris, sans qu'aucun *moyen Seigneur* pût y mettre le moindre obstacle.

Ces espérances ne furent pas trompées. Le Roi, au mois de septembre 1371, fit dresser des lettres par lesquelles, *pour répondre à l'affection, grand désir et bonne volonté des bonnes gens, Bourgeois et habitans d'Auxerre et du pays Auxerrois*, il accepte leurs offres avec toutes les conditions par eux exprimées; les rappelant lui-même dans les termes les plus exprès; et sur-le-champ Nicolas de Verre, qui avait signé ces lettres comme ministre de Charles V, vint à Auxerre prendre possession du Comté pour le Roi.

Les Auxerrois avaient encore un désir, qu'ils n'avaient pas osé exprimer, mais que leurs députés laissèrent entrevoir; c'était d'avoir un siège de justice royale dans leur ville, et de cesser de dépendre de celui de Villeneuve-le-Roi. Charles V mit la même grâce à les satisfaire à cet égard; et par de secondes lettres du même mois, il reconnaît qu'Auxerre est *une ville et cité notable où peuvent demeurer des gens de conseil*; et veut que, par la suite, le Bailli de Sens le soit aussi d'Auxerre; qu'il y tienne son siège et ses assises de même qu'à Sens; que de ce siège royal ressortissent non-seulement tous les habitans d'Auxerre, mais encore tous ceux, nobles et non nobles, des lieux tant du Diocèse que dehors, situés entre les rivières de Loire, d'Yonne et de Cure, et qui se trouveront plus près d'Auxerre que de Villeneuve-le-Roi ; enfin, que de ce nouveau siège, les affaires soient portées immédiatement au Parlement de Paris.

Dès l'année suivante, 1372, le siège fut établi dans le château du Comte, et Pierre de Ciez fut nommé Lieutenant-général du Bailli de Sens, qui était alors Bethon de Marsenac. La justice ordinaire de la ville n'en resta pas moins au Prévot, assisté des douze Jurés. Le gouvernement militaire fut confié par le Roi à un capitaine ; mais l'administration civile fut conservée comme elle avait été établie jusque-là. Les quarante-huit notables en élisaient trois d'entr'eux qui, sous le nom d'*Elus*, faisaient concurremment avec un Procureur du Roi, la police, et veillaient aux intérêts de la communauté.

1372

Une circonstance fort remarquable sur la réunion de l'Auxerrois au domaine de la Couronne, c'est qu'elle ne porta aucune atteinte aux droits de l'Evêque. Charles V, dont tous les actes justifient le beau titre qu'il porte dans l'histoire, reconnut que, s'il importait à l'Etat d'enrichir le domaine royal aussi légitimement qu'il venait de le faire, il n'en devait résulter de dommage à personne. Sous ce rapport, il ne se considéra que comme Comte d'Auxerre ; et non-seulement il fit payer à l'Evêque Aymon trois mille livres, (1) pour son droit de mutation ; mais à la mort de cet Evêque,

(1) Mém. de l'abbé Lebeuf, t. 1, p. 473.

qui eut lieu le 2 septembre 1372, il nomma Etienne de Chanteloup, Seigneur de Villefargeau, pour porter, en son nom, le nouveau Prélat lors de son intronisation, et chargea Bureau de la Rivière de lui prêter foi et hommage.

L'Evêque ainsi honoré est Nicolas d'Arcies, auparavant Chanoine et Trésorier de Troyes; qui occupa le siège jusqu'au 24 septembre 1376, et fut remplacé par Guillaume d'Etouteville, au mois de juillet 1377.

Si Charles V, malgré ses efforts et la sagesse de ses mesures, ne put pas empêcher le fléau de la guerre de désoler sans cesse quelque partie de ses Etats, au moins parvint-il à l'éloigner de l'intérieur; aussi la ville d'Auxerre, pendant tout le règne de ce bon Prince, jouit-elle des douceurs de la paix, et n'eut-elle à supporter que quelques passages de troupes, particulièrement de Bretons et de Genevois, qui y commirent des désordres.

En 1379, elle obtint encore de lui l'établissement d'une foire de trois jours, commençant le jour de Saint-Martin, 11 novembre; ce qui, alors, plus qu'on ne peut le penser aujourd'hui, avait une grande influence sur la prospérité d'un pays. Ce bienfait, ajouté à tous ceux que les habitans avaient éprouvés de la part de ce Monarque, leur faisait ardemment désirer qu'il vînt visiter leur ville, ainsi que plusieurs fois il en avait manifesté l'intention. Dès 1376, son voyage avait été annoncé comme certain; et déjà un présent, qui, dans ce siècle, peut paraître singulier, lui avait été préparé: c'était quatre bœufs, achetés à Vézelay 35 livres.

Ils furent plus heureux et plus courtois, en 1379. Charles V vint y passer plusieurs jours de l'automne; et le présent fut composé de belle vaisselle, du prix de 1,500 livres (1); signe certain, non-seulement de l'affection des Auxerrois, mais de l'état prospère auquel ils étaient revenus.

Cet heureux temps expira avec le Prince, le 13 septembre 1380. On sait que son fils, n'étant âgé que de douze à treize ans, lorsqu'il parvint à la couronne, ses quatre oncles se disputèrent le pouvoir, et livrèrent la France à des maux plus longs et plus cuisans encore que ceux qu'elle avait endurés sous le Roi Jean.

1380.

Une des premières causes de cette longue infortune fut l'imprudence qu'eut le Duc de Bourgogne de se mêler des différends survenus entre le Comte de Flandre et ses sujets, révoltés par suite de ses violences et de ses exactions. Chaque fois que le peuple est en opposition avec son souverain, les idées démocratiques se présentent à lui naturellement, et sous des rapports séduisans, dont les factieux se prévalent pour l'égarer. Il ne fait que changer de maître; mais il veut en changer. Tel était l'état de la Flandre, luttant, sous la bannière de Philippe d'Artevelle, contre son Prince. C'est dans une querelle de cette nature qu'intervint le Duc de Bourgogne, employant ce qui restait à la France de troupes, après que le duc d'Anjou se fut

---

(1) 20,491 fr. 80 cent. de la valeur actuelle.

emparé du surplus pour tenter, en son nom, la conquête du royaume de Sicile.

Ainsi la ville de Paris et la plupart des autres furent privées des forces qui y faisaient respecter l'autorité royale; et pour émouvoir le peuple, les moyens ne manquèrent pas aux séditieux. Charles V, en mourant, avait recommandé d'abolir tous les impôts, et laissait le trésor assez riche pour qu'on pût s'en passer. Cette abolition fut effectivement proclamée dans toutes les villes, lors du couronnement de son fils; et avec une solennité extraordinaire. Mais bientôt le Duc d'Anjou, ayant vidé le trésor, ces mêmes impôts avaient été non-seulement rétablis, mais augmentés. L'état de la France ne laissait pas entrevoir le terme d'une telle oppression. La jeunesse du Roi, l'ambition et l'avidité de ses oncles, qui ne s'entendaient que pour pressurer les contribuables, n'annonçaient que trop clairement les calamités qui survinrent. Aussi, à l'instant où les édits rétablissant les impôts furent publiés, des séditions éclatèrent de toutes parts. Des meurtres, des pillages, furent commis, particulièrement sur les gens de finance; mais la présence du Roi et des princes en imposa, et comprima ce premier mouvement. C'est dans de telles conjonctures que le Duc de Bourgogne ne craignit pas de porter au loin les armées, et pour la cause d'un souverain contre ses sujets!

Les armées ne furent pas plutôt éloignées, que le feu de la sédition se ralluma et menaça d'incendier la monarchie. Il n'était plus seulement question des employés à la perception des deniers publics; mais d'exterminer la noblesse, qui, au lieu de payer des impôts, en était enrichie. L'exemple des Flamands encourageait les plus timides, et tout ce qui n'était ni noble ni prêtre, voulait un état populaire. Les habitans d'Auxerre suivirent l'impulsion générale; c'est ce qui m'a déterminé à donner tous les détails qui précèdent, pour qu'en rappelant leur égarement, je fisse connaître les causes qui l'ont produit.

« Les peuples, dit Mézerai, (1) menaçaient déjà
» les demoiselles dont les maris étaient absens; et si
» peu de Gentilshommes qui étaient restés, n'osaient
» plus entrer dans les villes; où toutes choses ten-
» daient à un massacre et à un soulèvement général.
» Les partisans et les fermiers des gabelles en avaient
» déjà ressenti la violence en plusieurs endroits :
» Rouen, Orléans, Troyes, Sens et *Auxerre*, ne
» parlaient plus que de la liberté publique; et Paris,
» qui devait être leur chef et leur souverain, les en-
» courageait et promettait de les maintenir. »

Ainsi que l'audace et les succès des Flamands avaient excité ces désordres en France, leurs revers à Rosebeck, où 40 mille trouvèrent la mort, le 27 novembre 1382, abattirent en un instant l'orgueil et les folles espérances des Français républicains. Le Roi et l'armée revinrent sans délai dans la Capitale, les chefs des séditieux furent punis du dernier supplice;

1382

---

(1) Tom. 2, p. 515.

de fortes amendes furent prononcées contre les personnes riches qui avaient adhéré à ces menées; et *les mêmes rigueurs*, ajoute Mézerai, *furent exercées dans les villes mutinées.*

1383   L'année suivante, les Flamands reprirent les armes, et l'armée française retourna au secours du Comte ; mais ils ne trouvèrent plus d'imitateurs en France, et loin que la ville d'Auxerre ait, dans cette nouvelle crise, laissé suspecter sa fidélité au Roi, elle lui fournit, sur sa demande, 51 arbalêtriers, qui furent conduits à Reims, commandés par Jean de Nourrit, Ecuyer. *Ils étaient*, porte le compte de la ville, *montés chacun de deux chevaux armés, et vêtus de robes pareilles, avec leurs chaperons semblables; et avaient reçu 240 francs pour leur subsistance.* On apprend par cette circonstance avec quelle docilité les Auxerrois avaient obéi à l'ordonnance de Charles V, portant défense de se livrer aux jeux de hasard, et recommandation de s'exercer à tous ceux qui fortifient le corps et disposent aux armes, tels que l'arc, l'arbalête, etc.

Dans la même année 1383, l'Evêque, d'Etouteville, fut transféré à Lizieux; et Ferric Cassinel, Evêque de Lodêve, le fut à Auxerre. Ce dernier, habile prédicateur et savant en droit, était membre du Conseil de Charles VI, et avait son intime confiance. C'est par lui que, le 12 juin 1384, fut bénie l'Eglise de Saint-Eusèbe, dont le chœur et la nef venaient d'être reconstruits. (1)

(1) Le sanctuaire et le rond point, dont l'architecture est beaucoup plus belle, n'ont été refaits qu'en 1530; V. l'inscription sur l'une des colonnes de la chapelle de la Vierge.

Peu de temps après son avènement au siége d'Auxerre, il eut avec un des avocats, Etienne de Mailly, une affaire très-grave, dans laquelle l'arrêt qui la termina donne à croire qu'il y avait eu des torts des deux côtés. L'Evêque accusait de Mailly de plusieurs crimes; et comme il était clerc et son justiciable, il l'avait fait emprisonner à Régennes; il l'avait même fait appliquer à la torture. De Mailly, échappé de sa prison, porta plainte au Pape, à l'Archevêque de Sens et au Parlement; protestant de son innocence, imputant les poursuites qu'il éprouvait à ce qu'il avait plaidé dans plusieurs causes *pour de bonnes gens*, contre l'Evêque; et demandant 8,000 livres d'amende. Le Procureur du Roi concluait en 16,000 livres d'amende contre l'Evêque, et 8,000 livres contre l'avocat. La Cour, par arrêt du 18 mars 1386, mit au néant toutes les procédures instruites tant à Auxerre, qu'à Sens et en Cour de Rome; ordonna *la restitution des biens de M.ᵉ Etienne*; pria l'Evêque *de l'avoir en grâce*; enjoignit à M.ᵉ Etienne *de faire honneur et révérence à l'Evêque*; et déclara qu'il pourrait reprendre l'exercice *de son advocation*.

1386

Dans le même temps, les Bourgeois eurent avec les vignerons et *les vigniers* (1) une contestation fort singulière. Durant la guerre contre les Anglais, l'état d'alerte continuelle dans lequel on vivait, faisait que les vignerons, peu surveillés, cessaient leur journée de très-bonne heure, et aussitôt qu'ils entendaient son-

---

(1) Gardes des vignes.

ner l'office de None, qui se disait alors vers quatre ou cinq heures du soir en été. En vain la paix avait rendu la sécurité aux campagnes; regardant comme usage établi cette cessation anticipée de la journée, les vignerons allaient, après None sonné, finir leur journée dans leurs héritages. De leur côté, les vigniers s'étaient arrogé le droit de se payer de leur garde en nature: et sous ce prétexte, disposaient à leur gré des raisins: en sorte que les dépenses des Bourgeois étaient augmentées par un de ces abus, et leur produit diminué par l'autre. Il s'adressèrent au Roi, lui exposèrent que leurs vignes étaient, à peu près, leur seule ressource pour vivre et payer l'impôt; qu'un règlement, conciliant l'intérêt du cultivateur et celui du propriétaire, était indispensable. Au mois de mars 1392, le Roi rendit une ordonnance portant que tous ceux qui voudraient gagner le salaire d'une journée se présenteraient sur la place publique avant le lever du soleil, et se tiendraient jusqu'au soleil couchant dans l'héritage où ils auraient été conduits, sans en sortir que pour leur repas, et sans rentrer dans la ville; à peine de 60 sols d'amende. Le prix de la journée fut fixé par cette même ordonnance à cinq sols. A l'égard des vigniers, il leur fut défendu de prendre aucun raisin, ni autres fruits; à peine de six livres d'amende.

Cette ordonnance fut publiée, non-seulement à Auxerre, mais dans tous les vignobles du Comté; et, d'abord, les vignerons s'y soumirent. Mais quelques mois après, ils murmurèrent, se réunirent; et tandis qu'ils portaient au Parlement leur opposition à l'ordonnance, plusieurs se livrèrent à des dégâts dans les vignes des Bourgeois. On sévit contre les coupables ; mais il fallut plaider sérieusement contre les vignerons en corps, qui prétendaient que, surtout pour les jours d'été, on exigeait d'eux un travail qui surpassait les forces humaines. Les Bourgeois répondaient que la preuve du contraire était dans le fait notoire, que les vignerons employaient dans leurs vignes tout le temps dont ils privaient les Bourgeois. Un arrêt, du 26 juillet 1393, en confirmant l'ordonnance, enjoignit aux vignerons de ne quitter le travail, avant le coucher du soleil, depuis Pâques jusqu'à l'exaltation de la Sainte-Croix, qu'autant de temps qu'il en faudrait pour revenir de la vigne chez eux, sans s'arrêter en chemin ; faute de quoi ils perdraient leur salaire de tout le jour. {1393}

Les vignerons et les vigniers n'étaient pas les seuls dont les Bourgeois eussent à se plaindre : les Juifs, à leur manière, attaquaient sans pitié leur fortune ; mais ce fut aussi sans pitié que les Bourgeois opposèrent au mal un remède bien violent. Ils obtinrent, en 1398, des lettres patentes du Roi, portant que tout ce qu'ils devaient aux Juifs serait censé acquitté, et que tous les papiers appartenant aux prêteurs seraient mis au feu. {1398}

On peut cependant croire que, si l'infortune d'une partie des habitans donnait ainsi aux Juifs l'occasion d'exercer sur eux leur odieux trafic, le plus grand nombre était dans l'aisance : car, en 1394, le Bailli, l'Evêque et plusieurs autres Seigneurs, qui étaient au Puy-de-Dôme avec le Roi, ayant écrit que Charles VI viendrait passer les fêtes de Pâques à Auxerre, on s'empressa de *mettre en état le logis de la communauté;* et l'on fit acheter à Paris six plats d'or, du poids de 12 marcs; mais les circonstances s'opposèrent à ce voyage du Roi.

1399   La dernière année du xive siècle fut fatale à Auxerre, comme à Paris et dans une grande partie de la France. Une maladie épidémique enleva en peu de jours tant de personnes, que, soit qu'il n'y eût pas alors de médecins dans la ville, ou que ceux qui y étaient eussent fait partie des premières victimes, on fit venir, aux frais de la Communauté, un médecin de Nevers. On fit aussi, à ce sujet, deux processions générales autour des murs de la ville, dans les mois d'octobre et de novembre.

CHAPITRE XI.

QUINZIÈME SIÈCLE.

On a vu, dans le siècle précédent, la plupart des Evêques d'Auxerre choisis parmi les Conseillers du Roi, et presque toujours attachés à la Cour, laisser le soin de leur Diocèse à leurs vicaires-généraux ; ce qui les rend étrangers à l'histoire d'une ville dans laquelle ils ne paraissaient qu'accidentellement ; il en a été de même durant une partie du xve siècle. Ferric Cassinel, transféré à l'Archevêché de Reims en 1390, avait eu pour successeur Michel de Creney, ancien précepteur de Charles VI, et depuis, son grand Aumonier. Tous ces titres le liaient tellement au service du Prince, qu'il ne parut à Auxerre que la dixième année de son épiscopat, en mai 1401, pour renouveler en personne sa prise de possession ; et qu'après avoir réglé quelques difficultés avec son Chapitre, il retourna à Paris, et ne revit plus Auxerre.

1401

L'année suivante, 1402, les habitans crurent utile de faire passer un bras du ruisseau de Vallan dans le quartier de Saint-Père. Ils traitèrent avec l'Abbesse de Saint-Julien, à qui ces eaux appartenaient pour son moulin de Saint-Martin ; on fit une dérivation au dessous de la fontaine de Saint-Amatre, et on creusa le lit qui, de cet endroit, se prolonge sous le pont de la promenade de l'Eperon. Là on fit entrer le ruisseau dans la ville à côté de la tour qui subsiste encore. Mais bientôt les celliers et les caves de ce quartier furent inondés, il fallut renoncer à tous les avantages qu'on s'était promis ; et diriger l'eau, par le fossé de la ville, jusqu'à la rivière.

1402

En 1404, un procès fort grave entre le Roi et la famille de Chalon, relativement à la vente du Comté d'Auxerre, fut terminé par une transaction. Cette famille s'était vue à regret privée d'une aussi importante propriété. Elle attribuait la vente qu'en avait

1404

faite Jean IV à Charles V, à la faiblesse de son esprit. La modicité du prix donnait à le penser, et l'aliénation mentale du Comte était devenue constante par l'interdiction que Louis de Chalon, son frère, avait fait prononcer contre lui, dans la crainte qu'il ne vendît le Comté de Tonnerre, et les autres terres de la famille. Cependant il n'osa pas attaquer la vente durant la vie de Charles V; mais, en 1390, il forma sa demande devant le Parlement; qui chargea deux Conseillers de prendre des informations sur ce qui s'était passé lors de la vente. L'affaire fut sérieusement instruite. Louis de Chalon mourut pendant l'instruction; laissant six enfans, qui, le 16 août 1404, se desistèrent de toutes leurs prétentions, moyennant une indemnité de 30,750 livres; somme à peu près égale au premier prix. Par là se trouva, irrévocablement en apparence, opérée la réunion du Comté d'Auxerre à la couronne, au moment où des causes imprévues allaient l'en séparer de nouveau.

Pour expliquer ces causes, quelques détails sur l'histoire du Royaume, à cette époque, sont nécessaires. Depuis 1393, Charles VI, tombant momentanément dans des accès de démence plus ou moins prolongés, les Princes profitaient de ces intervalles pour s'arracher alternativement les rênes de l'Etat, comme ils l'avaient fait pendant sa minorité. Après la mort de Philippe, Duc de Bourgogne, son fils aîné, Jean-*sans-peur*, hérita de ses Etats et de son ambition; et parce que le Dauphin était son gendre, il ne craignit pas d'aspirer à la régence, à laquelle le Duc d'Orléans se croyait un droit incontestable. Ayant, d'abord, été admis au

Conseil, il profita de la première occasion de se populariser. Le Duc d'Orléans la lui fournit en proposant un nouveau subside, suivant lui nécessaire pour subvenir à la guerre toujours subsistante avec l'Angleterre. Jean s'y opposa avec vigueur, prit soin d'en faire circuler la nouvelle, et par là, s'acquit l'affection du peuple. C'est à cette circonstance qu'on doit également attribuer l'intérêt qu'il sut inspirer aux habitans d'Auxerre, et qu'ils portèrent ensuite beaucoup trop loin.

Bientôt la mésintelligence entre ces deux Princes ayant éclaté par l'invasion de Paris de la part du Duc de Bourgogne, la fuite du Roi et de la Reine à Melun, l'enlèvement du Dauphin, et son retour à Paris; l'alarme se répandit dans tout le Royaume, et surtout dans Auxerre, placé si près des lieux où ces événemens se passaient! Aussi, dès cette année, 1404, et la suivante, fut-on très-activement occupé à mettre en état les fortifications. Gasselin Dubos, Bailli, fit venir quatorze Gentilshommes, tant Chevaliers qu'Écuyers, pour indiquer et diriger les constructions nécessaires; dont les dépenses furent acquittées par le produit d'un droit sur le vin et le blé, accordé par le Roi. On eut bientôt à se féliciter de ces précautions; car dès le printemps suivant, les gendarmes de Bertrand Boetard et de Thomas Cybale, ayant passé la Loire, portèrent leurs ravages jusqu'aux portes de la ville, à Ecan, Diges, Villiers-Saint-Benoît et Appoigny.

1405

Cet état d'alarmes ne fit que s'accroître lors de l'assassinat du Duc d'Orléans par les ordres du Duc de Bourgogne, en 1407; et plus encore en 1411, quand

1407
1411

le feu de la guerre civile fit invasion de toutes parts. Jean-sans-Peur, après avoir obtenu l'abolition de son crime, était parvenu à faire nommer le Dauphin son gendre, Régent *pour l'occupation du Roi*, et sous son nom disposait de tout, à son gré, à l'exclusion des autres Princes. Ceux-ci, assemblés à Gien, formèrent un parti dont le Comte d'Armagnac devint le chef ; ce qui divisa les français en Armagnacs et Bourguignons. Auxerre resta dans le parti des Bourguignons, où les circonstances l'avaient placé ; d'ailleurs, c'était celui du Roi, et en apparence le plus légitime. Le Duc de Bourgogne y vint le 12 juin, reçut des habitans deux muids de vin de pinot en présent, et obtint d'eux *des Arbalêtriers, pour servir le Roi à Paris et ailleurs; pour à l'encontre des Ducs de Berry, d'Orliens et autres leurs alliés.* La terreur était alors si grande dans la ville, l'esprit de faction avait tellement semé la méfiance entre les citoyens, que les Bourgeois voulurent que les portes, poternes et pont-levis, fussent fermés par deux serrures, et que la clef de l'une d'elles fût confiée au chef de la Bourgeoisie; afin que le capitaine, qui conserverait l'autre, ne pût introduire personne dans la ville sans le consentement de tous; ce qui leur fut accordé par le Bailli, Casselin Dubos, et confirmé par le Roi. Pour donner au service de la garde une parfaite exactitude, ils firent l'acquisition d'un *gros horloge, à ressorts et à sonnerie*, qui fut placé dans le clocher de Saint-Eusèbe. (1)

---

(1) C'était alors une mécanique fort rare et fort chère. Depuis

Ils ne se bornèrent pas à ces précautions pour la défense de leur ville, et se prêtèrent avec ardeur à tous les désirs du Duc de Bourgogne; particulièrement, à reprendre Saint-Fargeau sur les Armagnacs, qui en étaient maîtres. Le Bailli d'Aigreville, successeur de Casselin Dubos, fut chargé de les conduire à ce siége, avec les autres troupes du Roi. Tout l'hiver fut employé aux préparatifs, et l'on voit, par les comptes de la ville, qu'indépendamment de ses hommes de guerre, elle fournit *les vivres, la poudre de salpêtre, tourtaux, falots, et* 550 *pierres rondes tirées de la périère de Bailly, pour le trait des bombardes et des canons de la ville.*

Au mois d'avril 1412, la petite armée se mit en marche, sous les ordres du Grand-maître de l'artillerie, de Rambure, du Grand-maître d'hôtel du Roi, et du Bailli d'Aigreville. Au second assaut, Saint-Fargeau fut remis sous l'obéissance du Roi.

1412

Le zèle dont les Auxerrois firent preuve dans cette circonstance, leur mérita d'être dispensés de suivre leur Bailli au siége de Montargis; ainsi que de payer 3,000 livres, montant de leur taxe dans l'emprunt qui fut fait alors sur toutes les villes restées attachées à la cause du Duc de Bourgogne. C'est par les soins de Guy-Chateau, leur député, qu'ils obtinrent ce dédommagement. Le mois suivant, une partie de l'armée du

---

quelques années seulement, Paris avait le gros horloge du Palais, construit par Henri de Vic, venu d'Allemagne; l'art de l'horlogerie étant alors inconnu en France.

Roi, se portant sur Bourges, pour en expulser les Princes, passa par Auxerre. Le Roi la commandait en personne, étant accompagné des Ducs de Guyenne et de Bourgogne. C'est à l'accueil qu'il reçut des habitans, qu'on peut attribuer la réunion qui eut lieu, au mois d'août, dans Auxerre, et sur sa convocation, de tout ce que le Royaume avait de plus illustres personnages.

Le Roi et le Dauphin, étant au siége de Bourges, avaient vu avec douleur tous les maux dont il fallait accabler une de leurs villes, qui ne contenait que des Français, dans l'unique but de satisfaire les vues particulières du Duc de Bourgogne. Voulant les éviter, ils s'étaient prévalus de l'état de maladie dans lequel une partie de l'armée était tombée, ainsi que des nouvelles hostilités des Anglais, et avaient amené les Princes à des conférences, dont le résultat fut cette réunion à Auxerre, pour y jurer solennellement les conventions déjà arrêtées; éteindre la guerre intestine, et n'avoir plus qu'à se réunir contre l'étranger.

Dès les premiers jours du mois d'août, Charles VI vint le premier à Auxerre, ayant avec lui le Roi de Sicile, et le Prévôt de Paris, Pierre des Essarts. Il fut logé au palais épiscopal. Le 12 et les jours suivans, arrivèrent les Ducs de Guyenne, de Bourgogne, de Bourbon et d'Orléans; le Comte de Vertus; le Comte de Saint-Pol, Connétable; le Chancelier du Bosc; le premier Président du Parlement de Paris, de Marle, et six Conseillers; des Députés de la Chambre des Comptes, de l'Université, et des villes de Paris, Rouen, Caen, Amiens, Tournay, Laon,

Reims, Troyes, Langres, Tours et autres ; ainsi qu'un grand nombre d'Archevêques, Evêques, Abbés, Comtes, Barons et Gentilshommes. Tous ces personnages furent présentés au Roi par le Duc de Guyenne. Le lendemain, le Roi tomba malheureusement dans une de ces crises qui obsédaient son esprit, et ne put pas présider l'assemblée. Elle le fut par le Duc de Guyenne, et se forma dans une des salles de l'Evêché, ornée de tapisseries de soie et d'étoffes d'or. Le Duc de Guyenne se plaça sur un trône surmonté d'un dais d'étoffe d'or ; il fit asseoir le Roi de Sicile à côté de lui ; à sa droite, les Ducs de Berry, de Bourgogne, de Bourbon, de Bar, puis Charles d'Albret et les Comtes et Barons ; à gauche, les Archevêques, les Evêques et les Abbés ; au bas du trône, le Chancelier de France et celui de Guyenne ; un peu plus bas, les députés de l'Université, ceux d'Auxerre et des autres villes.

L'assemblée formée, on annonça le Duc d'Orléans, et le Comte de Vertus son frère ; venus dans le plus brillant équipage, mais en habit de deuil. Le Duc de Bourbon alla au-devant d'eux, et les introduisit. Le Duc de Guyenne, après leur avoir donné le baiser de paix, les fit placer entre les Ducs de Bourgogne et de Bourbon. Le Connétable, alors, ayant commandé le silence, le Chancelier déclara, *de par le Roi*, que le sujet de l'assemblée était de ratifier la paix conclue entre le Duc de Bourgogne d'une part, le Duc d'Orléans et le Comte de Vertus de l'autre. Un secrétaire en ayant lu les articles, on mit le livre des Evangiles, le reliquaire de la vraie croix et les autres reliques de la Cathédrale entre le Duc de Guyenne et le Roi de Sicile. Le Duc de Guyenne fit approcher les Princes, qui promirent par serment d'accomplir les conditions du traité. Le Chancelier annonça ensuite que le désir du Roi était que les Prêtres et les Gentilshommes déclarassent, aussi par serment, qu'ils approuvaient ces conditions, ce que tous firent à l'instant ; les Prêtres, en portant la main à l'estomach, et les Gentilshommes en élevant les leurs au ciel après avoir mis leurs épées à terre. L'enthousiasme et la bonne foi semblaient animer tous les esprits dans cette cérémonie, qui fut terminée par un *Te Deum*, chanté à la Cathédrale, auquel assistèrent tous les membres de l'assemblée à genoux.

Il y eut ensuite, au logis du Dauphin, un repas magnifique. Tous les Princes mangèrent ensemble, servis par le Duc de Bourbon, le Comte de Nevers et plusieurs Barons et Chevaliers. Pendant quelques jours, les fêtes, les jeux et les divertissemens, se succédèrent sans interruption. Le Duc d'Orléans et celui de Bourgogne, entourés des autres Seigneurs, se promenèrent ensemble, et souvent à cheval. On les vit même, un jour, montés sur le même cheval ; et le peuple, qui croyait à la sincérité de ces démonstrations, prenait part à cette paix, par les cris d'allégresse, alors en usage, *Noël, Noël, Gloria in excelsis Deo*.

Ce ne fut qu'après un mois que le Roi quitta Auxerre, et fut conduit par eau à Melun.

On est étonné de ne pas voir l'Evêque d'Auxerre prendre part à cette auguste cérémonie. C'était cependant alors Philippe des Essarts, frère du Prévôt de Paris. A l'Evêque Michel de Creney, mort à Paris le

13 octobre 1409, avait succédé Jean de Thoisy; qui, ayant été transféré, l'année suivante, à Tournay, avait eu des Essarts pour successeur. Ce dernier, qui occupa le siège jusqu'en 1426, ne figure dans les monumens historiques, que par les difficultés nombreuses qu'il eut avec son Chapitre, et sur lesquelles il succomba plusieurs fois au Parlement.

La paix d'Auxerre fut jurée avec plus de solennité que de cordialité, et ne tarda pas à être violée. Elle valut cependant aux habitans quelque importance. Le Duc de Bourgogne leur écrivit le 5 février 1413, que le Roi contrevenait aux conditions du traité. Le Roi, informé de ce message, leur écrivit aussi d'envoyer des notables à Paris pour apprendre de lui-même ses intentions. Les notables choisis pour cette honorable commission, furent Jean Regnier et Guy Chataud.

1413

Ils ne purent être témoins que des actes de tyrannie du Duc de Bourgogne; qui, servi par les féroces *Cabochiens*, tenait le Roi et le Dauphin prisonniers, et faisait mettre à mort tous ceux qu'il soupçonnait contraires à ses projets. Aussi, au retour des députés à Auxerre, les Bourgeois, prévoyant que la guerre civile allait rallumer ses torches, redoublèrent-ils d'attention pour la garde de la ville. Déjà affligés de quelques désordres commis par des gendarmes que le Comte d'Armagnac leur avait laissés, ils députèrent à Paris Pierre Michau, Doyen de la Cathédrale, et Jean Lusurier, avocat du Roi, pour obtenir leur rappel; ce qui leur fut accordé : le Comte d'Armagnac vint lui-même en délivrer la ville. Elle fournit, la même année, quinze gendarmes et dix hommes de trait, à l'armée de Guyenne contre les Anglais.

Le Duc de Bourgogne, sachant apprécier la position d'Auxerre, et regardant cette ville comme la clef de ses États, mit tous ses soins à captiver l'affection des habitans; qui se laissèrent entraîner à son parti par suite de leurs anciennes relations avec la Bourgogne, et parce que, le Duc agissant au nom du Roi, ils croyaient être fidèles à leur devoir.

Cependant l'opinion publique avait prononcé : elle appelait *royalistes*, les partisans du Dauphin, et Bourguignons ceux attachés aux intérêts du Duc. De graves événemens mirent bientôt ces deux partis aux prises. En 1419, le duc, si prodigue d'assassinats, fut poignardé, sur le pont de Montereau, par le parti des Princes. En 1420, Catherine, fille du Roi, fut mariée avec Henri V, Roi d'Angleterre. Une des conditions de ce mariage fut qu'à la mort de Charles VI, sa couronne passerait à son gendre; et qu'en attendant, ce dernier serait Régent du royaume. Les Auxerrois, prévoyant tous les maux qu'amèneraient infailliblement de telles conjonctures, s'empressèrent, pour subvenir aux dépenses inévitables, de se procurer des ressources extraordinaires. Au nom du Roi, il leur fut accordé, d'abord, de faire battre 500 marcs d'argent fin dans l'hôtel des monnaies de la ville. Cette autorisation fut d'abord retirée; mais par suite de leurs démarches auprès du nouveau Duc de Bourgogne, Philippe, il leur fut délivré 2,000 livres par Jean Ravier, alors directeur de cette monnaie.

Effectivement, les troupes du Dauphin étaient aux

portes de la ville, et en occupaient les environs, notamment Ecan et Cravan. Celles du Duc de Bourgogne et du Roi d'Angleterre vinrent encombrer Auxerre pour le conserver, et pour éloigner l'ennemi. Les Ducs d'Excester et de Bethford y parurent eux-mêmes. Ils y firent proclamer l'Anglais, Henri VI, Roi de France, à la mort de Charles VI, arrivée le 21 octobre 1422. L'année suivante, Ecan fut repris ainsi que Cravan, par les armes du bâtard de la Beaume, de Claude de Châtelux, et de Guy de Bar, Bailli d'Auxerre; mais aussitôt l'armée du Roi Charles VII se rapprocha, pour en chasser les Bourguignons. Alors Auxerre devint le point de réunion des Seigneurs de Bourgogne, et de leurs troupes. Le comte de Joigny et 4,000 Anglais, sous les ordres des Ducs de Salaberry et de Suffolk, s'y rendirent également.

1422
1423

On tint conseil dans l'Eglise Cathédrale, pour régler le plan et les détails des opérations. Il s'agissait de délivrer Cravan, dont Jean Stuart, Connétable d'Ecosse, pour Charles VII, faisait le blocus depuis cinq semaines, avec 1,500 Français et 3,000 Ecossais. Le Seigneur de Vergy fut choisi pour commander les Bourguignons, et Gilbert Hallesal les Anglais. L'armée se munit de vivres pour deux jours; les habitans s'obligèrent d'en continuer la fourniture, moyennant un prix convenu, et le 30 juillet 1423, l'armée se porta à Vincelles, à une lieue de Cravan. Le lendemain, ayant passé l'Yonne, elle s'acheminait par la rive droite sur la ville assiégée, en côtoyant le bas des montagnes qu la dominent au Nord, lorsqu'elle s'aperçut que le Connétable d'Ecosse en occupait les hauteurs, et pouvait facilement l'écraser. Changeant sa direction, elle repassa la rivière, et traversant la plaine, se présenta au pont de Cravan (1). Le Connétable, à qui Charles VII avait envoyé un renfort considérable, crut pouvoir suivre ce mouvement, et descendit sur le plateau qui était entre la ville et le pont. Déjà les Bourguignons et les Anglais avaient forcé le passage du pont; alors s'engagea entr'eux et le Connétable un combat à outrance. Aussitôt le Sire de Châtelux, qui commandait dans Cravan, sortit, avec sa garnison affamée (2), et tomba avec fureur sur l'armée du Connétable; qui, assaillie des deux côtés, fut mise en pièces. Sa perte en morts et en prisonniers a été évaluée de 4 à 5,000 hommes. Le Connétable fut fait prisonnier par le Sire de Châtelux. Cette déplorable victoire, sur les troupes du Roi de France, fut, pendant quelques années, célébrée à Auxerre par une messe, qu'on nommait *la messe de la victoire*. A l'égard de Cravan, devenu la propriété du Sire de Châtelux, ce Seigneur fit de sa conquête le plus noble usage, en la rendant au Chapitre de la Cathédrale, à qui elle appartenait auparavant. Le Chapitre reconnaissant établit pour son bienfaiteur, et, après lui, pour l'aîné de cette famille illustre, une prébende laïque, dont elle jouissait encore au moment de la révolution.

Au mois de juin 1425, les habitans s'apercevant

---

(1) Il était alors beaucoup plus loin de la ville qu'il ne l'est aujourd'hui. Lors de sa reconstruction, en 1760, on le rapprocha de 250 mètres, et l'on creusa un nouveau lit à la rivière. Cette observation explique comment deux armées ont pu se mesurer entre le pont et la ville; ce qui ne serait plus possible.

(2) Elle était réduite à manger les chevaux de la cavalerie.

que le *gros horloge* acheté en 1411, et placé dans le clocher de Saint-Eusèbe, ne se faisait entendre que d'une faible partie de la ville, voulurent, pour le rapprocher du centre, le monter sur la tour où il est aujourd'hui. Ils firent travailler à la charpente nécessaire dans le cloître des Cordeliers; mais, dans la nuit du 7 au 8, le feu prit dans les copeaux, et en peu d'heures, la charpente, les dortoirs du couvent, le réfectoir, la bibliothèque, tous les livres, l'Eglise et tous ses ornemens, jusqu'aux orgues, furent la proie des flammes. Les habitans furent si touchés de cet événement, dont ils étaient la cause, qu'ils promirent d'en supporter toute la perte et de la réparer. (1)

Dans la même année, le nouveau Duc de Bourgogne, Philippe, mettant, comme son père, beaucoup de prix à ce qu'Auxerre et son Comté fussent à sa disposition, comme son Duché de Bourgogne, en obtint la jouissance pendant deux ans de Henri d'Angleterre, se disant Roi de France, à titre d'engagement pour des sommes qu'il lui avait prêtées. Henri n'y exerça pas moins avec rigueur sa souveraineté; car, informé de la mort de l'Evêque des Essarts, arrivée le 14 octobre 1426, il fit, le 31 du même mois, défense au Chapitre d'élire un successeur sans sa permission. Il l'accorda le 2 décembre suivant, et Jean de Corbie, déjà Evêque de Mende, fut nommé. Ce qui prouve qu'à Auxerre, et surtout dans le Clergé,

1426

---

(1) Malgré les malheurs du temps, ils exécutèrent leurs promesses; et Bargedé, t. 2, p. 623, assure qu'en 1438, les habitans, par des sacrifices volontaires, avaient remplacé tous les effets perdus; et que le couvent était rebâti *plus beau que jamais.*

l'attachement au Roi légitime s'était conservé, et que la force seule retenait les habitans dans le parti Bourguignon; c'est le résultat de cette élection, qui déféra le siège épiscopal à un zélé partisan de Charles VII. Aussi ce nouvel Evêque, pendant les sept années de son épiscopat, se tint-il presque toujours éloigné d'une ville où le Duc de Bourgogne commandait en maître; mais la garnison qu'il entretenait dans son château de Régennes, servit la cause royale, autant de temps qu'il lui fut possible.

Les années suivantes furent plus favorables aux armes de Charles VII, qui reprit Montargis, en 1427; puis, aidé de l'épée et de la mission mystérieuse de Jeanne-d'Arc, fit lever le siége d'Orléans en 1428, et gagna la bataille de Patay le 18 juin 1429. Les Auxerrois furent d'autant plus dans l'épouvante, qu'avec ces dernières nouvelles se répandit celle que Jeanne-d'Arc, dès-lors appelée *la pucelle d'Orléans*, et qui était devenue l'effroi des Bourguignons, allait conduire le Roi à Reims pour être sacré; en passant avec l'armée royale par Auxerre et Troyes. Ils s'empressèrent donc, non de se soumettre, la vengeance du Duc était trop à craindre; mais d'acheter la faculté de rester neutres. Cette faculté, si précieuse dans une crise dont l'issue est incertaine, fut secrètement vendue à leurs émissaires par le Seigneur de la Trémouille, qui était en grande faveur auprès du Roi. Néanmoins, au mois de juillet, l'armée du Roi, s'étant mise en marche par Montargis et la vallée d'Aillant, se présenta aux portes d'Auxerre, qu'elle trouva fermées. La Pucelle étonnée voulait qu'on en fît le siége ; mais les chefs des habitans représentèrent au Roi le traité fait avec le Seigneur de la Trémouille : (1) offrant cependant de fournir tous les vivres, qu'on leur payerait. De violens murmures, sur la cupidité de la Trémouille, et la faiblesse du Roi pour lui, se firent entendre. Mais les offres des Auxerrois furent acceptées, et l'armée, ainsi que le Roi, campèrent devant la ville : Le lendemain ils prirent la route de Troyes, et furent reçus à Saint-Florentin. Dans cette conjoncture difficile, dont les habitans se tirèrent avec tant de prudence et de bonheur, ils avaient pour Bailli Jean Regnier, et pour capitaine, Simon Lemoine, écuyer.

Ils ne mirent pas moins d'habileté dans leur conduite pendant les six années qui suivirent jusqu'à la paix d'Arras en 1435. Leur ville était trop importante pour que, s'ils se rendaient au Roi, le Duc n'employât pas toutes les forces de la Bourgogne à la reprendre ; et

---

(1) En cela l'abbé Lebeuf a suivi la chronique de Saint Denys ; mais Chapelain, dans son poëme, attribue le traité fait avec les Auxerrois à Amaury de Séverac. Cet auteur qui n'a fait que rimer péniblement l'histoire, peut être consulté comme historien. Suivant lui, Jeanne-d'Arc, devançant l'armée, vint sommer les habitans de se soumettre au Roi, et ils le lui promirent. Alors elle passa l'Yonne, et parcourut les environs. Revenant ensuite, elle aperçut le Roi et l'armée qui avaient tourné la ville, et défilaient sur le pont. Ne doutant pas que cette exemption de recevoir l'armée n'eut été vendue par Amaury, elle lui en fit de vifs reproches, en présence du Roi ; mais on n'y eut aucun égard. Elle renouvela ces reproches devant Troyes, quand elle en vit les portes fermées :

Et voilà le beau fruit que nous produit Auxerre !

l'armée du Roi était trop éloignée pour la protéger efficacement. Cependant, tout autour d'Auxerre, des détachemens de royalistes, maîtres de quelques places, faisaient craindre un coup de main. Ils avaient Saint-Bris au Sud, Régennes au Nord, et beaucoup d'autres forteresses du côté de Joigny. Après deux années passées dans cet état de continuelles alarmes, ils députèrent au Duc, Pierre de Longueil, *licentié èz lois*, et Jacques Grail, *licentié en médecine*, pour qu'il les aidât à faire cesser ce voisinage incommode. A la place du Bailli, Jean Regnier, alors prisonnier de guerre, le Duc leur envoya François l'Arragonais, Bailli de Saint-Pierre-le-Moutier. Ils virent aussi arriver le Gouverneur de Bourgogne, et le Sire de Châtelux, qui firent de grands approvisionnemens de vivres et de munitions de guerre. Dirigés ensuite par ces habiles capitaines, les habitans, au mois d'octobre 1432, firent conduire leurs canons et leurs machines de guerre à Régennes; dont, en peu de jours, ils se rendirent maîtres. Ils s'emparèrent ensuite de Villemer et de Neuilly, qui s'étaient fermés de murs. Enfin Saint-Bris éprouva le même sort.

Au mois de novembre de la même année, à la sollicitation du Pape Eugène IV, il y eut à Auxerre une nouvelle assemblée, fort nombreuse, dont le but était de concilier les intérêts de toutes les puissances belligérantes, et de rendre enfin aux peuples, étrangers à ces intérêts, la paix dont ils étaient privés depuis 52 années. Le Cardinal Albergati y vint pour le Pape; le Concile de Bâle y envoya trois députés. Ceux du Duc de Bourgogne furent son Chancelier, le Sire de

Châtelux, et trois autres Seigneurs ; ceux du Roi, le Chancelier du Dauphin et Christophe de Harcourt ; le Roi d'Angleterre y eut aussi des commissaires, mais ils ne sont pas nommés. Enfin quatre Seigneurs de Bretagne s'y rendirent pour leur Duc.

Le terme des calamités n'était pas encore arrivé; les députés se séparèrent, sans avoir pu s'entendre, et les esprits furent plus aigris que jamais.

Les troupes du Roi occupaient encore des villages très-rapprochés d'Auxerre : Ervy, Brienon, Césy et Coulange-la-Vineuse étaient en leur pouvoir. A la vérité, le Duc veillait avec beaucoup de sollicitude à la défense du pays. Il avait un Gouverneur de l'Auxerrois et du Tonnerrois, Philbert de Vendre; sans cesse occupé, soit à l'attaque des pays occupés par les royalistes, soit à la défense de la ville. Simon Lemoine, capitaine d'Auxerre, y avait aussi un bon nombre de gens de guerre, qu'il payait lui-même; une forte garnison tenait Régennes pour le Duc: c'est dans cette situation périlleuse, mais sans maux effectifs, que se passèrent les trois années qui précédèrent la paix. Le Gouverneur du Duc assiégea et prit Ervy dans l'été de 1433; Brienon au mois de janvier suivant, et Césy peu de temps après. Jacques Despailly, surnommé *Fort-Epice*; qui avait Coulange, le rendit au Gouverneur le 23 juin 1435, moyennant 5,000 écus d'or, et 1,700 saluts aussi d'or. Enfin la paix si désirée entre le Roi et le Duc de Bourgogne, fut signée à Arras, le 23 août; mais le Duc de Bourgogne tint à conserver Auxerre. Une des conditions du traité est que *le Roi lui cède la Cité et le Comté d'Auxerre,*

1433

1435

pour lui et ses hoirs légitimes mâles et femelles, en héritage perpétuel...... à les tenir du Roi...... comme les autres Pairs du Royaume.

Le Duc de Bourgogne était assisté pour ce traité par Laurent Pinon, successeur de Jean de Corbie dans l'Evêché d'Auxerre. C'était un savant Dominicain du couvent d'Auxerre, auteur ou traducteur d'un traité *de la puissance temporelle*; qui, devenu confesseur du Duc, avait tellement acquis sa confiance qu'il dut l'Evêché d'Auxerre à sa considération. L'assemblée réunie à Arras pour la paix, avait été ouverte par un sermon de ce Prélat : il en fit également la clôture.

1436. Les Auxerrois n'obtinrent pas de la paix tous les avantages qu'elle semblait leur promettre; dès l'année qui suivit, le Duc exigea d'eux 600 livres pour subvenir aux affaires de la province. Il y eut des représentations, mais il fallut se soumettre ; et peu de temps après, le Comté eut encore un maître de plus, le Duc l'ayant cédé, mais en usufruit seulement, à son neveu Jean de Bourgogne, Comte d'Etampes.

En 1442, les inquiétudes recommencèrent à Auxerre. Le Roi d'Angleterre continuait la guerre au loin. Mais, tout-à-coup, les habitans furent prévenus par le capitaine de Voutenay que des détachemens d'ennemis parcouraient l'Avalonnais, et se disposaient à profiter de la sécurité des Auxerrois pour fondre à l'improviste sur leur ville. On s'empressa de reprendre le service de la garde, sous les ordres de Philippe de Bourbon, alors capitaine, en remplacement de Simon Lemoine. Ce fut Clamecy qui eut le sort dont Auxerre avait été menacé, et tomba au pouvoir de

Pierre Aubert pour les Anglais. Ce voisinage mettait l'Auxerrois dans un péril si imminent, que les habitans demandèrent, eux-mêmes, au Duc les secours nécessaires pour forcer Pierre Aubert à s'éloigner. Heureusement ce dernier, informé des préparatifs qui se faisaient à Auxerre contre lui, se disposa à quitter Clamecy; mais, avant de partir, il entra en négociation avec des envoyés d'Auxerre, et exigea qu'on lui rendît Jean de Paris, un de ses gens, fait prisonnier par les Auxerrois. Le capitaine de Bourbon s'y refusant, Aubert menaçait de tuer tout ce qui des habitans, hommes, femmes ou enfans, tomberait sous sa main. La population entière, saisie d'effroi, conjura le capitaine d'éviter de nouveaux malheurs. Au mois de mai 1444, Jean de Paris fut rendu, Clamecy délivré, et Auxerre tranquillisé.

Peu de temps après, la sécurité y fut parfaite : on vit arriver de Paris, par la rivière, une quantité considérable de canons et de bombardes ; qui furent ensuite distribués par le Grand-maître d'artillerie, Gaspard Bureau, sur les bords de la Loire, pour tenir l'armée Anglaise au-delà de ce fleuve. Mais, comme il arrive toujours, tant qu'un danger commun avait menacé les habitans, l'harmonie la plus parfaite régnait entre eux ; aussitôt que les temps devinrent meilleurs, les dissentions se réveillèrent. Il y eut procès entre les Gouverneurs de la ville et le Pénitencier de la Cathédrale, pour un droit que celui-ci voulait percevoir sur les écoliers admis aux *Grandes Ecoles;* procès encore entre les Bourgeois et les vignerons, qui, renouvelant leurs anciennes prétentions, prenaient quatre heures dans les grands jours, pour leurs repas et leur sommeil. Ce qu'il y a de singulier dans ce dernier procès, c'est que, de part et d'autre, on produisait des titres. Ceux des Bourgeois l'emportèrent. Un arrêt du Parlement, séant à Bourges, le 5 juin 1447, maintint celui de 1393; et les vignerons n'eurent que trois heures pour manger et dormir pendant les jours d'été. Le 10 du même mois, cet arrêt fut solennellement publié dans la ville.

1447

La tranquillité publique amena cependant des résultats plus utiles Les Gouverneurs firent exposer à Jean de Bourgogne que le territoire ne produisait pas le dixième des grains nécessaires à la subsistance des habitans; que le surplus lui était fourni par les pays voisins, mais que le droit de douze deniers par livre, qui se percevait à son profit sur le vendeur, éloignait les marchands et occasionnait souvent la disette. Ce Prince, plein de bienveillance, suspendit pour dix années l'exercice de son droit. Ses lettres à ce sujet sont du 7 juin 1451.

1451

On s'occupa, ensuite, d'une autre amélioration. Jusque-là, les assemblées des habitans, et même des Jurés et des Gouverneurs, n'avaient pas de local particulier; on était obligé de les tenir tantôt dans une Eglise; tantôt dans un couvent, ou à l'Evêché; quelquefois sur la place de la Fanerie; les archives, après avoir été placées dans divers lieux, où des pièces importantes avaient été perdues, se trouvaient dans une des salles voûtées du Prieuré de Saint-Eusèbe. On pensa à se procurer un hôtel de ville, et l'on consacra à cette dépense une économie de 100 à 150 livres par an. Déjà plusieurs maisons avaient été achetées dans l'emplacement qu'il occupe aujourd'hui ; et l'édifice s'élevait, lorsqu'il survint une opposition de la part de plusieurs marchands (1), prétendant que le nouvel établissement nuirait à leur commerce ; il fallut recourir à Jean de Bourgogne ; qui, dans toutes les circonstances, se montra très-affectionné aux Auxerrois. Le 27 septembre 1452, il adressa ses lettres au Bailli pour lever toutes les oppositions ; et l'hôtel fut achevé. Le plus grave des motifs que donnaient les Gouverneurs pour avoir un local dont ils pourraient disposer à leur gré, était *la représentation des Drames qu'ils faisaient jouer aux grandes fêtes, pour le délassement des habitans.* Ces drames étaient l'histoire d'un Saint, ou son martyre, ou la Passion de Jésus-Christ. On voit, en effet, dans

---

(1) Il y a tout lieu de penser que ces marchands étaient ceux de la place de la Fauerie. Les maisons qui la bordent à l'Occident, avaient leurs étages supérieurs sur une galerie formée de piliers de bois ; et celles situées au Nord, avaient également une galerie en piliers de fer : galeries qui n'ont été détruites que pendant le dernier siècle. C'est sous ces galeries que se tenaient très-souvent les assemblées régulières des bourgeois. C'est là aussi qu'aux moindres alarmes, la plupart se réunissaient spontanément, dans ces temps où de graves événemens agitaient chaque jour les esprits, sans qu'aucune feuille périodique pût, comme aujourd'hui, instruire le public de ce qui se passait au dehors. Ce n'était qu'en se rapprochant ainsi qu'on pouvait se communiquer les nouvelles recueillies accidentellement. Ces réunions procuraient nécessairement aux marchands de cette place, des ventes plus fréquentes, surtout pour les comestibles. La construction d'un hôtel de ville, dans un autre quartier, a dû contrarier leurs intérêts, et suggérer leur opposition.

les comptes de cette même année 1452, qu'aux fêtes de la Pentecôte, il y eut une représentation de l'histoire de Saint Germain et du mystère de la Passion.

Après avoir terminé cette difficulté avec les marchands, il fallut encore s'occuper de celle des vignerons, qui se renouvelait chaque année. Plusieurs, étant contrevenus au réglement, furent condamnés à l'amende par le Bailli ; il y eut même des émeutes, puis appel aux grands jours de Champagne. Enfin, le 28 février 1456, une assemblée générale fut tenue dans l'Eglise des Cordeliers ; et quoique les vignerons y fussent en plus grand nombre que les Bourgeois, on transigea. On arrêta seulement que la punition du vigneron qui n'aurait pas fait sa journée comme il le devait, se bornerait à la perte de son salaire ; que le Bourgeois qui l'aurait occupé, ne conserverait que la moitié de ce salaire, et verserait l'autre dans la caisse communale, pour être employée à l'entretien des fortifications. Cette transaction fut soumise à l'homologation du Parlement, prononcée par arrêt du 11 mars 1456. Une circonstance aujourd'hui inconcevable, c'est que pour obtenir cet arrêt, qui n'avait aucun litige à résoudre, les Bourgeois furent représentés par sept procureurs, et les vignerons par dix-sept.

L'année suivante, toutes les dissensions intestines étant apaisées, les esprits se portèrent sur un objet qui avait le vœu général, la translation de l'horloge, si malheureusement tentée en 1425, du clocher de Saint-Eusèbe, sur la tour appelée *la Gaillarde!* Elle fut agréée par Jean de Bourgogne, suivant ses lettres du 16 août 1457. Mais à peine avait-on reprís les travaux, que les calamités qui survinrent, forcèrent à les suspendre encore, et pendant long-temps.

Un objet beaucoup plus pressant agitait tout le Comté; Philippe-le-Bon, depuis sa paix avec le Roi, avait, pour soulager ses peuples de Bourgogne des maux de la guerre, renoncé à toute espèce d'impôt sur la vente des marchandises; le Comté d'Auxerre seul restait sous le poids du *huitième* sur le prix des vins, et du *vingtième* sur celui des autres marchandises. Seulement, en 1456, le Duc avait réduit ces droits à moitié, mais voisins d'un pays de franchise, et ayant le même maître, les habitans ne supportaient qu'avec impatience la moitié restante; et le Comté était menacé d'une désertion inévitable.

Les Seigneurs et tous les propriétaires s'alarmèrent; le 12 avril 1461, un grand nombre fut réuni à l'Evêché, par l'Evêque, Pierre de Longueil; qui, en 1447, avait remplacé Laurent Pinon. Parmi les nombreux personnages qui s'y trouvèrent, on cite l'Evêque, Philbert de Jaucourt, Seigneur de Villarnoul, Gouverneur de la ville et du Comté; les Abbés de Saint-Germain et de Saint-Marien; le Doyen et le Chapitre de Saint-Etienne; Philippe de Savoisy, Seigneur de Seignelay; Jean de Beauvoir, Seigneur de Châtelux et de Courson, et les fondés de pouvoir des Seigneurs de Migé, d'Arcy, de Chitry et de Saint-Bris. Il fut arrêté qu'on enverrait, au plus tôt, auprès du Duc et de son neveu, Jean de Bourgogne, pour les informer des maux que pouvait faire naître cette inégalité de condition entre les habitans du Comté, et ceux du surplus de la Bourgogne, en les conjurant de la faire cesser. Le Gouverneur, de Jaucourt, offrit d'être l'interprête de ces vœux. Il se rendit, en effet, au mois d'octobre, à Valenciennes où était le Duc, et en obtint la conversion de l'impôt du Comté, en une somme de 1,600 livres, qui lui serait payée par les habitans de la ville; et pour les indemniser, le Duc statua qu'à l'avenir ce serait par eux que serait fait exclusivement l'approvisionnement du sel; que sur le prix de la vente, la ville prélèverait un demi écu d'or par minot; qu'elle percevrait, en outre, deux sols six deniers sur chaque muid de vin vendu en détail. Le Gouverneur alla aussitôt trouver à Péronne Jean de Bourgogne, qui, le 28 du même mois, s'empressa de confirmer, à l'égard de son usufruit, tout ce qui avait été réglé avec le Duc son oncle.

Au mois de janvier suivant, ce Prince, si bienveillant pour le pays dont il avait la jouissance depuis 24 ans, s'y fit enfin connaître, et fut logé à l'Evêché. Les habitans, pour lui témoigner leur reconnaissance, lui firent présent, suivant l'usage du temps, *d'un bœuf, de douze moutons, deux muids de vin de pinot, de couleur vermeille, cinq quartes d'hypocras, un poisson appelé Lux (Brochet), deux livres de poudre de Duc pour sa bouche, et cent bichets d'avoine.*

1463   En 1463, une querelle théologique fit beaucoup de bruit dans la ville. Le mercredi après Pâques, Louis Quartier, religieux Augustin, prêchant dans la Cathédrale, et devant un nombreux auditoire, fut interrompu par des Religieux Jacobins, qui lui reprochèrent hautement et avec véhémence, de soutenir des propositions erronées. Le scandale fut d'autant plus grand, que l'Evêque de Longueil était présent, et n'avait trouvé rien de blâmable dans le sermon. Le Prélat exigea une réparation aussi publique que l'avait été 'offense. Sur le refus des Jacobins, dont onze étaient, depuis long-temps, prédicateurs approuvés par lui; il leur retira ses pouvoirs, et fit défense à tous de quêter. Un d'entre eux, Laurent de Bouny, Vicaire de l'inquisiteur dans le Diocèse, n'en fit pas moins citer l'Augustin à comparaître devant lui; mais ayant été chez l'Evêque pour expliquer sa démarche, et s'étant fait accompagner par le Jacobin qui avait notifié la citation; ce dernier fut arrêté et emprisonné par ordre de l'Evêque, qui appela au Parlement de la procédure de l'inquisiteur. Le Prieur, étant venu ensuite réclamer son Religieux, fut aussi arrêté. Enfin le Prieur du couvent de Paris fut plus prudent et plus habile. Le 25 septembre, il offrit une réparation, que l'Evêque accepta. Il fut convenu qu'un des Religieux, au choix de l'Evêque, prêcherait dans la Cathédrale, et avant son sermon, ferait lecture d'une déclaration portant que les Jacobins d'Auxerre étaient affligés d'avoir scandalisé l'Evêque et le public; qu'ils en demandaient pardon; l'Evêque s'en remettant au jugement de l'Eglise sur les propositions de l'Augustin. Peu de jours après, le frère Chantereau lut la déclaration convenue dans l'Eglise, et les Jacobins recouvrèrent toutes les bonnes grâces de l'Evêque.

Mais bientôt il fallut abjurer les dissensions particulières, pour ne penser qu'au salut commun. Déjà Louis XI était sur le trône, et commençait contre les

Princes et les Seigneurs cette guerre de force et de ruse, qui, pendant plus de seize années, a coûté tant de sang et de larmes à la France! Entre tous ceux qui résistèrent à ses projets avec le plus de moyens et de fermeté, le Duc de Bourgogne et son fils, le Comte de Charolais, tinrent le premier rang. Ils étaient, à la vérité, les plus offensés; puisqu'il oubliait, à leur égard, l'asyle qu'ils lui avaient donné pendant sa rébellion contre son père. Ils le traitaient d'ingrat; comme si le cœur d'un fils rebelle pouvait concevoir le moindre sentiment généreux; et comme si ceux qui favorisent un enfant contre son père, pouvaient s'attendre à le trouver reconnaissant!

La guerre prit donc entre eux le caractère odieux qu'elle reçoit toujours, quand elle est dirigée par la haine personnelle; et Auxerre retomba, encore une fois, dans les perplexités d'une ville frontière séparant deux rivaux, dont l'un était son Duc, et l'autre son Roi. Dans les premiers mois de 1465, on se prépara, de part et d'autre, à la guerre appelée *du bien public*, parce que le prétexte des Princes était de s'opposer aux impôts récemment établis par le Roi. Dans cette position critique, le désir des Auxerrois était de se renfermer dans la neutralité, qui leur avait été si salutaire durant les guerres du Duc Philippe contre Charles VII! mais on ne leur en laissa pas la faculté.

Dès le 23 mars, Jean de Mazille, Panetier du Duc, était venu à Auxerre, de sa part, s'assurer de leur fidélité, et recommander la garde de la ville. Leur réponse avait, probablement, été équivoque; car le

22 avril suivant, le Duc leur écrivit; et tout en les remerciant *de leur bon vouloir*, il les invite à y persévérer, *sans changier ni démousvoir*.

De son côté, le Roi leur avait également écrit le 1er et le 14 avril, pour les prévenir de ses démêlés avec le Duc de Bretagne; sans dire un mot de son plus dangereux ennemi, le Duc de Bourgogne. Il leur supposait aussi *un bon vouloir* pour sa cause, et leur recommandait de persévérer *dans leur bonne loyauté envers lui*. Ces lettres, et Guillaume de Boussy qu'il leur envoya, n'arrivèrent qu'après celles du Duc; et déjà Philbert de Jaucourt, capitaine de la ville, était parvenu à obtenir de la majeure partie des habitans le serment de servir la cause de ce Prince. Le Roi, informé de sa conduite, s'en plaignit à Jean de Bourgogne, neveu du Duc, qu'il avait su s'attacher. Jean écrivit aux habitans de ne plus reconnaître de Jaucourt pour leur capitaine, mais cet ordre resta sans effet. La population était divisée en deux partis; toutefois celui du Duc était, et le plus nombreux, et le plus influent, tous les officiers alors en charge étant ses créatures. Auxerre resta donc dans ce dernier parti.

Il en résulta, d'abord, un avantage que se procurèrent habilement les habitans. Ils firent présenter au Conseil du Duc, à Dijon, un mémoire dans lequel, tout en protestant que, par suite du traité d'Arras, ils restaient et voulaient rester sous la suzeraineté du Roi; ils exposèrent que, les Princes s'étant armés contre le Roi, pour obtenir le soulagement du peuple par la décharge des impôts, ils ne pouvaient pas laisser subsister ceux qu'ils avaient établis, eux-mêmes, dans les pays de leur domaine. Ce mémoire, soutenu par trois députés, Thomas la Proste, Doyen du Chapitre, Jean Regnier, lieutenant-général, et Guillaume Gontier, Bourgeois, eut un plein succès. Les habitans furent déchargés de leurs tributs, et même des 1,600 livres promises à Jean de Bourgogne, en 1451. Cette décharge leur fut accordée par le maréchal de Bourgogne, Thibaut de Neufchâtel, passant par Auxerre, le 18 juin 1465, avec des troupes qu'il conduisait en Flandre, à l'armée du Comte de Charolais.

Dans le même temps, le Duc de Calabre fit, dans la ville et le Comté d'Auxerre, une levée d'hommes, et partit pour la même armée. C'est environ un mois après, que fut donnée la fameuse bataille de Montlhéry, où les deux partis finirent par prendre la fuite, se croyant battus; et le lendemain prétendirent tous deux avoir remporté la victoire. Ces bruits contradictoires tinrent long-temps la ville en alarmes. En vain les Gouverneurs firent partir un cordelier pour s'assurer, sur les lieux, du véritable état des choses; les habitans de Sens et de Pont-sur-Yonne le forcèrent de retourner sur ses pas; on ne connut la vérité qu'au retour du Duc de Calabre; et la paix fut signée à Conflans, dans le mois d'octobre. Dès le 31, le Comte de Charolais s'empressa d'écrire aux Gouverneurs que leur Comté restait à son père, ajoutant gracieusement : « *et ferons toujours pour vous, et pour* » *la bonne ville, Cité et habitans d'Auxerre, pour* » *le mieux que nous pourrons.* »

Le 5 janvier suivant, le Roi écrivit également aux Gouverneurs une lettre fort détaillée, sur l'état de ses affaires, et le sujet du voyage qu'il se disposait à faire en Normandie : il finit par leur demander *faveur, aide et confort*, pour rentrer dans le Duché ; et au mois d'août 1466, il leur continua la faculté de fournir le grenier à sel, et d'en appliquer le profit à la réparation des fortifications. 1466

Cependant les gens du Duc, qui n'avaient suspendu la levée des impôts que pour retenir les Auxerrois dans son parti, voulurent abuser de la paix pour les rétablir ; et déjà les Élus et le Receveur se disposaient à les exiger, lorsqu'une députation alla trouver le Comte de Charolais en Flandre, et lui rappela la bienveillance si récemment exprimée par lui ! Le Comte prévoyant, sans doute, que la paix ne règnerait pas long-temps, et qu'il importait à sa cause de donner plus de consistance aux avantages promis, confirma ce qu'avait fait le Maréchal de Bourgogne : et par ses lettres du 4 octobre 1466, prorogea pour quatre années la décharge des impôts.

Effectivement, après la mort du Duc, Philippe-le-Bon (1), au mois de juin 1467, le nouveau Duc, Charles-le-Téméraire, recommença la guerre. Heureusement, elle ne se fit qu'en Flandre, et fut promp- 1467

---

(1) Les Auxerrois regrettèrent la douceur de son gouvernement, et lui firent faire dans la Cathédrale, le 1er juillet 1467, un service solennel. Cent Prêtres y célébrèrent la messe ; la ville fournit 112 livres de cire, 150 écussons aux armes du Prince, et un poële blanc, orné d'une croix de vermeil.

tement terminée par la paix de Péronne, publiée à Auxerre le 4 novembre 1468.

1468

Mais un fléau plus dévastateur encore que la guerre, la peste, affligea, à cette époque, Auxerre, ainsi qu'une grande partie de la France. De 1466 à 1469, elle fit 3,000 victimes à Auxerre; dans les seuls mois d'août et de septembre 1466, elle en fit 40,000 à Paris. Cette calamité avait tellement appauvri Auxerre, que, les quatre années pendant lesquelles la perception des impôts était suspendue, étant expirées, le Duc sur les observations du Gouverneur de la ville, Tristan de Toulougeon, arrêta, par ses lettres du 20 août 1470, que les impôts à percevoir pendant les trois années suivantes, ne seraient payés qu'au quart de ce à quoi le Duc son père les avait réduits.

1470

Le mois suivant, le pont, reconstruit deux siècles auparavant, tombant en ruine, il fallut demander au Duc un péage pour le rétablir. Il accorda pour cette reconstruction un droit de quatre deniers par chaque muid de vin, passant dessus ou dessous ce pont.

A toutes ces causes de misère, vinrent bientôt se joindre toutes les fureurs de la guerre. Cette fois, comme presque toujours, le sujet en était bien étranger et indifférent aux peuples. Depuis neuf années, deux familles, les Lancastres et les Yorcks, se disputaient la couronne d'Angleterre. Soutenues l'une et l'autre par un parti également nombreux et puissant, ayant pour signe de ralliement, les Lancastres, la Rose-Blanche, et les Yorcks, la Rose-Rouge; elles faisaient de leur pays un théâtre de carnage. Tant qu'Edouard d'Yorck conserva le sceptre, par lui arraché à Henri de Lancastre , Louis XI , qui aidait secrètement le parti de ce dernier, avait mis beaucoup de réserve dans ses guerres contre le Duc de Bourgogne , ardent auxiliaire d'Edouard , dont il pouvait obtenir des secours ; mais , en 1470 , le Comte de Warwick ayant chassé Edouard , et rétabli Henri sur le trône , Louis n'hésita pas à lui déclarer lui-même la guerre , avec l'intention très-déterminée de conquérir la Bourgogne.

Le Duc prévenu se hâta d'envoyer une garnison à Auxerre. Le jour où elle se présenta aux portes, dans l'hiver de 1470 à 1471 , il y eut de déplorables dissensions dans la ville. Les partisans du Roi, prévoyant tous les maux auxquels l'ambition du Duc exposait les habitans, voulaient qu'on refusât son fatal secours. Ses partisans insistaient pour que la troupe fût introduite; les voies de fait succédant aux paroles , Guillaume Gontier, l'un des plus notables habitans, et qui avait été Echevin quelques années auparavant, fut massacré, pour avoir parlé en faveur du Roi.

A peine la troupe du Duc était-elle dans la ville , que deux envoyés de Louis XI, Christophe Paillard et Jacques Hesselin , vinrent sommer les habitans de rendre la ville au Roi, et de recevoir la garnison qu'il se disposait à y entretenir. On demanda un délai pour en délibérer. Les députés se retirèrent à Joigny, y attendre la réponse. Un député de la ville, quelques jours après , alla leur déclarer que le Duc y avait déjà une garnison, et que les habitans étaient résolus à tout sacrifier pour le servir. Ils ne tardèrent pas à

1471

éprouver les funestes conséquences de leur aveugle dévouement au Duc. A l'exception de Saint-Bris, Coulange-la-Vineuse et Cravan, tous les autres pays entourant la ville étaient pour le Roi. Des défenses furent faites de porter aucune espèce de denrées à Auxerre; tout ce qu'on put reconnaître sur les routes appartenant aux habitans, fut confisqué. On lit dans les *Antiquités de Sauval, Tom. 3, p.* 402, qu'une somme provenant des vins confisqués sur des Auxerrois devint la proie du fameux barbier du Roi, Olivier Ledain. Toute la banlieue fut pillée et saccagée: au mois

1471 d'avril, les troupes du sieur de Plancy, et du Bâtard de Seignelay, s'avancèrent jusqu'aux portes de Saint-Siméon, d'Eglény et du Temple. Elles furent repoussées par l'artillerie des murs; mais un Bourgeois, resté en dehors, fut exterminé.

Quelques jours après, on apprit qu'une trêve d'un an avait été conclue entre le Roi et le Duc. Le sort des habitans n'en fut pas moins déplorable pendant cette année; personne ne put sortir de la ville, sans être exposé à être arrêté et rançonné par les partis qui continuaient à parcourir la campagne; les vignes restèrent sans culture, et la récolte fut perdue.

1472 Au printemps de 1472, la trêve étant expirée, les calamités s'accumulèrent. Le Roi lui-même vint jusqu'à Bonnard, encourager les partis qui harcelaient ainsi les malheureux habitans d'Auxerre. Enfin, au mois de juin, les vivres commençant à manquer dans la ville, on se décida à faire aussi une incursion sur les villages voisins, afin de se procurer des bestiaux à main armée, puisqu'on ne pouvait pas en acheter;

mais la tentative eut un fatal résultat. Il y eut, entre la troupe Auxerroise et celle du Bâtard de Seignelay, du côté d'Appoigny, une rencontre sanglante; la troupe Auxerroise y fut anéantie; 160 hommes restèrent sur le champ de bataille, 80 furent faits prisonniers; le surplus fut noyé dans la rivière, ou dispersé.

Les Echevins s'empressèrent d'envoyer des députés porter la nouvelle de ce triste événement aux Conseils du Duc, à Dijon, et au Gouverneur de Bourgogne, à Beaune. Les députés étaient aussi chargés d'exposer la disette qui désolait le pays, et le danger pour la ville de voir encore une récolte ravagée, si l'on ne prenait pas promptement des mesures pour chasser, sinon tous les ennemis, au moins ceux qui étaient aux portes. Ces justes plaintes furent entendues. Par les soins du Gouverneur général, Auxerre fut approvisionné de blé; et le Comte de Romont vint se mettre à la tête de la garnison. Avec toute la milice de la ville et celle des environs qu'il put réunir, il marcha sur le château de Régennes, le prit d'assaut le 24 octobre; et huit jours après, celui de Beauches tomba également en son pouvoir. Ne pouvant pas garder ces deux châteaux, véritables repaires des ennemis les plus acharnés d'Auxerre, il ordonna aux habitans d'aller les démolir, sur-le-champ, à peine d'être traités comme rebelles. L'ordre fut exécuté, et un peu de sécurité fut donné au pays.

Dans l'hiver de 1473, une nouvelle trêve d'une année fut signée à Senlis, et Tristan de Toulongeon, Gouverneur d'Auxerre, y stipula pour la ville; mais cette simple suspension d'hostilités ne permettait pas

1473

de trafiquer en pays ennemi, et de rétablir les communications des villages avec la ville ; en sorte que les vins, dont elle échangeait ordinairement une partie contre les blés des villages, restaient dans les caves ; et les habitans manquaient de pain, les gens de guerre ayant épuisé les approvisionnemens. Il fallut obtenir de Dijon des sauf-conduits, que le Lieutenant-général accorda le 26 octobre. (1)

1474 Dans l'hiver suivant, la trève fut une seconde fois prolongée pour un an. Néanmoins, la ville étant exposée à des incursions, particulièrement de la part des Seigneurs de Seignelay, qui ne gardaient aucune trève ; la garnison fut renforcée par Charles de la Viéville, capitaine de 25 lances de Picards; et, peu de temps après, par Jean de Dommarien, qui en commandait 100 de Bourguignons.

Au mois de mai 1475, la trève expira; et le feu de la guerre, entre le Roi et le Duc, devint plus violent que jamais. Heureusement pour Auxerre, les grands mouvemens se firent au loin, dans le Duché de Luxembourg, et dans la haute Bourgogne, où le Bailli d'Auxerre, Jean Regnier, fut fait prisonnier. Les Auxerrois obtinrent même à Dijon des permissions de communiquer avec les villageois des environs;

---

(1) Les députés étaient Robin de Beauvoir et Blaise Moirote. Dans le compte de leurs dépenses, on voit qu'on leur payait quinze sols par jour ; et qu'un souper pour eux, un cocher et trois chevaux, suivi du coucher, leur coûtait dix sols, environ six francs. V. les archives, paquet 21c, 6 H.

et pour le faire sans danger, ils reçurent des sauf-conduits des Gouverneurs de Sens et de Champagne. Ils n'en restèrent pas moins dans des alarmes continuelles, n'obtenant qu'accidentellement, et de loin en loin, des nouvelles sur ce qui se passait aux armées. Leur perplexité devint telle, en 1476, que deux femmes furent envoyées en pélerinage à Saint-Bon, à un quart de lieue de Sens, pour qu'en allant et revenant, elles pussent recueillir quelques renseignemens. (1)

1476

Cet état de souffrance et d'anxiété se prolongea jusqu'au moment où Charles, si justement nommé *le Téméraire*, tomba victime d'une ambition qui coûta tant de sang et de larmes aux pays qui lui obéissaient! Tandis qu'il rêvait un royaume, il trouva la mort sur le champ de bataille, devant Nancy, le 5 janvier 1476. Les gens du peuple, en Bourgogne, furent long-temps incrédules sur la mort de leur Duc. On apercevait parfois un Ermite, qui avait sa taille et fuyait le monde. On débitait que c'était Charles, qui s'était condamné à une pénitence de sept ans, pour revenir ensuite se venger de tous ses ennemis. L'opinion était si prononcée sur cette fable, qu'on prêtait de l'argent et l'on vendait des fonds, pour en être payé au retour du Duc. (2)

---

(1) Ces deux femmes, nommées *la Ramerue* et *la Bourgeoise*, reçurent, pour les dépenses de leur voyage, y compris un doigt de cire par elles offert à Saint Bon, 6 sols 8 deniers, environ 4 francs.

(2) V. Mézerai, t. 2, p. 734.

Cependant comme, même dans cette opinion, un retour après sept ans donnait plus d'inquiétudes que de sécurité; les Auxerrois qui, surtout depuis six années, recevaient, chaque jour, la punition d'avoir méprisé les conseils des Royalistes, se décidèrent unanimement, à l'instant même où la nouvelle de la mort du Duc se répandit, à se soumettre sans retard à Louis XI. Dans le même temps, ce Monarque avait pour maître d'hôtel un Auxerrois, nommé Jean Rapine, et l'envoyait à Auxerre avec le titre de Gouverneur, pour déterminer ses compatriotes à revenir franchement à lui. Son apparition à Auxerre y répandit la joie et l'espérance. On le combla d'honneurs. Tous les habitans firent en ses mains serment de fidélité au Roi; et quinze des plus notables furent chargés d'aller, avec ce nouveau Gouverneur, implorer le pardon et les bontés du Monarque. Jean Rapine les lui présenta dans le château de Selommes en Vendômois. Ils avaient fait une telle diligence, qu'ils précédèrent toutes les autres députations de la Bourgogne; et que les lettres d'abolition qu'ils obtinrent, sont du même mois où le Duc avait succombé.

Louis XI, sachant apprécier les avantages qu'il trouverait dans l'affection des Auxerrois, et dans la prospérité de leur ville, fit, avec empressement, tout ce qui pouvait produire ces résultats. Les députés furent parfaitement accueillis par lui : rien de ce qu'ils lui demandèrent ne leur fut refusé; et sa volonté à ce sujet fut consignée dans deux lettres patentes des mois de janvier et février 1476.

Par les premières, il déclara que tout ce qui avait

pu être fait et dit dans Auxerre contre sa personne, était pardonné; *imposant, à cet égard, silence à son procureur présent et à venir, et à tous les autres.*

Par les dernières, il érigea le Bailliage d'Auxerre en Bailliage royal, avec un Bailli indépendant de celui de Sens; lui assignant, pour ressort, *tous les pays assis en l'Evêché d'Auxerre et autre part; entre les rivières de Loire, Yonne et Queure, plus prochains de ladite ville d'Auxerre que de Villeneuve-le-Roi.* Il abolit, dans tout le Comté, les impôts dont les Ducs de Bourgogne avaient grevé les marchands ; il ordonna que les affaires concernant les aides et le grenier à sel, qu'on avait continué de porter au siège de Villeneuve-le-Roi, seraient à l'avenir portées au Bailliage d'Auxerre. En vain les officiers de Sens et de Villeneuve-le-Roi firent de nombreuses démarches pour faire révoquer ces dispositions; elles furent invariablement maintenues.

Les Auxerrois, reconnaissans de ces bontés, s'attachèrent aux intérêts de Louis XI; et ayant été informés des préparatifs que faisait la ville de Dijon pour lui résister, ils s'empressèrent de l'en prévenir. Cet avis leur valut une lettre gracieuse, par laquelle il les remercie de leur zèle pour son service, et leur recommande de n'admettre dans leurs murs aucun étranger, et surtout des gens de guerre. Lui-même, quelque temps après, les informa en détail de tout ce que faisait auprès de lui le Duc de Bretagne, pour rétablir entre eux l'harmonie; les invitant à répandre cette heureuse nouvelle. Pour les détacher de plus en plus de la Bourgogne, par de nouvelles lettres, il affranchit le Comté, de l'écu qui se payait à Joigny, par chaque muid de vin sortant de cette contrée pour entrer en France ; et la plaça dans le ressort du Parlement de Paris, pour les affaires relatives aux impôts, à l'égard desquelles elle était restée dans celui du Parlement de Dijon. Le soin qu'il prit d'Auxerre pendant le surplus de son règne, y maintint la plus parfaite tranquillité, et y raviva le commerce.

Les héritiers de l'Evêque de Longueil profitèrent des premiers momens de cette tranquillité pour exécuter ses dernières intentions. Cet Evêque, en 1470, après l'assemblée où des furieux avaient arraché la vie au notable Gontier, voyant avec douleur le parti du Duc de Bourgogne l'emporter sur celui du Roi, auquel il était fort attaché; et prévoyant les funestes effets de cette révolte contre le Souverain, s'était retiré à Varzy, et y était mort le 16 février 1473. Cependant il avait désiré être inhumé, comme la plupart de ses prédécesseurs, dans la Cathédrale ; mais, tout en exprimant ce désir dans son testament, il avait ordonné que ses restes n'y fussent portés que quand la ville serait rentrée sous l'obéissance du Roi. C'est ce qui fut exécuté.

Dès le mois de mars 1473, le Clergé, placé sous l'influence de sofficiers du Duc de Bourgogne, avait donné à Longueil, pour successeur, Enguerrand Signard, Dominicain et confesseur du Duc; qui ne put prendre possession du siège qu'après la cessation de la guerre par la mort de ce Prince. Il fut intronisé le 27 mars 1477 ; mais, peu de temps après, jugeant probablement que le confesseur de Charles-le-Téméraire déplairait à Louis XI, il résigna son Evêché en faveur de Jean Baillet, fils d'un Conseiller au Parlement de Paris, en se retenant une pension; et se retira à Paris, dans un des Couvens de son ordre, où il est mort en 1485.

Dans la même année (1477), le Roi, qui attribuait ses succès à la protection de Saint Edme, vint à Auxerre, et se rendit à Pontigny, pour remercier le Saint de son intercession. L'année suivante, la peste qui désolait Auxerre, l'empêchant d'y revenir, il chargea le Clergé d'aller pour lui en procession au tombeau du même Saint; et envoya, à cette intention, deux cierges, du poids de 30 livres chacun. La procession ne put avoir lieu qu'au mois de mai 1479; mais le concours des populations voisines fut immense. Les deux cierges du Roi furent déposés sur le tombeau du Saint, avec deux autres de 20 livres ajoutés par les habitans d'Auxerre, pour avoir part à sa protection. (1)

La félicité dont jouirent les habitans d'Auxerre pendant les dernières années de Louis XI, fut cependant troublée, comme je viens de le dire, en 1478 et 1479, par des maladies contagieuses; suites inévitables de l'extrême misère dont le peuple avait été accablé durant les dernières guerres. Les pertes de la population dans ces deux années furent si nombreuses,

1478
1479

(1) Cartulaire de Pontigny, histoire de Seignelay, t. 1ᵉʳ, p. 279.

que les Religieux de l'ordre de Saint Augustin qui étaient au prieuré de Saint-Amatre, et soignaient les malades de la Maison-Dieu (grand hôpital), ou succombèrent, ou s'enfuirent; et que les Gouverneurs furent contraints de les remplacer, en 1479, par huit Béguines du tiers ordre de Saint François, qu'ils obtinrent du Couvent d'Abbeville.

En 1482, de vives alarmes agitèrent les habitans de la ville et du Comté, au bruit qui se répandit que le pays allait retomber sous la domination de la maison de Bourgogne. Effectivement, lors du traité de paix conclu, à cette époque, entre le Roi et l'Archiduc d'Autriche, sur ses prétentions, du chef de Marie sa femme, fille de Charles-le-Téméraire; le mariage du Dauphin avec Marguerite, fille de Marie et de l'Archiduc, en était la base principale; et l'on exigeait de Louis XI, que Marguerite apportât en dot, comme lui appartenant, le Comté d'Auxerre; indépendamment de ceux de Bourgogne et d'Artois, et de plusieurs autres Seigneuries. A cette nouvelle, la population crut voir déjà renaître toutes les calamités dont elle avait eu à gémir sous les aïeux de cet enfant. Mais Louis XI connaissait trop l'intérêt qu'il avait à conserver Auxerre, pour y consentir. Egalement persuadé du désir des habitans de rester ses sujets immédiats, à peine le traité fut-il signé, qu'il leur dépêcha un chevaucheur de ses écuries pour les rassurer, et leur donner connaissance des conditions. Aux vives alarmes succéda l'allégresse; et pour en remercier Dieu, une procession générale se rendit de Saint-Etienne à Saint-Germain.

A ces preuves d'affection, le Roi, au mois de juin 1483, en ajouta une, qui ne fut pas moins agréable aux habitans. Il écrivit aux Magistrats deux lettres pour qu'un des notables de la ville fût député aux fiançailles du Dauphin avec Marguerite. Le choix tomba sur un Bourgeois nommé Jacques Césaire, qui se rendit de suite à Amboise, avec le Bailli Jean Regnier ; en sorte que la mort de ce Monarque, qui arriva le 30 août de la même année, et qui fut un sujet de satisfaction pour la majeure partie de la France; en fut un de deuil pour Auxerre. Heureux, sous son règne, ceux qu'il avait intérêt de voir prospérer !

Son fils, Charles VIII, n'avait que treize ans quand il parvint à la couronne ; mais sa fille, Anne de Beaujeu, avait vingt et un ans. Leur père avait reconnu en elle la force d'esprit et la prudence nécessaires pour gouverner le Royaume dans les conjonctures difficiles où il le laissait ; et lui en avait confié la Régence. Elle justifia parfaitement son choix, et inspira d'autant plus de confiance au peuple, que les premiers actes de son gouvernement furent des mesures de clémence.

Cependant l'on ne tarda pas à s'apercevoir dans la conduite des Princes, et particulièrement dans celle du Duc d'Orléans, que les discordes civiles allaient recommencer ; mais les Auxerrois se promirent unanimement de rester attachés au parti du Roi, quels que pussent être les événemens ultérieurs. Dans les premiers mois de 1484, les Etats généraux ayant été convoqués à Tours, le Bailli Jean Regnier, le Chevalier Jean de Châtelux et Jean du Plessis, y furent députés, et chargés d'offrir au Roi, au nom des habitans, *leurs corps et leurs biens*. La députation reçut une réponse affectueuse, et la confirmation de tous les priviléges du pays; tels que sa réunion à la couronne, l'érection du Bailliage, et le droit pour la ville d'approvisionner le grenier à sel, au prix marchand. Ils rapportèrent aussi l'autorisation d'employer à terminer la construction de l'horloge, les économies faites sur les deniers destinés à l'entretien des fortifications.

Ce monument commencé, comme on l'a vu, en 1457, n'avait pu recevoir qu'un faible commencement d'exécution. Il n'y avait encore que l'arcade portant le cadran, et le mouvement des heures. Les calamités dont la ville avait été accablée, depuis ce moment, jusqu'à la mort du dernier Duc de Bourgogne, avaient absorbé tous les deniers communs; et, ce qui témoigne hautement de la prospérité dont jouirent les habitans sous le sceptre de Louis XI et la régence de la Dame de Beaujeu, c'est la magnificence avec laquelle ils élevèrent, pour la sonnerie, la superbe flèche qui fut consumée par le feu, le 28 septembre 1825.

1485 Les troubles qu'avait fait redouter le dépit du Duc d'Orléans d'être privé de la Régence, ne tardèrent pas à se réaliser. Dans l'hiver de 1484 à 1485, des troupes, de son parti, portèrent la désolation dans quelques-uns des villages voisins d'Auxerre. Au mois d'août, les Magistrats reçurent une lettre écrite au nom du Roi, par laquelle, en imputant au Duc d'Orléans les nouveaux désordres, il leur recommandait de se tenir en garde contre ses propositions; de veiller avec soin à la garde de la ville, et d'envoyer à la Cour toutes les dépêches qu'on pourrait recevoir de ce Prince rebelle.

L'année suivante, en effet, on reçut de lui plu- 1486
sieurs lettres, par lesquelles il invitait les habitants à
se joindre à son parti, pour faire cesser les abus qu'il
reprochait au gouvernement de la Régente ; mais, loin
d'entrer dans ses vues, Louis de Gaillard fut envoyé
au Roi, qui était près de Bordeaux, pour lui faire
connaître ces lettres, et protester de nouveau que les
habitans lui resteraient inviolablement attachés.

Tandis que les Auxerrois faisaient sincèrement ces
protestations, Olivier de Quoatmen, leur Gouverneur, se liait avec le Duc d'Orléans ; et jetant le
masque, en 1487, il s'enfuit en Bretagne, où se réu- 1487
nissaient tous les mécontens. Heureusement, cette
défection détermina la Dame de Beaujeu à séparer le
gouvernement de la ville de celui du Comté. Le sieur
de la Heuze obtint ce dernier ; et Jean de Sadonville,
premier maître d'hôtel du Roi, devint Gouverneur de
la ville. Pour augmenter l'influence du Monarque
sur le pays, on créa un officier de plus : le Bailli de
Sens cessa de l'être d'Auxerre, qui eut son Bailli particulier. Cet emploi, fort important, fut déféré à Christophe de Plailly ; et Jean Regnier conserva celui de
Lieutenant-général. C'est aussi à ce lâche abandon de
la cause royale, par le Gouverneur d'Auxerre, qu'on
doit attribuer le don que le Roi fit alors du Comté à
Engilbert de Clèves, gendre de Jean de Bourgogne ;
nonobstant les promesses réitérées de Charles VII et
de Louis XI, de ne jamais séparer le Comté du domaine de la couronne.

A la nouvelle de ce don, qui allait, encore une
fois, donner au Comté un maître de plus, la conster-

nation s'y répandit; toutes les infortunes des temps passés semblaient, aux esprits effrayés, prêtes à écraser de nouveau la population. Mais les Auxerrois ne se bornèrent pas à des gémissemens, ils eurent toute l'énergie qu'exigeaient les conjonctures. De fortes remontrances furent adressées à la Cour, alors résidante à Lyon; elles étaient motivées sur les anciens traités. Ils formèrent, en même temps, à la réception du nouveau Comte, une opposition, qui fut reçue au Parlement, le 22 avril 1490; ils firent aussi notifier à l'Evêque, Jean Baillet, qu'ils étaient opposans à ce qu'il reçût l'hommage d'Engilbert; et les choses en restèrent là, jusqu'à la paix conclue avec Maximilien d'Autriche, le 23 mai 1493. Ce traité porte qu'en attendant que les droits du Roi et ceux d'Engilbert ayent été plus mûrement examinés, le Roi continuera de jouir du Comté. Les habitans avaient un tel désir de rester au Roi, que, pendant les négociations du traité, ils le demandèrent à Dieu par des processions générales; et lui en rendîrent des actions de grâces; avec la même solennité, lorsque la nouvelle du traité fut arrivée.

Le succès de cette résistance à Engilbert fut principalement attribué aux conseils et aux démarches de l'Evêque, et surtout au crédit de sa famille. Il ne fut pas moins utile aux habitans pour la consolidation de leur Bailliage, qui était sans cesse attaqué, soit par les Seigneurs, soit par les habitans de Sens et de Villeneuve-le-Roi.

Le Roi continua donc d'avoir à Auxerre ses officiers. Le Gouverneur, Henri-le-Rotier, étant mort

dans le même temps, eut pour successeur Hector de
Salazar. Ce choix fut d'autant plus agréable aux habitans, que Salazar avait déjà pris leurs intérêts auprès de
Charles VIII; et que, sur ses représentations, le Roi,
ayant égard à ce qu'ils avaient souffert pendant les
dernières guerres, leur écrivit d'Abbeville, le 17 juin,
pour les exempter de logemens des gens de guerre,
pendant un an; exemption dont Salazar obtint la prolongation durant plusieurs années.

Ce moment de sécurité fut employé utilement pour
la ville. Depuis que les habitans, comme je l'ai dit
dans l'Introduction, et dans l'histoire du sixième et du
septième siècles, avaient quitté l'ancienne ville celtique, *Vellaunodunum*, pour se grouper sur le mont
Autricus, autour de la Cité et des Monastères de
Saint-Eusèbe, Saint-Germain et Notre Dame-la-
d'hors; ils avaient l'avantage d'un air plus sain; mais,
par la compensation ordinaire, les quartiers élevés
manquaient totalement d'eau; et n'avaient que celle
qu'ils allaient au loin puiser dans les fontaines qui
sont sur le bord de la rivière, ou au milieu des ruines de *Vellaunodunum*, soit dans le ruisseau de Vallan, soit dans la fontaine de Saint-Amatre, seul
monument subsistant de la ville primitive.

Tel était l'état de la ville, en 1495. Cependant il 1495
était de tradition parmi les habitans, que leurs ancêtres étaient parvenus à vaincre cette aridité de la montagne qu'ils habitaient, et y avaient eu plusieurs
fontaines. On a vu effectivement (p. 152) qu'en 1169,
il en existait une, vers la Croix-de-Pierre, qui y attirait continuellement la population, au point que les

Prémontrés furent contraints de quitter ce quartier incommode, pour s'établir au-delà de la rivière.

On fit donc venir des fontainiers de Paris qui, après l'examen des environs, reconnurent que les eaux de la fontaine de Sainte-Geneviève, très-rapprochée de la ville, pouvaient facilement y être amenées; mais que leur faible volume serait loin de suffire à tous les besoins : que pour obtenir ce qu'on désirait, il fallait donner la préférence à une des sources de Vallan qui, beaucoup plus élevées que la place *du Pilory*, pouvaient également y être conduites. L'augmentation de dépense que commandait ce dernier parti, n'effraya pas les habitans. Ils traitèrent avec le Commandeur de Saint-Jean de Jérusalem, Seigneur de Vallan, le 3 juin, pour avoir une fontaine, *ou plusieurs comme il soulait d'ancienneté*. Il leur accorda la faculté de clôre une des sources de cet endroit, et d'en conduire les eaux à Auxerre, à la seule condition *de lui en fournir et entretenir un tuyau du gros d'un pois*. Dès le 15 juillet, un nommé Michel, de Merry-la-Vallée, entreprit cette conduite; et par un aquéduc composé de 3,014 toises d'aulne, il fit couler les eaux désirées sur la place du *Pilory*, qui prit le nom des *Grandes-Fontaines*.

A peine les Auxerrois avaient-ils fait cesser cette privation, dont ils avaient long-temps souffert, qu'ils se virent en proie à de bien plus cruelles nécessités. La fin du siècle ne fut qu'un temps de misères et d'afflictions. Un désordre continuel dans le cours des saisons frappa la terre de stérilité. De là surgirent successivement la disette, puis la famine et la peste, fléaux presque inséparables. A ces calamités se joignit, en 1498, la désolation générale que répandit dans le Royaume la mort inopinée du Roi. Les Auxerrois, surtout, en furent effrayés. Ils se rappelèrent que le Duc d'Orléans, douze ans auparavant, leur avait écrit plusieurs lettres pour les appeler dans son parti ; que non-seulement ils avaient résisté à ses instances, mais qu'ils l'avaient dénoncé au Roi, comme ennemi de la paix publique ; et c'était lui que la mort, en enlevant Charles VIII, appelait au trône ! que de vengeances n'avaient-ils pas à redouter ! La première nouvelle qu'ils en reçurent, les frappa d'une telle terreur, qu'ils ne voulurent pas y croire, et s'imaginèrent que c'était un stratagème des ennemis du Roi. Ils envoyèrent à Tours Etienne Tribolé et Guillaume de Plumyet, pour s'assurer de la vérité. Bientôt on apprit par eux que le jeune Prince avait en effet succombé, le 7 avril, à la faiblesse de son tempérament ; et aux suites des fatigues de sa guerre de Naples. Sur-le-champ, d'autres députés furent envoyés à Louis XII, pour lui prêter serment d'obéissance au nom des habitans. A leur retour, toutes les craintes se dissipèrent. Ils rapportèrent ce mot admirable du nouveau Roi, qui fit tant de sensation dans tout le Royaume. « Le Roi de » France ne venge pas les querelles du Duc d'Or- » léans. » Ils avaient été accueillis avec bonté, et avaient obtenu la confirmation des priviléges de la ville.

Dans la dernière année du siècle, les ravages de la peste devinrent si effrayans, que toutes les autorités se retirèrent à Saint-Bris, et les familles aisées se dispersèrent dans les environs.

CHAPITRE XII.

SEIZIÈME SIÈCLE.

Durant ce siècle, funeste à l'Europe entière, les habitans d'Auxerre furent successivement victimes de tous les genres de calamités. Dans la première moitié, le peuple fut accablé par l'impôt, et la peste le décima; dans la seconde, la guerre civile et religieuse suscita, du sein même de la population de la ville, de cruels ennemis, qui y renouvelèrent les excès les plus horribles des Huns et des Normands. Aussi est-ce avec chagrin, et en cédant au devoir de l'historien de ne rien dissimuler, que je me vois forcé d'entrer dans les détails des faits qui vont composer ce chapitre.

A peine Louis XII fut-il sur le trône, qu'il continua les guerres d'Italie, commencées par Charles VIII;

avec d'autant plus d'ardeur qu'indépendamment des prétentions de la maison d'Anjou sur Naples, il en avait, de son chef, sur le Milanais. Après Louis XII, François Ier, et après celui-ci, Henri II, renouvelèrent, sans cesse, ces entreprises belliqueuses, avec plus de vaillance que de succès; ayant rencontré, pour s'opposer à leurs desseins, presque toutes les puissances de l'Europe. De là, les contributions excessives que la France, et particulièrement l'Auxerrois, eurent à supporter, en hommes, en denrées et en argent.

Dans le cours de cette même période, et surtout en 1515, 1531 et 1544, la peste fit à Auxerre d'épouvantables ravages. Ses effets, dans la première de ces années, furent si violens, que la plupart des héritages restèrent sans culture ; et que, par ce motif, les Etats de Bourgogne déchargèrent les habitans de toutes les impositions, même de celles pour la guerre. Lors de celle de 1531, le Bailliage tint ses audiences à Saint-Bris, comme en 1500.

On concevra difficilement comment, sous le poids de tant de tribulations, une génération aussi malheureuse a pu saisir, comme elle l'a fait, toutes les occasions qui se sont présentées, d'augmenter l'importance de la ville, et les avantages des habitans. Ainsi, dès 1493, les Gouverneurs ayant fait comprendre, par une ordonnance de Charles VIII, le Bailliage dans le nombre de ceux dont le ressort devait être placé sous le régime d'une Coutume écrite ; les officiers du Bailliage, réunis aux avocats, avaient entrepris de rédiger un cahier contenant les règles en usage dans les cas les plus ordinaires ; mais de nombreuses difficultés et les événemens postérieurs avaient suspendu cette difficile opération. Elle fut reprise, en 1507, par les soins du Lieutenant-général Blanchet d'Avy. En exécution de lettres patentes de Louis XII, une assemblée des trois Etats du Comté se forma à Auxerre, dans l'hôtel de ville, et acheva la rédaction du cahier, sans cependant faire cesser toutes les contradictions.

En 1513, l'Empereur, le Roi d'Angleterre et les Suisses, s'étant confédérés contre la France, et les Suisses étant déjà aux portes de Dijon; de vives alarmes agitèrent les Auxerrois, qui se hâtèrent de réparer leurs fortifications. Ils obtinrent même de Louis XII des lettres qui obligèrent les habitans des villages environnant la ville, dans le rayon de trois lieues, à contribuer à ces réparations; sur ce qu'il était notoire que, dans toutes les circonstances où ces villages avaient été menacés d'invasion de gens de guerre, leurs habitans se réfugiaient, avec leurs meubles et leurs bestiaux, dans la ville. Le traité que fit avec les Suisses Louis de la Tremouille, le 13 septembre, dissipa ces alarmes.

Dans le même temps, et depuis plus de trente ans, la ville suivait avec un vif intérêt, contre celles de Sens et de Villeneuve-le-Roi, ainsi que contre une foule de Seigneurs, à la tête desquels figurait le Duc de Nevers, l'immense procès auquel l'érection du Bailliage avait donné lieu. Les exemptions que réclamaient ces puissans contradicteurs étaient si nombreuses et importantes, que, si elles eussent été admises, il ne serait plus resté à Auxerre qu'un vain titre. Enfin, le 23 mars 1523, un arrêt solennel et contradictoire du Parlement de Paris maintint le ressort du Bailliage dans toute l'étendue tracée par Louis XI, suivant ses lettres patentes de 1476. Le bon droit des habitans fut soutenu contre le crédit des Seigneurs, par d'heureuses circonstances. D'abord, leur Evêque, Jean Baillet, avait fait d'utiles démarches auprès des Conseillers du Parlement, dont plusieurs étaient de sa famille; il n'existait plus, depuis le 10 novembre 1513; mais le Chapitre avait conservé deux de ses neveux, l'un Chanoine, l'autre Archidiacre. Ceux-ci continuèrent les bons offices de leur oncle, avec d'autant plus de facilité, que le rapporteur du procès était Robert Thiboust, leur cousin germain; et qu'ils avaient encore dans le Parlement, le Président Baillet, frère de l'Evêque.

L'exécution de cet arrêt fut confiée par le Parlement au rapporteur, Robert Thiboust, et à Augustin de Thou, Avocat. Le 20 septembre, ces deux Commissaires installèrent de nouveau le Lieutenant-général Blanchet d'Avy; en présence des députés de Sens et de Villeneuve-le-Roi, ainsi que d'une partie des Seigneurs opposans. Ils se transportèrent ensuite à Cosne, Donzy, Saint-Fargeau, Druyes, où les autres Seigneurs avaient été appelés pour y voir publier et enregistrer l'arrêt. Enfin ils remplirent, aussi solennellement, les mêmes formalités dans l'auditoire de Villeneuve-le-Roi; en présence des officiers du Bailliage de cette ville, et de ceux du Bailliage de Sens qui y tenaient, en ce moment, les Assises.

A peu près à la même époque, le sanctuaire de l'Eglise Saint-Eusèbe s'écroula; et ce fut une nouvelle charge pour les Religieux et les paroissiens; mais, malgré les malheurs des temps, le zèle pour la religion applanit toutes les difficultés; et, dès 1530, la reconstruction fut commencée. On voit même, en comparant ce sanctuaire avec le surplus de l'ancienne Eglise bâtie en 1384, que l'intention des paroissiens était de la reconstruire entièrement, sur un plan plus dispendieux, mais mieux étudié que celui du quatorzième siècle.

Quelques années après, les Gouverneurs de la ville s'occupèrent de l'instruction publique. Les écoles de Saint-Germain, si célèbres du temps de Louis-le-Débonnaire, étaient tellement dégénérées, qu'on n'y enseignait plus que la grammaire et la logique, et qu'elles s'appelaient *les Petites-Ecoles*, depuis qu'aux frais des habitans, des cours complets d'enseignement, qu'on appelait *les Grandes-Ecoles*, avaient été établis. Mais ces nouvelles écoles se tenaient tantôt dans un lieu, tantôt dans un autre; la ville n'ayant pas de local qui pût leur être exclusivement consacré. Enfin, un Chanoine de la Cathédrale, Jean de Charmoy, légua une somme considérable pour être employée à l'achat d'une maison assez vaste pour cet établissement. Ses exécuteurs testamentaires, de concert avec les Gouverneurs de la ville, achetèrent plusieurs maisons, occupées depuis par le couvent des Ursulines, et aujourd'hui par la caserne. Les Grandes-Ecoles y furent installées le 20 septembre 1538.

L'annonce, qu'au mois de novembre 1541 les Gouverneurs reçurent, de l'arrivée dans leurs murs du Roi François Ier, et de la reine Eléonore d'Autriche;

renouvela sans doute, encore une fois, dans la ville et le Comté la crainte d'être détachés du domaine royal, et de retomber en apanage. Effectivement, par le contrat de mariage de la Reine, et en exécution du traité de paix conclu à Cambray entre François Ier et l'Empereur Charles-Quint, frère d'Eléonore, le 15 août 1529, la dot de la Reine montant à deux cent mille écus, avait été assignée sur le Comté d'Auxerre, ainsi que sur ceux de Mâcon et de Bar-sur-Seine; avec la clause que l'aîné de ses fils aurait pour apanage ces trois Comtés, indépendamment du Duché d'Alençon (1). Le Roi, comme il l'avait annoncé, arriva dans la ville le 13 novembre; et quelques jours après, il y reçut la Reine. Auxerre ayant été le seul but de leur voyage, on ne peut pas hésiter à reconnaître que son objet était de donner à Eléonore l'investiture de son assignat sur le Comté, et de l'apanage de son fils aîné.

Les inquiétudes que durent en concevoir les Auxerrois, firent bientôt place à des afflictions qui surpassèrent en gravité toutes celles dont les fastes du pays ont conservé la tradition. Dans les premières années du siècle, Luther, Moine et Professeur de théologie à Wittemberg, s'était élevé, de toute la force de son génie malfaisant, contre l'Eglise catholique; et avait obtenu des partisans d'autant plus nombreux et puissans, qu'il attaquait le célibat des Prêtres, comme

---

(1) Elle n'a pas eu d'enfant.

une injure faite à Dieu; et les propriétés du Clergé, comme un abus, que les Souverains devaient réprimer en s'emparant de ces propriétés. Déjà la plupart des Princes d'Allemagne avaient cru pouvoir, en sûreté de conscience, dépouiller les Eglises; des Religieux désertaient les Monastères, et, comme certains Prêtres séculiers, tout en se mariant, se transformaient en ministres de la nouvelle religion. Toutefois, en France, le Gouvernement et les Evêques prenaient de concert, contre une doctrine aussi séditieuse, les plus actives précautions; mais elle favorisait trop le libertinage des uns, et la cupidité des autres, pour ne pas corrompre, tôt ou tard et partout, une partie de la population.

Dès avant 1530, les deux de Dinteville, oncle et neveu, qui, après Jean Baillet, ont tenu successivement le siège épiscopal d'Auxerre, le premier en 1514, et le second en 1530; en aperçurent des traces dans leur Diocèse; surtout dans les villes situées sur la Loire, particulièrement à Gien et à Cosne. Les fauteurs de la nouvelle doctrine y envoyaient des Prêtres qui, sans abjurer publiquement, l'avaient embrassée; et qui, dans des sermons astucieux, répandaient subtilement des propositions, conduisant à leur hérésie. Dans les campagnes, des maîtres d'écoles étaient chargés d'exercer gratuitement le nouveau sacerdoce. Du moment où ces manœuvres furent découvertes, la faculté de prêcher et d'instruire ne fut accordée qu'à des personnes scrupuleusement examinées, et attentivement surveillées. Ces soins ralentirent les progrès du désordre, mais ne les empêchèrent pas.

En 1532, Calvin, Clerc du Diocèse de Noyon, apostasia publiquement, et fit servir ses talens, sa vaste érudition et son esprit ardent, à porter, encore plus loin que Luther, les idées subversives de la catholicité. Ce nouveau Prédicant, professant l'hérésie dans la capitale même de la France, lui donna promptement une activité que rien ne put arrêter.

Cependant, un grand acte de sévérité eut lieu à Auxerre. Etienne Bertin, Prêtre de Gien, s'était marié publiquement avec Charlotte Pinon, de Cosne. L'Evêque lui fit faire son procès; et le crime d'apostasie d'un Prêtre entraînant alors la peine de la dégradation et celle du feu, il y fut condamné. Sa dégradation fut exécutée devant le portail de la cathédrale, le 23 septembre 1551; et cinq jours après, il subit le dernier supplice, sur la place des Grandes-fontaines.

L'Evêque, François de Dinteville, qui crut devoir opposer ce rigoureux exemple, comme une digue nécessaire, au débordement de l'impiété, s'empressa d'achever l'œuvre commencée dans le siècle précédent, et de purifier entièrement les cérémonies religieuses de tout ce que l'ignorance et la barbarie y avaient introduit de bizarre et de ridicule. La Fête de l'âne, celle des foux et la cérémonie de la pelote, admises dans plusieurs Eglises, et que celle d'Auxerre conserva long-temps, n'avaient probablement dans leur origine, rien de contraire à la grossière dévotion du temps; mais, les ténèbres de l'ignorance se dissipant, elles n'offraient plus que des scènes indécentes, et des occasions de scandale, dont les novateurs s'emparaient pour décrier une religion qui semblait les autoriser.

Dès 1407, un Abbé de Pontigny s'était élevé avec énergie contre la fête des foux, qu'il prouva n'avoir jamais été approuvée par l'Eglise; et elle avait été abolie. Il en avait été de même de celle de l'âne, vers le même temps. En 1531, un nouveau Chanoine s'étant refusé à faire les frais de la cérémonie de la pelote, il y eut procès entre lui et le Chapitre; terminé, le 22 août, par un jugement du Bailliage, séant à Saint-Bris, à cause de la peste; qui fit défense au Chapitre d'exiger de ce Chanoine la dépense réclamée de lui. Il y eut appel; mais, par arrêt du Parlement du 7 juin 1532, le jugement fut confirmé. L'Evêque prononça lui-même, par une ordonnance, l'abrogation définitive de cette cérémonie. Il fit cesser également deux autres usages, qui pouvaient encore donner lieu aux sarcasmes des ennemis du Clergé. Plusieurs fois dans l'année, on élevait un théâtre, auprès du grand portail de Saint-Etienne, et l'on y représentait des tragédies pieuses avec des ornemens d'église. Tous les ans, le 18 juillet, les Chanoines et le Bas-Chœur, assis sur des bancs et des tapis, autour d'un gros orme planté au milieu de la place Saint-Etienne, faisaient l'élection d'un Abbé des foux, *abbas stultorum*, qui était chargé, pendant l'année, de reprendre toutes les irrégularités qu'il remarquerait dans la conduite ou dans l'habillement des membres du Clergé.

C'est probablement au zèle que déployait depuis long-temps l'Evêque, secondé des autres autorités, pour préserver le pays de tout ce qui pouvait troubler l'ordre public, qu'il faut attribuer la faveur, que, dans cette même année 1551, la ville d'Auxerre obtint dans l'établissement des Présidiaux. Elle est nommée, dans l'Edit, la septième des trente villes seulement à qui il en fut accordé. Par là, le Bailliage fut érigé en Présidial, jugeant souverainement toutes les causes qui ne présentaient en litige qu'une valeur mobiliaire de 250 livres (1), ou un revenu foncier de 10 livres.

La constante sollicitude de l'Evêque paraît avoir écarté du Diocèse la nouvelle doctrine, et les troubles inévitables qui la suivaient partout où elle pénétrait ; mais la mort l'enleva le 27 septembre 1554; et pendant plus de seize années, le gouvernement épiscopal ne fut exercé que par des Vicaires généraux ; aucun des trois Evêques successivement choisis après lui, n'ayant résidé. Ces Evêques sont : Robert de Lénoncourt, Cardinal, en 1554; Philippe de Lénoncourt (2), en 1560; et le Cardinal de la Bourdaisière, depuis 1563 jusqu'en 1570. Cette circonstance a pu contribuer à l'introduction du calvinisme dans la capitale du Diocèse ; qui, d'ailleurs, ne pouvait pas rester plus long-temps intacte, quand le mal empirait tellement dans tout le Royaume, qu'en juin 1559, le Roi, Henri II, rendit un Edit enjoignant aux tribunaux de prononcer la peine de mort contre quiconque serait convaincu d'apostasie.

Mais déjà le parti qu'il voulait intimider, était for-

---

(1) Cette compétence fut successivement élevée ; l'Edit de 1774 l'avait portée à 2000 livres.

(2) Confident du Roi de Navarre. V. Davila, t. 1, p. 92.

midable. Aux hommes de bonne foi, que l'esprit de réforme dans la religion avait pu égarer, s'étaient joints, comme il arrive toujours lorsqu'une faction s'élève contre le Gouvernement, les mécontens, les ambitieux, et tout ce que la France avait d'hommes sans biens, sans foi et sans honneur. Cet immense parti s'armait secrètement, ayant pour chefs le Roi de Navarre et son frère le Prince de Condé, suivis d'une partie des grands et de la noblesse. En vain, en mars 1560, la première tentative des conjurés, à Amboise, pour s'emparer du Roi, et massacrer ses conseillers, fut-elle découverte, et réprimée de la manière la plus terrible; en vain, au mois d'octobre, les États généraux furent-ils assemblés à Orléans; vainement encore le Prince de Condé, convaincu de rébellion armée, fut-il arrêté et condamné à être décapité : un évènement subit et imprévu déconcerta toutes ces mesures. Le 5 décembre, François II, en peu de jours, fut conduit au tombeau, laissant la couronne à un enfant de dix ans, Charles IX. Catherine de Médicis, sa mère, n'osa pas persister dans ces premières résolutions. Elle se vit obligée, au contraire, pour concilier les partis, d'appeler le Roi de Navarre et le Connétable auprès du Roi, son fils; de mettre le Prince de Condé en liberté; et par un Edit du 28 janvier 1561, d'ordonner l'élargissement de tous ceux qui étaient arrêtés pour cause de religion, ainsi que l'abolition de toutes les procédures instruites à ce sujet; sans cependant autoriser l'exercice public du calvinisme.

A la nouvelle de ces mesures, les Huguenots redoublèrent partout d'énergie et d'audace; et les désordres arrivèrent à un tel excès, que, dans une assemblée des Princes et des Ministres, qui se tint au Parlement, le 13 juillet, un nouvel Edit fut rendu prononçant la peine du bannissement contre les Ministres et Prédicans calvinistes, et prohibant toute autre réunion que celles des catholiques dans leurs Eglises.

Les lois peuvent gêner les factions, mais elles ne les détruisent pas. A Auxerre, comme partout ailleurs, les Sectaires, dirigés par plusieurs personnes en place, et notamment par Chalmeaux, Prévôt; Girardin, Conseiller; et Sotiveau, Avocat du Roi; continuèrent à se réunir en secret; craignant, surtout, de s'exposer aux violences d'une population nombreuse, dont ils connaissaient l'ardeur à défendre son ancienne religion. Mais le 9 octobre, le lieu de leur prêche fut découvert; ils étaient réunis dans un pressoir, près de l'Eglise Saint-Eusèbe. Aussitôt un cri d'effroi retentit dans toute la ville; et bientôt, au son du tocsin, deux mille personnes exaltées entouraient le prêche. Les Huguenots parvinrent à s'échapper; mais une trentaine avaient été reconnus : la populace courut à leurs maisons; où ils furent maltraités et pillés, malgré tous les efforts des gens de bien pour l'empêcher. La Cour, instruite de ce déplorable évènement, envoya à Auxerre le Lieutenant de Bourgogne, de Tavannes, pour faire juger les coupables. Il paraît, par le jugement, que, dans les deux partis, on trouva des preuves de crimes : trois catholiques furent conduits au gibet; mais cinq Huguenots eurent le même sort, et cinq autres furent bannis.

Cet exemple n'en imposa ni aux Huguenots ni aux

Catholiques ; tant on était exaspéré de part et d'autre ! Les Huguenots établirent leur prêche à Chevannes, et s'y rendaient tous les dimanches. Le but de leurs voyages fut bientôt connu, et inspira, un jour, à quelques Catholiques l'idée de leur fermer les portes de la ville, et de leur résister par la force, s'ils l'employaient pour se les faire ouvrir. Cette tentative ne fut pas heureuse pour les Catholiques. Les Huguenots étaient escortés par quinze cavaliers armés. La lutte fut vive : mais les Huguenots tuèrent trois de ceux qui s'opposèrent à leur entrée, en blessèrent plusieurs autres, entrèrent de vive force, et continuèrent d'aller à Chevannes.

1561 C'est dans cette déplorable circonstance qu'on reçut à Auxerre l'Edit de novembre 1561, qui apporta quelques changemens dans l'administration municipale ; mais dont les dispositions trompèrent toutes les espérances qu'en avaient conçues les habitans, lorsqu'ils l'avaient sollicité.

Jusque là, cette administration avait été confiée à trois Gouverneurs élus, le premier dans le Clergé, le second parmi les Magistrats, le troisième parmi les Bourgeois. Ils remplaçaient sous ce nom de Gouverneur, les trois *Agens* de la charte de 1214, et les trois *Elus* de celle de 1371. A ces trois administrateurs se réunissaient, quand il s'agissait d'objets importants, les douze Jurés institués en 1214, qu'on commençait à appeler *Echevins*. Mais les uns et les autres ne pouvaient s'occuper que des biens et intérêts communaux. La participation à la police de la ville, qu'ils avaient obtenue en 1214, et conservée en

1371, depuis long-temps leur avait été retirée. Ils ne pouvaient pas même se réunir, sans l'autorisation du Prévôt, ou, à son refus, du Bailli; lesquels seuls exerçaient la police, et n'étaient investis de leurs charges que par le Roi. Cette restriction des libertés communales, toutes les villes de France l'avaient subie. Aussi, aux Etats d'Orléans, la réclamation, à cet égard, avait-elle été générale; et, au nom du Roi, avait-on promis de la prendre en considération.

Les députés d'Auxerre avaient demandé, conformément à leur *cahier de doléances*, qu'il fût octroyé aux habitans *d'élire, tous les trois ans, un Maire; qui, avec les douze Jurés ou Echevins électifs, de trois ans en trois ans, et les trois Gouverneurs électifs, de deux ans en deux ans, aurait l'intendance, juridiction et correction politique* (1), *privativement au Bailli et au Prévôt*.

La prudence, et non l'ambition, avait dicté cette demande. Déjà les habitans s'étaient aperçus que la plupart des officiers du Roi étaient favorables aux nouveaux ennemis de la paix publique; et que la police dans leurs mains, mettait la ville à la merci de ceux qui conspiraient sa ruine. Eh! que de sang et de larmes on lui eût épargnés, si son vœu eût trouvé grâce à la Cour! Certes, si, en 1567, la police eût appartenu aux officiers municipaux élus par l'immense majorité qu'avaient alors les Catholiques, ils n'eussent

---

(1) Ce mot, dont le sens est si large aujourd'hui, n'avait trait alors qu'à la police.

pas été livrés sans défense, comme on verra qu'ils le furent, par les officiers du Roi.

Les Ministres du Monarque, dont les intérêts devaient être trahis, avec ceux des Auxerrois, furent dominés par cette susceptibilité commune à tous les Gouvernemens, qui les porte à ne se confier qu'aux agens de leur choix; et l'Edit n'octroya aux habitans que le droit « d'avoir, à la place d'un des trois Gou-
» verneurs un Maire, qui sera électif de deux ans en
» deux ans, avec pouvoir, puissance et autorité d'as-
» sembler les Gouverneurs et Echevins une ou deux
» fois la semaine, pour les cas occurrens, et les affaires
» d'icelle ville; comme pour baux à ferme, fortifi-
» cations, réparations de pavé, portes, murs, ponts,
» passages et autres choses. »

Il fallut donc que les malheureux Auxerrois se laissassent entraîner par les événemens, qui, chaque jour, prenaient un caractère plus effrayant. Des scènes, comme celles qui les épouvantaient, et souvent de plus déplorables encore, avaient lieu dans toutes les villes; à Paris même sous les yeux de la Cour, l'Eglise Saint-Marceau fut profanée, pillée et incendiée. La fureur était égale dans les deux partis; le pouvoir des Magistrats était méconnu, le commerce anéanti, les affaires oubliées, le recouvrement des impôts suspendu. L'extrémité de ces maux détermina, au mois de janvier 1562, une nouvelle assemblée des Princes, des Ministres et des députés de tous les Parlemens, pour aviser aux moyens d'éteindre cet incendie, qui consumait la France. On s'arrêta à une mesure qui consterna les catholiques. Un troisième Edit révoqua celui de juillet, et accorda aux Huguenots l'exercice public de leur religion hors des villes, sans armes, et sous la surveillance du Juge du lieu. La plupart des Parlemens et des Tribunaux se refusèrent à l'enregistrer : et des lettres de jussion les contraignirent à le faire : mais les Huguenots jouirent si insolemment de ce triomphe, qu'il ne fut pas long. Dès le premier mars, une rixe entre eux et les gens du Duc de Guise, à Vassy, dans laquelle le Duc, qui ne voulait qu'arrêter le tumulte, fut blessé, porta l'exaspération à son comble. Tous les Monastères, toutes les Eglises, dont les Huguenots purent s'emparer, furent par eux pillés et détruits ; le Prince de Condé leva l'étendard de la rébellion, et appela aux armes tout son parti. Le mois d'avril n'était pas écoulé, qu'il était déjà maître d'Orléans, de Valence, Lyon, Blois, Tours, Bourges, Dieppe et Rouen; que toutes les Eglises de ces villes importantes étaient dévastées, et leur argenterie convertie en monnaie.

Ces excès ouvrirent les yeux au Roi de Navarre ; il ne vit plus dans son frère, qu'un chef de factieux, et, de ce moment, se dévoua sans réserve à la cause royale. L'armée du Roi, dirigée tant par lui que par le Connétable et les Princes de Guise, avait, dès le mois de juillet, repris toutes les villes livrées aux Huguenots ; à l'exception d'Orléans, de Rouen et Dieppe. C'est alors que le Prince de Condé, oubliant son caractère de Prince du sang et de Français, ne craignit pas de demander du secours aux Allemands et aux Anglais; promettant à ces derniers de leur livrer le Hâvre, et de recevoir leurs garnisons dans Rouen et

1562

Dieppe. Cette félonie le rendit, ainsi que son parti, l'objet d'une haine presqu'universelle. La Reine conduisit son fils au Parlement; et dans le lit de justice le plus solennel, fit prononcer un arrêt portant que Coligny, d'Andelot, Châtillon et leurs adhérens, étaient déclarés rébelles; que les Huguenots étaient ennemis du bien public, et qu'il était *permis de leur courir sus, au son du tocsin.*

Cet arrêt fut, dans toute la France, le signal d'une guerre à mort entre les deux partis. Il fut affiché à Auxerre peu de jours après. Mais, dès le 17 mai, le Prévôt Chalmeaux, et la plus grande partie des Huguenots, effrayés des précautions que prenaient contr'eux les chefs des Catholiques, savoir François de la Rivière, Gouverneur; le Briois, Président, et son frère, Lieutenant-général, s'étaient retirés. Néanmoins le peuple, autorisé dans sa vengeance, chercha des victimes et en trouva. Dès le 23 août, ces mariniers, ayant à leur tête Jacques Creux, surnommé Brusquet, et l'Avocat Bougaut, entrèrent chez un potier d'étain, nommé Cosson, l'assommèrent; et emportant son corps, le jetèrent dans la rivière. Deux jours après, ils en firent autant à la femme du Châtelain d'Avallon, et à Edme Baleure, Juge de Corbelin. Deux maisons furent pillées; celles du sieur de la Chesnaut, et de l'Avocat du roi Sotiveau; qui trouvé chez lui, y fut maltraité et laissé pour mort. A ces traits d'inhumanité succédèrent des brigandages: les vendanges arrivées, les Huguenots n'osèrent pas récolter leurs vignes, qui le furent par les vignerons.

Mais bientôt les représailles se firent sentir. D'Avigneau, Enseigne de l'Amiral Coligny, s'étant présenté devant la ville, à la tête d'une vingtaine de cavaliers ; une populace téméraire fit une sortie sur eux : elle fut bientôt repoussée dans la ville, couverte de blessures, et laissant quatorze morts sur le lieu du combat. Dans le même temps, Auxerre fut menacé de bien plus grands maux. Le secours que le Prince de Condé avait demandé aux Princes Allemands, arrivait : d'Andelot, qui avait été au-devant sur les frontières de la Lorraine, les amenait par cette province, et par la Bourgogne, pour les conduire à Orléans; que tenait encore le Prince de Condé, mais dont s'approchait l'armée royale. La troupe allemande était composée de 5,000 hommes d'infanterie et 4,000 de cavalerie. Leur route était tracée par Auxerre; heureusement les chefs de l'armée royale, informés de cette marche des ennemis, envoyèrent à leur rencontre le corps du Maréchal Saint-André ; qui arriva trop tard pour les empêcher d'atteindre Orléans ; mais assez tôt pour les détourner du dessein d'entrer à Auxerre. Ils furent obligés de passer l'Yonne à quelques lieues au-dessus de la ville. Les habitans des villages de cette contrée qui tentèrent de les inquiéter, eurent beaucoup à souffrir de leur passage. A Vaux, seize hommes furent tués et plusieurs blessés ; à Saint-Cyr, pris de force pendant la nuit par les Reîtres, quarante personnes perdirent la vie, et un grand nombre furent faits prisonniers; Jussy fut également envahi, mis au pillage et incendié par les Reîtres et les Lansquenets. Le corps de d'Andelot s'empara aussi de Mailly-le-Château, qu'il occupa pendant quelque temps.

La présence de la troupe du Maréchal Saint-André à Auxerre, dans cette conjoncture, fut aussi funeste aux Huguenots, qu'elle fut favorable aux catholiques. Il souffrit que ses soldats démolissent leurs maisons, et en brûlassent les bois. Dès les premiers jours de décembre, il quitta la ville pour marcher vers Paris; où l'armée allemande et celle de d'Andelot se portaient sous le commandement du Prince de Condé. Ce nouveau mouvement de l'armée des Huguenots vers la capitale, rapprocha, encore, toutes les forces des deux partis; et finit par la bataille du 20 décembre, près de Dreux, où les Huguenots eurent d'abord l'avantage, et firent prisonnier le Connétable; mais qui se termina par une défaite complète, et la prise du Prince de Condé.

Un évènement aussi grave dans ses conséquences, ainsi que la reprise de Rouen par les catholiques qui l'avait précédé, déterminèrent les Huguenots à demander la paix. Le séjour des Allemands dans les belles provinces de l'Ouest qu'ils dévastaient, l'occupation du Hâvre par les Anglais, et l'assassinat du Duc de Guise, aussi prudent et habile dans les conseils du Roi qu'heureux et intrépide dans les combats, disposèrent la Reine mère à ne pas rejeter leurs propositions : et le 19 mars 1563, fut publié le quatrième Edit de pacification; qui accorda aux Seigneurs protestans l'exercice de leur religion dans leurs châteaux; et aux autres, plusieurs villes, dans les faubourgs desquelles ils pourraient établir leur prêche : il y eut amnistie pour le passé, et les troupes étrangères furent renvoyées.

Dans le même mois, les marchands obtinrent du

Roi, l'érection à Auxerre d'un tribunal consulaire, comme celui de Paris, établi quelques mois auparavant.

La nouvelle pacification suspendit, pendant plus de temps que les précédentes, la guerre générale par des armées régulières ; mais dans chaque contrée, la haine des individus resta la même : le souvenir des faits antérieurs entretenait dans les deux partis la soif de la vengeance. Les Huguenots surtout, dont presque partout le nombre était très-inférieur à celui des catholiques, voulaient, comme toutes les minorités factieuses, compenser cette infériorité numérique par les moyens violens, employés avec audace et opiniâtreté ; et à chaque moment la guerre locale, de toutes la plus funeste dans ses conséquences, éclatait entre les habitans de la même contrée. C'est ainsi qu'à Auxerre, les Commissaires nommés par le Roi pour désigner, conformément à l'Edit, le lieu où le nouveau culte pourrait être exercé, ayant indiqué d'abord le faubourg Saint-Amatre, puis Cravan, sur les remontrances des autorités que ce voisinage pourrait occasionner des dissensions ; les Huguenots, au lieu d'aller à Cravan, avec l'extérieur modeste de celui qui ne pense qu'à remplir librement ses devoirs envers Dieu, s'y présentèrent, au mois de mars 1563, tous en armes, et dans l'attitude d'ennemis voulant soumettre un pays à leur obéissance. Les habitans de Cravan, effrayés, s'armèrent aussi ; il s'ensuivit une rixe, dans laquelle, de l'aveu de la Popelinière, écrivain Calviniste, les Huguenots furent les agresseurs ; et de chaque côté, il y eut un grand nombre de morts. Ils n'en portèrent pas moins leur plainte à la Cour,

1563

par l'intermédiaire de d'Andelot; un Commissaire ayant été envoyé sur les lieux, les torts des Huguenots furent reconnus; toutefois l'année suivante, ils furent autorisés à rétablir leur prêche dans le faubourg Saint-Amatre.

Le calme dans lequel se trouva le pays Auxerrois, durant les premiers mois de 1565, permit de terminer enfin l'importante affaire de la *Coutume* qui devait faire la loi municipale de tout le ressort du Bailliage. Les travaux préparatoires commencés en 1494, et repris en 1507, comme je l'ai dit (p. 127), avaient été suspendus jusqu'en 1539. A cette époque, le cahier rédigé dans les assemblées précédentes, ainsi que les procès-verbaux de ces assemblées, furent imprimés; et quoique purement préparatoires, ils paraissent avoir servi provisoirement, et comme raison écrite, de guide dans les différens. En 1558, malgré les discordes civiles, on voulut donner à cette *Coutume* la sanction du Parlement, qui lui manquait. Sur la demande des Gouverneurs, elle fit partie de celles dont le Roi, Henri II, confia la rédaction définitive à Christophe de Thou, Président au Parlement de Paris, Barthélemi Faye et Jacques Viole, Conseillers. Ce ne fut cependant qu'en 1561, que ces Commissaires purent se rendre à Auxerre. Mais avant la réunion solennelle des trois Etats du ressort, indiquée pour le 16 juin, au Palais épiscopal, le Lieutenant-général, le Lieutenant particulier, quatre Conseillers, l'Avocat et le Procureur du Roi, le Gouverneur, les Echevins et huit Avocats choisis par le barreau, s'assemblèrent pendant plusieurs jours à l'hôtel de ville, pour préparer les corrections dont la jurisprudence avait rendu susceptible l'ancien Coutumier. Le 16 et le 17 juin, l'assemblée des Etats se réunit devant les Commissaires. Elle fut très-nombreuse. On vit reproduire la plupart des réclamations qui avaient retardé cette rédaction. Elles furent presque toutes rejetées; la loi municipale fut arrêtée et déclarée définitive par les Commissaires. Quoique le procès-verbal soit clos du second jour de l'assemblée, 17 juin 1561, et qu'il semble avoir été déposé au greffe du Parlement le 2 avril 1562, il paraît, par une note de l'Abbé Lebeuf, t. 2, p. 387, que ce ne fut qu'en 1565, 1565 que l'Avocat Guillaume du Broc fut envoyé à Paris, auprès des Commissaires, pour terminer définitivement cette rédaction telle que nous l'avons aujourd'hui. Les troubles qui avaient désolé le Royaume pendant les années précédentes, furent probablement la cause de ce retard.

Ces désordres reparurent dans cette même année 1565. Le 21 juin, la procession de la paroisse Saint-Eusèbe, pour la Fête-Dieu, fut insultée; la corde qui soutenait une tapisserie sur la place de la Fanerie, fut coupée, au moment où passait la procession. La foule voulut connaître le coupable; elle fut repoussée par un coup de pistolet, qui atteignit un Bourgeois nommé Prix Soufflot. Le sang dont son visage fut couvert à l'instant, fit crier *aux armes!* Heureusement, la compagnie du Comte de Charny, commandée par son maréchal des logis, arrêta la multitude furieuse. Les Huguenots se plaignirent de ce que les portes de la ville étaient fermées. Le Lieutenant criminel, qui était à la procession, s'empressa de les leur faire ouvrir; et leur fuite précipitée mit fin à cette scène.

1566   Durant l'année 1566, les habitans furent exempts de troubles, mais non d'alarmes. Au mois d'avril, ils furent prévenus que, le 18, le Roi, Charles IX, revenant des provinces du midi, arrivait accompagné de la Reine-mère, du Duc d'Orléans son frère (depuis Henri III), du Prince de Béarn (depuis Henri IV), et du Duc de Nemours. Aux autorités qui allèrent au-devant des Princes, se joignirent tous les hommes portant des armes; mais les Huguenots se firent remarquer par le soin bizarre qu'ils avaient pris, probablement pour paraître redoutables, de se noircir le visage, et de s'armer de coutelas nus. Ils ne manquèrent pas de se placer les premiers, après les autorités; et par là s'attirèrent une mortification. Leur tenue ridicule frappa les Princes; il fallut leur expliquer quels étaient ces personnages. Aussitôt le Roi, criant, à plusieurs reprises, « *les machurés derrière* », exigea qu'ils cédassent le pas à ceux qui n'avaient rien d'affecté dans leur mise.

Les Princes furent conduits à l'Evêché. Le lendemain offrit une scène plus plaisante. Le Roi et tous ceux qui l'accompagnaient, se rendirent à la Cathédrale, pour entendre la messe. Le Prince de Béarn, s'apercevant de l'objet de la visite, parut hésiter d'entrer dans l'Eglise, quand déjà il était sous le portail. Le Roi, qui vit son hésitation, la fit cesser, en lui prenant sa toque de velours, et la jetant dans l'église. Cette espièglerie s'explique par l'âge des deux Princes : le Roi avait 17 ans, et Henri 13 et demi.

L'esprit d'hostilité et de séparation, si audacieusement manifesté par les Huguenots en présence du Roi, ne se montrait ainsi, dans toutes les circonstances, que parce qu'il était entretenu par les chefs puissans du parti. Pour ceux-ci, le pardon et la paix de 1563, au lieu de les satisfaire et les contenir, n'avaient fait que leur donner l'espoir d'obtenir davantage. Ils ne cessaient pas de tourmenter la Cour pour avoir, dans l'exercice de leur religion, la même liberté que les Catholiques dans celui de la leur. Il ne vaquait pas un emploi un peu éminent, qu'ils ne se crussent offensés s'il ne leur était pas livré. Leurs demandes, réservées d'abord, prirent ensuite le ton de la menace ; et quand ils furent persuadés de l'inutilité de leurs démarches, ils se déterminèrent à raviver les fureurs de la guerre civile ; mais ils s'y préparèrent secrètement, pour n'éclater que lorsqu'ils pourraient le faire avec succès.

Auxerre avait eu, dans les premières guerres, le bonheur de se conserver au parti catholique, quand un grand nombre de villes importantes avaient été livrées ou prises par les Huguenots, et avaient subi tous les pillages, les meurtres et les sacriléges, dont n'étaient exempts aucun des lieux dans lesquels ils pénétraient. Mais Auxerre, placé entre Noyers, où le Prince de Condé avait un château fortifié ; Tanlay, où d'Andelot avait le sien ; Châtillon-sur-Loin, où Coligny en avait un très-considérable ; était un poste trop important, par la facilité qu'il devait leur donner de communiquer entre eux et avec Orléans, pour qu'ils ne le fissent pas entrer dans leur plan d'occupation. D'Andelot y fut donc

1566

envoyé, et y vint le 29 septembre. Plusieurs fois il avait voulu s'y introduire, mais les Magistrats s'y étaient constamment opposés. Cette fois, Chalmeaux qui, d'abord simple Prévôt, était parvenu, en 1563, par le crédit et les intrigues de son parti, à se faire investir de la charge, beaucoup plus importante, de Lieutenant-général du Bailliage; trouva le moyen de l'y faire entrer. Sa première visite, on ne sait pas pourquoi, fut dans l'Eglise des Jacobins, qui célébraient un salut. A son apparition, tous les religieux prirent la fuite. De là, il parcourut les remparts, dont il examina la force et la position. Pour avoir une juste idée de l'ensemble de la ville, il monta au clocher de Notre-Dame-la-d'hors, qui était très-élevé; et put reconnaître de quels moyens d'attaque et de défense elle était susceptible. Dans ces visites, il était accompagné de ceux qui conspiraient pour la lui livrer: Chalmeaux, Lieutenant-général; Conroy, Lieutenant criminel; Laborde, capitaine d'une des compagnies de la milice bourgeoise; Fernier et Jambe, avocats, et quelques autres Bourgeois. Il resta plusieurs jours, pour se concerter avec eux sur les mesures qui pourraient asservir à son parti une population nombreuse, qui, à une centaine d'individus près (1), était toute sincèrement catholique, et avait le calvinisme en horreur. Mais si les Huguenots, n'ayant pas dans Auxerre

---

(1) Leur plainte au Roi, de 1563, et leur profession de foi trouvée dans la boule de l'horloge, le prouvent. V. la prise d'Auxerre, p. 101, et la 6e des pièces justificatives.

l'avantage du nombre, ne pouvaient pas employer la force ; ils avaient celui du pouvoir, et des cœurs disposés à en abuser. Ceux que je viens de nommer, pouvaient compter encore sur le Bailli, Louis de Millaux; le Gouverneur, de la Maisonfort; l'Avocat du Roi, Sotiveau; et plusieurs capitaines de la milice ; qui se réunirent à eux, comme on le verra, au moment où la ville devint victime de la plus odieuse trahison.

Ces mesures arrêtées, on attendit que le résultat de semblables manœuvres dans les autres villes du royaume, permît au parti de jeter le masque encore une fois. La cour, instruite de tous ces mouvemens, de quelque mystère qu'on les enveloppât, avait obtenu des Suisses un secours de 6,000 hommes, qui arrivèrent au commencement de l'été de 1567. Cet événement détermina la nouvelle rébellion. Les chefs des Huguenots, après s'être réunis auprès de l'Amiral Coligny, à Châtillon, portèrent, mais en vain, leurs troupes sur Monceaux, pour s'emparer du Roi et de sa mère; cette première tentative fut déjouée. Ils furent plus heureux dans celle sur Orléans; qui leur fut livré, comme en 1562. C'est alors que les conjurés d'Auxerre se disposèrent à réaliser leurs sinistres projets.

D'abord, ils tinrent des conciliabules secrets ; savoir, les Magistrats, les Officiers et les Bourgeois chez le Capitaine Laborde, et tous les autres dans un cabaret du faubourg Saint-Amatre, où un écorcheur de chevaux, le gros Colas, était l'orateur; et ce qui

1567

suit fera deviner facilement par quel appât les traîtres s'attiraient des partisans.

Le Lieutenant-général, Chalmeaux, rendit ensuite une ordonnance enjoignant, sous des peines graves, à tous les détenteurs d'armes, de les déposer à l'hôtel de ville. Quelques jours après, le Bailli, de Millaux, taxa le prix du pain et de la viande au taux le plus bas, et fit défense aux aubergistes de prendre plus de douze sols pour la nourriture d'un homme et de son cheval. Par ce moyen, et à la faveur des amendes que prononçait le Lieutenant-général contre les infracteurs de ces règlemens, tous deux se procuraient des fonds, intimidaient les Catholiques, et faisaient nourrir à bon compte leurs partisans, ainsi que les étrangers qu'ils appelaient à la ville.

1567

Tandis que les Magistrats rendaient ces perfides ordonnances, les militaires rassemblaient des forces. Laborde obtenait quelques troupes de celles que le parti avait en Champagne ; de Loron, Seigneur de la Maison-Blanche, paroisse de Crain, s'approchait de la ville avec un corps de 80 hommes qu'il avait formé ; Marafin d'Avigneau, et 70 hommes sous ses ordres, étaient également prêts à marcher. Un Cordelier défroqué, qui avait un prêche à Fleury, avait à sa disposition une troupe de paysans qu'il avait pervertis ; quatre capitaines étrangers, Grosmenil, Meunier, Raval et Sarazin, étaient déjà dans la ville. Enfin, l'on avait ramassé dans les villages, et jusque dans la Bourgogne, une multitude de malheureux, avides de butin, qui, au premier signal, devaient participer au pillage des Eglises et des Prêtres. C'est ainsi que des Auxerrois, revêtus des plus nobles emplois, avaient, de sang froid, prémédité la ruine de leur ville, la profanation de ce qu'elle avait de plus sacré, et le meurtre de leurs concitoyens. Tant il est vrai que, quand l'esprit de parti s'exalte, il éteint dans le cœur de la plupart des hommes tous les sentimens d'honneur, d'humanité, et jusqu'à l'amour de la patrie; les replongeant dans l'état de la plus abjecte barbarie !

Ces dispositions contre Auxerre faisaient, comme je l'ai dit, partie d'un vaste plan conçu par les chefs du parti, pour s'emparer, d'un seul coup, d'un grand nombre de villes. Leur entreprise ne réussit que sur Auxerre et Soissons ; qui, en effet, succombèrent à la même heure, et par suite des mêmes menées (1). La nuit du 27 au 28 septembre fut l'instant fatal marqué pour l'exécution du complot. Dès le 25, le Bailli fit publier une ordonnance qui défendait, 1° aux Bourgeois, de porter d'autres armes que le couteau de six pouces de long, qu'alors il était d'usage de porter habituellement sur soi ; 2° aux marchands, de vendre de la poudre, sous peine de mort; 3° à tous les habitans, de s'occuper de la garde des portes. Cette même ordonnance leur enjoignait, s'ils n'avaient pas obéi à la première injonction d'apporter leurs armes à l'hôtel de ville, d'y satisfaire sur-le-champ. De ce moment, les habitans qui, jusque-là, n'avaient eu que de vagues inquiétu-

---

(1) V. les mémoires de la Noue, dans la collect. univ. t. 47, p. 179.

des, n'eurent plus de doute qu'ils étaient trahis par les Magistrats. On apprit, effectivement, le lendemain, que les environs étaient remplis d'hommes armés. A cette nouvelle, et malgré l'ordonnance du Bailli, les Catholiques, le matin du 27, se distribuèrent la garde des portes; mais ils n'eurent d'armes que le petit nombre de celles qu'ils avaient cachées; et qui, par cela même, se trouvèrent dans le plus mauvais état. La poudre leur manqua; en vain, ils coururent chez les marchands; leurs ennemis les avaient prévenus. Sur le midi, le bruit circula que, le soir même, la ville devait être prise. L'alarme devint extrême; et les Magistrats, pour la calmer, et tromper les Catholiques jusqu'au moment de l'explosion, leur firent rendre une partie de leurs armes, c'est-à-dire leurs épées et leurs dagues ou bâtons à deux bouts; mais avec *défense de s'en servir en mal, sous peine de la corde.* Ils les autorisèrent aussi à continuer la garde des portes de la ville, en ajoutant *inhibition expresse de remuer de leur place, sous peine de la vie, quelque bruit qu'ils entendissent.*

Les Bourgeois s'occupèrent donc de veiller à la garde de la ville, mais il n'était plus temps; et, comme le dit énergiquement l'Abbé Lebeuf, « l'ennemi était » aux portes, et ceux qui devaient les trahir étaient » au milieu d'eux. » En effet, vers 9 à 10 heures du soir, Laborde, à la tête de 50 hommes, s'avança vers la porte d'Egleny, se la fit ouvrir de force, chassa ceux qui la gardaient; fit entrer la troupe qu'il attendait, en laissa une partie à la garde de cette même porte, et envoya le surplus chez lui, lieu du rendez-vous. En même temps, le Lieutenant-général et le Gouverneur, à cheval, avec une escorte de 40 hommes, parcouraient la ville, semblaient veiller sur le salut commun, tout en disant que les craintes n'étaient pas fondées; et par ce stratagème, retenaient ceux des habitans qui voulaient aller au bruit qui se faisait entendre. C'est ainsi que, les deux portes du Temple et d'Egleny étant les seules par lesquelles l'ennemi devait être introduit, ils empêchèrent ceux qui gardaient les autres de quitter leur poste, leur recommandant, au contraire, de le garder avec persévérance. S'étant aperçus, dans leur course, que ceux qui gardaient la porte du Temple, n'avaient pas d'armes à feu, ils s'empressèrent d'en prévenir les conjurés, réunis chez Laborde. Aussitôt celui-ci sort avec ses soldats, presque tous armés de pistolets et d'arquebuses; leur donnant pour mot d'ordre *frappe fort*. Il les divise en deux colonnes. A la tête de l'une d'elles, il va à l'hôtel de ville; sans résistance, il s'en empare, ainsi que de la poudre et de toutes les armes à feu qui y avaient été déposées. La seconde colonne s'approche de la porte du Temple; une décharge soudaine de ses arquebuses tue et blesse quinze à seize personnes, met le reste en fuite, et une seconde porte est ouverte à l'ennemi. Dans ce moment, le Guetteur de Saint-Etienne sonne le tocsin, et signale de quel côté est le danger; mais le Lieutenant-général et le Gouverneur continuent, par leurs manœuvres et leurs mensonges, à rassurer le peuple en émoi. Les troupes introduites se dispersent en silence dans les logis qu'on leur avait préparés; et un calme profond, mais trompeur, succède à ces mouvemens.

Le lever du soleil était attendu avec autant d'effroi par les Catholiques, que d'impatience par les Huguenots. C'était un Dimanche; jour où, à cette époque, le son des cloches de toutes les Eglises appelait, longtemps avant l'aube, les prêtres et les fidèles à la prière. Mais aucune ne se fit entendre; l'horloge même avait cessé de sonner les heures. Tous les prêtres, objets de la haine et de la vengeance des Sectaires, s'étaient enfuis ou cachés; à l'exception de ceux que leur âge ou leurs infirmités réservaient à leurs ennemis. Il n'y eut d'office divin nulle part. Cependant la piété et la résignation conduisirent plusieurs personnes dans les Temples; mais bientôt elles y furent maltraitées et ignominieusement chassées. Les portes de la ville venaient d'être ouvertes à ce ramas de scélérats auxquels une partie du pillage avait été promise. Leur entrée fut, en effet, le signal du brigandage le plus effréné, non chez les particuliers; mais aucune Eglise, aucun Couvent, aucune maison de prêtre, ne furent épargnés. Sans aucun ordre, les Huguenots de tout rang, de toute condition, s'y jetaient pêle-mêle, et comme des lions affamés. A coups de hache, toute porte fermée était mise en pièces; les vases sacrés, les reliquaires précieux, étaient, surtout, l'objet des recherches et des plus horribles profanations. L'orgue de la Cathédrale, qui passait pour un des plus magnifiques du royaume, et les 7,000 tuyaux dont il était composé, furent emportés. Tout ce dont, depuis la prise d'Auxerre par les Anglais, en 1358, les nombreuses Eglises avaient été enrichies, devint la proie de l'avarice et de l'impiété. Ce qu'on ne pouvait pas emporter, était brisé et réduit en cendres. Tel fut le sort des superbes bibliothèques du Chapitre de Saint-Étienne et de Saint-Germain. Pendant plusieurs jours, beaucoup de meubles ainsi volés furent audacieusement vendus dans les rues à l'encan; ceux qui n'avaient pas pu en prendre, les achetaient à vil prix; les villageois, surtout, profitaient avec ardeur de l'occasion, et emportaient sur leurs voitures dans les campagnes les dépouilles de la ville. On peut se faire une juste idée de l'immensité des déprédations, et de la bonne part que surent y prendre les chefs de cette honteuse expédition, par ce que la tradition a conservé de celle du sieur de Loron, Seigneur de la Maison-Blanche : il fit conduire chez lui, à Crain, dix à onze charretées, chargées uniquement de châsses et d'argenterie; qu'il fit fondre en lingots par un orfèvre. (1)

Les personnes mêmes ne furent pas exemptes de ces excès : beaucoup de Bourgeois furent maltraités. Un religieux de Saint-Père fut blessé d'un coup de pistolet, déshabillé et jeté dans les fossés, où il expira. Un Dominicain, le P. Divolé (2), qui, dans ses fréquens

---

(1) L'abbé Lebeuf donne les détails de tout ce qui fut pillé dans chaque église. J'ai cru superflu de le répéter ici.

(2) Il était né à Chevannes, et fut élevé à Auxerre chez les Jacobins, où il fit profession. Il avait été Provincial de son ordre. Il est mort le 30 mars 1568, dans le couvent de Paris, où il s'était retiré, et dans le cours d'un carême qu'il prêchait à Saint-Etienne-du-Mont. Ses sermons ont été imprimés après sa mort.

sermons, avait combattu l'hérésie avec autant de courage que de savoir; qui n'avait cessé de prédire les maux dont les nouvelles doctrines inonderaient la ville; et qui, par là, avait obtenu la vénération des Catholiques, et la haine des Huguenots; fut arrêté par eux; ainsi qu'un ancien Abbé de Saint-Père, que ses quatre-vingt-dix années ne sauvèrent pas de leurs outrages. Ils les traînèrent auprès du capitaine Meunier, étranger, pour lui faire voir, dans le P. Divolé, l'ennemi déclaré de la nouvelle croyance. Là, les reproches, les injures, lui furent prodigués; mais il les supporta avec une constante intrépidité. Loin de chercher à atténuer ce qu'il avait fait, il n'exprimait que ses regrets de l'inefficacité de ses prédications. Le capitaine Meunier le renvoya à Laborde. Pour l'y conduire, les soldats lui ôtèrent son habit de religieux, le couvrirent d'un vieux manteau, le coiffèrent d'un chapeau pointu, et dans cet état, lui firent traverser plusieurs quartiers. Ils voulaient le livrer à la risée publique: mais à cet affligeant spectacle, le peuple ne répondit que par des larmes et des sanglots; croyant que ce respectable prêtre était conduit à la mort. Il en était persuadé lui-même, et disait à ses gardes: « rendez-moi mon ha-
» bit de religion; vous ferez ensuite de moi ce que vous
» voudrez. » Dans la maison de Laborde, les reproches et les outrages recommencèrent; mais le martyr resta inébranlable, et n'eut recours à aucune prière. Il alla même jusqu'à déclarer à de jeunes Dominicains de son couvent, ainsi qu'à tous ceux qui l'insultaient, et au capitaine Laborde lui-même, qu'ils étaient dans la voie de la damnation; les conjurant de rentrer dans le

sein de l'Eglise. L'annonce de sa mort et le pistolet sur la gorge ne lui firent pas changer de langage. Mais tandis que ses jours étaient ainsi menacés, les principaux Catholiques cherchèrent dans la cupidité des Huguenots une arme contre leur férocité. Ils négocièrent, et moyennant une forte rançon ils obtinrent la délivrance des deux captifs, le P. Divolé et l'ancien Abbé de Saint-Père.

Ces désordres furent continués pendant neuf à dix jours, et ne cessèrent que quand il ne resta plus que les murs de toutes les Eglises et des maisons des prêtres; mais, alors les Huguenots s'occupèrent à les abattre. De toutes les maisons canoniales, il n'en resta debout que treize; les trente autres furent démolies, et leurs matériaux emportés. L'Eglise Saint-Marien, que Bargedé, dans son histoire manuscrite, rapporte avoir été *une des plus belles de France*, fut entièrement détruite. Mais ces nouveaux Vandales furent déconcertés dans l'Eglise de Saint-Germain. Ayant attaqué un des piliers délicats de la chapelle du fond, il céda plus vîte qu'ils ne s'y attendaient; la voûte qu'il soutenait croula tout-à-coup, et en écrasa trois ou quatre: un autre fut renversé et tué par une pierre énorme qui se détacha de la partie supérieure d'une des portes. D'autres ayant voulu fouiller les tombeaux des catacombes, une peur panique les saisit, et les mit en fuite avant qu'ils eussent achevé leur tentative. Ces événemens les frappèrent de terreur, et la destruction s'arrêta.

Le 10 octobre, l'insatiable capitaine Laborde fit convoquer à l'hôtel de ville une assemblée générale des Bourgeois ; devant laquelle il se présenta en qualité de Gouverneur pour le Roi, sous l'autorité du Prince de Condé, et exigea un emprunt de 3,000 écus payable dans les vingt-quatre heures, entre les mains de Bonnefoi, son receveur, *à peine de sac et de pillage.* Il fallut obéir; la répartition en fut faite sur-le-champ, et le paiement s'effectua : Laborde en prit seul les deux tiers.

L'état de misère et d'épuisement dans lequel ces excès avaient fait tomber la ville, lui fit entrevoir sa délivrance. Les étrangers, n'ayant plus rien à y prendre, la quittèrent, pour chercher ailleurs des occasions de rapine. La plupart, sous le commandement du capitaine Laborde, entreprirent le siége de Cravan, sachant qu'un grand nombre de riches Auxerrois s'y étaient réfugiés, avec ce qu'ils avaient de plus précieux. Réunissant les débris des cloches et des chaudières pillées chez les habitans d'Auxerre, ils firent fondre un canon dans l'Eglise de Saint-Germain ; et le traînèrent, avec celui de la ville, devant les murs de Cravan. Mais leurs efforts furent inutiles. Après avoir, en deux assauts qu'ils essayèrent, perdu beaucoup de soldats et d'officiers, ils furent contraints de lever le siége.

Ceux qui revinrent à Auxerre, au mois de janvier suivant, étaient si irrités de ce revers, que, suivant le récit naïf d'un contemporain, deux Catholiques ne pouvaient pas causer un instant ensemble dans la rue, sans être exposés à des coups de bâton. C'est dans ce même temps que le Prince de Condé vint visiter la ville; que ses sicaires avaient prise pour lui, et pillée pour eux. Il y fit cependant un acte de sévérité. Les habitans, excédés des exigences de Laborde, osèrent lui présenter leurs doléances. Ayant acquis la preuve de ses concussions, il lui ôta, sur-le-champ, le gouvernement de la ville, et l'emmena à la suite de son armée. Le sieur Marafin de Guerchy, mis par le Prince à la place de Laborde, paraît avoir été beaucoup plus modéré; et conserva cet emploi jusqu'à la paix. La présence du Prince à Auxerre était la suite de la défaite que son armée venait d'essuyer, le dix novembre, entre Paris et Saint-Denis; et après laquelle il l'avait ramenée dans la Champagne et les environs d'Auxerre.

Si cet événement apporta quelque soulagement aux Auxerrois, en les délivrant de Laborde, il fut bien funeste à deux petites villes des environs. Pendant le siége de Cravan, les Huguenots avaient voulu loger leur cavalerie à Irancy; mais les habitans de cette ville les avaient constamment repoussés. Après la levée de ce siége, ils voulurent se venger; et ayant obtenu un détachement de l'armée du Prince, ils y retournèrent. Cette tentative fut encore sans succès, et beaucoup des leurs y perdirent la vie. Enfin, avec un corps de Gascons commandés par Armand de Clermont, la ville fut prise, et presque toute la population passée au fil de l'épée. Dans le même temps, Coulange-la-Vineuse fut donnée pour cantonnement à un autre corps de la même armée. Après quelques essais de résistance, l'exemple sanglant que l'ennemi venait de donner à Irancy, fut salutaire aux habitans; ils ouvrirent leurs portes : mais il leur en coûta l'argenterie et les ornemens de leur Eglise ; ainsi qu'une contribution de mille écus.

1568 Cependant un cinquième Edit de pacification rendit un peu de calme à cette contrée, courbée, depuis sept mois, sous le joug des plus impitoyables ennemis. Cet événement avait d'autant plus de prix pour les Catholiques, qu'Auxerre était la seconde des villes dont la remise immédiate au Roi était exigée dans le traité ; avec défense d'y exercer la nouvelle religion. Toutefois, presque tous ceux qui y avaient l'autorité, étaient, comme on l'a vu, du parti comprimé par ces mesures ; et ils avaient si lâchement et si évidemment trahi leurs concitoyens, qu'ils ne pouvaient pas se dissimuler, que, quand le pouvoir du Roi serait rétabli, ils ne pourraient plus, sans danger, rester dans une ville où, à chaque pas, ils rencontreraient des témoins de leur trahison. Ils retardèrent donc, autant qu'ils le purent, ce moment critique ; et la paix, publiée à Paris, le 20 mars 1568, ne le fut à Auxerre que le 14 avril, lorsque le Roi y eut envoyé son nouveau Gouverneur, de Montpérou. Mais, dès ce jour, la garnison étrangère se retira ; et le prêche de l'Eglise des Cordeliers où il était établi, fut transporté au faubourg Saint-Amatre. A cette preuve de leur délivrance, les Catholiques pouvaient à peine croire à tant de bonheur ; et comme celui qui se réveille après un rêve affreux, ils allaient, pour s'en assurer, visiter leurs amis, chercher leurs prêtres, et pleurer sur les ruines de leurs Eglises. Tous ceux qui avaient fui, Prêtres et Magistrats, Bourgeois, Artisans et Vignerons, revenaient à la hâte respirer l'air de la patrie.

Depuis le 2 septembre, aucune messe n'y avait été célébrée ; si ce n'est secrètement, dans les caves d'une dame Bargedé, chez laquelle des Cordeliers s'étaient cachés, et parce qu'elle avait été protégée par le capitaine Larmentier, son parent. En peu de jours, les temples furent nettoyés ; et, malgré le délabrement des édifices, l'office divin fut rétabli dans toutes les Eglises. Les Chanoines, à qui il ne restait pas une seule maison habitable, ayant obtenu de l'Evêque d'être logés dans son palais, n'avaient pas moins que les autres d'empressement à contribuer au rétablissement des autels, et à reprendre l'office canonial, même au milieu des décombres de la Cathédrale.

Cet heureux calme qui, durant plusieurs jours, régna dans la ville, ne pouvait pas être long. Les Huguenots avaient leur prêche dans le faubourg ; mais ils habitaient, circulaient sans cesse ; et toujours armés, au milieu de ceux qu'ils avaient maltraités, ruinés, à qui ils avaient fait endurer toutes les horreurs d'une domination à coups de couteau et d'arquebuse. Quand, de part et d'autre, on aurait voulu oublier ce qui s'était passé ; les vestiges des maisons incendiées, ceux des temples profanés, dépouillés, restés sans portes, sans vitraux, sans couverture ; les femmes dont les maris avaient été tués, les enfans dont les pères avaient succombé ; rappelaient trop souvent par quelles mains tant de crimes avaient été commis, pour que les coupables et les victimes pussent long-temps vivre dans la même enceinte. S'en délivrer tout-à-fait, devint naturellement la pensée des Catholiques ; surtout après qu'un des gardes de la porte d'Egleny ayant été assassiné, toutes les probabilités s'élevèrent contre les Huguenots, pour leur attribuer ce nouveau forfait.

1568 Ce vœu secret des Catholiques, deux hommes de cœur et de résolution surent l'accomplir. Nicolas Thuillant et Jacques Creux, dit Brusquet, tous deux capitaines de la milice bourgeoise, s'étaient aperçus que, lorsque les Huguenots allaient à leur prêche, ils déposaient leurs armes dans le corps-de-garde de la porte d'Egleny; et que peu d'entre eux restaient pour les garder. Profiter d'un de ces instans favorables, s'emparer des armes, et fermer les portes de la ville; tel fut le dessein hardi qu'ils conçurent, et qu'ils exécutèrent avec autant de prudence que d'intrépidité.

Le dimanche de *Quasimodo*, 26 avril, onze jours seulement après la publication de la paix, Thuillant, rôdant auprès de la porte d'Egleny, vit que deux hommes seulement gardaient les armes. A l'instant, il en avertit Jacques Creux; aussitôt tous deux, avec des pistolets dans leurs poches, entrent au corps-de-garde, comme pour se chauffer; tout à coup, ils renversent le ratelier où sont les armes; se jettent, le pistolet à la main, sur les deux gardes, les menaçant de mort, s'ils disent un mot, et les désarment. A l'instant même, ils font tomber la herse et ferment la porte, en appelant à leur secours. En une minute, leurs cris répétés de rue en rue, répandent la nouvelle dans toute la ville; partout on crie : « *liberté! liberté! les Huguenots ne sont plus dans Auxerre!* » On court aux autres portes, aux brêches, aucune issue ne reste aux ennemis. Bientôt une cloche, qui avait été cachée, est replacée dans le clocher de Saint-Loup; et sonnée en branle, elle célèbre la délivrance de la ville, et l'apprend aux Huguenots eux-mêmes; qui accourant à ce son inaccoutumé, en virent l'explication, lorsqu'ils trouvèrent les portes fermées, et toute la population sur les remparts, répétant le cri *liberté! liberté!*

On s'occupa immédiatement de tout ce qui pouvait prévenir de nouveaux dangers. La ville n'avait plus, pour la gouverner, que de fidèles Magistrats. C'étaient Jacques Chrétien, Maire, Gaspard Damy et François Leprince, Echevins. Par leurs soins, il ne resta, pour communiquer à l'extérieur, que la porte du Pont et celle d'Egleny; toutes les autres, ainsi que les poternes sur le bord de la rivière, furent murées, et le Guetteur rétabli dans la tour de l'horloge.

Il paraît que les Catholiques ne se bornèrent pas à ces précautions; mais que, cédant au désir de se venger, et de détruire, ou, au moins, d'éloigner leurs ennemis, ils allèrent les surprendre soit dans les faubourgs, soit dans les villages voisins, et qu'ils en tuèrent un grand nombre (1). C'est un des griefs dont le Prince de Condé, qui, alors, était à Noyers, à

---

(1) L'abbé Lebeuf, dans son *Histoire de la prise d'Auxerre*, ne parle pas de cet événement, mais de celui que lui a fourni l'*Histoire de Saint Germain*, par Dom Viole, en le datant du 18 octobre suivant; fait que je rapporterai à sa date. Depuis, ayant eu connaissance de la requête du Prince de Condé au Roi, il a fait à son histoire une addition, dans laquelle il exprime ses doutes sur la réalité du récit de Dom Viole; puis, dans ses Mémoires, t. 2, p 393, il n'hésite plus, et déclare affirmativement que l'événement dont parle cet historien, est le même que celui inséré dans la requête

sept lieues d'Auxerre, se plaint dans la requête qu'il présenta au Roi le 23 août; il y fait monter le nombre des victimes à *six ou sept vingt personnes.* On y voit aussi qu'un convoi d'argent destiné au paiement

du Prince de Condé ; sauf qu'il s'est trompé, en le portant au 18 octobre, puisque le Prince s'en est plaint le 23 août précédent. L'abbé Lebeuf va jusqu'à croire que le fait s'est passé avant que les Catholiques eussent expulsé les Huguenots. Je crois fermement qu'en cela il est tombé lui-même dans une grave erreur. 1º Le fait dont parle Dom Viole, ne peut pas être le même que celui dont s'est plaint le Prince de Condé. Dom Viole, historien catholique, en rapportant une faute déplorable commise par les Catholiques, ne l'aura pas exagérée ; toutefois, il avoue qu'ils tuèrent 150 *Huguenots*; le Prince de Condé, chef des Huguenots, se plaignant des torts de ses ennemis, ne les aura pas atténués; pourtant il ne fait mention que de *six-vingt à sept-vingt personnes tuées.* 2º Ce que dit Dom Viole est tellement précisé, qu'on ne peut pas admettre que cet écrivain consciencieux et fort instruit, qui, d'ailleurs, écrivait à une époque très-rapprochée des événemens, ait ainsi présenté comme arrivé en octobre, un fait qui serait de plusieurs mois antérieur. Il rapporte que les Huguenots, ayant insulté une procession, le 17 octobre, les Catholiques, le lendemain 18, se jetèrent dans leurs maisons, et en immolèrent 150. Ce fait s'explique par la date que lui assigne Dom Viole ; puisqu'alors, depuis près de deux mois, les Huguenots ayant recommencé les hostilités, le Roi avait révoqué tous les Édits de pacification, et ordonné aux Protestans qui voudraient persister dans leur résistance, de sortir du royaume dans la quinzaine. L'abbé Lebeuf, préoccupé de l'idée que c'est de cette catastrophe que le Prince de Condé s'est plaint au Roi, a été obligé de la placer entre la prise et la délivrance de la ville, pour que les Catholiques aient pu les trouver *dans leurs maisons*, comme le dit Dom Viole : mais il n'est pas possible d'admettre ce système. Si, avant de délivrer la ville des Huguenots, les Catholiques avaient pu impunément en tuer 150 dans leurs maisons, ils n'auraient pas pris, pour s'en délivrer, et leur interdire la rentrée dans Auxerre, toutes les précautions dont l'abbé Lebeuf rend compte lui-même ; ils n'auraient pas manifesté cette des Reîtres que les Huguenots avaient à leur solde, passant près de la ville, y fut arrêté; que, de ceux qui l'escortaient, plusieurs furent tués, et les autres mis à rançon : funeste et inévitable résultat des représailles que provoquent les discordes civiles!

jubilation qui suivit la délivrance, et qu'il a si bien peinte ! En un mot, qu'on relise dans cet historien, les détails de ce qui s'est passé depuis la prise d'Auxerre jusqu'à sa délivrance ; les Catholiques y sont restés dans un tel état de tyrannie et d'oppression, qu'il est inadmissible que, dans aucun moment de cette période, ils aient commis l'excès dont il s'agit. Comment, d'ailleurs, pourrait-on croire qu'après cet excès, ceux des Huguenots que les assassins n'auraient pas pu atteindre, eussent eu, le 25 avril, l'imprudence de sortir de la ville, en laissant leurs armes à la porte d'Egleny, sous la garde de deux soldats seulement ? Le Prince de Condé ne dit pas que les six ou sept-vingt personnes dont il déplore la perte, aient été tuées dans leurs maisons ; il ne parle que de leur assassinat, sans en indiquer ni le lieu, ni l'occasion : mais il en fixe l'époque, en disant que le sieur de Montpérou était Gouverneur pour le Roi ; or, il est certain qu'il ne l'a été que depuis la paix ; qu'il a été remplacé par le sieur de Prie, dès les premiers jours de mai. J'ajoute enfin que ce que dit le Prince de Condé au Roi de ce remplacement, donne clairement à entendre que le sieur Montpérou ne perdit aussitôt le gouvernement d'Auxerre, que pour n'avoir pas empêché ce fâcheux événement. De toutes les lumières que fournissent ces deux documens, j'ai conclu qu'ils attestent deux faits distincts ; que celui du Prince de Condé a eu lieu dans le peu de jours pendant lesquels le sieur de Montpérou a eu le gouvernement de la ville ; que celui de Dom Viole, s'est passé à la date qu'il indique ; parce que le nouveau gouverneur, de Prie, ayant fait, mieux que le premier, exécuter l'Edit de paix, les Huguenots ont cru pouvoir rentrer dans Auxerre, avec une sécurité dont, plusieurs mois après, les Catholiques trouvèrent moyen d'abuser. J'espère aussi que les détails dans lesquels je vais entrer, justifieront cette manière de voir.

Le Roi ne fut pas plutôt instruit de cette odieuse infraction de la paix, qui semblait accuser le sieur de Montpérou de faiblesse, ou de connivence, que le gouvernement lui fut retiré, et confié au sieur de Prie, dans les premiers jours du mois de mai. Celui-ci, voulant faire respecter les lois par tous les citoyens, quelles que fussent leurs opinions sur la religion, demanda au Roi une force suffisante. On lui envoya, sur-le-champ, deux enseignes des troupes que commandait le Maréchal de Tavannes, Gouverneur général du Duché de Bourgogne ; ainsi qu'une somme de 3,000 livres : le Maréchal fut en outre chargé de lui fournir toute la poudre dont il pourrait avoir besoin.

Par là, l'ordre se rétablit au point que plusieurs Huguenots, et même ceux que les Catholiques devaient le plus détester, Jacques Chalmeaux et Laborde, y rentrèrent; et furent trouvés chez eux, lors de la visite générale qui se fit dans le courant de mai et de juin. Elle eut pour objet de rechercher les choses volées dans les Eglises, et dans les habitations des ecclésiastiques ; que plusieurs habitans étaient soupçonnés de recéler. Elle fut demandée au Gouverneur de Prie ; qui l'autorisa, et en chargea quatre commissaires : Edme Bougaut, Avocat ; Louis Marie, Nicolas Boirot et Pierre Thierry, Procureurs. Le résultat fut important. On trouva beaucoup de plomb, de cuivre, de métal de cloches, et même des cloches entières. Une grande quantité de livres des Eglises de Saint-Etienne et Saint-Germain fut recouvrée. La maison de Cœur du Roi dont il sera bientôt question, contenait une partie considérable du blé pillé à l'Evêché. Enfin celle d'un Avocat, Jean Marcault, était remplie de meubles et de matériaux enlevés aux Eglises. On découvrit même chez des Catholiques, des armes que les Hugueno s y avaient cachées, et dont le Gouverneur s'empara.

A ces dispositions intérieures, suggérées aux habitans par le peu de confiance que, de deux côtés, on avait dans la dernière pacification; ils en ajoutèrent une à l'égard du château de Régennes, qui était fortifié, et qui, par sa position près de la rivière et de la route, servait très-utilement, de ce côté, à la défense des abords de la ville. Sur leur demande, le Gouverneur, de Prie, y mit garnison; mais les agens de l'Evêque, à qui ce château appartenait, s'en plaignirent. Le Maire et les Echevins, ainsi que le Gouverneur, firent connaître au Roi combien cette place, à deux lieues d'Auxerre, était importante! Leurs observations furent accueillies; et par une lettre adressée, par le Roi lui-même, *aux Maire et habitans*, le 3 juillet, il approuva tout ce qui avait été fait : recommandant seulement que cette mesure fût exécutée de manière à ne porter aucun préjudice aux intérêts de l'Evêque; qui, pour le service de l'État, résidait alors à Rome. C'était le cardinal de la Bourdaisière.

Sur la fin du mois d'août, les cris de guerre retentirent encore dans Auxerre, comme dans tout le royaume. Le Roi reconnut que le parti Huguenot n'exécutait pas franchement les conditions de la paix, et ourdissait de nouvelles trames. On a vu que cette paix, signée et publiée à Paris le 20 mars, les Huguenots, maîtres d'Auxerre, ne l'y avaient publiée que le 14 avril. Elle

1568

datait déjà de cinq mois, et ils n'avaient rendu ni Sancerre, ni Montauban, ni Alby, ni Milhaud, ni Castres; ils se fortifiaient dans la Rochelle. Le Prince de Condé était à Noyers avec une forte garnison; comme d'Andelot à Tanlay, et Coligny à Châtillon. Le Roi prit donc le parti de les prévenir. Le Maréchal de Tavannes reçut secrètement l'ordre de s'avancer près de Noyers, et de s'emparer du Prince même, s'il était possible; tandis que d'autres forces devaient garder les passages de la Loire. Mais la Cour fut trahie : le Prince et d'Andelot échappèrent, et se jetèrent dans la Rochelle. Aussitôt le Roi révoqua tous les édits de pacification; ordonna que le culte catholique seul fût exercé publiquement; accorda amnistie pour le passé; enjoignant à tous ceux qui persévéreraient dans une autre croyance, de sortir du royaume dans la quinzaine. Dès-lors, la guerre intestine redoubla de fureur.

C'est dans cette conjoncture, périlleuse pour les Huguenots, que ceux d'Auxerre eurent l'audace de renouveler les insultes aux cérémonies religieuses des Catholiques; insultes qui avaient été le prélude de leurs premières hostilités. Le 17 octobre, une procession générale allait de la cathédrale à Saint-Germain, avec le Saint-Sacrement; faisant à Dieu des prières pour le succès de l'armée royale. Sur son passage, plusieurs Huguenots, ne pouvant contenir leur dépit, osèrent le manifester par des gestes outrageans. À la vue de ce sacrilège, la foule innombrable qui suivait la procession, fut glacée d'effroi; on se rappela l'insulte qu'ils avaient déjà faite à la procession du 17 juin 1565, et toutes les horreurs que cette faction opiniâtre avait, depuis, fait endurer aux habitans. Pendant tout le reste du jour, ce fut l'objet des conversations ; tous les souvenirs se réveillèrent, les esprits s'aigrirent; la nuit qui survint, les porta à l'exaspération ; et le lendemain une troupe de forcenés assaillit les maisons de ces implacables ennemis, en tuèrent 150 et traînèrent leurs corps à la rivière. Aux cris de cette multitude et de ses victimes, Chalmeaux, plus coupable qu'aucun autre, jugea qu'il ne serait pas épargné. Il se hâta de fuir à la faveur d'un travestissement que lui procura un couvreur, son voisin, nommé David. Mais à peine eut-il franchi la porte d'Egleny, que David crut pouvoir se moquer de ceux qui gardaient cette porte, sur ce qu'ils n'avaient pas reconnu la personne qui venait de passer. Les gardes coururent aussitôt après Chalmeaux, le saisirent, le ramenèrent à la ville, et l'assommèrent derrière l'hôtel des Consuls.

Laborde avait quitté Auxerre, et suivi le Prince de Condé dans sa fuite de Noyers; mais sa fin fut aussi misérable que celle de Chalmeaux. Au mois de décembre, il était Gouverneur de Mirebeau, lorsque les Comtes de Lude et de Brissac reprirent cette ville. Il se réfugia dans le château, dont le Gouverneur capitula ; il fut du nombre de ceux à qui la vie fut refusée. La renommée avait probablement publié ses rapines et ses cruautés sur les Catholiques; c'est ce qui explique l'exécution particulière et ignominieuse qu'il subit le lendemain de la prise de possession du château. C'est ainsi que les deux principaux auteurs des calamités de leur pays, furent conduits par leurs nombreux forfaits, à la peine qui leur fut illégalement appliquée, mais qu'ils avaient justement méritée.

1569 Pendant toute l'année suivante, il n'y eut pas dans le royaume une seule contrée qui n'ait été désolée par la guerre à mort que se faisaient les deux partis. Dès le mois de mars, les grandes armées se heurtaient à Jarnac; où le Prince de Condé, déjà blessé, fut lâchement assassiné par Montesquiou. En même temps et partout, Huguenots et Catholiques se réunissaient par bandes, se disputaient les villes et les villages; qui étaient alternativement saccagés par les vainqueurs. Les habitans d'Auxerre surent cependant déjouer toutes les entreprises que les Huguenots du Diocèse, et surtout les Gentilshommes du voisinage, tentèrent contre leur ville; à laquelle ces irréconciliables ennemis auraient voulu faire expier ce qu'elle avait osé, l'année précédente, contre leurs co-religionnaires. Au mois d'août, les inquiétudes y furent extrêmes. On apprit qu'à Coulange-sur-Yonne, dont ils étaient maîtres, ils s'apprêtaient à venir assiéger la ville; que déjà l'on travaillait aux échelles qui devaient servir à l'escalader pendant la nuit; que pour y concourir, les sieurs de l'Estaigne et Godefins avaient rassemblé à Champignelles 60 ou 80 cavaliers. Mais ce qui mit le comble à la consternation, ce fut la surprise du château de Noyers, ainsi que la trahison du Capitaine Roboam, qui, commandant à Régennes, venait de livrer cette place à 40 cavaliers conduits par le Capitaine Blosset et le Chevalier du Bouloy. On sut, en même temps, que, de-là, ils faisaient, à chaque instant, des excursions sur les environs ; que ce château était devenu le repaire de leurs brigandages, et que déjà ils y avaient entraîné dix à douze prisonniers.

Ainsi les Auxerrois, qui étaient encore, et depuis long-temps, menacés par les nombreux Huguenots de la Charité et de Vézelay, se trouvèrent, tout à coup, environnés d'ennemis. Ils virent la gravité et l'imminence du danger; mais ils ne se découragèrent pas. Reprendre Régennes, qui les serrait de plus près, fut ce dont ils crurent devoir s'occuper avant tout. Ils informèrent le Roi de la perte de cette place, et de leur résolution de faire, si on les aidait, tous les sacrifices possibles pour la recouvrer. Ils conjurèrent toutes les villes voisines de leur envoyer des secours dans ce péril commun. Le Duc d'Alençon, pour le Roi son frère, qui était à l'armée auprès de Tours, répondit sur-le-champ ; et dans ses lettres, des 8 et 16 août, on voit les ordres qu'il fit donner aux chefs des troupes les plus rapprochées d'Auxerre, pour s'y rendre avec des forces suffisantes. A l'égard des villes voisines, on ne reçut, d'abord, de la plupart, que des regrets d'être détournées de participer au siége de Régennes par d'autres dangers. Néanmoins le Capitaine Brusquet (Jacques Creux) y conduisit les gens de pied de la ville; avec les canons, et ceux que le sieur de Malain, Seigneur de Seignelay, s'empressa de fournir. Aidé des garnisons de Joigny et de Villeneuve-le-Roi, Brusquet commença, du 9 au 10 août, à investir la place. La défense fut aussi vive que l'attaque ; et deux Bourgeois d'Auxerre, Edme Rigolet, et Hélie Mamerot, ayant été blessés, il s'ensuivit quelques désertions dans la milice. Mais bientôt le Chevalier de Minières, Lieutenant du Gouverneur, amena un renfort considérable de milice; puis de nombreux volontaires, tant à pied qu'à cheval, suivirent l'exemple des Auxerrois; et le nombre des assiégeans se trouva si grand, que le sieur de Rémigny-Joux, qui commandait en chef, écrivit au Maire de la ville, pour qu'il lui envoyât, sur-le-champ, le sieur de la Grange-aux-Rois et d'autres Capitaines, pour l'aider dans la direction de toutes ces forces. Enfin le Gouverneur lui-même, de Prie, et un autre Officier supérieur, le sieur de Ventout, y furent envoyés par le Roi. On pressa d'autant plus le siége, qu'on sut que les Huguenots des environs, particulièrement ceux de la Charité et de Vézelay, réunis au nombre de 300 cavaliers, se mettaient en marche pour délivrer la place; mais on ne leur en donna pas le temps. Le château de Régennes était alors dans une île, défendue de toutes parts par la rivière. Pendant plusieurs jours, les assiégeans n'avaient pas pu franchir cet espace, et s'étaient bornés à faire jouer sur les murs, et de fort loin, leur faible artillerie. Ce siége eût donc duré fort long-temps, sans un heureux incident, dont ils surent profiter. Le 24 août, des trains conduits à Paris voulurent passer; on les arrêta. Aussitôt tous les assiégeans s'en servirent comme d'un pont, et en un instant se trouvèrent au pied des murs. Bientôt des matières enflammées furent jetées par eux sur plusieurs parties du château; l'incendie devenant invincible, les assiégés furent contraints d'ouvrir les portes. Le Capitaine Blosset et un très-petit nombre de soldats parvinrent à s'échapper; tous les autres furent tués ou faits prisonniers.

Parmi ces derniers se trouva Cœur-de-Roi, Auxerrois; celui qui avait fait bonne provision de blé à l'Evêché, et qui, comme mesureur de grains, était en butte à la haine du peuple. Emmené à Auxerre, il y fut mis à mort, avec cette barbarie qui déshonore les meilleures causes, et dont les hideux exemples se renouvellent chaque fois que la populace exerce elle-même son aveugle vengeance. Sur la nouvelle de la prise de Régennes, le Duc d'Alençon, pour témoigner aux Auxerrois la satisfaction du Roi, leur fit parvenir 1080 livres de poudre, pour remplacer celle qu'ils avaient consommée.

Dès le 23 du même mois, le Roi avait envoyé en Champagne le Lieutenant-général de Sansac, chargé d'y organiser les forces suffisantes pour remettre sous son obéissance les places dont les Huguenots s'étaient emparés dans l'Auxerrois, la Bourgogne et le Nivernais. Le Maire en fut informé par une lettre du Roi; et par celle du sieur Sansac, du 4 septembre. Déjà ce dernier était instruit de la reprise de Régennes; il ne s'en disposait pas moins à exécuter sa commission, et à veiller sur Auxerre. Il y envoya, sur la fin du mois, en garnison, la compagnie du sieur de la Motte-Bléneau, commandée par le sieur de la Grange-aux-Rois; indépendamment de celle de 300 hommes que le Roi y avait placée, sous les ordres du sieur de Boulant.

Les Officiers municipaux s'occupèrent aussi d'augmenter l'artillerie des remparts. La caisse communale était épuisée, mais, dans ces momens de danger commun, les personnes aisées prêtent facilement à ceux qui veillent sur leurs jours ; on emprunta ; et le 3 novembre, deux fondeurs, Michel Millot et Louis Gaillot, livrèrent cinq nouveaux canons, pesant, avec leurs collets, 5805 livres. La façon seule coûta 510 livres ; environ 1,800 francs de la valeur actuelle.

1569   Tandis qu'on prenait ces précautions contre l'ennemi du dehors, un autre, plus difficile à vaincre, la peste, était dans la ville, et y faisait d'autant plus de ravage, qu'on y manquait d'eau ; l'acquéduc de Vallan, que les longues misères du pays n'avaient pas permis d'entretenir, n'en fournissait plus. On en souffrait, surtout, à l'hôpital de la Madeleine, qui ne pouvait plus s'approvisionner au ruisseau de Saint-Julien, depuis que la guerre avait forcé de murer la porte Chantepinot. Cette privation y devint si funeste pour les malades atteints de la contagion, que les Officiers municipaux arrêtèrent, par une délibération du 4 novembre, de prendre à loyer *la grande maison et concise étant au-dessus du faubourg Saint-Julien, pour y recevoir les pestiférés, chirurgiens, serviteurs et chambrières.* Jusque-là ces pestiférés avaient été soignés dans les bâtimens de l'hospice près de la tour Saint-Antoine.

Dans le mois suivant, la quantité d'Huguenots qui s'armaient de toutes parts, depuis Sancerre et la Charité jusqu'aux portes d'Auxerre, pour reprendre cette ville, était si prodigieuse, que le Chevalier de Minières, qui y était resté avec sa compagnie, voulant retourner passer l'hiver dans ses foyers, y renonça, se rendant aux prières des habitans, qui les lui adressèrent dans une délibération prise en assemblée générale. Cependant le sieur de Sansac, s'étant rapproché, tint les ennemis en respect; il leur enleva Chablis et Noyers; mais Vézelay, par sa position, brava tous ses efforts. Ne pouvant rétablir leur tyrannie dans Auxerre, ils firent à l'extérieur tout le mal que l'occasion leur permit de faire. Un Bourgeois, Jean Bardot, marchant isolément, fut assassiné par eux; une maison de campagne que possédait le Capitaine Brusquet, à une lieue de la ville, fut ravagée, puis incendiée; et ce que l'incendie n'avait pas consumé, ils le ruinèrent et le démolirent.

Dans le même mois, le Maire, Claude Berault, reçut des Lettres patentes que la ville attendait avec impatience. La guerre et toutes les autres calamités qui, depuis un demi-siècle, affligeaient les habitans, ayant dévoré toutes les ressources, tous les travaux publics avaient été suspendus. Le pont sur l'Yonne, dont la reconstruction n'était que de la fin du siècle précédent, était déjà dans un tel état de dégradation qu'on n'y passait pas sans danger; il en était de même des routes de Paris et de Dijon, alors appelées *Grandes-Chaussées*, et pavées en grande partie; les fortifications elles-mêmes, dont on s'était plus occupé, réclamaient d'urgentes réparations. Dès le 21 mai 1568, les Officiers municipaux avaient, dans une délibération, exposé au Roi la nécessité de ces travaux, dont ils évaluaient la dépense à plus de 100,000 livres, et demandé un péage sur toutes les marchandises passant sous le pont; ainsi qu'un droit sur le sel vendu au grenier. Par ses lettres, du 16 décembre 1569, le

Roi octroya, en effet, à la ville le droit de lever cent sols sur chaque muid de sel vendu au grenier, et pour ce qui passerait sous le pont, 15 deniers par muid de vin; 60 sols par muid de sel; et 6 deniers par baril de hareng ou de morue. Cet octroi sur le sel et les poissons secs qui passaient sous le pont, pour remonter l'Yonne, probablement aussi la Cure, et qui devait couvrir une dépense considérable, fait voir combien la navigation était plus importante qu'aujourd'hui dans ces contrées, qui ne reçoivent plus par ces rivières que rarement de ces marchandises.

1570   Au printemps de 1570, nouvelles anxiétés. La grande armée des Huguenots, qui, le 3 octobre précédent, avait éprouvé une perte immense à la bataille de Moncontour; forcée d'abandonner presque toutes ses villes à l'armée royale, s'était réfugiée dans les provinces du centre. Mais elle s'y était reformée; et reprenant l'offensive, elle se portait sur Paris par la Bourgogne et le Nivernais. Déjà Arnay-le-Duc et la Charité avaient été forcés de lui ouvrir leurs portes. Au mois de mai, un de ses corps avancés s'empara de Mailly-la-Ville, et porta la désolation jusqu'à Accolay et Vermenton; où, ayant éprouvé de la résistance, il tua 15 à 16 hommes. Heureusement le Maréchal de Cossé venait à la rencontre de cette armée du côté de Gien. De Moulins, près de Tours, il avait écrit au Maire d'Auxerre, qu'il était chargé de protéger la ville. Du 3 au 8 juillet, son armée campa, en effet, près de Vermenton, Cravan et Ecolives. Deux jours après, elle était à Appoigny; suivant, par ses manœuvres, l'armée ennemie, qui fut forcée de se rejeter vers Bléneau, Châtillon et

Montargis; c'est ainsi qu'Auxerre échappa à ce nouveau péril. Mais on lui fit payer un peu cher cet avantage. Le 6 août, le Maire reçut une seconde lettre du Maréchal, lui annonçant qu'une suspension d'armes venait d'être conclue; qu'une partie de l'armée ennemie était autorisée à se cantonner dans l'Auxerrois, depuis Bassou jusqu'à Villefargeau; et que la ville devait lui fournir le pain et le vin; dont les quantités seraient réglées par un Commissaire. Toutefois, il est probable que cette énorme charge ne pesa pas long-temps sur la ville; la sixième paix avec les rebelles ayant été conclue le 11 du même mois. Ils obtinrent encore le libre exercice de leur religion, mais seulement dans des lieux désignés; et ils n'eurent, dans la Bourgogne et l'Auxerrois, qu'Arnay-le-Duc et Mailly-la-Ville.

Cet éloignement du prêche le plus voisin d'Auxerre, joint à l'aversion que la grande majorité des habitans avait pour ces sectaires, fit que leur nombre y diminua graduellement; plusieurs revenant à la religion dans laquelle ils étaient nés, et les plus endurcis allant s'établir ailleurs. Le Catholicisme reprit, d'autant mieux, toute son influence dans Auxerre, qu'enfin un savant et zélé Prélat vint y faire une résidence presque continue. Ce fut le célèbre Amyot, qui, fils d'un petit marchand de Melun, sut, par l'amour de l'étude, les talens et les vertus, mériter d'être chargé de l'éducation des enfans d'Henri II. L'un d'eux, Charles IX, qui l'appelait son maître, l'avait déjà fait son Aumônier; et le siège épiscopal d'Auxerre étant devenu vacant par la mort du Cardinal de la Bourdaisière à

Rome, le 26 janvier 1570, il y éleva Amyot. Ce nouvel Evêque fut intronisé le 29 mai 1571.

1571 Jusque-là, il s'était plus occupé de science et de littérature, que des études propres aux fonctions augustes dont il se trouvait investi; mais, quoiqu'il eût 58 ans, il se livra, avec tant d'ardeur et de pénétration, à ce nouveau genre d'instruction, qu'en peu de temps, tous les livres de théologie, et même la somme de Saint-Thomas tout entière, lui devinrent familiers; au point que ses savantes prédications furent suivies par les Ecclésiastiques plus encore que par les Laïcs.

Il trouva son Eglise, son palais épiscopal et son château de Régennes, dans l'état de ruine où, comme on l'a vu, ils avaient été réduits. Il mit beaucoup d'empressement et de zèle, surtout à l'égard de la Cathédrale, à faire disparaître les traces de ces ravages.

1572 En 1572, il employa sa faveur auprès du Roi pour éviter à la ville une énorme charge. On voulait y envoyer un Gouverneur et une garnison; l'Evêque répondit de la fidélité des habitans, et l'ordre fut révoqué. Mais ce qui l'occupa le plus, ce fut de ramener dans le sein de l'Eglise ceux qui, de bonne foi, avaient embrassé la réforme. Le Diocèse en avait un grand nombre; et il en restait encore même à Auxerre. Néanmoins, on n'y suivit pas l'horrible exemple donné à Paris et dans la plupart des villes de France, où 30,000 Huguenots furent mis à mort inopinément, et au mépris de la foi jurée, le jour de la Saint Barthélemy 1572. Des ordres contraires y furent donnés au mois d'octobre suivant. Le capitaine Brusquet et le sieur le Prince, de Cravan, s'autorisant, sans doute, de cet affreux événement, allaient dans les campagnes, et s'y livraient au pillage et à la chasse des Huguenots, comme sur des bêtes fauves. Le Comte de Charny, Gouverneur général de Bourgogne, écrivit au Maire, de la part du Roi, de les faire arrêter, ainsi que tous ceux qui se livreraient à de semblables excès; et de les poursuivre en justice. Dès cet instant, il fut défendu de sortir de la ville avec armes, sans autorisation écrite; et l'ordre en fut transmis pour y tenir la main, au sieur de Chaumont, capitaine et Gouverneur de la ville.

La mort de Charles IX, arrivée le 30 mai 1574, fit renaître la crainte de nouvelles crises. Elle fut si vive, qu'on obtint de l'Evêque la permission de travailler, même les jours de dimanche et de fête, à la réparation des fortifications. On vit aussi, pour la première fois, la police exiger des hôteliers d'apporter tous les soirs à l'hôtel de ville les noms, surnoms et pays des voyageurs qu'ils recevaient. Depuis le mois de mars 1573, en effet, les Huguenots avaient repris les armes, ayant pour chef le jeune Prince de Condé. Cependant les opérations de la guerre n'avaient eu d'abord lieu que dans des contrées fort éloignées d'Auxerre. Ce ne fut qu'au printemps de 1574, que l'armée des Allemands, prise par les Huguenots à leur solde, s'en approcha. Les habitans, avec une faible garnison, composée de deux compagnies de milice commandées par les capitaines Brusquet et Malherbe, se disposaient à soutenir le siége; mais l'armée qui se présenta à l'orient de la ville, ne passa pas la rivière, et n'occupa que le faubourg Saint-Marien, où quelques hommes furent tués.

Depuis ce moment, et pendant quatorze années, Auxerre ne prit aucune part directe aux troubles qui désolèrent le royaume. La Ligue même, commencée en 1576, à Péronne, puis propagée dans un grand nombre de villes, et particulièrement à Paris, n'y eut pas de partisans avant 1587. On vit seulement, en 1579, des rassemblemens se former sous les piliers de la place de la Fanerie, et deux Avocats y paraître armés de flèches, de dagues et de pistolets. Cette démonstration hostile, qu'aucun danger actuel ne justifiait, remplit le public d'effroi. Le Maire et les Echevins, ayant fait appeler devant eux ces Avocats, improuvèrent leur conduite, les menacèrent de les dénoncer au Gouverneur de la Province, si de semblables faits se renouvelaient ; et l'agitation n'eut pas de suite. Mais on ne fut pas sans inquiétude ; ce qui le prouve, c'est le soin que prit l'autorité municipale d'augmenter la provision d'armes et d'artillerie, qui fut si considérable qu'ils obtinrent du Roi une place dans son château pour en faire l'arsenal.

Dans cette même année, on fit de grandes réparations aux chaussées, tant du côté de Paris que de celui de Dijon, sur lesquelles, par suite d'une délibération des officiers municipaux, du 26 avril, furent placés 75 milliers de pavés. On acheva aussi la restauration du pont sur l'Yonne, commencée en 1570, et qui coûta 40,000 livres.

Enfin ce retour à l'ordre réveilla dans les esprits le désir de revoir la source acquise par la ville à

Vallan, venir de nouveau sur la sommité d'Auxerre, et y répandre ses eaux abondantes, comme une grande partie de la population l'avait vue, environ 45 ans auparavant. Les vœux, à cet égard, étaient si ardens et si unanimes, que, dans une assemblée générale, les ecclésiastiques, les nobles et tous les autres privilégiés, faisant taire leurs prétentions habituelles, on arrêta de demander au Roi l'autorisation de lever sur tous les habitans, sans nulle exception, une taille spécialement affectée à cette entreprise. Aussitôt après l'obtention des lettres-patentes, Claude Vernillat, procureur du fait commun, fit avec François Carrier, fontainier, un traité par lequel ce dernier s'obligea de rétablir l'aquéduc et d'amener les eaux dans quatre endroits : à la Commanderie, ainsi que la ville y était obligée ; sur la place du Pilori, devant l'hôtel commun, et à la Croix-de-Pierre. Carrier y travailla dès le printemps de 1580 ; et dans les premiers jours de mars 1581, les quatre bassins indiqués reçurent, à la satisfaction générale, l'eau si impatiemment attendue. L'aquéduc, depuis Vallan jusqu'à Auxerre, les guettes et les bassins, furent visités solennellement par les cinq plus habiles ouvriers de la ville, nommés par le Lieutenant-général, en présence des gens du Roi du Bailliage, et des Magistrats de la ville ; ils furent trouvés aussi parfaits qu'ils pouvaient l'être ; car Carrier, qui avait déjà reçu, en six paiemens, 1,700 écus d'or au soleil, fut soldé ; et chargé de l'entretien de tous les ouvrages, avec gages de 40 écus par an.

1580

Les habitans eurent lieu, surtout dans l'été de 1583, de se féliciter des sacrifices qu'ils avaient faits ; la

1583

chaleur et la sécheresse furent si excessives, qu'elles consumèrent toutes les récoltes, et amenèrent une affreuse disette. Une contribution spéciale fut établie pour subvenir aux nécessités des pauvres pendant l'hiver ;

1585 mais elle ne put pas prévenir toutes les privations ; et au printemps de 1584, une maladie contagieuse désola presque toutes les familles. Aussi les tuyaux des fontaines de Vallan ayant exigé à cette époque une réparation considérable, les officiers municipaux assemblèrent les habitans pour décider si on la ferait, ou si on abandonnerait ces fontaines ; et il fut arrêté d'une commune voix, que, quelle que put être la dépense, ils la supporteraient (1).

La stérilité de la terre ayant continué en 1584 et

1585 1585, la famine et la contagion s'élevèrent à un excès in-
1586 connu jusque là. En 1586, plus de 400 maisons étaient infectées de fièvres pestilentielles, dont l'invasion commença en mai, et ne finit qu'en septembre. Pour atténuer dans la ville les effets de ce fléau, l'on bâtit à l'extérieur, au nord et sur le bord de la rivière, une maison de santé sous l'invocation de Saint Sébastien et de Saint Roch ; où l'on portait les malades de l'hôpital, aussitôt que les premiers symptômes du mal étaient aperçus. Ce vaste bâtiment subsistait encore sur

---

(2) Le 7 juin 1586, pareil accident arriva. Le fontainier de Sens fut adjoint à celui d'Auxerre ; ils se chargèrent de faire revenir l'eau dans les quatre bassins, moyennant qu'on leur fournirait tous les matériaux, et qu'on leur paierait 32 écus d'or. Cette somme leur fut payée le 27 septembre, attendu *que l'eau était arrivée èz tuyaux et bassins.* Depuis cette époque, il n'est plus question de ces fontaines dans les délibérations de la ville, jusqu'en 1646.

la fin du dernier siècle ; c'est ce qui a fait donner le nom de la Maladière au petit faubourg où sont les ateliers de la navigation (1).

Les habitans furent à peine délivrés de ces calamités, qu'ils en cherchèrent d'autres dans les discordes civiles ; dont jusque-là ils s'étaient gardés (2), quoiqu'elles n'eussent pas cessé d'agiter une partie du royaume, et particulièrement la capitale. Mais il ne s'agissait plus, comme dans les premiers troubles, de résister, avec le Roi et sous ses ordres, aux Huguenots. En 1587, cette guerre était le moindre des maux. L'armée du Roi de Navarre était si affaiblie, qu'en attendant un secours des Princes Allemands, elle se tenait éloignée, et n'osait rien entreprendre. La cause la plus grave des désordres était dans l'esprit de défiance des Catholiques envers Henri III ; défiance qui avait créé la Ligue, et la faisait grandir

1587

---

(1) Ce bâtiment fut long-temps très-utile, surtout en 1645 et 1666 ; et chaque fois que des maladies contagieuses se manifestaient dans la ville, les malades de l'hôpital y étaient transportés. Dans ce cas, deux sœurs de l'Hôtel-Dieu devaient s'y rendre. V. les archives de la ville, t. 3, p. 71 et 136.

(2) Dès le 24 juin 1585, le Duc de Mayenne avait écrit aux Maire et Echevins, qu'il leur envoyait le sieur de Chamesson *pour leur proposer certaine chose.* Le lendemain, il leur avait mandé que, par suite du bon accueil qu'ils avaient fait à son premier envoyé, un second allait leur expliquer ses intentions. Mais on apprend par deux lettres, du 28 du même mois, l'une de Henri III, l'autre de l'évêque Amyot, qui était auprès de lui, que la proposition mystérieuse du Duc était de le laisser passer par Auxerre, avec sa troupe ; et que les habitans s'y étaient refusés : action dont le Roi et l'Evêque les félicitent. Ces quatre lettres sont aux archives. V. le tome 4.

chaque jour. Elle était d'autant plus hardie dans ses desseins que presque tout le Clergé en faisait partie; qu'elle était encouragée et aidée par les bulles du Pape et l'argent de l'Espagne.

Henri III, n'ayant pas d'enfant, n'avait, pour lui succéder sur le trône, que le Roi de Navarre; et dans ce cas, la France était exposée à avoir pour Roi le chef des Huguenots. La crainte de cet événement exaspérait la Ligue; et pour le prévenir, elle voulait contre lui et ses partisans une guerre d'extermination. Henri III, au contraire, empressé de rendre la paix à son Royaume, l'offrait au Roi de Navarre, sous la seule condition qu'il reviendrait à l'Eglise catholique; et ses démarches à ce sujet l'avaient rendu aussi odieux aux Catholiques que le Roi de Navarre. Le chef apparent de la Ligue était le Cardinal de Bourbon, esprit borné et facile à subjuguer; mais l'ame et l'idole des dissidens était le Duc de Guise, qu'on disait descendant de Charlemagne; et qui, avec d'immenses propriétés, d'éminentes qualités, et un dévouement sincère à la cause catholique, était généralement reconnu pour un des premiers capitaines de l'Europe. La Ligue ne voulait rien moins que lui donner la couronne de France, après avoir renfermé le Roi dans un couvent; et pour arriver à ce but, elle avait mis à sa disposition les trésors, ainsi que l'armée, qu'elle était parvenue à se procurer.

Les journaux, alors, étaient fort rares; mais déjà la presse fournissait aux partis des pamphlets, qui faisaient circuler rapidement dans les provinces toutes les idées séditieuses des Parisiens. Les Auxerrois étaient donc, par ce moyen, et par leur attachement à la religion de leurs ancêtres, fort disposés à partager les opinions de la capitale, lorsque plusieurs circonstances concoururent à développer ces germes de révolte.

La place de Lieutenant criminel étant devenue vacante, trois candidats furent présentés au Roi; et le sieur Tribolé, l'un d'eux, ne fut pas nommé. C'en fut assez pour en faire un déclamateur à outrance contre Henri III. Dans le même temps, les Cordeliers eurent un nouveau Gardien, nommé Trahy, savant Docteur, habile prédicateur, mais factieux ardent, qui s'empressa de prêcher successivement dans toutes les paroisses; et, à l'exemple des prédicateurs de Paris, de présenter, dans ses sermons, Henri III comme fauteur de l'hérésie, ennemi de la religion catholique, et indigne de conserver la royauté. Dans le même temps encore, le Duc de Guise, parcourant, avec son armée, la Champagne, pour harceler celle que les Princes Allemands envoyaient au Roi de Navarre, et l'empêcher de passer la Loire, se présenta à la porte de la ville, avec son fils et le Duc d'Aumale. On hésita à les recevoir; les gens sages s'y opposaient, mais on finit par ne pas les écouter, et la porte s'ouvrit aux chefs de la Ligue.

Cependant leur présence sauva la ville des déprédations de l'armée étrangère, qui ne vivait que de pillages. Elle fut obligée de passer la Cure au-dessus de Vermenton, et l'Yonne à Mailly; d'où elle se jeta sur la Puisaye. Mais les bonnes grâces du Duc, son affabilité, le soin qu'il prit d'assister

354 CHAPITRE XII,

à une messe solennelle que l'Evêque Amyot célébra, en son honneur, dans la Cathédrale; la complaisance qu'il eût d'aller, avec l'Evêque, visiter le nouveau collége que ce dernier faisait bâtir; enfin ses promesses de ne mettre bas les armes qu'après le triomphe de la religion, et même de veiller particulièrement au salut d'Auxerre, achevèrent d'exalter les Catholiques; et, dès ce moment, la plupart des Auxerrois ne furent plus que des Ligueurs déterminés.

Un bureau fut établi chez le greffier, François Coquard. On allait en foule s'y faire inscrire, et signer son affiliation à *l'Union catholique*. Elle consistait à jurer sur le livre des évangiles qu'on s'unissait « pour con-
» server la religion catholique et romaine; recouvrer
» les droits, privilèges, franchises et libertés, dont
» les Français jouissaient sous Clovis, premier Roi
» chrétien; *et plus encore s'il était possible*............
» sacrifier ses biens et sa vie pour punir les ennemis
» de *l'Union*, et surtout ceux qui, après y avoir
» adhéré, y renonceraient. »

1587 Néanmoins, durant cette année, 1587, et la suivante, les Auxerrois se bornèrent à manifester ainsi leur aversion pour le Roi, sans se permettre aucun acte de désobéissance ouverte (1). Mais à Paris, le

---

(1) Ils étaient en correspondance secrète avec le Duc de Guise. On trouve dans les archives (tom. 4), une lettre de ce Duc, du 25 mai 1588, par laquelle il prie le Maire et les Echevins de lui envoyer à Sens les armes et les drapeaux qu'il avait laissés à Auxerre. A côté

Duc de Guise et les ligueurs se livrèrent aux derniers excès envers Henri III. Au mois de Mai 1588, assiégé par eux dans le Louvre, il fut contraint de s'échapper par la fuite, et de se retirer à Chartres, suivi des Gardes françaises et des Suisses. Le Duc resta maître de Paris, et s'empara de toutes les places voisines, pour assurer la subsistance de cette ville. Mais, déconcerté dans son principal objet, il lui fallut négocier avec le Roi; qui, tombé lui-même dans un extrême embarras, se prêta à un accommodement. La condition la plus importante de leur traité fut la convocation des Etats généraux à Blois; chacun d'eux espérant y trouver un appui. Considérons ici l'empire des événemens sur les hommes, qui croyent les diriger : le Roi et le Duc espéraient par cette mesure, l'un conserver sa couronne, l'autre s'en emparer; et tous deux n'avaient plus que quelques mois à vivre! Les Etats furent effectivement convoqués pour le 16 octobre; et Auxerre y députa Sébastien le Royer, Doyen de la Cathédrale, Naudet, Avocat du Roi, et Joseph Lemuet, Bourgeois. Guillaume Girard, Conseiller au Bailliage, y fut aussi envoyé pour s'occuper des affaires de la ville.

1588

Dès la première séance, le Roi, dans un discours fort étendu, exposa les causes qui remplissaient le Royaume de troubles et de misère; il désigna prin-

de celle-ci, il en est une du Roi, annonçant qu'il envoye à Auxerre le sieur de Rogny, Chevalier de ses ordres, pour s'assurer de la fidélité des habitans ; elle est du 20 du même mois.

cipalement les Ligues formées contre lui, et finit par déclarer ennemis de sa personne et de l'Etat, tous ceux qui en faisaient partie. Ce discours qui, suivant tous les mémoires du temps, était plein de force et d'éloquence, fit d'autant plus de sensation sur les Députés, que la plupart d'entre eux, surtout ceux du Clergé et du Tiers-état, étaient membres de l'Union. Aussi le Roi fut-il bientôt informé que les intrigues du Duc de Guise et de son frère, agissant sourdement sur les Députés, ne tarderaient pas à paralyser dans ses mains le pouvoir royal; et en investir le Duc, sous le titre de Lieutenant-général du Royaume. Henri III ne vit plus d'autre moyen de sortir de ce péril imminent, que la mort du Duc et de son frère. Le septième jour des Etats, il en donna l'ordre, qui fut exécuté. En même temps, les plus notables de leurs partisans, ainsi que le Cardinal de Bourbon, furent arrêtés.

Cette catastrophe inopinée jeta la Ligue dans la consternation; mais bientôt elle en sortit plus furieuse que jamais. Les Seize, qui tyrannisaient Paris, obtinrent de la Sorbonne un décret portant que le Roi était déchu de sa couronne, et ses sujets déliés de son obéissance. Ils mirent à la Bastille tous les Conseillers du Parlement suspects à leurs yeux; le surplus, sous la présidence du conseiller Brisson, rendit un arrêt conforme au décret de la Sorbonne; et, conférant, en outre, au Duc de Mayenne, frère du Duc de Guise, la Lieutenance générale du Royaume.

Ces graves événemens, rapportés dans les provinces, soit par les Députés qui quittaient les Etats, soit par les écrits qui parurent, dont un était du Roi lui-même, y déterminèrent une nouvelle division dans les esprits. La Ligue n'eut plus pour ennemis seulement les Huguenots, mais tous les Catholiques qui ne partageaient pas ses défiances envers le Roi. Ces derniers se rapprochèrent des Huguenots, et firent cause commune avec eux. Comme Henri III et le Roi de Navarre, ajournant leurs démêlés particuliers, ils s'unirent pour défendre la royauté contre la révolte. Ce parti mixte fut appelé *politique*.

Cette nouvelle division ne fut pas très-sensible dans Auxerre ; la presque totalité des habitans étant déjà affiliés à l'Union, son parti y domina de manière à imposer silence à tous ceux qui professaient des principes contraires. Mais, dans les petites villes et les châteaux des environs, presque toute la noblesse se prononça pour le Roi et contre la Ligue. Tels furent les Seigneurs et les Gentilshommes de Villefargeau, du Mont-Saint-Sulpice, de la Ferté-Loupière, Saint-Maurice, Bellombre, Vaux, Neuvy-Sautour, Tonnerre, Coulange-la-Vineuse, Val-de-Mercy et Seignelay. C'est contre d'aussi nombreux et habiles adversaires qu'on va voir les Auxerrois, pendant près de six années, soutenir une guerre opiniâtre et sanglante, dans laquelle ils furent, presque toujours, les aggresseurs.

La haine qu'ils avaient conçue contre le Roi, était devenue si excessive depuis que la nouvelle de la mort du Duc de Guise était parvenue à Auxerre ; que, par cela seul que l'Evêque Amyot était, lors de cet événement, auprès d'Henri III, en sa qualité de grand Aumônier, ils le soupçonnèrent d'avoir, par ses conseils, contribué à déterminer le Roi à cette action. Et comme, dans la lutte des factions, la suspicion produit les mêmes effets que la conviction; il fut aussi violemment détesté qu'Henri III, non-seulement du peuple, toujours aveugle dans ses sentimens d'amour ou de haine, mais particulièrement du Clergé, beaucoup plus capable de discernement. Le Cordelier Trahy, surtout, s'éleva publiquement, et même en chaire, contre lui, avec autant de frénésie que s'il eût eu la preuve la plus lumineuse de sa culpabilité. Suivant lui, cette preuve existait dans l'aveu de l'Evêque que, depuis l'événement, il avait continué ses fonctions auprès du Roi, et qu'il avait mangé à sa table le premier jour de l'an. Il en concluait qu'il était indigne d'entrer dans l'Eglise; et déclarait que, s'il y entrait, lui, Trahy, ferait sonner la cloche du sermon, pour que le peuple assemblé courût sur lui; enfin que quiconque entendrait sa messe, serait excommunié. Son éloquence passionnée avait une si vive influence sur la multitude, que, contre sa volonté peut-être, on voulait, en se débarrassant d'Amyot, mettre le Cordelier à sa place.

Pour tenir les esprits dans cet état d'exaltation, le Clergé, à l'imitation de celui de Paris, établit une cérémonie religieuse appelée *Oratoire*, dont l'objet était de prier pour la prospérité des armes de la Ligue. Toute la population, en procession générale, se portait dans une des Eglises, dont l'autel principal était décoré et illuminé avec une magnificence extraordinaire. Un sermon analogue à la circonstance y rappelait tout ce qui pouvait exciter à la défense de la religion, et à la haine du Roi; souvent l'anathême du prédicateur s'étendait jusque sur l'Evêque. Cette cérémonie, plus factieuse que religieuse, commença à la Cathédrale, le dimanche 15 janvier 1589; où prêcha le Pénitencier, Péronnet, ancien Carme, qui, compatriote du Prélat, et pourvu par lui de son nouvel emploi, n'en était pas moins l'émule de Trahy dans ses diatribes contre lui. Le dimanche suivant, ce fut dans l'Eglise des Cordeliers que se rendit la procession, et que le sermon fut prononcé par Trahy. On continua ainsi les autres dimanches, jusqu'à ce que toutes les Eglises de la ville eussent été visitées de la même manière.

Cependant le Doyen, le Royer, qui n'aimait pas Amyot, comme on le verra bientôt, étant de retour des Etats, avoua que l'Evêque, loin d'avoir approuvé le meurtre du Duc de Guise et de son frère le Cardinal, avait déclaré, sans ménagement, qu'il n'appartenait qu'au Pape d'absoudre Henri III d'un fait aussi grave; mais il ajoutait qu'il n'avait pas cessé son service auprès du Roi, ce qui suffisait à ses ennemis pour le vouer à l'infamie et à la mort. Cette justification incomplète ne produisit d'effet que sur les personnes qui, connaissant la piété sincère et la douceur naturelle de l'Evêque, ne s'étaient pas laissé prévenir par l'esprit de parti. L'effervescence des autres était si violente, que, dans les premiers jours de mars, l'Evêque de Langres, qui revenait des Etats, ayant passé à Auxerre, ils voulurent l'arrêter, et le poursuivirent jusqu'auprès de Chablis; où il leur échappa, en entrant dans son Diocèse. Ils ignoraient, toutefois, quelle avait été sa conduite aux Etats ; mais il leur suffisait de savoir qu'il était membre du Conseil du Roi, pour le traiter en ennemi. Cet excès envers un Evêque que rien n'accusait, redoubla les alarmes des amis de l'ordre sur le sort d'Amyot, s'il reparaissait dans Auxerre. Tel était cependant son désir : les fêtes de Pâques approchaient, et il voulait les célébrer dans son Église. Il envoya, d'abord, quelques domestiques, mais ils furent poursuivis et contraints de se cacher ; et dans l'irritation que ces scènes produisirent, la populace de la marinerie voulut se porter au palais épiscopal pour le piller. La police parvint cependant à comprimer cette sédition. L'Evêque, dissuadé par ces démonstrations d'entrer sitôt à Auxerre, se retira dans sa maison de Varzy. Là, sa franchise lui fit commettre quelques imprudences, qui faillirent le perdre, et retardèrent infiniment sa réconciliation avec le Clergé. Croyant le Doyen son ami, il lui écrivit deux fois pour lui expliquer les motifs du retard qu'il mettait à rentrer dans la ville. Il lui parlait du courroux inspiré au Roi par les prières qu'on faisait à Auxerre pour le succès de ses ennemis ; il lui donnait des détails de ses services auprès de ce Prince, depuis le funeste événement. Le Doyen crut trouver dans ces lettres la preuve de la culpabilité d'Amyot, et s'empressa de les communiquer publiquement au Maire et aux Echevins, en en faisant le commentaire le plus perfide. Dans le même temps, le Pénitencier, Péronnet, persuadé, sans doute, que l'Evêque ignorait ses torts personnels, et ceux du Gardien des Cordeliers, alla le visiter. Amyot lui fit de vifs reproches sur ses sermons, et sur ceux du Cordelier. Péronnet, de retour, publia que le Prélat s'était emporté jusqu'à lui dire *que le Roi les ferait pendre tous les deux, pour leurs prédications diaboliques.* Amyot a toujours nié cette menace; mais on conçoit aisément qu'un tel propos, publié par le Pénitencier, dut porter au plus haut degré la rage des factieux contre l'Evêque.

Effectivement, la semaine sainte étant commencée, 1589
il résolut de ne plus différer à reprendre la place que son devoir lui assignait; dût-il lui en coûter la vie. Il entra donc dans Auxerre, le Mercredi-saint 29 mars; et à la porte de la ville, Ferroul, Capitaine de la jeune milice, qui le reconnut, voulut le tuer. Echappé à ce premier péril, il était parvenu, par la vitesse de ses chevaux, à la place Saint-Etienne, lorsque la foule déjà formée arrêta sa voiture. Quoiqu'âgé de 75 ans, il eut le courage de descendre, de braver *la pistole qui lui était présentée à l'estomach plusieurs fois*, ainsi qu'il le dit lui-même dans son apologie (1); et le bonheur, malgré divers coups d'arquebuse tirés sur lui, de se sauver, sans en être atteint, dans la maison d'un Chanoine, puis de passer de cette maison dans une autre; ce qui fit perdre sa trace à ceux qui le poursuivaient. Dans le même moment, il vit et entendit un Cordelier armé d'une hallebarde, qui criait: « *courage,* » *soudards, Messire Amyot est un méchant homme,* » *plus que Henri de Valois; il a menacé de faire*

---

(1) V. Lebeuf, t. 2, preuves n° 290.

» *pendre notre maître Trahy, mais il lui en cuira.* »
Peu de jours après, de jeunes artisans furent entendus, sous les piliers de la place de la Fanerie, délibérer s'ils pourraient aller à l'Evêché le piller, et couper la gorge à l'Evêque.

Quelque périlleuse que fût sa position, Amyot se disposait à officier à Saint-Etienne, le jour de Pâques ; mais le jeudi, le Gardien Trahy remit au Maire un mémoire par lequel il soutenait que l'Evêque, ayant communiqué avec Henri III, depuis le meurtre du Duc et de son frère le Cardinal, se trouvait excommunié, et suspendu, de droit, de ses fonctions épiscopales ; appuyant sa décision sur plusieurs textes du droit canonique. Ce mémoire ayant été transmis au Chapitre, il y fut arrêté que des représentations seraient faites à l'Evêque, pour l'inviter à s'abstenir d'officier. Quatre Chanoines lui furent envoyés à cet effet; et se rendant à leurs observations, il déclara que, pour éviter le scandale, il ne paraîtrait pas à l'Eglise.

Voulant cependant faire cesser ce prétexte, il s'adressa, le 6 avril, à son Official, Laurent Petitfou, qui lui donna l'absolution, et lui en remit l'attestation. L'Evêque l'adressa au Chapitre, avec un mémoire dans lequel il répondait à tous les reproches qui lui étaient faits. Le 10, les Chanoines s'assemblèrent de nouveau, et appelèrent, pour en délibérer avec eux, Thierriat, Prévôt ; Légeron, Conseiller; Tribolé, Maire; Couet, Avocat; ainsi que l'accusateur Trahy. Toute l'assemblée, à l'exception de Trahy, reconnut la validité de l'absolution ; mais cet ennemi acharné prétendit que l'excommunication n'avait pas cessé, parce qu'indépendamment des faits avoués par l'Evêque, il y en avait d'autres dont il avait la preuve. Cette preuve consistait dans une lettre écrite par l'Evêque à Péronnet, dans laquelle il l'invitait *à se comporter plus modestement dans ses prédications, de peur qu'il ne lui en arrivât mal et aux siens*. Trahy expliquait cette phrase dans le sens du propos de Péronnet, que *le Roi les ferait pendre tous deux* ; l'Evêque assurait qu'il n'avait entendu les menacer que de leur retirer le pouvoir de prêcher et de confesser dans son Diocèse. Quoi qu'il en soit, il paraît que les protestations de Trahy intimidèrent l'assemblée ; qu'on ne prit aucune décision, et que l'Evêque continua à s'abstenir de ses fonctions.

On se livrait dans Auxerre à ces excès, parce que le même esprit de révolte contre le Roi en faisait commettre de pareils dans toutes les villes voisines, à Troyes, Dijon, Mâcon, Bourges, etc. ; qu'à Paris, ils étaient encore plus violens ; et que, dans toute la France, la guerre se faisait, pour ainsi dire, de clocher à clocher ; surtout depuis qu'Henri III s'était réuni au Roi de Navarre. Mais l'Auxerrois est un des pays où cette guerre locale se fit avec le plus d'acharnement. Dans la ville, les Ligueurs persécutaient si ardemment les Royalistes, que ceux-ci, désirant avoir une place de sûreté, jetèrent les yeux sur Coulange-la-Vineuse, dont il leur parut facile de s'emparer, quoique la majeure partie des habitans se fussent jusque-là soumis à l'Union. Ils se concertèrent avec Beaujardin, Seigneur de Bellombre, et Vincent, Seigneur de Vaux ; pratiquèrent des intelligences avec le petit nombre d'habitans attachés à la cause royale, notamment avec Jean Foudriat; et le 10 avril, tous déguisés en paysans et paysannes, munis d'armes cachées sous leurs habits, s'introduisirent dans la ville, s'emparèrent du corps-de-garde; et sans grands efforts, restèrent maîtres de la place et du château.

A la nouvelle de cette surprise, les Ligueurs d'Auxerre jurèrent de les en punir. Sur-le-champ, le Maire et les Echevins firent partir une compagnie de cavalerie, commandée par le Capitaine Ferroul, d'Egriselles, suivie de 150 hommes de pied. Cette petite armée, partie sans provisions, et ayant à faire un siége, voulut se loger à Jussy et dans les villages environnans ; mais elle ne put obtenir ni vivres, ni logemens, même pour de l'argent ; et se vit contrainte de se retirer. Quelques jours après, mieux approvisionnée, elle y retourna ; mais à peine fut-elle aperçue, qu'elle fut inopinément attaquée par Beaujardin et les siens : quatre Auxerrois y furent tués ; tous les autres, en grande partie, blessés, prirent la fuite; et se vengèrent lâchement de cet échec, en mettant le feu aux moulins que Beaujardin avait à Ecolives.

Ils ne furent pas plus heureux dans une autre tentative, qu'ils voulurent faire sur Seignelay. Leur aventure paraîtrait même fort plaisante, si elle n'avait pas coûté la vie à un des leurs. Dans l'espoir de tomber à l'improviste sur leur proie, et pour dissimuler le but de leur entreprise, ils sortirent d'Auxerre, le 6 mai, à une

heure du matin, et prenant le chemin d'Appoigny.
Près du pont de pierre, ils s'aperçurent qu'ils étaient
suivis par des cavaliers. Persuadés que c'était un parti
de Royalistes, ils firent volte-face. Ceux-ci effrayés
se retournèrent également, pour s'enfuir; les deux
groupes furent bientôt sous les murs de la ville. Au
bruit de leur course, de leurs cris, la garde des remparts les prit tous pour des ennemis et tira sur eux.
Enfin quelques voix furent reconnues, et l'on s'expliqua. Les cavaliers rencontrés étaient des voyageurs
inoffensifs, qui avaient couché à Auxerre; mais cette
méprise avait été funeste au sieur Gervais, Receveur
du grenier à sel; une balle l'avait atteint à la tête et
blessé mortellement. Cet événement découragea la
troupe; on ne s'occupa plus de Seignelay.

Ces hostilités n'avaient pas seulement lieu entre la
population d'un pays et celle d'un autre; c'était encore
entre les simples particuliers, dans les rencontres de
ceux qui étaient de partis opposés. De tels désordres,
qui, chaque jour, occasionnaient des assassinats, surtout
parmi les Gentilshommes, inspirèrent au Seigneur de
la Ferté divers moyens de maintenir la paix, au moins
entre les individus. Pour les faire adopter, il invita
le Maire et les Echevins d'Auxerre à provoquer une
conférence entre les notables des deux partis. Elle fut
indiquée et se tint à Villefargeau; mais un des députés d'Auxerre fut le Gardien des Cordeliers, Traby,
trop violent pour que des mesures conciliatoires pussent lui convenir. On ne put s'entendre que sur une
trève; encore fut-elle enfreinte la même semaine.

1589

Alors on s'occupa sérieusement de reprendre Coulange-la-Vineuse sur les Royalistes, et de se venger des affronts essuyés devant cette place, le mois précédent. D'ailleurs, les Royalistes qui l'occupaient, ne s'approvisionnaient qu'en parcourant les campagnes, et s'emparant de tous les bestiaux qui pouvaient tomber sous leurs mains. Ils rançonnaient aussi les trains de bois qui passaient sur la rivière, devant Bellombre. Pour assurer le succès de cette nouvelle entreprise, le Maire et les Echevins réunirent des forces beaucoup plus considérables que la première fois, et leur fournirent des vivres, des munitions, des échelles, ainsi que tous les autres instrumens alors en usage pour les siéges. Ces forces consistaient en une compagnie de lanciers commandée par le Capitaine du Carret, deux compagnies de cavalerie sous les ordres des Capitaines Thuilant et Thierriat dit Bonvoisin, Avocat; et une compagnie d'infanterie ayant à sa tête le Capitaine la Catache. Du Carret avait, en outre, le commandement en chef de l'opération. Il se mit en marche le 2 juin, et dès la nuit suivante, il commanda l'escalade. Quelques intrépides s'introduisirent dans la ville par la fenêtre d'une maison; et après avoir fait main-basse sur tous ceux qui voulurent les arrêter, coururent aux portes, qu'ils ouvrirent en criant *ville gagnée!* Quand la guerre se fait entre gens qui ne se connaissent pas, on ne tue que par nécessité; on pille aussi par cupidité; mais les plus cruels font grâce de la vie à celui qui la demande, quand ils le peuvent sans danger. La plus horrible de toutes les guerres est celle qui met aux prises deux factions dans leur propre pays. On ne se cherche que pour se battre ; on ne se bat que pour s'égorger. C'est ce que firent les Ligueurs d'Auxerre, dans cette déplorable conjoncture. Ils n'en voulaient ni aux personnes ni aux biens des habitans de Coulange; ils n'y venaient que pour mettre à mort tous les Royalistes qui s'y étaient renfermés, et surtout ceux d'Auxerre. En conséquence, il n'entra dans la place que le nombre nécessaire d'hommes pour satisfaire cette soif atroce du sang ennemi. Tous les autres continuèrent d'investir la place, afin qu'un seul de ceux voués à la mort ne pût s'y soustraire : 40 à 50 Royalistes furent en effet exterminés ; il n'échappa aux meurtriers que ceux qui parvinrent à se réfugier dans le château. Parmi les premières victimes, la chronique signale seulement un Avocat d'Auxerre, nommé Vincent, et deux frères, dont un était Receveur des décimes.

Informés de ce succès, le Maire et les Echevins, voulant terminer promptement cette entreprise, en forçant le château, et craignant, sans doute, que les Royalistes des autres pays n'accourussent au secours des assiégés, firent encore partir 550 hommes de cavalerie, et 500 d'infanterie. Aussitôt après leur arrivée, Beaujardin qui commandait dans le château, et y avait sa femme et ses enfans, fut sommé de se rendre à discrétion. Sur son refus, du Carret fit saper les murs ; mais la lenteur inévitable de ce moyen d'attaque, ne répondant pas à l'impatience des assiégeans, il fit savoir à Beaujardin que si, à minuit, il ne s'était pas rendu, le feu serait mis au château. Dans cette perplexité, Beaujardin et un autre Bourgeois, nommé

Chreté, sachant bien que c'était particulièrement à eux qu'on en voulait, et qu'ils n'avaient pas à espérer de pardon, s'étant munis de cordes, essayèrent, à la faveur de la nuit, de descendre dans le fossé. Chreté descendit le premier; mais il avait été aperçu, et à peine parvenu au bas du mur, il y trouva la mort. Beaujardin demanda à parlementer, pour obtenir sa vie sauve; mais tandis qu'il descendait, un coup d'arquebuse l'atteignit; il tomba et fut achevé. Tous ceux qui descendirent, eurent le même sort. Toutefois la femme et les enfans de Beaujardin furent épargnés et ramenés à Auxerre.

Du Carret, qui avait dirigé cette révoltante expédition, ne jouit pas long-temps de son triomphe. Il était Gouverneur de Saint-Florentin; et en cette qualité, fut appelé par les Ligueurs de cette ville, pour les aider contre le Seigneur de Neuvy-Sautour. S'y étant rendu avec deux autres Auxerrois, le Capitaine Thuilant et Etienne Beaujeard, il fut tué dans les premiers jours de son arrivée, le 19 juin.

Dans le même mois, la population d'Auxerre s'accrut de tout ce que la Ligue avait de partisans dans Gien. Cette ville ayant été sommée de rentrer dans l'obéissance du Roi, les Ligueurs, qui n'y étaient pas les plus forts, en sortirent, et vinrent se fixer dans la partie du faubourg Saint-Amatre qui se rapproche de Villefargeau. Parmi eux était le sieur du Tillet, Greffier en chef du Parlement de Paris.

L'importance que se donnaient ainsi les Auxerrois dans l'intérêt de la Ligue, indisposa le Roi au point

que, pour les en punir, il transféra leur Présidial à
Joigny, et le fit ressortir au Parlement de Dijon. Ils
n'en furent que plus acharnés à lui enlever tous les
pays qui, dans leur voisinage, lui restaient encore.
Pour cela, ils firent fondre deux nouveaux canons de
gros calibre, avec lesquels ils envoyèrent une troupe
nombreuse sous les ordres des sieurs de Jaulges et du
Tillet, devant Mailly-la-Ville, dont le château avait
une garnison de l'armée du Duc de Nevers. Cette
troupe y arriva le 15 juillet; mais les assiégés surent
rendre tous ses efforts inutiles. Pour s'en dédommager, elle se jeta, sur Migé, Charentenay et Leugny,
Bourgs sans défense, qu'elle prit sans peine et sans
gloire. De là, elle se porta sur l'Avalonnais, et conduisit ses canons à Girolles, pour une expédition
dont la chronique ne fait connaître ni l'objet ni le résultat. On y voit seulement que les villages sur le
territoire desquels elle passait, étaient obligés de lui
fournir tout ce dont elle avait besoin; qu'autrement
elle les traitait en ennemis; qu'Annay-la-Côte lui
ayant refusé des munitions, et ajouté imprudemment
la dérision au refus, elle y amena ses canons; que
pendant le siége, Avallon, qui était dans la dépendance de l'Union, lui procura des vivres et des
échelles; qu'enfin ce malheureux village fut pris et
impitoyablement *pillé, mis à feu et à sang*. Probablement l'expédition fut jugée avantageuse pour la
Ligue; car on voit encore dans la chronique que
le Commandant, le sieur de Jaulges, à son retour,
reçut une gratification du trésor de l'Union.

Dans le même temps, on apprit l'assassinat d'Henri III, 1539 par Jacques Clément. Tous les Français dont l'esprit de parti n'avait pas dépravé les sentimens, tombèrent dans la consternation; mais les Ligueurs y trouvèrent un sujet de joie, au point qu'ils quittèrent l'écharpe noire, qu'ils avaient prise à la mort du Duc de Guise, pour l'écharpe verte; adoptant ainsi la couleur de la maison de Lorraine. Néanmoins, on attendit avec anxiété les conséquences de ce grave événement. Bientôt on sut que le Roi, en mourant, avait déclaré que sa couronne n'appartenait qu'au Roi de Navarre, et l'avait conjuré, s'il voulait régner sur la France, de rentrer dans le sein de l'Eglise ; que ce Prince avait été sur-le-champ proclamé Roi de France, sous le nom d'Henri IV, par l'armée royale, et par tous les pays jusque-là soumis à Henri III.

A Paris, les chefs de l'Union ne purent pas prendre aussi facilement un parti. Unanimes pour ne voir qu'un hérétique et un ennemi dans le Roi de Navarre, ils étaient fortement divisés sur le choix de celui qui devait se mettre sur le trône à sa place. Dans ces grandes conjonctures, il n'y a que perplexité pour ceux qui méconnaissent le principe de la légitimité. Le Duc de Mayenne se croyait appelé, de plein droit, à régner, parce qu'on lui avait conféré la Lieutenance générale du Royaume, et par les services éminens qu'il avait rendus à la cause de l'Union. Le Duc de Lorraine, premier Prince de sa famille, prétendait, à ce titre, l'emporter sur lui. Les agens du Roi d'Espagne faisaient valoir les grands sacrifices de leur maître pour la même cause, et menaçaient de la quitter, s'il n'obtenait pas le trône pour lui, ou au moins pour sa fille, dont la mère était la sœur d'Henri II. Ce débat orageux dura cinq jours ; et pour le terminer, on s'arrêta à un expédient, qui ajournait ces diverses prétentions, sans leur nuire au fond. Le Cardinal de Bourbon, oncle du Roi de Navarre, vieux, infirme et prisonnier de ce dernier, fut le mannequin sur lequel on convint de laisser reposer la couronne, en attendant qu'un plus digne pût la porter. Le 5 août, il fut proclamé Roi dans Paris, sous le nom de Charles X, par un Edit du Lieutenant-général, invitant les Français à le reconnaître pour Roi, lui prêter serment, et à faire tous les sacrifices nécessaires pour faire cesser sa captivité.

Probablement, la communication d'Auxerre à Paris était alors interrompue par l'armée royale, qui en faisait le siége ; car cet Edit n'y fut publié que le 17, après la retraite de l'armée du Roi ; et les partisans de l'Union s'empressèrent de l'exécuter en prêtant serment de fidélité à Charles X. Dans le même temps, ils furent informés qu'un secours de 2,000 Lansquenets et 1,500 Reîtres à cheval envoyé au Roi par les Princes Allemands devait traverser l'Auxerrois ; et se mirent en garde contre ce que cette armée pourrait entreprendre. De Montalan, qui avait remplacé du Carret, fut envoyé avec sa compagnie pour l'observer. Elle passa au-dessus de Saint-Bris. De Montalan eut un engagement avec un détachement, dont trois hommes furent tués. Un seul Auxerrois, nommé de la Resle, fut blessé.

Ce danger passé, les habitans s'occupèrent de leurs

vins, l'unique ressource du pays. Quoiqu'ils les eussent vendus dès le mois d'avril, à des marchands de Normandie, les troubles de Paris et le siége de cette ville par le Roi avaient été un obstacle à ce qu'ils les expédiassent. Les événemens qui suivirent la mort d'Henri III, ayant déterminé Henri IV à se retirer du côté de Dieppe, on s'empressa de les envoyer à Rouen par la rivière; et comme de nombreux partis parcouraient encore les campagnes, des soldats furent placés sur chaque bateau pour le défendre. Ces vins arrivèrent fort à propos dans la Normandie, qu'occupaient alors les deux armées; celle du Duc de Mayenne ayant suivi Henri IV dans sa retraite.

1590 Dès le mois de février 1590, de nouvelles alarmes agitèrent les esprits : le Roi qui, durant l'automne, avait su triompher de tous les efforts du Duc de Mayenne, se rapprochait de Rouen avec des forces plus considérables qu'auparavant. On conçut à Auxerre d'autant plus de crainte, qu'on y vit arriver, le 6 février, le sieur Joseph de la Motte, investi par le Duc, de l'important office de Bailli (qu'il avait laissé longtemps vacant), et qui vint, en cette qualité, s'emparer du gouvernement militaire de tout le pays Auxerrois. On vit aussi le sieur Vincent, Président du Présidial et Lieutenant du Bailli, exercer avec un redoublement de zèle et d'activité tout ce qu'il y avait dans la ville de troupes soldées et de milice bourgeoise. Enfin, par suite des ordres du Baron de Senecé, Lieutenant du Duc de Mayenne dans le Duché de Bourgogne, et parce qu'on était prévenu qu'un nouveau corps de Reîtres, attendu par le Roi, allait traverser le territoire ; on vit le Maire et les Echevins réunir 5,000 paysans des environs pour réparer les fortifications ; et avec tant de hâte, que le Clergé avait permis, ce qui était fort rare alors, d'y travailler les fêtes et les Dimanches.

Ces circonstances n'empêchèrent pas le courageux Amyot de quitter Varzy, où il s'était retiré, et de venir à Auxerre reprendre ses fonctions. Il avait obtenu, le 6 février, du Cardinal Cajetan, Légat du Pape en France, des lettres pour lui et pour son Chapitre, qui le relevaient de toutes les peines canoniques qu'il avait pu encourir ; faisant défense au Clergé, et particulièrement au Cordelier Trahy, de le molester sous aucun prétexte ; leur enjoignant même de se remettre sous son obéissance. Ces ordres du Légat furent respectés ; la rentrée de l'Evêque se fit sans trouble, et, le 3 mars, quatre Chanoines furent députés pour le féliciter de sa réintégration. Il reprit de suite l'exercice de son ministère ; et depuis se prêta à toutes les processions et cérémonies religieuses que les zélés de l'Union réclamaient chaque jour, dans l'espoir que, par cette persévérance, ils obtiendraient de la Providence des succès qu'elle leur avait jusque-là refusés.

Ces cérémonies furent, surtout, prodiguées lorsqu'on apprit la grande victoire remportée par le Roi, dans les champs d'Ivri, le 14 mars, sur l'armée de l'Union, commandée par le Duc de Mayenne. Dans les premiers jours d'avril, l'effroi devint extrême : on sut que le Roi, après avoir pris Corbeil, Melun et Montereau, était déjà devant Sens, dont il faisait le siége en personne; qu'un grand nombre de cavaliers du Duc de Nevers passaient près de la ville, et que des corps de partisans formés par les Capitaines Tannerre et la Boissière rôdaient dans les environs. On craignit même une surprise pour le 6; et l'on traîna en prison tous ceux des habitans qu'on soupçonnait de faire des vœux pour Henri IV. Sur la demande du Maire, le sieur de Pluviaux, Gouverneur de Vézelay, vint avec sa compagnie renforcer la garnison. On fit entrer dans la ville les Religieux de Saint-Marien, avec tous leurs meubles; ainsi que ceux des habitans des faubourgs. On commençait même à démolir l'Eglise de Saint-Julien, et une belle maison du faubourg Saint-Marien, appartenant à un sieur Gerbaut, lorsque des nouvelles rassurantes furent adressées au Maire par le Duc de Mayenne: le Duc de Parme était entré en France et conduisait l'armée espagnole sur Paris; le Roi avait levé le siége de Sens, et retournait à celui qu'il avait mis devant la Capitale. On n'eut plus qu'à se mettre en garde contre la troupe de Royalistes commandée pas les Capitaines Tannerre et la Boissière; mais elle borna ses exploits à la prise d'Ouaine, et cessa d'inquiéter Auxerre. Cependant, au mois de décembre, elle voulut s'emparer de Cravan; mais son projet fut découvert, et l'on prit des mesures qui le firent avorter.

Les droits du Roi étaient alors tellement méconnus à Auxerre, que l'Abbé de Saint-Germain, François Beaucaire de Péguillon, étant mort le 14 février 1591, les Religieux, sans s'occuper du concordat de 1515 qui donnait au Roi le droit de présenter au Pape son successeur, prévinrent l'Evêque Amyot qu'ils se disposaient à élire leur Abbé. Il n'osa pas s'y refuser. Le 25 avril, en effet, ils s'assemblèrent en Chapitre, et élirent Gilbert Génebrard, de leur ordre, Prieur de Saint-Denis. L'acte constatant cette élection, dressé par Armand, Notaire apostolique, fut envoyé au Pape Grégoire XIV ; mais il n'y eut aucun égard.

Au mois de septembre de la même année, la troupe de Tannerre et la Boissière fit sur Toucy une tentative qui n'eut d'autre effet que de jeter l'épouvante dans la population de cette ville ; dont la plus grande partie vint se réfugier à Auxerre, en tel nombre que le Maire eut recours au Clergé pour aider les habitans à loger et nourrir ces réfugiés. Ce qui resta dans Toucy, triompha de tous les efforts des Royalistes. Ceux-ci se rapprochèrent d'Auxerre, et parurent à plusieurs reprises dans les environs. L'effroi y fut si grand, que, dans une assemblée générale des habitans, il fut arrêté que le Monastère de Saint-Julien, et même l'Eglise seraient démolis (1), de peur que les ennemis ne s'en emparassent, pour faire plus commodément le siége de la ville. Ils tentèrent effectivement ce siége ; mais chaque fois qu'ils furent aperçus, une sortie vigoureuse les repoussa. Dans celle du 12 octobre,

---

(1) Les Religieuses s'établirent, d'abord, dans une maison qui leur appartenait à Auxerre ; puis à Charentenay, où elles bâtirent un Monastère qu'elles n'ont quitté, pour revenir dans le faubourg, qu'en 1649.

Pierre Lenfant, Chanoine de la Cathédrale, et Michel Disson, Bourgeois, s'étant imprudemment avancés, furent enveloppés et tués : Disson le fut d'un coup de faux. Depuis cet événement jusqu'au mois de septembre 1593, la tranquillité de la ville ne fut troublée que par la perte qu'elle fit de l'Evêque Amyot, le 6 février de cette année, et par les nouvelles successives des revers qu'éprouvait la Ligue dans sa lutte opiniâtre contre Henri IV

Dès le 9 mai 1590, le simulacre de Roi qu'elle s'était donné, avait disparu. Le Cardinal de Bourbon ne s'était aperçu de sa royauté ridicule, que par un redoublement de précautions contre sa liberté, dans la prison de Fontenay, où il finit ses jours. Alors le Duc de Mayenne avait voulu lui donner un successeur par la voie d'élection; et pour cela il avait convoqué les Etats généraux à Meaux. Mais les mouvemens des armées qui, de temps en temps, se rapprochaient de Paris, n'en permirent pas la réunion. Ce ne fut qu'en janvier 1593, que, croyant les conjonctures favorables à ses desseins, il fit une nouvelle convocation pour le 17 de ce mois; et ouvrit l'assemblée le 26. On ne peut pas douter qu'Auxerre n'y ait eu des députés, quoique les archives n'en fassent aucune mention; le parti qui y exerçait le pouvoir, était trop ardemment attaché à l'Union, pour que, les communications avec Paris étant alors parfaitement libres, il n'ait point participé à cette assemblée.

Pendant six mois et plus, elle ne fut occupée que de brigues et de cabales. Les Ducs de Mayenne, de Guise, de Lorraine, le jeune Cardinal de Bourbon et l'Infante d'Espagne, s'y disputaient le trône comme s'il eût été vacant, et que les Etats pussent le donner : néanmoins elle eut le bon effet de mettre en évidence la division ouverte qui régnait entre les membres du parti. Pouvant déjà compter les nouveaux ennemis de celui qui l'emporterait, quel qu'il fut; on ne vit plus dans ce triomphe qu'une prolongation désespérante des discordes civiles. Dès ce moment, tous les bons esprits se tournèrent vers l'héritier de la couronne; la légitimité de son droit leur parut, dans cette tempête, comme le phare qui seul pouvait éclairer la marche du vaisseau de l'Etat, à travers les nombreux écueils dans lesquels il se trouvait engagé. Le Parlement lui-même, tel que l'avait fait le Duc de Mayenne, rendit, le premier juillet, un arrêt annulant à l'avance tout acte qui porterait atteinte à la loi salique.

D'un autre côté, le Roi se détermina à satisfaire les Catholiques, en rentrant dans leur communion. Il appela auprès de lui plusieurs Evêques et trois Curés de Paris, pour en recevoir les instructions nécessaires. Le 25 juillet, il fit son abjuration dans l'Eglise Saint-Denis, entre les mains de l'Archevêque de Bourges, assisté de neuf autres Prélats et de quatre Curés de Paris, qui s'étaient prêtés aux désirs du Roi, malgré les défenses du Légat.

Cet événement, qui eut pour témoins la moitié des habitans de Paris, fit la plus vive impression sur les Etats. Le Duc de Mayenne, s'en apercevant, les ajourna au mois d'octobre, et conclut avec le Roi une trêve de trois mois pour tout le Royaume. Elle fut publiée à Auxerre le premier août; mais elle y fut mal observée par l'armée royale du Maréchal de Biron ; qui, composée de 6 à 7,000 hommes, manquait probablement de solde et de vivres, et parcourait la province pour subsister. Elle vint, dans les premiers jours de septembre, du côté du Gâtinais ; et parvenue à Villemer et Bassou, elle fit, sur les pays de l'Auxerrois, un rôle de contributions, proportionnées à leur population. Les villages étaient cotisés à 200 écus; plusieurs à 300, 400, et même à 600. Auxerre y était porté pour 8,000. Il fallait ou payer, ou supporter le pillage, ou se défendre. C'est à ce dernier parti que s'arrêtèrent les Auxerrois. Biron n'osa pas faire le siége de la ville ; c'eût été une infraction trop marquée à la trève ; et l'on échappa encore à ce danger. Mais tous les villages environnans eurent infiniment à souffrir. L'armée de Biron, après avoir désolé ceux situés sur la gauche de l'Yonne, passa cette rivière à Bonnard, et parcourut toute la rive droite jusqu'aux portes d'Auxerre. On y eut le chagrin d'apprendre qu'un des Capitaines du détachement qui pilla Augy et le Petit-Vaux, était de Montalan, Auxerrois; qui, au mois d'août 1592, avait quitté la Ligue pour passer dans le parti du Roi, en lui livrant Toucy, dont il était Gouverneur. Ces maux ne cessèrent qu'au départ de l'armée de Biron, qui quitta le Mont-Saint-Sulpice le 2 octobre.

La ville put, dès-lors, se débarrasser d'une multitude de paysans, qui étaient venus s'y réfugier avec leurs meubles et leurs bestiaux; et qui s'empressèrent d'aller ramasser dans leurs vignes ce que l'ennemi y avait laissé. Avant l'expiration de la trève, elle fut renouvelée pour le reste de l'année; et cette fois, les habitans jouirent des avantages d'une sécurité parfaite. Le commerce y reprit son activité, au point que, des marchands y arrivant en foule pour y acheter des vins, le prix s'en éleva jusqu'à huit écus par muid : ce qui était alors très-considérable.

Sur la fin de la trève, les transes recommencèrent, avec d'autant plus de force que le corps municipal était désorganisé. L'époque de son renouvellement étant arrivée dans le mois de septembre précédent, le sieur de Villiers, alors Bailli, avait convoqué, le 26, une assemblée générale des habitans. Mais à Auxerre, comme à Paris, la division des chefs de l'Union dessillait les yeux des hommes de bonne foi. Depuis, surtout, l'abjuration du Roi, il était manifeste que la religion n'était plus qu'un prétexte; qu'en persistant à méconnaître le souverain légitime, on ne faisait que servir des ambitieux, et peut-être livrer la France à l'Espagne. Une révolution salutaire était donc déjà faite dans les esprits, et elle se manifesta dans cette assemblée. Henri Leclerc, Lieutenant-général, dont l'opinion royaliste était très-connue, obtint la majorité des suffrages pour la Mairie, et l'emporta sur Gilles Thierriat, Prévôt. Le Clergé qui, jusqu'alors et depuis les troubles religieux, dominait dans les élections, ne parvint à aucun emploi. Celui de Gouverneur de la Communauté fut donné à Claude Simonet, Contrôleur; les trois Echevins furent François Légeron, Conseiller, Nicolas Duval, Avocat, et Hugues Disson, marchand. Toutefois, les Ligueurs obstinés ne se découragèrent pas; dans la lutte des partis, l'audace n'est pas toujours pour le plus nombreux, mais souvent pour celui qui compte sur l'appui de l'autorité supérieure. L'Avocat Tribolé, qu'on a vu, en 1587, un des premiers propagateurs de la Ligue, et tous ceux qui persévéraient dans son parti, s'opposèrent à cette élection. Le Bailli, créature du Duc de Mayenne, les seconda, en déclarant qu'à coup sûr, cette élection ne serait pas approuvée par le Lieutenant-général du Royaume. Il fut donc décidé qu'attendu cette opposition, le Maire précédent, Guillaume Berault, continuerait ses fonctions, jusqu'à ce que le Gouvernement eût statué sur cette difficulté.

Henri Leclerc, et tous ceux qui faisaient des vœux pour le retour de l'ordre, ne pouvant pas empêcher cette mesure, voulurent, au moins, prévenir les fausses directions que certains Ligueurs incorrigibles pourraient donner au gouvernement de la ville, dans les circonstances périlleuses où l'on se trouvait. Pour cela ils usèrent du droit qu'avait le Bailliage, Tribunal supérieur de la Mairie, de faire un règlement de haute police. En conséquence, l'Avocat et le Procureur du Roi, dans une requête présentée à Henri Leclerc lui-même, comme Lieutenant-général, demandèrent qu'il fût fait défense à tous gens de guerre de sortir de la ville, sans les ordres de leurs Capitaines; et à ces derniers de faire aucune entreprise sans une autorisation spéciale. Une ordonnance conforme à ce réquisitoire, qui fut rendue le 31 décembre, publiée et affichée, maintint la tranquillité, à la satisfaction de la plus grande partie des habitans.

Il était, d'ailleurs, évident pour tous que le dénouement approchait; que la France ne pouvait pas plus long-temps supporter une guerre intestine qui la déchirait depuis 34 années, et qu'il fallait qu'un des deux partis mit bas les armes, ou qu'il fût écrasé ; il ne l'était pas moins que ce dernier rôle était celui que les événemens préparaient à la Ligue. Chaque jour apportait la nouvelle de villes qui s'étaient soumises au Roi, ou que ses troupes avaient réduites. Il en était de même autour d'Auxerre. Le 14 janvier, Coulange-la-Vineuse fut reprise par les Royalistes ; Villeneuve-le-Roi le fut le 29; Gy-l'Evêque, le 26 février. Dans la ville, on ne parlait que des pillages et des meurtres dont ces siéges étaient l'occasion. En même temps, on vantait la bonté et la clémence du Roi; à ces récits, le peuple disait hautement qu'il ne voulait plus de guerre; qu'il fallait ouvrir les portes aux Royalistes, pour éviter leurs violences. L'effroi de la ville devint si grand, après l'arrivée de l'armée du Roi sous les murs de Sens, le 28 février, que toute la milice, depuis ce moment, resta sous les armes; qu'on portait aux habitans armés des alimens à leur poste, sans qu'ils pussent le quitter une seule minute; et que, toutes les nuits, les maisons étaient éclairées par des lanternes.

Cependant le jeune Duc de Guise vint encore, le 3 mars, à Auxerre, encourager les Ligueurs à la résistance, quoiqu'il fût déjà, ainsi que son oncle le Duc de Mayenne, en négociation secrète avec le Roi,

1594

pour se remettre sous son obéissance ; et c'était pour obtenir de meilleures conditions, que ces Princes faisaient ainsi persévérer dans la révolte les villes qui les avaient trop aveuglément servis ; dussent-elles être mises à feu et à sang, avant la fin de leur négociation! Leçon remarquable pour ceux qui s'impliquent dans les querelles des grands! La présence du Duc rendit, en effet, les Ligueurs opiniâtres, et intimida les Royalistes. On lui soumit le différend survenu sur l'élection du Maire ; il l'annula et fit convoquer une assemblée générale des habitans pour être tenue en sa présence et celle du Président de Mézengarbe, qui l'accompagnait dans son voyage. Elle eut le résultat qu'il désirait : ce ne fut pas même le concurrent d'Henri Leclerc qui fut nommé, mais l'Avocat Tribolé. Le Duc de Guise voulut aussi connaître ceux des habitans qui s'étaient le plus prononcés pour la cause du Roi ; et on lui signala Fernier, Conseiller ; Préaudeau, Avocat ; Etienne Beaujeard, Procureur, et Daubuz Greffier du Prévôt des Maréchaux. Le Duc leur fit signifier par un huissier qu'il ne leur donnait que trois heures pour sortir de la ville. Par ces mesures, il ne fit que retarder la catastrophe de quelques jours.

Dans la journée même, on apprit que, le matin, Brienon avait capitulé, et que Joigny était investi. Peu de jours après, de Montalan s'empara de Champs par escalade ; et le Capitaine Tannerre y vendit, à vil prix, tous les vins des habitans à des marchands de Paris. Enfin, sous les murs de la ville, des vignerons, qui s'étaient hazardés à aller travailler dans les vignes, avaient été faits prisonniers. Alors, de toutes parts, des murmures éclatèrent contre l'obstination du corps municipal. Dans la chambre du conseil du Tribunal, le Lieutenant-général, en présence du Président de Mézengarbe, qui était resté à Auxerre, déclara hautement qu'il tenait le parti du Roi ; qu'on devait s'empresser de reconnaître un Prince assez généreux pour avoir, par un édit solennel, accordé une amnistie générale à tous ceux qui, dans le mois, feraient leur soumission ; et à la même condition confirmé dans les charges et les emplois ceux qui les possédaient ; qu'enfin on devait d'autant moins hésiter, que ce même édit déclarait rebelles, avec confiscation de leurs charges, tous ceux qui, après ce délai, persisteraient dans leur désobéissance. Aussitôt plusieurs Conseillers déclarèrent partager, sans réserve, les sentimens du Lieutenant-général.

Au bruit de cette scène, qui, sur-le-champ, se répandit dans toute la ville, la population entière fut en mouvement, et courut aux armes ; chacun des deux partis craignant d'être attaqué par l'autre. Les Ligueurs, surtout, furent dans de vives inquiétudes : on savait que de nombreux détachemens de Royalistes se tenaient dans les environs, vers Vaux et Saint-Georges ; sur le Midi, le Guéteur annonça l'approche de la compagnie de Tannerre, du côté de la porte du Pont. Le Maire Tribolé se hâta de faire fermer toutes les portes ; le Bailli, à la tête de cent arquebusiers, parcourut la ville ; et le calme se rétablit. Alors le Lieutenant-général fut mandé à l'hôtel de ville, pour s'expliquer sur ce qu'il avait dit, le matin, dans la chambre du Conseil du tribunal. Il le répéta avec fermeté. Le Maire lui conseilla de quitter la ville ; ce qu'il fit à l'instant, avec un Conseiller nommé Charles, et Bachelet, marchand; tous trois munis de passe-ports délivrés par le Bailli. Dès le lendemain, leur exemple fut suivi par Germain Leclerc, Lieutenant criminel ; un autre Leclerc, son frère; Etienne Sotiveau, Avocat; le Lieutenant de la Prévôté; Vincent, Président de l'Election ; Torinon, Juge du même siège; Daubuz, Enquêteur, et Claude Leclerc, Procureur du fait commun. Ils se retirèrent dans le château de Beauches, appartenant à Vincent.

Enfin, l'on fut informé que le Roi avait été sacré à Chartres, le 27 février; que, depuis le 22 mars, il était maître de Paris; et que, le 26, Joigny, après trois semaines de siège, et la vaine attente d'un secours promis par le Duc de Guise, avait été obligé de se rendre au Maréchal de Biron. Le Maire Tribolé et ses partisans reconnurent combien ils avaient été dupes en se confiant aux promesses mensongères du Duc de Guise; et se virent contraints de céder à la volonté générale, exprimée vivement, surtout par les vignerons, qui ne pouvaient pas sortir de la ville pour la taille des vignes, dont la saison était très-avancée. Le Maire tint donc, le premier avril, une assemblée des habitans; mais il parvint à ce qu'il ne fût demandé à l'armée des Royalistes qu'une trêve, pour avoir le temps de consulter le Duc de Mayenne. Les sieurs Berault, ancien Maire, et Féroul, Procureur du Roi, furent envoyés au Capitaine Tannerre, qui occupait le faubourg Saint-Gervais. Il accorda la trève et demanda à conférer avec le Maire. L'adroit Tribolé jugea prudemment qu'il fallait savoir plier à propos, et changer d'attitude et de ton, suivant les circonstances. Non-seulement il se rendit à la conférence, qui se tint dans la maison du sieur François Thierriat, dès le lendemain; mais il se fit accompagner d'un présent, consistant en vins choisis dans les meilleurs du pays, qu'il offrit au Capitaine. Celui-ci reçut très-gracieusement le Maire et son présent, promettant en échange, suivant l'usage, les bontés de son maître. Probablement, la soumission de la ville fut arrêtée entre eux; et il se fit dans Tribolé, une de ces conversions subites, ou un de ces travestissemens commodes, si communs dans toutes les révolutions; car de retour à la ville, il cessa de comprimer l'élan de l'opinion; et ne parla plus de consulter le Duc de Mayenne.

1594

Craignant, au contraire, que de nouveaux délais n'amenassent de fâcheux événemens, et sachant que le Bailli faisait travailler à des machines de guerre, tandis qu'à Beauches les Royalistes préparaient des échelles, il assembla de nouveau les habitans le 7. Il proposa, lui-même, d'envoyer au Roi une députation chargée de faire la soumission de la ville, et d'obtenir de sa clémence, s'il était possible, les dispositions contenues dans divers articles dont il donna lecture. Il n'y eut qu'une voix pour accueillir sa proposition. Les Députés furent Renaut Martin, Archidiacre; Jean Naudet, Avocat du Roi, rédacteur des articles; Jean Girard, Conseiller, et Jean Leprince, Bourgeois. Ces députés partirent sur-le-champ; et admis à l'audience du Roi, éprouvèrent tout ce qu'on publiait de l'amabilité de son esprit et de la bonté de son cœur. Aucune de leurs demandes ne fut refusée.

L'Edit particulier qu'il rendit à ce sujet, en contient les détails. Les principales dispositions sont : l'exercice de la seule religion catholique dans Auxerre et ses faubourgs;

La défense de molester les ecclésiastiques dans leurs personnes, comme dans leurs biens;

L'abolition de toute recherche pour ce qui s'était fait depuis le commencement des troubles;

La remise de toutes contributions et redevances pour le passé, jusqu'au 31 décembre 1593;

La confirmation dans leurs emplois de tous ceux qui les avaient obtenus du Duc de Mayenne;

Le rétablissement des habitans dans leurs priviléges, droits et libertés;

Le retour dans la ville du Présidial, et de toutes les anciennes juridictions transférées ailleurs.

Le jour même de l'assemblée dans laquelle les habitans avaient résolu de rentrer sous l'autorité royale, le Bailli de Villiers, qui, par son refus de s'y trouver, avait manifesté qu'il restait l'ennemi du Roi, fut invité à se retirer ailleurs avec sa compagnie d'arquebusiers. Il ne fit pas de difficultés; mais ce fut avec l'intention de faire au pays tout le mal dont les conjonctures lui fournissaient l'occasion. Les vins de la dernière récolte étaient vendus, sans qu'on pût les conduire à Paris et dans la Normandie qui les attendaient; le siége de Paris y ayant mis un obstacle invincible. La rentrée du Roi dans sa Capitale et la réduction des villes intermédiaires ouvraient au commerce toutes les communications; et l'on préparait avec empressement à Auxerre un convoi de 12 à 14,000 feuillettes de vin. De Villiers s'empressa donc de sortir de la ville, et d'aller occuper le château de Régennes ; d'où il fit aussitôt publier qu'il ne laisserait pas passer une seule feuillette de vin, sans qu'il lui fût payé un écu à raison de chaque muid. On retarda le départ des vins, et l'on informa le Roi de ces nouvelles hostilités.

Dans le même temps, les habitans échappèrent à un mal encore plus grand. Le Vicomte de Tavannes et le Baron de Viteaux, qui commandaient en Bourgogne pour le Duc de Mayenne, se présentèrent à la porte du pont, avec trois escadrons de cavalerie et une multitude de gens de pied. Par le refus qu'on fit de les recevoir, ils apprirent que, désormais, la ville était au Roi ; ils furent contraints de se loger à Augy, qu'ils dévastèrent, puis de retourner en Bourgogne. On apprit, peu de temps après, par leur conduite à Avallon, le sort qu'aurait eu Auxerre, sans la résistance qu'on leur opposa. Quoique cette ville tînt encore comme eux, pour le Duc de Mayenne, les habitans, ayant eu l'imprudence de les accueillir, en éprouvèrent toute sorte de mauvais traitemens, et finirent par être pillés. Ces troupes mal payées, qui voyaient arriver la chute du parti qu'elles servaient, se hâtaient de butiner sur leurs amis, ne pouvant plus atteindre leurs ennemis.

Dès le 12 avril, cinq jours seulement après l'abolition de la Ligue dans Auxerre, Henri Leclerc, Etienne Sotiveau, et les autres Royalistes qui s'étaient expatriés le mois précédent, rentrèrent dans la ville,

1594

ayant leurs chapeaux ornés de rubans blancs, signe de leur dévouement à Henri IV. A l'allégresse qu'ils manifestaient, ceux des habitans dont le cœur était encore Ligueur, craignirent une réaction. Les Royalistes bornèrent leur triomphe à demander malignement un *Te Deum* aux Chanoines, qu'ils savaient très-mécontens du nouvel ordre de choses. Ceux-ci n'osèrent pas répondre par un refus absolu; mais, au lieu du cantique d'actions de grâces, ils ordonnèrent des prières pour la conversion du Roi, les indiquèrent au 19; et très-peu d'entre eux y assistèrent.

Quant au sieur de Villiers, il restait à Régennes, attendant le convoi des vins et le profit qu'il s'en était promis. Mais les plaintes des Auxerrois étaient parvenues au Roi; et sur-le-champ, après l'avoir remplacé comme Bailli d'Auxerre, par le sieur de Tannerre, il avait donné ordre au Maréchal de Biron de se rendre, de suite, à Régennes avec son armée ; et en cas de résistance, de punir de mort le sieur de Villiers. Heureusement pour ce dernier, le sieur de Tannerre le décida dans une entrevue, et moyennant une légère indemnité, à sortir de la place, le 30 avril ; car, le 2 mai, Biron avec 2,000 hommes de cavalerie et 12,000 d'infanterie, arriva devant Régennes. Il ordonna la démolition de cette forteresse ; qui, occupée par un auxiliaire, était d'un faible secours pour Auxerre, et lui était infiniment nuisible, dès qu'un ennemi s'en emparait, puisqu'aussitôt, ses communications avec Paris et sa navigation étaient paralysées. Le même jour, le Maréchal se rendit à Auxerre; et le lendemain, son armée se porta sur

Coulange, où le sieur de Lure voulut un instant faire bonne contenance; mais avant la fin du jour il se soumit; et de ce moment, la paix, bannie depuis si long-temps de l'Auxerrois, revint y répandre ses bienfaits, même sur ceux qui ne l'accueillirent qu'avec des murmures.

Le sieur de Givry, qui était dans l'armée du Maréchal, avait été chargé par le Roi de recevoir le serment de fidélité des habitans. Le 6 mai, il fut conduit à la Cathédrale par tous les Magistrats en robe, puis au Palais, où il reçut le serment du Maire et des Echevins, ainsi que de tous les membres du Bailliage. Il délégua ensuite le Doyen de la Cathédrale pour recevoir celui du Clergé. La même mission fut donnée aux Conseillers du Bailliage à l'égard des habitans; ce qui eut lieu dans chacune des Eglises paroissiales. Les affiliations à la Ligue ayant été données par écrit, on crut convenable d'ajouter au serment une rétractation écrite, et de jeter au feu le registre de cette funeste association. Enfin, le 13 mai, l'édit du Roi sur l'abolition de la Ligue à Auxerre, qui avait été enregistré au Parlement le 22 avril, à la chambre des Comptes le 30, et à la cour des Aides le 4 mai, fut imprimé, affiché et publié à son de trompe le 13, dans tous les carrefours de la ville.

1594

Il y eut cependant encore des dissidens et quelques désordres : ainsi, quand il fallut dans les Eglises reprendre l'usage de prier pour le Roi, le Prieur de Saint-Père fit prier pour tous les Rois de la terre ; celui des Jacobins, avec son Sous-prieur et un religieux, aimèrent mieux quitter la ville que de prier pour aucun. Jean Papon, Lieutenant des Maréchaux, fut publiquement réprimandé pour avoir tenu des propos menaçans. Le Capitaine de la milice Bourgeoise de Notre-Dame-la-d'hors, convaincu de nouvelles menées avec le sieur de Lure, fut arrêté et banni de la ville pour six mois. Enfin le sieur de Tannerre, nouveau Bailli, fut assassiné; sans qu'on ait pu découvrir l'auteur de ce crime.

Le premier octobre, suivant l'usage, les habitans se réunirent en assemblée générale pour élire les nouveaux Magistrats de la communauté, à la place de ceux dont le temps était expiré. Il paraît qu'ils n'eurent aucun égard à l'élection du sieur Tribolé, qui était effectivement vicieuse pour avoir été contrainte par la présence du Duc de Guise, et faite au mépris de celle du sieur Henri Leclerc, que le Duc avait, arbitrairement et sans pouvoir, annulée. Ce qui est certain, c'est que, si la nomination du sieur Tribolé eût été régulière, il n'aurait pas pu être remplacé avant les élections de 1595; et qu'après six mois seulement de fonctions, on lui donna pour successeur, Germain Delié, Conseiller au Bailliage.

1595. L'ordre commençant à renaître, il y eut à Auxerre, au mois de janvier 1595, une assemblée de tout le Clergé du diocèse, présidée par Jean Lourdereaux, Abbé de Saint-Marien. L'objet de cette réunion était d'élire un député à l'assemblée provinciale de Sens, et de prendre, pour le diocèse, les mesures que réclamaient les circonstances. La députation fut déférée à l'Abbé de Saint-Marien, un des hommes les plus

remarquables de son temps ; et à Sens , il fut choisi
pour faire partie de l'assemblée du Clergé de France,
convoquée à Paris.

1596

Au printemps de l'année suivante, les Etats de
Bourgogne furent assemblés à Dijon, et la ville
y eut pour députés les sieurs Hay, Avocat du
Roi, et Jean Pommier, Echevin. On ne tarda
pas non plus à reprendre ces exercices amusans, qui
n'ont de prix que quand rien ne fait entrevoir le
terme de la paix dont on jouit. On voit, dans une délibération des Maire et Echevins du 16 octobre de la
même année, que, depuis treize ans, ils avaient
cessé de payer les dix livres que la ville était dans
l'usage de donner annuellement à la *compagnie du
noble jeu de l'arbalête;* que cette année Pierre Vatard,
imprimeur et membre de cette compagnie, avait, pour
la troisième fois, abattu l'oiseau ; que, sur sa demande, on arrêta qu'il jouirait de l'exemption de taille
et gabelle à laquelle il avait droit ; comme aussi que
les treize années dues à sa compagnie seraient payées,
et qu'à l'avenir elle recevrait l'encouragement accoutumé.

Cette tendance des esprits à revenir aux récréations
des temps de félicité publique, ne fit pas oublier les
précautions nécessaires contre le retour des discordes
civiles; et l'on s'occupa de réparer avec soin les dégradations qu'avaient éprouvées les fortifications dans
les dernières guerres. Mais le Roi ne voulut pas qu'il
en coûtât rien aux habitans ; et par une ordonnance
du 16 juillet, il appliqua à cette dépense l'addition
d'un denier parisis sur les droits d'entrée par la fron-

tière de la Picardie. Il accueillit aussi la réclamation que fit le Chapitre de Saint-Etienne contre l'économat établi sur les revenus de l'Evêché, depuis la mort de l'Evêque Amyot, au préjudice de l'exemption du droit de régale dont jouissait l'Eglise d'Auxerre, depuis le XIIIe siècle. Par une ordonnance du mois de mai, il révoqua celle qui avait ordonné l'économat, comme lui ayant été surprise dans le moment des troubles.

1597

En 1597, les habitans, trouvant l'occasion de lui témoigner leur reconnaissance de ces actes de justice et de bonté, la saisirent avec un empressement qui flatta ce Prince. Amiens était tombé au pouvoir des Espagnols. L'honneur et la sûreté du Royaume commandaient de le reprendre; mais le siége d'une ville aussi forte exigeait des dépenses considérables, et le Roi désirait ne pas augmenter les impôts. Toutes les villes importantes ayant été invitées à une contribution volontaire, celle d'Auxerre s'imposa 3000 écus, pour la nourriture de cent hommes, pendant six mois. On se hâta même de faire le tiers de cette somme, et de l'envoyer au Roi par deux députés, Laurent Chrétien et Etienne Regnaut, Trésorier de l'extraordinaire des guerres. Amiens ayant été repris avant les six mois, les deux tiers restans ne furent pas réclamés; et par des lettres patentes du 20 novembre 1601, le Roi dispensa les habitans de les payer, en motivant cette remise sur l'empressement qu'ils avaient mis à répondre à ses désirs, et à payer le premier tiers de leur soumission.

TABLE DES MATIÈRES DU PREMIER VOLUME.

PAGES.

Aaron, évêque	88
Abbé des fous	300
Abbon, évêque	95
Acco, Sénonais	17 18
Adélaïs, comtesse d'Auxerre	93
Ægidius, général romain	63
Affranchissement des Auxerrois	163, 179, 180, 196
Agens municipaux	180
Agnès, comtesse d'Auxerre	160, 163
Agriculture dans la Celtique	9
Aidulfe, évêque	84
Airy (Concile à)	113
Aisant, prévôt	204
Alain, évêque	137, 150

Alban (Basilique de Saint) 56
Albigeois dans l'Auxerrois 159
Alésia (siège d'). 24
Alode , évêque 65
Amatre (Saint) évêque. 45
Amyot, évêque. . . . . 345 , 351
Andelot (d') à Auxerre 315
Angelesme , évêque. 88
Anglais maîtres d'Auxerre. 221
Annay-la-Côte brûlé par les Ligueurs d'Auxerre. 369
Anne de Beaujeu 285
Apollon , son temple , *introd*. . . . . xxij
Appoigny. 220
Arbalétriers. . . . . 240 , 248 , 391
Armagnacs 248
Armorique 46
Artillerie. 341
Assemblée des Princes à Auxerre . . . . 250 , 260
Assemblée du Comté. . . . . 267 , 294
Attila. 60
Audouin Albert , évêque. 214
Auguste (l'Empereur) dans les Gaules 29
Aunaire , évêque 75
Autun , grandes écoles 31
Auxerre Celtique , *introd*. . . . . vij , xlvj
   —   Chef-lieu d'un peuple , *introd*. . . . . . xiij
   —   actuel 149
   —   pris par les Anglais 221
   —   pris par les Huguenots 320
Aymeric Guenaud , évêque 214

Bagaudes, ... 41
Bailliage royal, ... 234 , 281 , 287 , 294

Bar (chasse dans la forêt du)................	217
Beauches (château de)........... 277, 384,	385
Beaujardin............... 365,	367
Béguines à l'Hôtel-Dieu..............	284
Bénédictins, V. Saint Germain.	
Bénédictines.....................	375
Bernard (Saint)........ 129, 133,	136
Bernard de Sully, évêque....... 188,	190
Bernardines................. 186.	220
Bernard Lebrun, évêque...............	214
Bertin, prêtre, condamné au feu.......	299
Bethlehem (Evêché de).............	151
Beuves, comte d'Auxerre...............	97
Blanche, (la Reine) à Auxerre...........	192
Blois (Etats de)...............	355
Boiens, introd.................	xlix
Bourdaisière (cardinal de la) évêque......	310
Bouvines (bataille de)...............	799
Bris (Saint) brûlé.................	117
— les autorités d'Auxerre s'y retirent... 291,	293
Brusquet, capitaine, v. Creux.	
Cabochiens à Paris................	253
Calixte II, Pape, à Auxerre............	131
Calvin.......................	291
Caputiers à Gy-l'Evêque.............	160
Cathédrale, sa construction............	45
— son agrandissement.........	78
— sa première reconstruction.....	97
— sa deuxième reconstruction.....	114
— sa troisième reconstruction.....	181
— sa profanation.............	185
Cavarin, Roi des Sénonais............	16

Celtes	4
Censoire, évêque	63
César (J.)	14
Changemens dans l'emplacement et le nom d'Auxerre	xxi 30
Chanoines réguliers.	127
Charlemagne	87, 103
Charles-le-Chauve	93
Charles-le-Mauvais	219
Charles-le-Téméraire	273, 279
Charles Régent	219
— Roi, vient à Auxerre	237
Charles VI	246
— à Auxerre	249, 250
— sa mort	255
Charles VII, campe devant Auxerre	258
Charles VIII	285, 291
Charles IX, à Auxerre	314
— sa mort	347
Charles X, roi de la Ligue	371, 376
Chastellux,	256
Chaussées (grandes-)	343, 348
Chesnés (combat des)	98
Chevannes, prêche des Huguenots	304
Chevrier, clerc, sa mort vengée	195
Christianisme dans l'Auxerrois	38
Cimbres	4, 7
Cité, sa construction, *introd*	ix, xxiij
Claude, Empereur, dans les Gaules	34
Clément, évêque	81
Clotilde, (la Reine) à Auxerre	71
Clovis	64
Cloître du chapitre	203, 204, 217

Cluny (abbé de) . . . . 121 , 141
Côme (Saint) . . . . 53 , 63 , 220
Comté d'Auxerre, sa création 87
— son démembrement 202
— engagé au Duc de Bourgogne . . . 257
— cédé en propriété . . . . . 261 , 272
— repris par Louis XI 280
— donné à Engilbert de Clèves . . . 287
— assignat de la dot de la Reine Eléonore d'Autriche. 296
Condé (Prince de) à Auxerre. 326
Connétable à Auxerre 224
Conrad I, comte d'Auxerre 93
Conrad II, comte d'Auxerre. 95
Consuls (Juges) 311
Cordeliers , ... 187 , 257
Coulange-la-Vineuse . . . . . 327 , 328 , 366
Courson (Pierre de) vicomte d'Auxerre 167
Coutume d'Auxerre . . . . 293 , 312
Cravan. . . . . 255 , 311 , 326
Creux (Jacques) . . . . 308 , 330 , 339 , 346
Croisades . . . . 122 . 125 , 133 , 161
Cyr (Saint-) 309

Démocratie au xive siècle 237, 239
Didier, évêque. 77
Divolé (le P.) 323
Doctroald , évêque 76
Domination romaine. 26
Drames au xve siècle . . . . 265 , 300
Druidisme . . . . . . 6, 8 , 31 , 34 , 37

Ecoles de Saint-Germain . . . . 93 , 296

Ecoles (grandes-). 296
Edouard III, Roi d'Angleterre 219
Edme (Saint). 192, 283
Eglise Saint-Etienne, V. Cathédrale.
Eglise Saint-Eusèbe. . . . , ... 240, 295
Eglise Saint-Germain , 71, 93, 200, 201, 325
Eglise Saint-Julien. . . . , ... 374, 375
Eglise Saint-Marien . . . . , . . . 325
Eglise Saint-Regnobert . . . . . . , . . . , 179
Elade, évêque . . . , ... 43
Eléonore d'Autriche. . . . . . . , . . , . 296
Eleuthère, évêque 76
Elus municipaux . . . . . . , . : 235
Enceinte actuelle de la ville 149, 163
Engilbert de Clèves, comte d'Auxerre. . . . 287
Enguerrand Signard, évêque 282
Erard de Lésignes, évêque. 200, 204
Erpon, gouverneur, . . . , ... 74
Etang, Saint Vigile, *introd*. . , ... xxvij
Etat des personnes au xiie siècle, 148, au xiiie. 169
Etats de Tours (députés aux). 235
Etienne de Mailly, avocat. 241
Eudes, comte d'Auxerre. 197, 199
Eugène III, Pape, à Auxerre 135
Eusèbe (monastère de Saint-). . . . 79, 127
Evêques, leurs pouvoirs sous Théodose . . . 67
Exactions du comte réprimées par le Roi. . . 210
Excommunication de Pierre de Courtenay . . 166
Excommunication salutaire aux Auxerrois. . . 154

Famine. . . . , ... 114, 158, 190
Fargeau (Saint-) assiégé par les Auxerrois. . 249
Ferric Cassinel, évêque. 240, 245

TABLE.

Florus de Trèves. 32
Foire de Saint-Martin 236
Fontaine à Auxerre au xiie siècle 152
— au xve siècle. 289
Fontenoy (bataille de). 89
Fortifications. 223, 224, 225, 294
Foucaut, évêque 81
François de Dinteville. 298. 301
François Ier à Auxerre. 296
Francs-Ripuaires 86
Francs-Saliens , ... 68
Fraterne, évêque. 60

Garantie des traités au xie siècle, 113, au xiie,
  105 , 147
Gaudry, évêque. 99, 100
Gaule Celtique 4
Gelée générale 132
Geneviève (source de Sainte-) 289
Geoffroy de Champalement, évêque 116
Géran, évêque. 97, 99
Germain (Saint), évêque 48
Germain (religieux de Saint). . 107, 120, 374
Gien (Ligueurs de) à Auxerre. 268
Gillo, prieur de l'abbaye de Vézelay 145
Girbold, comte d'Auxerre 96
Grandes-charités ou Maison-Dieu 284
Grandes chaussées. 343, 348
Grandes-écoles. 296
Grandes-fontaines. 289
Grégoire, évêque 75
Grimoard (Urbain V.) abbé de Saint-Germain.. 215
— généreux envers Auxerre. . . 230

Grottes de Saint-Germain. 93
Guerre du bien public 270
Guillaume Ier, comte d'Auxerre . . . 116, 119
Guillaume II, comte d'Auxerre. . 124, 130, 133
Guillaume III, comte d'Auxerre. . 135, 141, 150
Guillaume IV, comte d'Auxerre. 142
Guillaume V, comte d'Auxerre. . . . 205, 209
Guillaume des Grés, évêque. 205
Guillaume d'Etouteville, évêque . . . 236, 240.
Guillaume de Seignelay, évêque . . . 176, 184
Guillaume de Toucy, évêque. . . . 151, 158
Guise (Duc de) à Auxerre 153
Guise (Duc de) fils à Auxerre 381
Guy, comte d'Auxerre 151, 156, 157
Guy, évêque 100, 101
Guy de Forez, comte d'Auxerre. . . 186, 189
Guy de Mello, évêque. . . . 191, 199, 200

Haymar, évêque ., ... 84
Heldric, abbé de Saint-Germain. 107
Henri, comte d'Auxerre 102
Henri d'Angleterre 255, 257
Henri de Villeneuve, évêque . . . 184, 188
Henri III. 355, 369
Héribalde, évêque 89, 92, 95
Héribert, évêque 103, 108
Héribert, évêque. 115
Hérifild, évêque. 96, 97
Hermenold, comte d'Auxerre 87
Hervé, comte d'Auxerre. 184
Hommage du comte à l'évêque 212

Hommes libres au XIIIe siècle 170
Hôpital Saint-Roch 350
Horloge. 248, 256, 266, 286
Hôtel de ville. 264
Hôtel-Dieu 284
Huguenots. . 302, 308, 313, 314, 318, 317, 318
Hugues Capet 105, 106
Hugues, comte de Chalon, évêque. 109
Hugues de Mâcon, évêque. 132
Hugues de Montaigu, abbé de Saint-Germain. . 122
— évêque. 129
Hugues de Noyers, évêque. 159, 176
Hugues-l'Abbé, comte d'Auxerre 96
Hugue-le-Blanc, comte d'Auxerre 100
Hugues-le-Noir, comte d'Auxerre . . . 100, 101
Humbaut, évêque 119

Ide, comtesse d'Auxerre. 131
Incendies. 117, 151, 181
Innocent II, Pape, à Auxerre. 131
Irancy pris par les Huguenots 327
Ithier de Jarousse, évêque. 226, 227

Jacobins 190, 368
Jacques Amyot, évêque. . . . 345, 357, 376
Jean, évêque 108
Jean Baillet, évêque 283, 292
Jean Ier, comte d'Auxerre 201, 210
Jean II 210, 216
Jean III 219, 228

Jean IV . . . . 228 , 229
Jean d'Auxois, évêque , . , . . . 215 , 226
Jean de Blangy , évêque. 214
Jean de Bourgogne , comte d'Auxerre. . 267 , 271
Jean de Corbie, évêque 257
Jean de Joceval , abbé de Saint-Germain . . . 200
Jean Germain , évêque 227
Jean-sans-Peur . . . . . . 246 , 248 , 254
Julien (Saint-) monastère 220, 375
Jurés . . . . . 180 , 186 , 211 , 217, 235

Kanole , capitaine Anglais 223

Laborde , 316 , 320 , 324 , 325 , 327. 337
Laindar, machine à tirer les bateaux 177
Landri , comte d'Auxerre . . . . . 110 , 113
Laurent Pinon, évêque. . . . . . . 161 , 267
Leclerc (Henri) . . . 379 , 380 , 383 , 387
Ligue (la) . . . . 348 , 351 , 354
Louis d'Outremer 101
Louis VII . . . . 139. 147 , 153
Louis IX . . . . 192 , 199 , 200
Louis XI. . 269, 271, 275, 280, 283 , 285
Louis XII . . . . 285 , 291 , 229
Louis d'Auxerre. 228
Lothaire , abbé de Saint-Germain 95
Luther 297

Mairie 304
Maladies contagieuses. . 244 , 252, 274, 283, 290
291, 293, 342, 350

Marcellien (Saint) évêque	43
Marien (Saint). 63, 131, 138, 151, 220,	325
Mathilde, comtesse d'Auxerre. 158, 185, 190,	196
Mathilde de Bourbon, comtesse d'Auxerre. . .	197
Maurin, évêque.	87
Mayenne, (Duc de). . . . , ...	351
Mayeul (Saint) réforme les Religieux de Saint-Germain	107
Meaux (Etats généraux de)	376
Mello (Guillaume de) abbé de Vézelay. . . .	142
Michel de Creney, évêque . . . , . 245,	252
Millaux (Louis de) Bailli. 317,	318
Mœurs et habitudes, . , 4, 6, 65, 69, 76,	218
Monnaie d'Auxerre . . , , , 187, 197,	254
Montpérou, gouverneur, , ... 328,	334
Mummolus, comte d'Auxerre , . . , , , .	73

Navigation de l'Yonne et de ses affluens. x, 7, 193,	344
Nicoles d'Arcies, évêque . . . . . , . . .	236
Normands 96, 97,	98

Optat, évêque . . . . ,	75
Oratoires de la Ligue	358
Othon, comte d'Auxerre	102

Paix avec les Huguenots. 302, 306, 310, 328,	345
Paix d'Arras	261
Paix d'Auxerre	250
Paix de Conflans	272

Paix de Péronne 274
Pallade, évêque. 78
Passu (Nicolas de) Bailli d'Auxerre, puni par
    le Parlement 240
Pélerin (Saint) 39
Péonius, premier comte d'Auxerre 73
Père (Saint) . . . . xxv, xxvij, 127
Peste. . . 274, 283, 290, 291, 293, 342, 350
Philippe-Auguste, à Auxerre 158
Philippe des Essarts, évêque. . . . 252, 257
Philippe de Lénoncourt, évêque 301
Pierre Aymon, évêque 227
Pierre de Belle-perche, évêque. 208
Pierre de Courtenay, comte d'Auxerre. 260, 175, 181
Pierre de Cros, évêque. 214
Pierre des Grés, évêque 209, 213
Pierre de Longueil, évêque . . 267, 268, 282
Pierre de Mornay, évêque 205
Pierre de Mortemar, évêque. . . . 213, 214
Pierre de Vilaines, évêque. 214
Piliers de la place de la Fanerie 265
Ponce, abbé de Vézelay 137
Pont sur l'Yonne. xxviij, 199, 274, 343, 348
Pontigny. 127, 283
Prémontrés. 132, 151
Présidial 301
    — transféré à Joigny. 369
    — rendu à Auxerre. 386
Prévôt 180, 204, 235
Prie (de), gouverneur 334
Prise d'Auxerre par les Huguenots 320
Pucelle d'Orléans campe devant Auxerre . . 258

Quintilien, évêque 81

Quoatmen, gouverneur 287

Raoul, comte d'Auxerre. 99
Rapine, gouverneur 280
Régennes . . . 118, 220, 223, 226, 259, 277,
                335, 338, 339
Régime féodal 104
Regnobert (Saint-) Eglise 179
Religieux de Saint Augustin à la Maison-Dieu. . 284
Renaut, comte d'Auxerre 115
Renaut de Saligny, évêque 191
Renaut de Vergy, vicomte d'Auxerre. . . . 97
République armorique 47
Richard-le-Justicier, comte d'Auxerre. . . . 97
Robert d'Auxerre 184
Robert de Lénoncourt, évêque 301
Robert, évêque et comte d'Auxerre. 118
Robert-le-Fort, comte d'Auxerre. 95
Robert (le Roi) assiége Auxerre 111
Romain, évêque 76
Romains, leur invasion des Gaules 13
    — leur domination. 26
Royalistes persécutés par la Ligue, 363, 366, 374

Sacrovir 32
Sarrasins. 64
Savaric, évêque. 81
Scopilion, évêque 80
Serfs 171
Souefs (les) 195
Syagrius, général romain 64

Tartares 189
Tetrice, évêque 80
Théodose, évêque 75
Théodran, évêque 85
Tragédies pieuses. 300
Thuilant (Nicolas). 330
Tonnerre (Comté de) 116, 124, 134, 158, 168, 184, 202
Toucy (les Ligueurs de) à Auxerre 375
Traby, cordelier 353

Urbain V, voyez Grimoard.
Urse, évêque. 70

Valérien, évêque 42
Vallan (eaux de) 289, 342, 348
Vaux 309
Vellaunodunum . . . . . ix, xxxiv, 21, 28
Vercingétorix 19, 25
Vermenton 344, 353
Vert (le chevalier) d'Auxerre 228
Vézelay 130, 133, 137
Vigile, évêque 79
Vignerons 241, 263, 266
Vigniers 241
Villeneuve-le-Roi . . . . lxviij
Vins, mesures des tonneaux au xive siècle . . 225
Voies romaines . . . . viij, xxviij, xxxiij

Yolande, comtesse d'Auxerre 197, 201
Yonne . . . . x, 4, 7, 193

FIN DE LA TABLE ET DU PREMIER VOLUME.

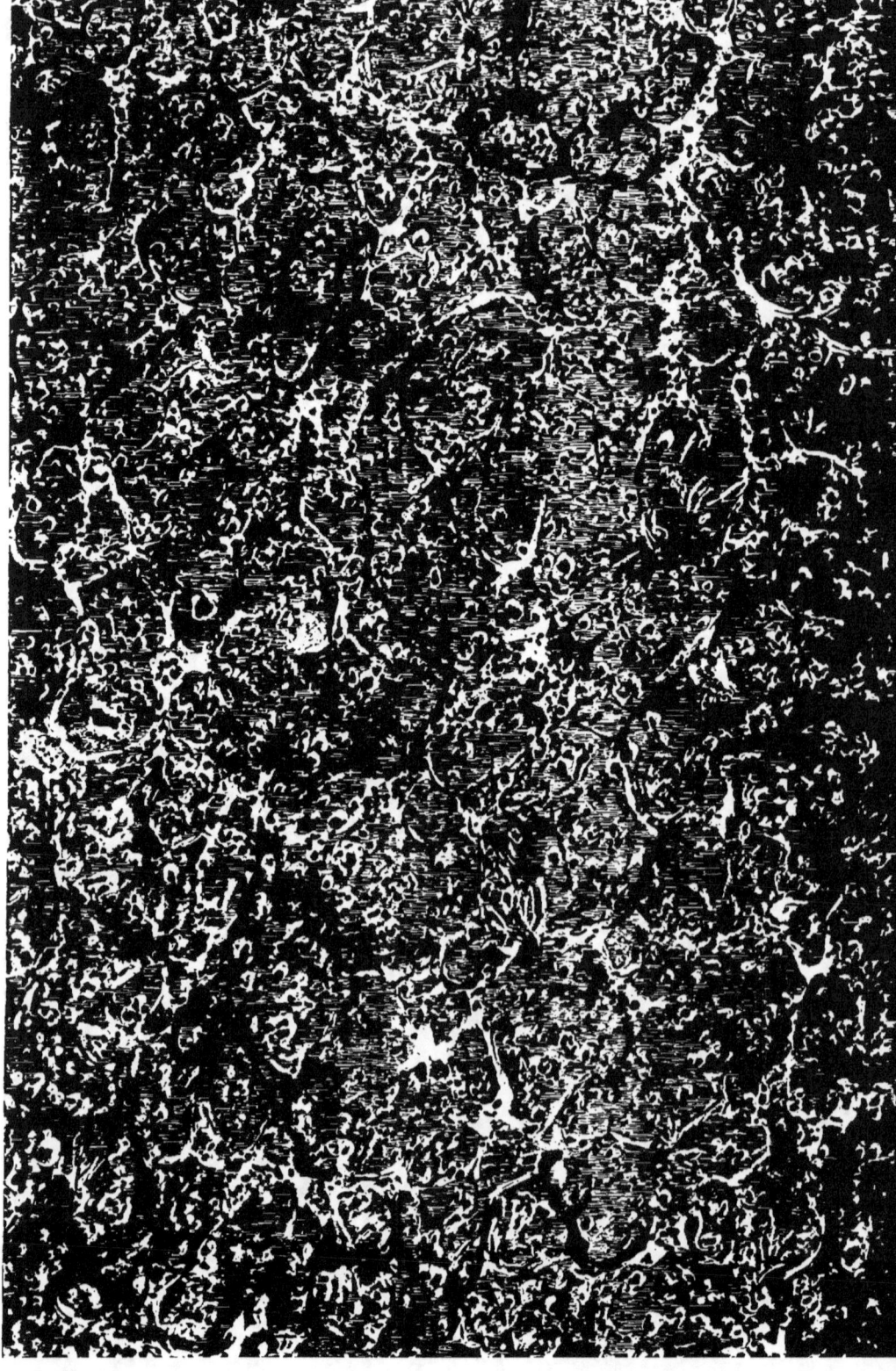